KB040357

중국 풍수사

국립중앙도서관 출판시도서목록(CIP)

중국 풍수사 /
지은이: 하효흔
옮긴이: 태극풍수지리연구회, 이윤석
– 서울: 논형, 2014
p. ; cm. – (논형학술: 79)

원표제: 中國風水史
원저자명: 何曉昕
중국어 원작을 한국어로 번역
ISBN 978-89-6357-151-5 94910 : ₩28000

풍수[風水]
중국(국명)[中國]

188.4-KDC5
133.333-DDC21 CIP2014009104

중국 풍수사

하효흔何曉昕 지음/ 태극풍수지리연구회 · 이윤석 옮김

중국 풍수사

초판 1쇄 인쇄 2014년 4월 10일
초판 1쇄 발행 2014년 4월 20일

지은이 하효흔何曉昕
옮긴이 태극풍수지리연구회(이윤석李允碩)
펴낸곳 논형
펴낸이 소재두
등록번호 제2003-000019호
등록일자 2003년 3월 5일
주소 서울시 관악구 성현동 7-77 한립토이프라자 6층
전화 02-887-3561
팩스 02-887-6690
ISBN 978-89-6357-151-5 94180
값 28,000원

추천의 글

동아시아 세계관에서 천지인은 우리 세계를 설명하는 기본틀이다. 그래서 원대한 하늘과 땅에 대한 탐구는 동아시아적 인간학의 이해방식을 노정한 주요 기반이기도 하였다. 인간이 자연과 더욱 가까워져 친환경적 삶을 실현하려는 현대사회에서 하늘과 땅의 이야기는 인간의 심연을 반추하는 외연으로서 다시 주목되고 있기에 이 책의 번역이 가지는 시의성은 높다 하겠다.

『주역』「계사전」에서 "우러러 천문을 관찰하고 구부려 지리를 살핀다"(仰觀天文, 俯察地理)는 천문과 지리의 대대적 도식이 처음 제출된 이래로 천문학은 하늘과 시간을 담당하는 제왕학으로 성장하였고, 지리학은 산하와 도시의 조화로운 설계를 담당하였다.

이 책 『중국 풍수사』는 바로 그러한 하늘과 땅에 대한 인간학의 방식을 풍수라는 키워드로 천착한 주목할 만한 저술이다. 흔히 풍수지리학이란 말로 연용되는 이 장르는 대개 생활공간을 다루는 양택과 묘지를 선정하는 음택으로 나뉘고, 방위와 시간에 관련한 각종 술수론으로 구성되어 있다. 가장 이상적 풍수로서 명당자리에 대한 선호와 열망은 지난 전근대시대를 풍미하였던 추동력이었던 까닭에 이 신비적이고 난해한 풍수지리론을 더욱 신비화하기에 이르렀다. 그러나 또한 산과 강, 공간과 시간은 인간이 생활조건에서 만나는 물적 토대이기도 하여 이에 대한 과학적 구성을 발달시켜 왔다.

이 책의 저자는 풍수학이 지니는 그러한 신비성과 과학성의 양면을 함께 다루고자 하였고, 중국 고대로부터 명청시대에 이르기까지 어떤 과정과 인간학을 수놓아 왔는지를 일목요연한 필법으로 서술하고 있다. 풍수론이 성립하려면 그 기반에 인간의 생사관이나 혼백과 귀신에 대한 인식 문제, 집터와 토장에 대한 관념, 방위와 시간에 대한 인간의 인식 등을 살펴야 하는데, 이 책에서는 이런 문제까지 깊이 고찰하여 풍수학의 발달사를 논하고 있어 단지 풍수의 논리만 다룬 것이 아님을 잘 보여준다.

우리가 흔히 풍수지리라 연용하여 일컫지만 풍수전문가를 일컫는 용어는 풍수가, 지리가, 지형가, 상지가, 감여가, 청오가 등 매우 다양하다. 지리가란 명칭이 늦어도 송나라 때 나왔고, 감여는 양한교체기 참위시대에 풍수를 일컫는 용어로 등장하였고, 청오는 하늘과 땅을 잇는 신화적 메신저로서 부각된 명칭이며, 『한서』 단계에서 지형가, 상지가 등이 사용되고 있다. 이것은 풍수란 개념이 정착하고 확장되기까지 여러 단계를 거쳐왔음을 시사한다. 이 책은 바로 풍수의 역사를 시대별로 주제별로 장대하게 다루고 있어, 중국문화사에서 풍수학이 전개되는 흐름을 잘 보여주고 있다.

이 책에서 논한 바와 같이 위진시대에 가서야 풍수학이 본격적으로 성립하였다는 것은 그 직전 한나라 시기에 이룬 천문학의 비약적 발달에 힘입은 바이고, 이른바 하늘에서 땅으로, 천문에서 지리로 내려오는 흐름임을 잘 드러낸다. 그래서 한위시대를 풍수학의 성립기로, 당나라 시대를 풍수의 성행기, 양송대를 풍수의 전성기, 원대를 풍수의 쇠퇴기, 명청대를 풍수의 부흥기로 파악한 시대구분론은 우리가 궁금해하는 풍수학이 긴 시대 동안 인간의 노력이 반영된 인간학이자, 자연을 해석하는 관점의 변동과 관련 있는 자연학의 갈래임을 잘 보여준다.

이렇게 다양한 관점을 담고 있는 본 역서를 통해 우리는 기존 한국학계에서 잘 보기 어려웠던 풍수론의 학적 체계와 역사적 흐름 및 구체적인 풍수의 논리들을 이 한 권의 책에서 다 만나볼 수 있을 것이라 기대한다. 인간과 환경, 삶과 자연의 연계성을 우리 시대에 맞는 새로운 언어로 재창조하여야 하는 지금에 이르러 풍수가 주는 상상력은 앞으로 우리가 더욱 궁구해볼 영역이다.

요컨대, 풍수는 인간이 자연과의 조응을 위해 마련한 자연학의 필연적 장치이다. 산과 강의 형세를 따라 흐르는 물(水)은 인간이 적응하지 않으면 안되는 가시적인 자연환경(陰)이요, 보이지도 잡히지도 않는 바람(風)은 인간이 조화를 이루려는 심미적 자연환경(陽)이라 할 것이다. 그래서 물이 자연환경의 바탕을 이루는 음이라면, 바람은 그 위에 생동하는 인간 삶의 변화를 담는 양이 된다. 이러한 바람과 물을 통해 인간이 수천 년간 관찰하고 고찰한 결과물이 이 한 권의 번역서 속에 잘 녹아 있다고 보이기에 이 추천서로 가름하는 바이다.

2013년 12월

한국학중앙연구원 교수 김일권

추천의 글

1846년 영국학자 윌리엄 존 토마스W. J. Thomas가 최초로 민속을 과학으로 거론했다. 정의대로 하자면 민속Folklore[1)]의 개념이란 미개인이나 무학력자나 또는 무지한 사람들이 행하는 생활방식이나 전파하는 지식을 가리킨다. 오늘날에는 일반 서민들의 생활방식이나 민간에 전해지는 지식을 두루 가리킨다. 내용으로는 서민생활 · 신앙 · 풍속습관 · 전설 · 민속놀이 · 민요 · 비속어 등 즉 국부 손문孫文이 주장했던 '천연력天然力'의 핵심 부분이 포함되어 있다. 다시 말하면 민속은 하나의 민족에게는 가장 친근하고 가장 쉽게 접할 수 있는 생활의 진실이다. 송나라 학자 왕안석王安石[2)]의 "풍속의 변화는 백성의 뜻을 옮겨 다니게 하며, 흥성과 쇠퇴에 관계한다(風俗之變, 遷染民志, 關之盛衰)"라는 주장을 보면 그 중요성을 알 수 있다. 민족 간의 상호이해 · 교류 및 화목에 민속의 역할이 근대학자들로부터 주목받고 있다.

중화 민족은 유구한 역사와 거대한 국토를 보유하고 있으며, 문화도 발전된 민족이다. 특히 지리적 환경이 복잡한 만큼 민속 문화도 다채롭고 풍부하다. 하지만 오늘날 사회가 발전하면서 일부 소중한 자료들이

---

1) 민속이라는 말은 '민간의 풍속'이란 말의 약어이며, 그 민족의 전통문화(생활양식)를 의미한다. 영국의 민속학자인 윌리엄 존 토마스(W. J. Thomas, 1803~1885)가 1846년에 처음으로 folklore라는 용어를 사용했다. 'folklore'는 folk[민간 또는 대중]와 lore[지식, 지혜]의 합성어로서 '민간의 지식'이라는 뜻이다. 즉 민속이라는 용어와 그 개념이 일치한다고 보인다.

2) 왕안석(王安石, 1021~1086): 북송 때의 정치가이자 개혁가이다. '당 · 송 8대가'의 한 사람이다. 사상가, 문학가로 시의 혁신 운동을 추진하였고, 희녕 3년(1070)에 재상이 되었다.

하나씩 사라지고 있는 현실에서 연구정리가 매우 절실하다.

우선 민속연구가 매우 중요하다. 그 중 특히 민속의 역사적 맥락에 관한 연구 및 분류작업은 급선무 중의 급선무다. 중국 민속에 관련 부분이 많은 만큼 그 분류사업도 커다란 작업이 아닐 수 없다. 어려움 속에서 각 분야의 학자들을 조직하여 출판에 착수한 일은 반가운 일이다. 대만 화성華成출판사의 '민속사' 시리즈도 내용이 없는 것이 없을 만큼 다양하다. 예컨대 『도박사賭博記』, 『기녀사妓女記』, 『우령사優伶史』, 『전족사纏足史』, 『유민사流氓史』, 『전당사典當史』, 『소첩사小妾史』 그리고 『걸개사乞丐史』, 『노비사奴婢史』, 『풍수사風水史』 등이 잇따라 출판되어 우리에게 신선함을 주고 있다. 그 중 시대에 뒤떨어진 것도 있을 수 있겠지만 송나라 학자 구양수歐陽修[3]가 "스스로 새로워지는 길을 알고, 잘못을 고쳐 선으로 이끈다(聞其自新之路, 誘於改過之善)"라고 한 것처럼 여전히 그만한 가치가 있다. 오늘 이 시리즈를 보게 되어 반가운 마음을 금할 수 없다. 특히 그 확실한 역사적 증거와 막힘이 없는 문필이 중화문화 및 민족문화의 재건에 기여한다는 것을 확신하고 있다. 우리에게 흥미를 제공할 수 있는 서적이라 기꺼이 이 추천의 글을 올린다.

2004년 4월

전 대만국립역사박물관장 황광남黃光男

---

3) 구양수(歐陽脩, 1007~1072): 중국 송나라 인종 · 신종 때의 정치가이자 문인, 학자이다. '당 · 송 8대가'의 한 사람이다.

머리말

중국인들은 '풍수'라는 용어를 부녀자와 어린이들조차도 모두 잘 알고 있다고 생각한다. 그러나 '학설'로서의 진정한 가치를 많은 사람들이 이해하지 못한 것도 사실이다.

혹자或者들은 책(고전 풍수서)의 제목을 보고, 몇 가지의 의문을 제기한다. 예를 들면, 풍수역사계보에 등장하는 여러 인물들이 실제로 존재 했는지의 여부? 만약에 이 문제를 확인할 수 없는 경우, "풍수의 여러 유파적 사상을 인식하는 방법", "풍수가 수천 년간 발전과정 중에서 전달된 정보와 의미", "풍수는 단지 모종某種의 신비적 경향傾向으로 보급되어지는 것이 아닐지"에 바로 정확한 회답을 얻기가 불가능하다.

고대문화적 문류門類(카테고리)를 비교연구 정리하여, 풍수역사를 추단하는 것은 더욱 어렵다.

그 이유는 비록 풍수의 기원과 존재를 입증할 사료를 많이 구할 수 있겠지만, 명나라 이전의 풍수역사를 발굴 · 입증하거나 풍수발전과정의 세부적인 사항을 밝혀내거나 풍수학에 섞여 있는 오류나 혼란을 가려내기란 어렵기에 중국 풍수학의 발전 전모에 대한 설명도 불가능하다.

따라서 현재의 연구방법으로서는 풍수서적의 내용 파악과 중국향촌 현지답사(명나라 때 최초로 실시하고 청나라 때는 가장 성행했다)를 하는 동시에 고대신화 · 문학 · 역사서와 경전 · 필기 · 지방지 · 야사 · 가요 · 전설 및 향촌에 흩어져 있는 씨족계보 등 문자기록을 통하여 풍수에 관한 부분을 찾아내어 풍수역사의 윤곽을 갖추도록 하는 것이겠지만, 이것으로는 기초가 부실하고 일부분으로 전체를 평가한다는 인상을 줄 수 있다. 전종서錢鍾書[1] 선생의 고론 중에 이러한 말이 있다. "오히려 시가 · 필기 · 소설 · 희곡 그리고 민요나 속담 또는 훈고 속에 본의 아니게 사람을 일깨워줄 훌륭한 견해가 두어 마디는 종종 있다 … 주도면밀한 많은 철학 사상들이 역사의 검증을 통과하지 못해 기반이 무너졌지만 일부 견해들이 여전히 후세인들에게 채택되어 전수되고 있다. 전체체계에서 남은 것은 보통 단상들에 불과하다."[2] 이러한 견해는 풍수를 연구하기에 안성맞춤이다. 그런데 일부분으로 전체를 평가하는 것이 아닌가라는 우려 때문에 연구방법을 다르게 해볼 수 있다. 고대문화별로 그림자 같은 풍수의 뿌리를 규명하느니 차라리 순리에 따라서 풍수와 고대의 전반적인 문화사상사 특히 그 기둥이 된 역학과의 관계

1) 전종서(錢鍾書, 1910~1998): 작가. 원명은 앙선(仰先), 자는 철량(哲良), 후에 종서(鍾書)로 개명, 장쑤 성江蘇省 우시無錫 사람이다. 1933년 칭화대학교淸華大學校 외국문학과를 졸업하고, 1937년 영국 옥스퍼드대학교 영문과를 졸업했다. 이어서 프랑스 파리대학교 대학원에서 프랑스 문학을 공부했다. 귀국 후에 시난연합대학교西南聯合大學校 외국문학과 교수, 중앙도서관 외국문학부 편찬 담당, 칭화대학교 외국문학과 교수 등을 역임했다.

2) 錢鍾書, 『讀「拉奥孔」』, 『比較文學論文集』, 北京大學出版社, 1984年版.

를 더 심도있게 주목하는 것이 낫다. 실은 풍수이론에 대한 인식과 평가는 언제나 중국문화의 전반적인 발전사, 특히 역학의 발전사와 맞물렸다. 나아가 풍수는 한 측면으로 중국문화, 특히 역학의 발전과정을 보여준다고 할 수 있다. 중국문화 발전역사상의 모든 변천은 예외없이 풍수에 영향을 미쳤고 풍수도 이론적으로든 실무적으로든 역학의 운용과 개조를 했다. 오늘의 현실은 더욱 이러한 결론을 확신시켜준다. 다시 말하면, 오늘날 풍수에 대한 인식과 평가가 과거에 비해 달라진 이유는 현대사회의 사람들이 중국 역학사상에 대한 인식과 평가가 시대에 따라 변했기 때문이다.

풍수의 기원은 중국역사에 편승해 신화기神話期 · 단상감발기斷想濫發期 · 구전기口傳期 · 기초이론기基礎理論期 등 복잡한 과정을 거쳐 하나의 강대한 '학설'로 자리를 잡았다. 이는 무술巫術이 과학과 현실로의 변천이라고 할 수 있을 것이다. 다시 말하면 풍수의 기원이 점복占卜 · 점서卜筮 등 중국의 오래된 무술과 같은 뿌리를 두고 있다. 나중에는 모순투성이 풍수학 경전들이 각 유파의 비판과 보충을 거듭 받은 결과 초보적인 인식과 감성적인 인식이 일치해져 결국 중국 전통 건축물, 특히 주택의 정신적 지주와 사상의 규범이 되었다.

풍수는 어려운 과정을 거쳐 내려온 것이라 그 발전사를 돌이켜볼 때 중국 전통건축에 미친 영향 즉, 풍수의 응용을 재조명하지 않을 수는 없다. 풍수의 영향을 받은 건축물이 원시적이고 순박하고 약간 신비로운 듯한 아름다움을 보여주어 공감과 놀라움을 일으킬 뿐만 아니라 그 매력이 시간이 지날수록 더욱 묘해진다. 이러한 전통 건축물에는 철학적이고 미적인 가치가 사라지지 않아 현대 건축 공법의 본보기가 될 만하다. 그런데 부인할 수 없는 것은 풍수에서 행해지는 방법이나 이론들이 과학논리에 부합되어도 현대 과학기술이나 현대 건축법에 크게 뒤떨어져 있다는 것이다. 예를 들면, 나경이 경위의(위도 · 경도 측정)에 훨씬 못 미치는 것 등이다. 따라서 그것을 시공 공법으로 권장하거나 운용할 수 없다.

필자는 풍수가 현대사회에 보내는 계시는 자연에 겸손하고 인간을 중심으로 하는 원칙으로 건축물을 설계하자는 사상(인간의 육체건강과 운명의 길상)이라고 생각한다. 그런데 풍수 속에 존재하는 서로 모순이 되거나 황당한 부분이 무당의 속임수처럼 풍수의 영원한 찌꺼기이기 때문에 가차없이 제거 · 포기해야 한다.

차례

1장

풍수의 기원과 그 명칭의 유래

풍수는 위로는 천문을 연구하고 아래로는 지리를 탐구하는 인간과 자연 그리고 건축물의 삼위일체가 된 예술이다. 상商나라와 주周나라 때 대형행사를 치르기 전에 점을 봐야 했다. 무술巫術에서 유래된 풍수는 장기간의 잉태과정을 거쳐 '상택相宅'이나 '음택陰宅' 등 여러 가지의 사상들이 생겨났지만 언제나 추길피흉趨吉避凶(흉한 일을 피하고 좋은 일에 나아감)을 중심으로 하고 있다.

1. 선조들의 원시숭배와 복서(점)— 풍수는 무당에서 유래됨

우리가 풍수라고 부르는 것은 상고시대上古時代에 독자적으로 존재하지 않았고 술수術數와 한 몸이 되는 술수의 일부였다. 그럼 술수의 일부인 풍수에 대해 당시 중국인들이 어떻게 생각하고 있었고, 풍수는 어떤 생활환경이나 경험에서 생겨났으며, 처음에는 어떤 문자나 언어로 기술되었고 그 당시 어떤 지위에 있었을까? 이것에 대한 답을 가장 오래된 술수로 거슬러 올라가 찾아야 한다.

술수란 무엇인가?『사원辭源』[1]에는 이렇게 설명되어 있다.

① 권술權術 · 책략策略. 나라를 다스리는 법이라고도 한다. ② 음양오행陰陽五行 · 생극제화生剋制化의 수자이론數字理論으로 사람과 사물의 길흉을 헤아리는 것, 예컨대 점후占候 · 점서占筮 · 논명論命 등.

여기에서 논할 술수는 두 번째 해석에 해당된 것이다. 이에 대해『사해辭海』[2]에는 더 일반적이면서 현대적인 해석이 있다. "여러 가지의 방술方術로 자연계의 가시현상을 관측하여 인간과 국가의 기운과 운명을 추측한다. … 천문과 역법曆法을 제외하고는 후에 술수라고 부르는 것들은 일반적으로 각종 미신 활동, 예컨대 성점星占 · 복서卜筮 · 육임六壬 · 기문둔갑奇門遁甲 · 명상命相 · 탁자拆字 · 기과起課 · 감여堪輿 · 점후占候 등을 가리킨다." 이 가운데 감여가 바로 오늘날 우리가 말하는 풍수이다.

술수에 대한 의론이 언제나 분분했다. 청나라에 이르러서야 기윤紀昀[3]이『사고전서총목제요四庫全書總目提要』에서 권위 있는 정리를 했다. 그는 우선 술수의 역사와 내용을 종합적으로 요약했다. "술수는 대부분 진秦 · 한漢 이후에 홍성하였다. 요지는 음양오행 · 생극제화에서 벗어나지 않아 사실 역학의 한 갈래이며 잡다한 설로 전해졌을 뿐이다. 사

---

1) 辭源: 1915년 상무인서관에서 륙이규(陸爾奎) 등이 편찬한 중국의 사전(辭典). 문자, 숙어의 주석 외에 주요 지명, 인명, 서명, 연호, 동식물명, 과학 용어 따위가 수록되어 백과사전의 성격을 띠고 있다. 표제 자는 약 1만이고 수록 어휘는 약 10만이다. 속편은 1931년에 팡이(方毅) 등이 편찬하였다.『辭原』(合訂本), 商務印書館, 1991.

2) 辭海: 중국의 사전(辭典). 시신성, 장상(張相), 심이(沈頤)이 등(等)이 편찬(編纂)한 것으로『사원辭源』에 대항(對抗)하여 간행되었다.『辭海』術數條. 自郭志誠 等 編著『中國術數概觀』,中國書籍出版社, 1991.

3) 기윤(1724~1805): 자 효람(曉嵐) · 춘범(春帆). 호 석운(石雲). 시호 문달(文達). 즈리[直隸: 河北省] 헌현(獻縣) 출생. 청나라 학자. 1773년 고종의 칙명으로『사고전서(四庫全書)』편집사업의 총찬수관(總纂修官)으로 10여 년간 종사하였다. 이 때 많은 학자의 협력을 얻어『사고전서총목제요(總目提要)』200권 집필하였다. 이 동안에 예부시랑侍郎 · 병부상서(尙書)를 역임하였고, 1805년 예부상서협판대학사)로 있다가 죽었다. 학풍은 형이상학적인 송학(宋學)을 배제하고, 실증적인 한학의 입장을 취하였다.

물이 생기면서 상象이 있게 되고, 상象이 생기면 수數가 있게 된다. 수數는 늘어나고 줄어들면서 변하는데, 이러한 변화의 근원을 힘써 구하는 것이 수학이다.(術數之興, 多在秦漢以後, 要旨不出乎陰陽五行生剋制化, 實皆易之支派, 傳以雜說耳, 物生有象, 象生有數, 乘除推闡, 務究造化之源者, 是爲數學.)" 이것은 역학과 술수를 연계시키고 양자 간의 관계를 설명한 내용이다. 이어서 기윤이 술수의 전통을 서술하면서, "요사스러운 것과 망령된 것들로 흘러가 그 진실을 점점 잃게 되었다.(流傳妖妄, 寢失其眞.)"라고 했다. 이것을 보면 청대에 이르기까지 술수에는 황당하고 허위적인 내용들이 많이 섞여 있었음을 알 수 있다. 그래도 기윤은 술수에 대해 너그러운 태도를 취해야 한다고 하였다 "그러므로 많은 잘못된 말들이 변형되면서 많아졌을 따름이다. 그러나 대다수가 따르는 것은 비록 성인일지라도 금지할 수 없으니, 따를 수 있는 것은 그 이치를 보존하고, 따를 수 없는 것은 그 설만을 잠시 보존하는 것이 옳다.(故悠謬之談, 彌變彌夥耳, 然衆志所趨, 雖聖人有所弗能禁, 其可通者存其理, 其不通者姑存其說可也.)"고 했다. 그러나 기윤이 여기서 말하려는 "술수는 대부분 진 · 한 이후에 흥성하였다(術數之興, 多在秦漢之後.)"는 의미는 독립된 학술로서의 술수이다. 그럼 그 이전의 술수는 어떤 것이었을까? 실은 술수의 기원은 문헌기록보다 이른 상고시대의 무술巫術로 거슬러 올라갈 수 있다. 오랜 세월의 누적累積 · 전파 · 모방 등의 과정을 거쳐 성숙된 것이다.

영국 인류학자 에드워드 타일러Edward B. Tylor[4]는 자신의 명작인 『원시문화原始文化』에서 영혼과 정령에 대한 보편적인 신앙인 애니미즘은 원

4) Edward Burnett Tylor(1832-1917): 옥스퍼드 대학의 인류학 교수. 영국의 인류학자로 '인류학의 아버지'라 불린다. 영적 존재(靈的存在)의 신념을 종교의 최소정의(最小定義)로 삼는 애니미즘설을 제창하였다. 주요 저서에는 *Primitive culture Researches into the development of mythology*, 2권(1871)가 있다.

시인류의 가장 현저한 특징이라고 보았다. 즉, "애니미즘은 미개민족들 뿐만 아니라 모든 문명・민족에게도 철학적 기초였다"고 주장했다.[5] 이러한 '애니미즘'은 우주의 모든 물질은 인류처럼 생명을 가지고 있는 것으로 믿고 있어서, 모든 자연의 힘을 의인화擬人化하고 영적인 요소까지 추가하고, 숭배와 제사의 대상으로 삼았던 것은 원시인들의 자연숭배였다. 이와 동시에 인류가 신비로운 초자연의 힘으로 자연을 다스리고 신령을 예견・지배하여 사람이 흉한 것을 피해 길하게 되는 '추흉화길避凶化吉' 보다 나은 생활을 할 수 있게 하였다. 원시 무술활동이 바로 그러한 시점에서 시작되었다. 그래서 '물활론'[6]으로 인한 원시 무술활동이 모든 술수(풍수도 예외가 아니었다)들의 형성요인이라고도 할 수 있다. 무술巫術을 터득하고 이용한 사람은 무당이었다. 인간과 자연신력自然神力의 중개자로서 무당은 원시사회에서는 자연을 지배할 신력神力의 소유자로 간주되었다. 고대 중국에서는 무당은 일반인의 생활뿐만 아니라 제왕의 의식주와 행사까지 결정할 정도로 중요한 존재였다. 어휘의 출처에 대해 허신許愼은 『설문해자說文解字』에서 "무巫는 축祝이다. 여성은 형체 없는 것을 잘 섬기기 때문에 춤을 춰서 신 내리는데, 사람이 양 소매를 들고 춤을 추는 모양이니 '공工'과 같은 뜻이다.(巫, 祝也,[7] 女能事無形, 以舞降神者也, 象人兩褎舞形, 與工同意.)"라고 설명한 것을 보면 '무

5) 愛德華・泰勒(Edward B.Tylor), 『原始文化(Primitiveculture)』, 連樹聲 譯, 上海文藝出版社, 1992, 484쪽・863쪽 참조.

6) 物活論(hylozoism): 물질이 본질적으로 활력・생명력을, 또한 생명력・운동력을 근원으로 하고 있는 혼을 가진다고 보는 세계관의 하나. 영어로는 hylozoism이라고 하며, 기계론적 경향에 반대한 케임브리지 플라톤 학파의 커드워스가 17세기 말경, 그리스어의 hylē(소재・물질)과 zōē(생명)에서 조어한 것이 시작이라고 한다.

7) '巫, 祝也' 『주례(周禮)』에 의하면 祝과 巫는 직분이 다르다. 따라서 두 글자는 비록 서로 통용될 수는 있지만 '祝'으로 '巫'를 해석할 수는 없다. 염정상에 의하면 '『설문해자』 '示(시)'부에 '祝(축)'은 제사지낼 때 칭송의 말을 주관하는 사람이다.'라고 하였고, '祝'은 '覡' 자가 잘못된 것이라는 설이 있다. '巫(무)'나 '覡(격)'은 모두 무당[巫]이라는 뜻이기 때문이다. 염정상, 『설문해자주-부수자 역해』, 서울대학교출판문화원, 2013, 193~194쪽.

술'은 짙은 신비감과 미신색채를 띠고 있음을 알 수 있다. 에른스트 카시러Ernst Cassirer[8]라는 독일 철학자는 모든 자연과학들이 신화단계[9]를 거치게 되어 있다고 하였다. 여기서 말하는 미신은 일종의 신화라고도 할 수 있을 것이다. 『설문해자』를 통해 '무巫'는 '공工'과 비슷한 의미를 지니고 있음을 알 수 있다. 고대 중국에는 건축업 종사자를 '공장工匠', 의료관계자를 '의공醫工'이라고 불렀던 것을 보면 고대 중국의 건축과 의료는 무술과 관련이 있었다는 증거가 됨으로써 에른스트 카시러의 주장을 실증해준 셈이다. 지금까지 발견된 문헌기록을 볼 때 중국 고대 최초의 무술활동이라도 고증할 수 있는 것은 은상殷商시대의 점복占卜이다. 점복에는 복卜과 서筮라는 두 가지 형식이 있었다.

귀복龜卜이라고도 불리는 복은 거북의 등딱지나 또는 짐승의 뼈를 구멍 내거나 판 다음에 불에 구운 뒤에 거기에 나타난 금이나 생긴 무늬를 복卜 전담자인 태복太卜이나 복사卜師(무당의 일종)가 살펴보고 세상의 길흉吉凶을 판단하는 것이다.

서筮는 시초蓍草[10]나 수량을 셀 수 있는 다른 물건을 도구로 하여 일정한 방식으로 배열조합해 나온 득출得出된 수를 괘卦로 한 다음에 복자卜者(역시 무당의 일종)가 그 득출得出된 수에 따라 길흉을 예측하는 것이다.

---

8) Ernst Cassirer(1874~1945): 유대계의 독일 철학자이다. 〈근세의 철학과 과학에서의 인식문제〉(1906~1920)에 착수, 1906년 베를린대학의 강사(講師), 1919~1933년 함부르크대학의 교수. 대표적인 책은 〈상징형식(象徵形式)의 철학〉(1923~1929)이다. 나치스 정권에 쫓겨 스웨덴·영국을 거쳐 미국으로 가서 예일·컬럼비아에서 가르쳤다. 마르부르크 학파에서 출발하였다. 인식문제를 넘어서 의식(意識)을 학(學)의 의식으로부터 신화적(神話的)인 의식으로 확대하고 자연과학의 사유구조(思惟構造)로부터 정신과학·문화과학의 사유구조로 나아가, 문화의 기본개념으로서의 상징의 의미를 명백히 하였다. 고대·근세의 철학사적 연구나 인식론 분야에서도 유명하며 『칸트 전집』을 편집(1912~1918)하였다.

9) [德](Ernst Cassirer) 恩斯特·卡西爾『符號形式的哲學』, 耶魯大學出版社, 1953. 英文版.

10) 蓍草: 톱풀. 빽때쑥. 점을 치는 데 썼으며 후에 대나무를 깎아 시초 대신 점을 쳤으므로 서죽(筮竹)이란 말이 생겨났다.

그러므로 서筮는 수복數卜이라고 부른다.

상주商周 시기 사람들이 중대한 행사를 치르기 전에 복서卜筮를 해야 했다. 『주례周禮·춘관春官』에는 "대개 나라의 대사大事 때에는 먼저 시초로 시초점을 친 다음에 거북점을 쳤다.(凡國之大事, 先筮而後卜.)"는 기록이 있다. 보통 제사祭祀·전쟁戰爭·전렵田獵·기후氣候·수확收穫·천도遷徙·건조建造 등에는 복서로 길흉을 점쳐야 했다. 특히 건물건축 시에 하는 점복을 '복택卜宅'이라고 했다.

건축사建築史를 기록한 최초의 중국 고대 문헌에 '복택'이라는 용어가 자주 등장한다. 이는 풍수에 관한 최초의 기록과 응용이기도 하다. 여기에 일부를 발췌해 독자 여러분들에게 최초의 풍수활동에 대한 이해를 돕고자 한다.

◈ 은상殷商의 복사卜辭에서, "囗子일에 점을 칩니다. 賓이 묻습니다. 도읍을 만들까요?(囗子卜, 賓貞, 我乍(作)邑?)"(「乙」五八三)

을묘일에 점을 칩니다. 爭이 묻습니다. 왕이 도읍을 만들까요? 천제께서 허락하실까요? 나는 따르겠습니다. 이 당 땅에 가는 것을.(乙卯卜, 爭貞, 王乍(作)邑? 帝若(諾)? 我從, 之玆唐.)"(「乙」五七〇[11])라고 하였다.

내용은 은왕殷王이 성읍城邑을 건설할 당시 복卜으로 길흉을 판단해 성읍 건설 진행여부를 결정했다는 이야기다.

◈ 『시경詩經』의 「용鄘·정지방중定之方中」에는 "정성이 하늘 가운데 올 때, 초구楚丘에 궁宮을 짓네, 해 그림자로 방위를 재어 초구에 실(室)을 짓네 … 점치니 점괘도 길하고, 끝내 좋은 터 얻으셨네. … (『詩經』·

11) 『殷墟卜辭研究-科學技術篇』, 溫少峰·袁庭棟, 四川省社會科學出版社, 1983.

「鄘·定之方中」: 定之方中, 作於楚宮, 揆之以日, 作於楚室 … 卜云其吉, 終然允臧 …)"라고 하였다.

내용은 주문공周文公[12]이 초구로 천도遷都한 후 궁정을 건설할 때 복인卜人(즉 무당 최초의 풍수사인 셈)이 귀복을 쳐 운수대통임을 확인시켜 주었다는 이야기다.

『대아大雅·문왕지십文王之什·면緜』에서는 "거북으로 점쳐 보시고는 이곳에 머물러 살기로 하시고 여기에 집을 지으셨네.(『大雅·文王之什·緜』: 爰契我龜, 曰'止'曰'時', "築室於茲")"라고 하였다.

단보亶父[13]가 기산岐山으로 이주했다는 이야기인데 단보도 점복을 하고 주원周原에 정착했다는 사실을 보여 주었다.

『대아大雅·문왕지십文王之什·문왕유성文王有聲』에서는 "문왕을 기리는 소리 있으니 … 점을 쳐보고 임금이 호경으로 도읍을 옮겨 왔네. 거북이 바로 일러주고 무왕이 완성하였으니 무왕은 위대하구나!(『大雅·文王之什·文王有聲』: 文王有聲 … 考卜維王, 宅是鎬京, 維龜正之, 武王成之. 武王烝哉.)"라고 하였다.

---

12) 주문공(周文公): 주나라(周)의 정치가로, 성은 희(姬), 이름은 단(旦)이며, 노나라(魯)의 공(公)으로 봉해졌다. 주로 통칭은 주공단이라고 불린다. 주공(周公)은 공자가 평생 흠모했고, 또한 유가들에 의해 고대 중국의 최고 성인(聖人)으로 추앙받은 인물이다. 주공은 문왕의 넷째 아들이자, 주나라를 개국한 무왕의 동생이다. 주공은 형이자 천자인 무왕의 스승 노릇을 했다.

13) 단보(亶父): 상(商) 나라 출신이며 문왕의 할아버지다. 주(周)나라의 태왕(太王). 대왕(大王)이라고 하며, 공류(公劉)의 9세손(世孫)이다. 단보는 태왕(大王)의 이름이다. 고공(古公)은 태왕(大王)의 본호(本號)이고, 단보를 자(字)라고도 한다. 기산(岐山) 기슭에서 덕을 닦아 주나라를 세우고, 추존(追尊)하여 태왕(太王)이라고 한다.

이것은 문왕周文王[14]이 풍경豐京으로, 무왕武王[15]이 호경鎬京으로 천도遷都했다는 내용인데 주왕周王도 점복을 통해 천도遷都하기로 한 사실을 알 수 있다.

◈ 『상서尙書 · 반경하盤庚下』에서는 "반경이 도읍을 옮기어 그들이 사는 곳을 안정시키고 그들의 지위를 바로잡아 … 천명을 잘 따랐으며, 모두가 감히 점괘를 어기지 않음으로써 이 아름다운 일을 완성할 수 있었던 것이오."(『尙書 · 盤庚下』: 盤庚旣遷, 奠厥攸居, 乃正厥位 … 吊由靈, 各非敢違卜, 用宏茲賁 …)"라고 하였다.

반경盤庚[16]이 박읍亳邑으로 천도했다는 이야기인데 백성을 설득시키기 위해 똑같이 '복卜'의 위력을 이용했다. 『주서周書[17] · 낙고洛誥[18]』에는, "저

14) 周文王(기원전 12세기경~기원전 11세기경): 기원전 12세기 중국 주나라(周)의 창건자인 무왕(武王)의 아버지이다. 성은 희(姬). 이름은 창(昌). 서백(西伯)은 그의 직위이다. 유리(羑里)라고 불리는 감옥에서 유교의 고전인 주역(周易)의 괘사(卦辭)를 지었으며, 복희 선천 팔괘를 연역(演易)하여 문왕 후천 팔괘를 지었다고 전해지나, 괘사나 효사는 점(占)의 전문가들 사이에서 생겨 고정된 것으로, 후대에 문왕을 찬미하기 위한 서술로 지적된다. 오늘날에는 주역이 기원전 403년 이후 사이에 체제가 갖추어진 것으로 보고, 문왕, 주공, 공자가 주역을 나누어지었다는 설은 근거가 부족하다고 보고 있다.

15) 周武王(?~기원전 1043년?): 주나라(周)의 초대 군주로서, 성(姓)은 희(姬), 이름은 발(發)인데, 둘째였으므로 중발(仲發)이라고 불렀다. 다양한 문헌이 그의 죽음을 인용하는데 나이는 다르게 나오며 93세, 54세 또는 43세 때였다고 기록된다. 그는 정의롭고 유능한 지도자로 고려되었다. 주공 단은 그의 형제였다.

16) 盤庚: 반경(般庚)으로도 쓴다. 상(商)나라 때의 국군(國君). 탕(湯)의 9대손이고, 제조(帝祖)의 아들이다. 형 양갑(陽甲)을 이어 왕위에 올랐다. 당시 국력이 쇠약해져 제후(諸侯)들이 입조(入朝)하지 않았다. 귀족들의 교만하고 사치스런 풍조를 일소하고, 수재를 면하려 피한 군중들을 이끌고 도읍을 은(殷)으로 옮겼다. 신민(臣民)들이 원망하자 글을 써서 백성들에게 고하니, 이것이 『서경(書經)』 반경(盤庚)편이다. 재위 기간 중에 상나라가 부흥했는데, 역사에서는 은상(殷商)이라 부른다. 28년 동안 재위했다.

17) 周書: 상서(尙書) 곧 서경(書經) 중(中)의 태서(泰書)로부터 진서(秦書)까지의 32편의 일컫는다. 24사(史)의 하나 북주(北周)의 사서(史書)로서 당(唐)나라 태종(太宗)의 명으로 위 징(魏徵)의 총괄(總括) 아래 영호 덕분(令狐德棻) 등(等)이 엮었음 전 50권 북주서(北周書) 후주서(後周書).

18) 洛誥: 낙고(洛誥) 한 편은 곧 주공이 성왕(成王)에게 즉정(卽政)할 것을 고하고 물러나

는 을묘일 아침에 낙양 땅에 왔습니다. 저는 황하의 북쪽 여수黎水를 점쳐보았습니다. 저는 또 간수 동쪽과 전수 서쪽을 점쳐 보았습니다. 그러나 오직 낙양 땅이 가장 길하였습니다. 저는 또 전수의 동쪽도 점쳐 보았으나 역시 오직 낙양 땅이 가장 길하였습니다. 임금님을 오시도록 하여 지도와 함께 점친 결과를 바칩니다.(『周書 · 洛誥』 予惟乙卯, 朝至於洛師, 我卜河朔黎水, 我乃卜澗水東, 瀍水西, 惟洛食, 我又卜瀍水東, 亦惟洛食, 伻來以圖及獻卜.)" 라고 하였다.

이것은 성왕成王[19]이 낙읍洛邑을 건설했다는 유명한 전설인데 똑같이 복卜을 하여 공사의 타당성을 확인했다는 사실을 알 수 있다.

이로써 은殷나라부터 춘추시대春秋時代까지 도성都城이나 성읍城邑을 선택 · 건설할 때 복점占卜이 필수절차였음을 알 수 있다. 『예기禮記 · 표기表記』에 나온 아래 내용은 필수과정으로 여겨졌던 점복('복택')의 의미를 더욱 잘 확인시켜줄 수 있다.

"공자께서 말하기를, 대인의 그릇은 위엄과 공경이다. 천자는 점을 치지 않고, 제후는 나라를 지킬 때 점을 친다. 천자는 순행하는 길에서는 점을 치고, 제후는 자기 나라의 중대사가 아니면 점을 치지 않고 거처를

려고 하자 이에 성왕은 주(周 호경이 있는 옛 주의 땅을 말한 것이다.)에 나아가 왕으로 군림(君臨)하고서, 도리어 주공에게는 뒤에 머물러 있으면서[留後] 낙(洛 낙읍을 말한다)의 일을 다스리라고 명하였던 것이다.

19) 成王: BC 11세기 무렵의 사람으로 이름은 송(誦)이며, 무왕(武王)의 아들이다. 무왕이 죽었을 때 성왕이 어렸으므로 무왕의 아우 주공 단(周公旦)이 섭정(攝政)이 되었다(일설에는 즉위하였다고도 한다). 이를 계기로 상(商) 나라의 왕족 무경(武庚)과 무왕의 아우인 관(管), 채(蔡) 형제의 반란이 일어났다. 주공은 이를 진압하고 다시 성왕과 함께 동이(東夷)로 원정하였다고 한다.
성왕은 귀환한 뒤, 허난[河南]의 낙읍(洛邑)에 새로 동도(東都)를 정하고, 동방제국(東方諸國) 지배의 중진으로서 주공을 그 곳에 있게 하였다. 주공은 섭정 7년에 성왕에게 정사를 넘겨 주었다고 한다. 성왕은 미자계(微子啓)를 송(宋)나라에, 강숙(康叔)을 위(衛)나라에 봉하는 등 기초를 다지고, 주공 단과 소공 석(召公奭)의 보좌를 받아 치세에 힘썼으므로, 그로부터 강왕(康王)시대에 걸쳐 주나라의 성시(盛時)를 실현하였다고 한다.

옮길 때 거북점을 치며, 천자는 태묘에 거처할 지를 점치지 않는다고 하였다.(子曰: 大人之器威敬, 天子無筮, 諸侯有守筮, 天子道以筮, 諸侯非其國不以筮, 卜宅寢室, 天子不卜處大(太)廟.)"

여기서는 복卜과 서筮의 선택 시기 등의 예식절차를 소개했다. 즉 천자天子가 국가의 중대한 사건을 결정할 때는 서를 쓰지 않고 복을 쓰는 반면에 진행과정 중에는 서筮를 쓸 수 있었다. 제후諸侯가 자신의 나라에 있을 때는 서를 쓸 수 있지만 자신의 영토에 있지 않는 경우에는 서를 쓸 수 없었다. 제후가 궁실宮室을 교역할 경우 꼭 복을 사용해야 했다. 그러나 천자가 태묘太廟를 건설할 때 복을 쓸 필요가 없었다. 이유는 건국 초기에 이미 복을 통해 태묘를 길상吉祥의 땅으로 확인되었기 때문이다. 그래서 당시 점복절차에 엄격한 규정이 있었고 궁실 건설 같은 중대한 일에 있어서는 꼭 점복을 해야 했듯이 절대권위의 상징이었던 점복은 그 결정을 지어놓았으므로 태묘太廟의 점복占卜이 재차 필요없음이 당연지사였다.

위의 기록들이 천자나 제후만의 점복에 관한 내용이라 그 대표성에 의심할 수도 있지만 『역경易經』은 보편적으로 대다수의 일반인들이 점복을 모아놓은 책이라고 한다. 이경지李鏡池[20] 선생의 연구에 의하면 거실 및 가정생활家庭生活의 점복 기록은 20편 이상이 되었다고 한다. 제왕帝王은 복을 하고 일반인들이 주로 서를 했다는 사실은 '구복'의 수준이 '서'보다 높았던 것으로 해석된다.

이로써 '복택' 풍습이 중국의 은상殷商부터 춘추春秋까지 광범위하게

20) 이경지(李鏡池, 1902~1975): 현대 중국 고증역학의 대표적인 학자이다. 그는 『주역(周易)』에 대해 한.송 유학자들의 진부한 해설을 버리고, 『주역』의 괘효사가 반영한 시대 특징을 잘 발휘하여 『주역』 괘효사를 주해하였다. 그는 『주역』을 공부하는 사람은 경經과 전傳을 분별할 것, 체례體例를 분명히 이해할 것, 『주역』이 반영한 시대를 이해할 것 등 세 가지 원칙을 반드시 파악할 것을 강조하였다. 저서에는 『주역탐원(周易探源)』과 『주역통의(周易通義)』가 있다

유행되고 있었다고 단정할 수 있다. '복택'에 관한 기술을 통해 우리는 이러한 사실을 알 수 있다. 그것은 바로 '복택'의 목적은 성읍이나 궁실 또는 주택의 건설시기와 건설지점이 길인지 아니면 흉인지 다시 말하면 하늘의 뜻에 맞는지를 알아내는 것이었다. 복서卜筮의 하나인 복택도 순전히 무술의 일종이다.

그래서 풍수는 무술巫術에서 유래된 것이다.

2. 음택의 태동기 – 고인들의 생사관과 조상숭배

풍수의 탄생 환경 그리고 명칭의 변천사 음택陰宅의 태동기, 즉 고인들의 생사관 영혼불멸관이 분묘를 탄생시켰다. '병사여사생秉死如事生'은 '음택'의 촉매다. 조상숭배祖上崇拜와 예법禮法이 '음택'의 지위를 크게 향상시켰다.

사람이 왜 꿈을 꾸는가? 꿈에 나타난 현상, 특히 꿈에서 본 사람이 어떻게 나온 것이고, 사람에게 왜 생과 사가 있는지는 세계 각 민족의 조상들이 밝혀내려던 문제였다. 하지만 오늘날에도 여전히 많은 사람들의 궁금증이다. 미개 시대의 원시인들이 이렇게 추측하며 설명했다. 즉 인간의 생명에 공간과 시간적으로 분명한 분계선이 없다. 이러한 설이 중국 고대이야기에도 나와 있다. 즉 생과 사는 종이의 양면처럼 인간이 사망해도 '그림자'가 여전히 세상에 남아 있다. 그 '그림자'는 바로 영생불멸하는 영혼이다. 이것은 바로 원시인들의 영혼관이다.[21)]

21) 영혼관(靈魂觀): 원시인들 가운데는 어떤 개성이 없는 보편적인 생명의 본질로 여겨지는 영질(靈質)의 관념이나 비인격적인 영위(靈位)를 생각하기도 하나, 개체적 · 인격적 존재인 인간에 부속되어 있는 초감각적 본질관념인 영혼과 구별되지 않으면 안 된다.

원시시대의 모든 종족들이 이러한 관념을 갖고 있었다. 그래서 선조들이 망자의 영혼에게 살아갈 환경을 만들어줄 구상에서 분묘墳墓가 생겨났다는 것은 분묘의 유래[22]에 대한 설득력이 있는 설명이다. 유명한 이집트 피라미드는 이러한 구상으로 인한 산물이다. 고대 이집트 사람들이 사후세계의 존재를 확신하여 사후에도 생전처럼 몸통만 온전하면 계속 살아갈 수 있고, 다시 말하면 영혼과 육체는 결코 사망으로 인해 떨어지지 않는다고 생각했다. 그들이 미라Mummy를 만들 때 중요시한 일이 두 가지 있었는데 하나는 시체에 향유香油를 발라 방부 처리하는 것, 나머지 하나는 분묘를 만들어 미라의 안전을 지키는 것이었다. 그들의 믿음은 이 두 가지의 일만 제대로 하여 시체가 잘 보관되면 영혼이 3000년 뒤에 부활되어 극락세계에 영생한다는 것이었다. 고고학의 발견에 의하면, 중국에는 늦어도 구석기舊石器 후반에 장묘문화가 있었고 18,000년 전에 주구점周口店[23] 산정동인山頂洞人[24]이 거처를 '상실上室'

22) 중국의 분묘는 오래 전에는 봉분(封墳)도 없고 나무도 심지 않았으며, '장(葬)'은 '장(藏)'을 의미하는 것으로 사람 눈에 띄지 않게 감추고 농경(農耕)을 방해하지 않는 것을 원칙으로 하였다. 봉분은 주대(周代)에 처음 생겼는데 지위 · 신분에 따라 달라서, 『백호통(白虎通)』의 규정에 의하면 천자(天子)는 높이 3인(仞:1인은 7척), 제후는 1.5인, 대부(大夫)는 8척, 사(士)는 4척이고, 일반서민은 봉분을 만들 수 없었다. 그 형태도 당(堂)처럼 높은 것, 제방(堤防)처럼 긴 것, 도끼 모양을 한 마렵봉(馬鬣封) 등이 보이나, 지금과 같은 원형(圓形)의 것은 없다.

23) 北京 周口店 遺蹟: 中國 北京 서남쪽 50㎞지점의 용골산에 위치한 구석기시대 동굴 유적으로, 1918년 앤더슨(J. G. Anderson)이 유적을 확인하였고, 1921년 앤더슨과 즈단스키(O. Zdansky)가 처음 발굴하여 사람 어금니 3개를 찾았다. 1927~1937년 사이에 1지점을 중심으로 1.7㎢ 범위 안에 27개 지점의 유적이 있는 것으로 드러났다. 周口店 유적 발굴과 연구는 裴文中과 賈蘭坡가 중심이 되어 이끌어 왔으며 1949년 신중국 성립 이후에도 발굴조사가 계속 되어 이제까지 15개 지점을 발굴하였다.

24) Shandingdong Man, 山頂洞人(산정동인): 1933년 중국 베이징의 저우커우뎬[周口店]에서 발견된 화석인류(化石人類)로, 베이징원인[北京原人]의 화석이 발견된 룽구산[龍骨山] 정상 부근의 동굴에서 발견되어 산딩둥인(山頂洞人)이라고 불린다. '상동인(上洞人)'이라고도 불리며, 유럽에서 발견된 크로마뇽인(Cro-Magnon man)과 마찬가지로 1.1만년~2만여 년 전에 살았던 후기 구석기시대의 인류이다. 슬기슬기사람(Homo sapiens sapiens)으로 분류되며, 오늘날의 동아시아인들과 유사한 특징을 지니고 있어 북방계 몽골로이드(Mongoloid)의 선조(先朝)로 추정된다. 산딩둥인(山頂洞人)은 동아시아에서 최초로 발견된 현생인류(現生人類)의 화석이다.

과 '하실下室'로 나누어 '상실上室'을 생자의 주택으로, '하실下室'을 망자의 묘지로 하였다. 망자의 몸에나 몸 주변에 적철석赤鐵石 분말이 뿌려져 있고, 부싯돌 기구와 돌 구슬 같은 부장품들이 있는 데에 대해 학자들이 서로 다른 견해를 가지고 있다.

그런데 고대 이집트사람들이 웅장하고 영원한 '황릉皇陵', 즉 피라미드들을 하나씩 건조할 때 중국의 장묘문화는 아직도 "불봉불수不封不樹(봉분도 분묘건립도 안 했다)"를 하는 초라한 단계에 있었다. 지면에 봉분이 없었던 사실을 어원語源을 통해서도 알아낼 수 있다. 『설문說文』에서는 "장葬은 깊이 파묻는 것이다.(葬者, 藏也.)(장葬이란 두꺼운 천으로 감싸는 것이다)", "묘墓라는 것은 숨기는 것이다.(墓者, 沒也.)"라고 하였고, 『예기禮記 · 단궁檀弓』에서는 "상고시대에는 묘를 만들면서 봉분이 없었다.(古也, 墓而不墳.)"고 하고, 주해注解에서는 "대개 묘를 만들면서 봉분이 없었는데, 불봉불수하는 것을 묘라 한다.(凡墓而無墳, 不封不樹者謂之墓.)"는 기술이 있다. 초대 제왕帝王들의 '장사葬事'에 관한 문헌기록으로는 아래와 같은 증거도 있다.

◈ 『여씨춘추呂氏春秋』에서는 "요임금은 곡림穀林에 장사지냈는데 사방에 나무를 심었으며, 순임금은 기紀에 장사지냈는데 시장에서는 가게를 바꾸지 않았고, 우임금은 회계會稽에 장사지냈는데 백성들은 거처를 옮기지 않았다.(『呂氏春秋』: 堯葬於穀林通樹之, 舜葬於紀市廛不變其肆, 禹葬會稽, 不變人徙.)"고 하였다.

그래서 하夏나라 때까지는 장묘시설이 매우 조잡하여 분묘조차 없었고 그 위의 구조물이 더욱 더 없었을 뿐만 아니라 순장殉葬도 없었다. 그리고 제왕과 평민의 매장방식이 똑같았다는 것을 알 수 있다.

◈『한서漢書 · 초원왕전부유향전楚元王傳附劉向傳』에서 유향劉向이 말하기를, "은나라 탕임금은 장사지낸 곳을 알 수 없고, 주나라 문왕, 무왕, 주공은 필畢 땅에 장사지냈고, 진秦나라 목공穆公은 옹탁천雍橐泉 기년관祈年館 아래에 장사지냈고, 저리자樗裏子[25]는 무고武庫에서 장사지냈는데, 모두 언덕이 없는 곳이다.(『漢書 · 楚元王傳附劉向傳』: 劉向曰. 殷湯無葬處, 文 (周文王), 武 (周武王), 周公葬於畢, 秦穆公葬於雍橐泉祈年館下, 樗裏子葬於武庫, 皆無丘壠之處.)"라 하였다.

◈『정론政論』에서는 동한의 최식崔寔[26]이 말하기를 "옛날에는 묘를 만들어도 봉분을 만들지 않았는데, 주나라 문왕, 무왕의 묘지는 평지와 같았다.(古者, 墓而不墳, 文 (周文王), 武 (周武王), 之兆 (指墓地的兆域) 與平地齊.)"

이로써 주나라 때까지 분묘조차 없었을 정도로 장묘방식이 매우 간소했음을 알 수 있다.

---

25) 樗裏子(미상~BC 300): 전국 시대 진(秦)나라 사람. 진혜문군(秦惠文君)의 이복동생이고, 이름은 질(疾)이다. 위남(渭南) 음향(陰鄕)의 저리(樗里)에서 살아 저리자라 불렸다. 또는 저리질(楮里疾)로도 쓴다. 변설(辨說)에 능하고 해학이 풍부하면서 지혜가 많아 진나라 사람들이 지낭(智囊)으로 불렀다. 혜문군 8년 우경(右更)이 되었다. 경원(更元) 13년 조(趙)나라와 초(楚)나라를 공격하는 데 공을 세워 엄군(嚴君)에 봉해졌다. 진무왕(秦武王) 2년 우승상(右丞相)이 되었다. 죽은 뒤 위남 장대(章臺) 남쪽에 장사지냈다.

26) 崔寔(미상~170 추정): 후한 탁군(涿郡) 안평(安平) 사람. 자는 자진(子眞)인데, 일명은 대(臺)고, 자는 원시(元始)다. 최원(崔瑗)의 아들이다. 성격이 침착했고, 전적(典籍)을 좋아했다. 환제(桓帝) 때 의랑(議郎)에 오르고, 변소(邊韶) 등과 동관(東觀)에서 활동했다. 외직으로 나가 오원태수(五原太守)가 되었는데, 주민들에게 방직을 가르치고 변방의 경계를 강화하자 흉노(匈奴)가 감히 넘보지 못했다. 다시 의랑이 되어 여러 유학박사(儒學博士)들과 함께 『오경(五經)』을 정리했다. 얼마 뒤 양기(梁冀)의 측근이라 하여 면직되었다. 나중에 요동태수(遼東太守)로 복위하여 상서(尙書)에 올랐다가 병으로 사직하고 귀향했다. 『정론(政論)』을 지어 시정(時政)을 비판하고 국가 통치 질서에 대한 입장을 제시했다. 또 『사민월령(四民月令)』을 지어 당시 지주전장(地主田莊)의 상황과 각종 농작물의 파종 및 재배 방법을 기술하기도 했다.

놀라운 것은 고대 이집트 이후의 서양문명사에는 능묘陵墓의 지위地位가 신묘神廟나 교당教堂 같은 곳으로 대체되었다는 것이다. 그럼 중국에는 어떻게 되었을까?

"진시황이 즉위하면서 리산驪山을 뚫어 팠다. 천하를 통일하였을 때에는 전국에서 70여 만 명의 노예를 이주시켜 삼천三泉을 파고 아래는 구리로 곽槨을 만들어 궁궐과 백관의 진기하고 괴이한 물건들을 옮겨 가득 채웠다. 장인들에게 활을 쏘는 장치를 만들도록 명하여 뚫고 들어오려는 자가 있으면 갑자기 쏘도록 하였다. 수은으로 모든 하천과 강, 바다를 만들고, 장치가 물을 대거나 물건을 옮기는 일을 도와, 위로는 천문을 갖추고 아래에는 지리를 갖추게 하였다. 인어 기름으로 촛불을 켜 불멸하는 영혼을 오래도록 인도하도록 하였다.(始皇卽位, 穿治驪山, 及併天下, 天下徙送詣七十余萬人, 穿三泉, 下銅而致槨, 宮觀百官奇器珍怪徒藏滿之, 令匠作機弩矢, 有所穿近者輒射之, 以水銀爲百川江河大海, 機相灌輸, 上具天文, 下具地理, 以人魚膏爲燭, 度之不滅者久之.)"[27]

"한나라 때 천자가 즉위하면 1년 동안 능을 만드는데 세상의 모든 공부供賦를 셋으로 나누어 하나는 종묘에 바치고, 하나는 빈객에게 바치고, 하나는 산능에 바쳤다.(漢天子卽位, 一年爲陵, 天下供賦三分之, 一供宗廟, 一供賓客, 一供山陵.)"[28] 고 한다.

그때부터 중국제왕中國帝王의 능묘들은 제왕 생전의 궁전宮殿들과 어깨를 나란히 하여 발전하는가 하면 신성하다는 이미지까지 얻게 되었다. 제왕· 이외의 다른 관리나 문인 그리고 일반 백성들도 사후세계에 살 '주

27)『史記 · 秦始皇本紀』 참조.

28)『史記 · 漢高祖本紀』 참조.

택'의 위치 선택과 건립을 매우 중요시하며 '음택'이라는 아명까지 지어 주었다. 반면에 산 사람이 사는 가옥을 '양택陽宅'이라고 불렀다.

주나라 때까지만 해도 중국인들의 분묘들이 너무 조잡했다던데, 그렇다면 '음택'이라는 관념이 언제 생겼고, 왜 그렇게 중요하게 여겨졌으며, 간소한 것이 어떻게 복잡해졌는지 그리고 '음택'의 중요성에 대한 인식에 있어서 고대 중국인과 이집트인은 어떻게 달랐는지 설명하려면 고대 중국인의 생사관生死觀 및 그 변천사를 살펴볼 필요가 있다. 이것은 오랫동안 연구되어온 과제다. 대다수의 학자들이 사상과 철학적 각도에서 선진先秦과 양한兩漢의 유가경전儒家經典 그리고 제자백가諸子百家의 저작에 역점을 두고 연구하고 있다. 통상적으로 고대 중국인의 생사관에 대해서는 대립하는 양대유파兩大流派가 있다고 할 수 있다.

첫 번째 유파는 사후세계死後世界가 없다고 보고 있다. 중국고대 주요철학유파의 하나인 유가儒家와 도가道家는 이러한 관점을 가지고 있다. 가장 대표적인 것은 "삶도 모르는데 어떻게 죽음을 알겠는가?(未知生, 焉知死.)"[29]라는 공자의 명언이다. 선진제가先秦諸家의 이러한 이론들이 진한秦漢 이후에도 발전하며 영향력이 커져서 이러한 견지는 선진적인 사상으로서 사상사와 철학사에서 주도적인 역할을 했다. 예를 들면 『예기禮記』, 『회남자淮南子』, 『설원說苑』, 『신론新論』, 『논형論衡』 등 명저에서는 사후 지각설知覺說을 일축하며 이른바 '천당天堂', '지옥地獄', '귀신鬼神' 등이 전혀 존재하지도 않는다고 주장했다.

두 번째 유파는 사후세계에 귀신이 있음을 믿고 있지만 그 세력이 약했다. 대표적 인물인 묵자墨子가 『묵자墨子·명귀편明鬼篇』에서 밝힌 논단들은 이러한 학설의 주축과 이론적 근거가 되었다.

29) 金鍾武, 『釋紛訂誤 論語新解』, 先進篇, 민음사, 1991, 227~228쪽.

그런데 위의 양대유파의 사상은 저명한 사상가들이 '사상思想'화 작업을 거친 서면형식書面形式이며 '사림문화士林文化' 계층의 대표였고 중국 고대사회 일반 백성들의 관념을 총괄했다고 볼 수 없다. 따라서 중국 고대 사람들의 생사관을 연구할 때 일부 유명 철학가나 사상가들의 논단論斷만으로 사회 전체를 추론하면 편파적이지 않을 수 없다. 필자는 민속학民俗學에 역점을 둬 이러한 문제들을 연구해야 한다고 본다.

이 문제에 관한 민속학 사료가 매우 풍부하다. 종류별을 보면 대체로 두 가지가 있는데 하나는 발굴된 대량의 고고자료, 나머지 하나는 『시경詩經』, 『예기禮記』, 『서경書經』, 『역경易經』, 『우공禹貢』, 『좌전左傳』, 『초사楚辭』, 『산해경山海經』 등 같은 고적古籍과 신화 그리고 전설들이다. 이들 자료들에 따르면 구석기시대에도 영혼관靈魂觀이 있었고 민간에서는 언제나 사후신앙이 성행되었다. 시대의 흐름에 따라서 표현방식도 달라져 점점 더 강화되었다. 예를 들면 하나라 때 "하夏나라의 도는 천명을 받들고, 귀신을 섬기고, 신을 공경한다.(夏道尊命事鬼敬神)"[30]고 하는가 하면 후장도 성행하였다. 이리두二裏頭 하문화유적지夏文化遺跡地[31]의 무덤발굴에서 쏟아져 나온 부장품들은 망자의 영혼이 계속 쓸 수 있게 묻어놓은 것으로 보인다.

---

30) 『禮記 · 表記』 참조.

31) 二裏頭夏文化遺跡地: 이리두 유적은 지금부터 3800년부터 3500년 전의 유적으로, 유적의 시기는 4기로 나눌 수 있다. 1, 2기는 신석기 시대로, 도기를 제조하는 농경 문명이었고, 3기 · 4기는 청동기를 본격적으로 사용하고 도시 국가가 형성하고 있었다. 또한 하나라 관련설 연구에 의하면 예북 지방의 장허형 선상문화(漳河型先商文化)와 이리두 문화의 인접 지대인 것이 나타나 이리두 문화기에는 장허형 선상문화, 예시 문화(岳石文化), 이리두 문화의 세 개 세력이 황하 중류 유역에서 정립하고 있었다고 추측된다. 또 이리강 하층기에는 장허형 선상 문화가 남하하여, 서쪽의 이리두 문화를 받아들였고, 이리강 하층기에는 동쪽의 예시 문화에 받아들였다. 이러한 추이 상황은 사서에서의 하나라와 은나라에 관한 기술과 맞추어 추정되곤 한다. 베이징 대학의 류서와 서천진은 이리강 문화(二里岡文化)가 조상문화이며, 이리두 문화(二里岡文化)가 하나라 문화라고 추정한다.

은주시기殷周時期에 귀신관鬼神觀이 더욱 성행하게 되었다. 순장殉葬과 인간제물人間祭物이 성행되었을 뿐만 아니라 부장품도 다양하고 사치스러웠다. 그 때의 사후신앙을 보면 천상天上에 제정帝廷이 있고 망자의 영혼이 하늘에 올라가 상제의 보좌인이 된다는 내용도 포함되어 있다. 영혼이 불멸한다는 생명관生命觀이 성행됨에 따라 중국의 민간民間인들에게는 귀신론鬼神論과 관련하여 영향력이 큰 관념과 민속이 생겨났다.

1) '혼魂'과 '백魄'

위의 관념은 춘추전국시대에 생겼으며 자산子産의 의론議論에 최초로 기록 되어 있다. 『좌전左傳 · 소공7년昭公七年』(西紀前 535년)에 의하면 자산子産이 조경자趙景子의 "백유伯有 당신은 귀鬼가 될 수 있는가?(伯有猶能爲鬼乎[32])"라는 질문에 백유가 "귀신이 될 수 있다(能爲鬼)"고 대답하면서 더 불어 말하기를, "당연하다. 사람이 생겨나면서 처음 변화된 것을 백魄이라 하고, 이미 백魄이 생겼으면 양陽을 혼魂이라 한다. 쓰인 물건에 정精이 많으면 혼백이 강해지는데 이 때문에 정상精爽이

32) 춘추좌씨전(春秋左氏傳)은 공자가 편찬한 것으로 전해지는 역사서인 『춘추』의 대표적인 주석서 중 하나로, 기원전 700년경부터 약 250년간의 역사가 쓰여져 있다. 또 다른 명칭으로는 좌전(左傳), 좌씨전(左氏傳), 좌씨춘추(左氏春秋)라고도 한다. 현존하는 다른 주석서인 『춘추곡량전(春秋穀梁傳)』, 『춘추공양전(春秋公羊傳)』과 함께 삼전(三傳)으로도 불린다. 삼전 중에서 춘추좌씨전은 기본적으로 최고로 삼고 있다. 저자는 노나라의 좌구명(左丘明)으로 되어 있으나, 분명하지는 않다. 일설에는, 옛날부터 있던 사서를 전한의 유흠(劉歆)이 춘추좌씨전이 여러 차례 좌구명의 저작이라고 선전하였고, 스스로 황제로 오른 왕망이 한 왕조 찬탈의 근거로 했던 것이라고 한 신공양학파 캉유웨이(康有為) 등의 여러가지 이설이 있지만, 이것도 입증되고 있는 것은 아니다. 유흠 위작설은 일본의 鎌田正, 중국의 錢穆 등이 그 문제점을 밝히고 반박했다.
『춘추좌씨전』은 다른 삼전과는 달리 풍부한 자료를 바탕으로 상세하게 『춘추』의 내용을 설명하고 있어서 현재 춘추시대를 이해하는 중요한 자료로 알려져 있다. 특히, 당시의 전투에 대한 기록이 상세하다. 또한, 동시대를 다루는 역사서인 『국어』는 『춘추외전』으로 불리기도 한다.

있게 된다. 신명神明에서도 일반 사람들이 순탄치 않게 죽으면 혼백은 오히려 다른 사람에게 붙을 수 있다. … 순탄치 않게 죽으면 귀가 될 수 있었는데, 이 또한 맞지 않는가?(能, 人生始化曰魄. 旣生魄, 陽曰魂, 用物精多, 則魂魄强, 是以有精爽. 至於神明, 匹夫匹婦强死, 其魂魄猶能憑依於人, 以爲淫厲. 況良宵, 我先君穆公之胄, 子良之孫, 子耳之子, 敝邑之卿, … 强死, 能爲鬼, 不亦宜乎?)"라고 한 것을 보면 영혼관념이 왕족들의 전유물이 아니라 모든 백성, 즉 서민 남여에게도 침투되어 있었음을 알 수 있다.

『초사楚辭 · 초혼招魂』에 실린 "혼이여 돌아오라, 그대는 하늘로 오르려 하지 말라. 호랑이와 표범이 구관九關(천문)을 지키는데 사람을 물어뜯어 죽인다고 하네. … 혼이여 돌아오라, 그대는 땅 속 어두운 곳으로 내려가려 하지 말라. 그곳에는 토지신이 있어 꼬리가 아홉이고, 사람을 해치는 뾰족한 뿔이 있다네.(魂兮歸來, 君無上天些. 虎豹九關, 啄害下人些. … 魂兮歸來, 君無下此幽都些, 土伯九約, 其角觺觺些.)"라는 굴원屈原[33]의 시[34]를 보면 전국시대에 고대 중국 남부지방에서는 혼

33) 屈原은 중국 전국시대의 정치가이자 비극시인. 학식이 뛰어나 초나라 회왕(懷王)의 좌도(左徒:左相)의 중책을 맡아, 내정 · 외교에서 활약하기도 했다. 작품은 한부(漢賦)에 영향을 주었고, 문학사에서 뿐만 아니라 오늘날에도 높이 평가된다. 주요 작품에는 『어부사(漁父辭)』등이 있다.

34) 『초사 · 초혼(楚辭 · 招魂)』에 "혼이여 돌아오라, 그대는 땅속 어두운 곳으로 내려가려 하지 말라. 그곳에는 토지신이 있어 꼬리가 아홉이고, ……(魂兮歸來, 君無下此幽都兮. 土伯九約, ……)"라고 하였다.
『초사(楚辭)』는 중국 초(楚)나라의 굴원(屈原)과 그 말류(末流)의 사(辭)를 모은 책, 또는 그 문체의 명칭. 16권이며 한(漢)나라 유향(劉向) 편집하였다. 유향이 초나라 회왕(懷王)의 충신 굴원(BC 3세기경)의 『이소(離騷)』와 25편의 부(賦) 및 후인의 작품에다가 자작 1편을 덧붙여 『초사』를 편집했으며, 후한(後漢)의 왕일(王逸)은 본서의 사장(辭章)을 고정(考定) · 주석하여 『초사장구(章句)』 16권을 지었다.
'초사'란 초나라의 방언을 포함한 초성(楚聲)의 가사(歌辭) 곧 초나라의 사(辭)라고 하는 설도 있으나, 고대 초나라의 신관(神官:祝)이나 무사(巫史)가 관장한 '사령(辭令)' 및 그것에서 진화한 문체의 이름으로 보아야 할 것이다. 따라서 사 안에는 제사나 점복(占卜)에 관한 것이 있으며, 제사가(祭祠歌)인 『구가』나 『이소』 『구장』의 각 편에도 신화적 공상이 풍부하다. 또 『천문』에는 고대의 신화전승에 관한 서술이 매우 많다. 이러

이 하늘로 올라가거나 땅 속으로 들어갈 수도 있다는 믿음을 갖고 있던 것을 알 수 있다. 여기서 말하는 유도幽都는 바로 지부地府와 명국冥國이다. 일부 학자들의 고증에 의하면 유도幽都란 고대신화 전설에 나온 곤륜산昆侖山이라고 한다. 진한秦漢시대에 이르러 혼백관념魂魄觀念이 더욱 심화되고 명확해졌다는 증거는 『예기禮記 · 예운禮運』에 나와 있는 기록이다. "(사람이 죽으면) 백魄은 아래로 내려가고, 기氣는 위로 올라간다.(體魄則降, 知氣在上)" 여기서 말하는 '기'는 망자의 혼이라서 "지붕 위에 올라가서 큰 소리로 '아무개를 다시 부릅니다'라고 말해야 한다.(升屋而號, 告曰: 皋某復.)" 즉 망자의 이름을 불러 초혼招魂(영혼을 청함)을 해야 한다. 당시에는 민간에 초혼이 보편화되어 있었음을 보여준 기록이다.

관련된 기록으로 『예기禮記 · 교특생郊特牲』에서는 "혼과 기는 하늘에서 오고, 형과 백은 땅에서 온다. 그러므로 제사는 음양의 뜻에서 구한다.(魂氣歸於天, 形魄歸於地, 故祭, 求諸陽陰之義.)"고 하고, 『예기禮記 · 제의祭義』에서는 "기라는 것은 신神이 왕성한 것이고, 백이라는 것은 귀鬼가 왕성한 것이다.(氣也者, 神之盛也, 魄也者, 鬼之盛也.)"라는 내용이 있다. 이는 혼백魂魄, 천지天地, 신귀神鬼, 기형氣形 등 개념을 명확히 대응시킴으로써 중국인의 혼백관념을 민간에 뿌리를 내려 보편적이고 굳은 신앙으로 만들었다. 즉 혼魂은 하늘에서 내려온 일종의 기氣로서 양에 속하며 최종적으로는 다시 올라가 하늘로 되돌아간다. 백魄은 땅에서 나온 유형물, 즉 인체로서 음에 속하며 결국 매장되어 땅에 되돌아간다.(〈표 1〉). 이것은 중국인들이 토장土葬을 선호하는 가장 깊은 배경

한 '사'의 성질이 작자 굴원의 낭만적인 사상으로 『초사』의 문학적 특색을 형성하고 있다. 이는 『시경(詩經)』에서는 볼 수 없는 장점이며, 중국 후대의 문학에 커다란 영향을 미쳤다. '초사'를 진술, 포고할 때의 운문형식을 '부(賦)'라고 하며 '이소부' '회사부(懷沙賦)' 등이라 부른다.

으로 나중에 탄생된 음택풍수陰宅風水에 속하는 '유체수음설遺體受蔭說'[35]의 원천의 일부가 되었다.

〈표 1〉중국인의 영혼관

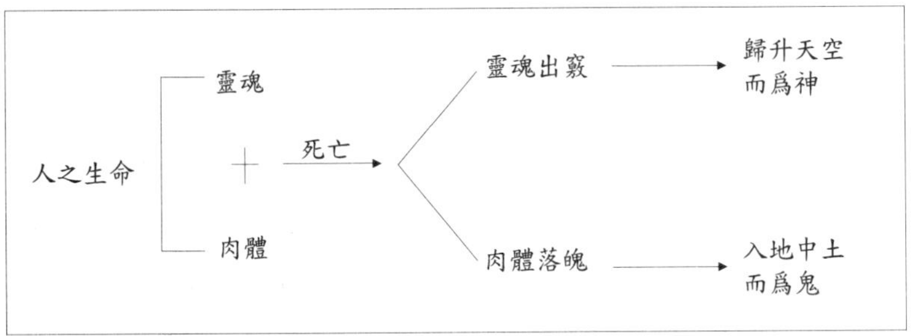

2) 사후의 지하세계— 황천黃泉과 염왕閻王

이에 관한 최초의 문자기록은 『좌전左傳 · 은서원년隱西元年』(西元前 722년)에 나와 있다. 거기에서 정장공鄭莊公의 말을 인용하여, "황천에 도달하지 않으면 서로 볼 수 없다.(不及黃泉, 無相見也.)"고 하였고, 『회남자淮南子 · 지형훈地形訓』에서는 "우임금은 곤륜산을 파서 낮은 땅을 메웠다. 곤륜산 안에는 아홉 겹으로 쌓은 성이 있는데, … (곤륜산) 옆에는 아홉 개의 우물이 있는데, … 여기가 소포가 있는 곳으로 소포연못에는 황수가 흘러드는데 황수는 소포 주위를 세 번 돌고 원천으로 돌아간다.(禹掘昆侖虛以下地, 中有增 (層)城九重 … 旁有九井 … 是其蔬圃, 蔬圃之池, 浸浸黃水. 黃水三回復其源泉.[36])"라고 더 분명하게 설명했다. 여기서 말한 황수黃水는 황천黃泉을 뜻한다. 일부 독자들은 이 두 기록이

35) 최창조 역주, 『청오경 · 금낭경』, 민음사, 1995, 62~63쪽.

36) (西漢) 劉安 等著, 許匡一 譯注, 『淮南子全譯上』, 貴州人民出版社, 1995, 229쪽.

그냥 신빙성이 부족한 일종의 신화나 전설이 아닌가 하고 생각할 수도 있지만 장사長沙 마왕퇴한묘馬王堆漢墓에서 나온 백화帛畫에서는 이러한 관념이 진한시대에 이미 발전되어 보편화되어 있었음을 생동生動하고도 진실眞實하게 보여 주었다.

1호 무덤에서 나온 채색 백화帛畫는 출액出殯할 때 쓰이던 일종의 명정銘旌이다. 전체 길이는 205mm, T자 모양으로 위쪽 너비는 92mm,아래쪽 너비는 47.7mm로 되어 있다. 화면 전체는 삼단으로 되어 있고 상부上部는 천계天界를, 중부中部는 인간세상人間世上을, 하부下部는 명계冥界를 상징한다. 그 중 천계天界 왼쪽 부분은 월月, 오른쪽 부분은 일日이다. 일日의 가운데에는 까마귀가 있고 아래에는 8개의 작은 태양이 있다. 부상수扶桑樹 가운데 사신신인蛇身神人이 있는데 한 여인이 하늘로 떠오르고 있다. 이것은 상아분월嫦娥奔月(상아가 달로 도망갔다)의 상징이라는 고증이 나왔다. 인간세상 부분에서는 반룡盤龍이 무덤의 주인을 경호하고 있는 것을 보면 무덤 주인의 출행도出行圖로 추측된다. 지계地界 부분에는 한 거인巨人이 두 마리의 물고기 위에 서서 대지를 상징하는 평판을 떠받들고 있다. 거인巨人의 주위에 영귀靈龜나 부엉이 등 신물神物과 동물動物이 있다. '수부水府' 형태의 이러한 지계는 '황천'이나 '구천九泉' 같은 관념을 상징한다는 것을 의심할 여지가 없다. 백화의 상, 중, 하 3단은 공간적으로는 천상天上, 인간人間, 지하地下를 나타내고 시간적으로는 전세前世, 현실現實, 내생來生을 표시한다. 내세來世와 대응하는 지하황천地下黃泉이 내세來世의 귀속이다.

이 백화帛畫 외에 3호三號 무덤에서 기사목간記事木簡도 나와 거기에 적힌 "(한나라 문제) 12년 2월 을사 초하루 무진에 가승家丞이 주장낭중主藏郎中에게 옮기도록 하였다. 장물葬物인 책 묶음을 옮겨라. 책이 도착하면 먼저 헤아리고 (상관인) 주장군主贓君에게 모두 아뢰어라.(十二年二月乙

巳朔戊辰. 家丞奮移主贓 (藏) 郎中, 移贓物一編, 書到先選 (撰) 具奏主贓君.)"는 글을 보면 당시에 지하황천세계地下黃泉世界라는 개념槪念이 있었을 뿐만 아니라 지하세계도 지상시계와 마찬가지로 각 계급으로 나뉘어 있고 '주장군' 밑에 '주장낭중'이 있듯 후자後者는 전자前者에게 품주稟奏해야 했다.

이러한 '주장군'은 아마도 중국인들에게 최초의 '염라왕閻羅王' 개념일 것이다. 우연이 아니게 호북성湖北省 강릉봉황산江陵鳳凰山 68호 무덤에서 나온 유사한 죽간竹簡에도 "13년 5월 경신일에 강릉승江陵丞이 지하승地下丞에게 감히 알립니다. 시양市陽 5명, 2명의 수소언燧少言과 대노량大奴良 등 28명의 인형, 사마駟馬 4필을 리吏로 임명하여 종사케 하고자 합니다 감히 주인께 아룁니다.(十三年五月庚辰, 江陵丞敢告地下丞: 市陽五夫二燧少言與大奴良等廿八人, … 駟馬四匹, 可令吏以從事. 敢告主.)"라는 글이 적혀 있어서 당시 민간에서는 지하세계에도 최고 지배자가 있다는 신앙을 갖고 있었던 사실을 보여준 것이다.

3) '혼신귀태산魂神歸泰山' 및 '호리蒿裏—지하황천地下黃泉'

청나라의 조익趙翼[37]과 고염무顧炎武[38]가 이 두 가지의 민간신앙에 대

37) 趙翼은 중국 청나라의 시인 겸 학자. 언어 · 사물(事物) 등의 기원과 전거(典據)를 기록한 청나라 고증학을 대표하는 저작의 하나인『해여총고(陔餘叢考)』와 정사(正史)의 고증인『이십이사차기(二十二史箚記)』를 썼다.

38) 顧炎武는 중국 명말 · 청초의 사상가. 명나라 말기, 당시의 양명학이 공리공론을 일삼는데 환멸을 느끼고 경세치용(經世致用)의 실학에 뜻을 두었다. 실증적(實證的) 학풍은 청조의 고증학을 연구하는 데 많은 도움을 준다. 대표 저서에『일지록(日知錄)』,『천하군국이병서(天下郡國利病書)』 등이 있다.
『일지록(日知錄)』은 왕부지(王夫之) · 황종희(黃宗羲)와 함께 삼대 유노(遺老)로 알려진 고염무의 역작이다. 고염무는 일지(日知)의 의미에 대해『일지록』의 목차(目次) 앞에 "내(고염무)가 어릴 적부터 책을 읽다가 깨달은 바가 있으면 그때마다 기록해 두었는데 합치되지 않는 부분이 있어서 때때로 다시 고쳤다… 자하(子夏)의 말을 취해 이름

해 비교적 상세한 고증을 하고 다음과 같이 기록하였다. "동악東嶽이 삶을 주재한다고 하나 민간에서는 주로 죽은 자를 다스린다고 전해지고 있다. … 사실은 후한後漢 때부터 이러한 주장이 이미 있었다. 『후한서後漢書・오환전烏桓傳』에서는 '그들의 풍속에서는 사람이 죽으면 신이 적산赤山에서 노닌다고 하는데, 중국인이 죽으면 혼이 태산으로 돌아간다는 것과 같다.(其俗謂人死則神遊赤山, 如中國人死者魂歸泰山也. …)'고 하였고, 『삼국지三國志・관로전管輅傳』에서는 '동생에게 말하기를 아마도 태산에 이르러 귀鬼를 다스릴 수 있지만 살아있는 사람을 다스릴 수 없다…(但恐至泰山治鬼, 不得治生人. …)' 『박물지博物志』에서는 '태산은 천제의 후손으로 사람의 혼을 부르는 일을 주관한다. 동쪽은 만물이 시작하는 곳이므로 사람의 생명을 맡는다.(泰山天帝孫也, 主召人魂. 東方萬物始, 故知人生命.)'고 하였고, 『고락부古樂府』에서는 '제도 사방에 노닐고, 이름은 태산의 명부에 이어져 있다. 인간의 즐거움은 오래 지속되는 것이 아니니 홀연 동악東嶽으로 돌아온다.(齊度游四方, 名繫泰山

짓기를 일지록이라 했으니 이를 통해 후대의 군자를 바로 잡겠다"라고 소개하고 있다. 즉 일지는 『논어』「자장」의 "날마다 알지 못한 것을 깨닫게 되고 달마다 할 수 있는 것을 잊지 않으면 배우는 것을 좋아한다고 말할 수 있다(日知其所亡, 月無忘其所能, 可謂好學也已矣)"라는 구절에서 기원한다. 따라서 『일지록』은 '매일 깨달음의 기록'이라는 의미를 갖는 동시에 고염무 자신의 정치적 문제의식이 명료하게 드러나 있는 정치 개혁론이기도 하다.

『일지록』은 총 32권 1021항목으로 구성되어 있다. 『일지록』의 구성을 보자면 1~7권은 경전[經], 8~12권은 정치(政治), 13권은 풍속(風俗), 14권은 예제(禮制), 16~17권은 과거(科擧), 18~21권은 문학과 예술, 22~24권은 명의(名義), 25권은 고사(古事), 26권은 역사[史法], 27권은 해석[注法], 28권은 잡사(雜事), 29권은 군대[兵事], 30권은 천문[天象], 31권은 지리(地理), 32권은 기타[雜考]로 구성되어 있다. 전체를 다시 크게 세 가지 영역으로 나눈다면 경의(經義), 치도(治道), 박문(博聞)으로 구분할 수 있다. 즉 경의는 경전에 대한 새로운 해석(한 대 유학으로의 복귀)을 시도하는 경학론이고, 치도는 사회・경제적 상황을 분석해서 일종의 흥망의 법칙을 추출하려는 통치론이며, 박문은 고금의 역사와 천문, 지리를 관통하는 지식론이다. 비록 고염무가 언제부터 이를 구상하고 집필을 시작했는지 정확히 알 수는 없지만, 『일지록』은 각종 경전과 기록을 정독하고 요체만을 추출해 고증한 그 자신의 평생에 걸친 기록이자 고염무를 청대 고증학(考證學)의 개산조(開山祖)로 자리매김하게 하는 작품이기도 하다.

籙. 人間樂未央, 忽然歸東嶽.)' 등은 태산泰山이 귀신鬼神을 다스린다는 설說이고, 이는 한나라와 위魏나라 때 이미 성행되었다.[39]

"이러한 태산泰山을 고증해보니 선론仙論이 주나라 말기에 시작되었고, 귀론鬼論은 한나라 말기에 시작되었다는 사실도 알아냈다. … 한나라 애제哀帝와 평제平帝가 통치할 때 참위讖緯 같은 책이 나온 뒤 『둔갑개산도遁甲開山圖』에서는 '태산은 왼쪽에 있고 항보亢父는 오른쪽에 있다. 항보는 삶을 관장하고 태산은 죽음을 주관한다.(泰山在左, 亢父在右. 亢父知生, 泰山主死.)'고 하였고, 『박물지博物志』에서는 '태산을 한편으로는 천손天孫이라 하는데 사람의 혼백을 주관하고 생명의 길고 짧음을 담당한다.(泰山一曰天孫, 主召人魂魄, 知生命之長短者.)'고 하였고, 『후한서 · 오환전』에서는 '중국인이 죽으면 혼백은 태산으로 돌아간다.(中國人死者魂魄歸泰山.)'고 하였다."[40]는 주장이 나왔다."

조익趙翼, 고염무顧炎武 이후의 학자들은 태산泰山이 귀신鬼神을 다스린다는 설說이 한나라 초기에 시작되었다고 생각하지만 하신何新의 고찰에 따르면 이러한 견해가 잘못되었다고 한다. "실은 이러한 설은 곤륜산 아래에 유도幽都와 황천黃泉 그리고 서왕모西王母가 있었다는 신화神話에서 비롯된 것이라 기원을 따지면 중국문명의 기원까지 거슬러 올라갈 수 있다."[41] 필자는 조익과 고염무의 견해는 다르지 않았다고 생각한다. '태산치귀泰山治鬼'라는 설이 한나라 때에 널리 유행되고 있었고 '호리蒿里'는 태산쪽에 있는 작은 산이자 고대 묘지다. 태산이 '혼신귀리魂神歸里'라고 하기 때문에 '호리'는 지하황천地下黃泉의 '망자리亡者里'가 된다. 『한서漢書 · 무왕자전武王子傳』에 의하면 광릉후왕廣陵後王 유서劉胥가 죽기 전

39) 趙翼, 『陔餘叢考』, 泰山治鬼 참조.

40) 顧炎顧 『日知錄』 卷30 참조.

41) 何新 『諸神的起源』 三聯書店, 86. 참조.

에 「蒿里召兮郭門閱, 死不得取代庸身自逝.」라는 시를 지었는데 안사고顔師古[42]는 "고리蒿里란 죽은 자의 마을이다.(蒿里, 死人里.)"라는 주석을 붙였다. 『한서漢書·무제본기武帝本紀』에서는 '고리蒿里'를 '고리高里'로 하였고, 안사고顔師古는 "죽은 사람의 마을을 고리高里 혹은 하리下里라고 한다.(死人之里, 謂之高里, 或呼下里.)"라는 주석을 달았다. 이로 볼 때 '호리蒿里'가 '사인리死人里'라는 설이 당시에 보편화되었음을 알 수 있다.

이상 세 가지의 관념이 중국 민간의 '음택' 문화에 발전의 온상이 되었다. '음택'과 '양택'이 분업화됨에 따라 '복택卜宅'문화가 시작된 후 '복묘卜墓'문화도 생겨났다. '복묘'는 바로 음택풍수陰宅風水 최초의 실천이다. 『주례周禮』에서 "왕은 7개월간 초상을 치르고 장사지낸다. 장사지내기에 앞서 묫자리를 점친다.(王喪七月而葬, 將葬先卜墓之塋兆.)" 『효경孝經·상친喪親』에서는 "그 무덤의 자리를 점쳐 보고 안장한다.(卜其宅兆而安厝之.)"라는 기술이 나와 있는데 택조宅兆라는 표현은 묘지를 가리킨다. 『주례』에는 이러한 장사葬事를 관리하던 각종 관직을 설명하는 기재記載가 실려 있다. 예컨대 소종백小宗伯은 '나라를 세운 자의 신위(建國之神位)'와 "변묘조지소목辨廟祧之昭穆" 등 신직神職을 맡은 것 외에도 "장례(묫자리)점을 치고, 묘를 파는 일도 또한 같이 한다.[(卜葬兆, 甫竁)亦如之]"고 하여 이같은 일도 해야 했다. 甫, 始也; 竁, 穿壙也.라는 말은 장조葬兆를 복卜할 때 먼저 땅을 파 중봉中封에 대해 길흉을 점서占筮한다는 뜻이고, 포취甫竁는 장조葬兆를 복卜하기 위해 땅을 파기 시작할 때다. 그리고 총인冢人이라는 관직도 있었다. "총인은 왕묘의

---

42) 顔師古(581~645): 당나라 초기 경조(京兆) 만년(萬年) 사람. 『안씨가훈(顔氏家訓)』의 저자 안지추(顔之推)의 손자고, 고훈(古訓)에 뛰어났던 안사로(顔思魯)의 아들이다. 이름은 주(籀)인데, 자로 행세했다. 자는 사고(思古)로도 쓴다. 학자 집안에 태어나 고전의 학습에 힘썼고 특히 문장에 뛰어났다. 일찍이 황명을 받아 비서성(秘書省)에서 오경(五經)의 문자(文字)를 고정(考定)하여 『오경정본(五經定本)』을 편찬했고, 공영달(孔穎達) 등과 『오경정의(五經正義)』를 찬정했다.

땅을 관장하고 묘역을 가려서 지도를 만든다. 선왕의 묘는 가운데 두고 소昭, 목穆으로 좌우를 구분하고, 제후를 좌우 앞에 두고 경, 대부, 사를 그 뒤에 두어 각각 일족이 되게 한다. 군인으로 죽은 자는 묘역에 들이지 않는다. … 이미 날이 정해지면 측량하기를 청해서 묘지를 파고 마침내 시체를 묻는다. 구덩이를 팔 날짜가 정해지면 구릉의 높이를 측량한다. … 묘의 위치를 바로잡고, 묘역을 청소하고, 묘역에서 금지된 것을 막는 등 묘에서 제사지내고 시신을 묻는 일을 맡는다. 제후와 여러 신하를 묘에서 장사지낸 자에게 묫자리를 주고, 청소해주고, 금지된 것을 지킨다.(冢人, 掌公墓之地, 辨其兆域而爲之圖, 先王之葬居中, 以昭穆爲左右, 凡諸侯居左右以前, 卿大夫士居後, 各以其族 凡死於兵者, 不入兆域 … 旣有日, 請度甫竁, 遂爲之尸. 及竁, 以度爲丘隧 … 正墓位, 蹕墓域, 守墓禁, 凡祭墓, 爲尸. 凡諸侯及諸臣葬於墓者, 授之兆, 爲之蹕, 均其禁.)" 현대어로 설명하면 이렇다. "총인은 왕이 묻힌 묘지를 관리하고 묘역을 확인한 다음에 지형과 봉분의 위치를 그려놓아 보관한다. 선왕先王의 분묘는 가운데에 있고 왼쪽을 소昭, 오른쪽을 목穆으로 하여 무덤을 배치한다. 왕의 자손이 역내 제후諸侯였으면 왕분王墳의 좌우전방에 무덤을 만들고 왕자王者의 자손이 경대부사卿大夫士였으면 왕분의 좌우후방에 분묘를 만드는 등 씨족체계에 따라 무덤의 위치를 정한다. 하지만 전쟁에 사망한 사람은 이러한 묘역에 들어서서는 안 되고 큰 공을 세웠던 사람은 왕분의 정면 앞쪽에 묻힌다. 벼슬등급을 기준으로 하여 무덤의 높이 및 주변 나무들을 정한다. 대상大喪날짜가 정해지면 총재冢宰에게 통보하여 측량하고 광혈壙穴 위치의 윗흙을 파기 시작한다. 제묘지祭墓地 장례를 마치고 시체를 묻는다. 광지壙地를 뚫을 때 규정된 높이와 크기 그리고 길이에 따라 봉분과 천광穿壙(壙中)을 만든 다음에 묻어놓을 기물을 갖다놓는다.

여기서 언급된 '기유일既有日'이란 전문가의 의견에 따르면 묘혈측량 · 굴착일이고 하관일은 아니라고 한다.[43] '급취及竄'란 복택하여 길일을 확인하고 굴착날짜를 정하는 것이다. 몇몇의 종백宗伯들과 총인 이외에 각종장사를 관리하는 묘대부墓大夫도 있었던 것을 보면 당시 장사葬事를 매우 중요시했음을 알 수 있다.

이 절의 시작 부분에서 설명했듯이 세계 각 민족들이 모두 사후영혼관死後靈魂觀을 가진 적이 있었지만 왜 유독 중국에만 '음택' 관념이 강하게 나타났을까? 이에 대한 답을 중국인들의 조상에 대한 숭배와 예법에서 찾아야 한다. 특히 예법은 음택의 성행을 부추기는 촉매라고 할 수 있다. 실은 모든 중국인들에게 봉사奉祀는 일생 중에 꼭 해야 하는 생활의 일부분이다. 그런데 조상을 떠받드는 데 있어서는 살아 계시는 부모에 대한 효도뿐만 아니라 돌아가신 조상에 대한 공경도 더 중요한 내용으로 포함되어 있다. 그래서 공자孔子는 자신이 "삶에 대해서 알지 못하는데, 어떻게 죽음에 대해 알겠는가?(未知生, 焉知死)"라고 무신론적 관점을 주장 했지만 객관적으로 그가 선도한 '예禮', '효孝', '인仁' 등 유가사상들이 '음택'의 발전을 촉진시켰다. 특히 공자가 재아宰我에게 대답한 '삼년지상三年之喪'이라는 말들은 더욱 심대한 영향을 남겼다. 더 아이러니한 사실은 장지葬地에 봉분을 만든 최초의 사람이 역시 공자였다고 한 것이다. 예컨대 『예기禮記 · 단궁상檀弓上』에 의하면 공자가 부모를 방산防山에 합장合葬할 때 "내가 옛날의 사실을 들으니 묏자리를 쓰면서 봉분을 만들지 않는다고 한다. 그러나 지금의 나는 동서남북으로 돌아다니는 사람이니 표지를 삼지 않을 수 없다고 하면서 봉분을 만드니 높이가 넉 자였다.(吾聞之古也, 墓而不墳, 今丘也. 東南西北亡人也, 不可以

43) 『周禮今註今譯』, 林尹 注譯, 書目文獻出版社, 1985, 참조.

弗識也. 於是封之, 崇四尺.)"라고 하였다. 공자 이후 순자荀子는 한층 더 발전시켜 '예'란 부양과 장례를 중요시하는 원칙이라고 주장하며 "예란 삶과 죽음을 다스리는 일을 삼가는 것이다.(禮者, 謹於治生死者也.)"라고 하였다.[44] 그리고 "상례喪禮란 살아있는 사람처럼 죽은 사람을 꾸미는 것인데, 크게 그의 살아있을 때를 본떠서 그의 죽음을 보내는 것이다.(喪禮者, 以生飾死者也, 大象 (像) 其生, 以送其死.)"라고 하였다. 아울러 두꺼운 곽槨과 부장품 수량을 강조하는 바람에 높은 봉분들이 많아졌다. 그런데 다 알다시피 공자가 부모의 봉분을 만든 목적은 후세인들처럼 조선祖先의 음덕을 바라는 음택풍수陰宅風水적인 생각 (서양 사람들이 말하는 '호혜관계互惠關係')에서 비롯된 것이 아니었고 단지 예법상의 필요로 '음택'을 중요시한 것이었다. 『예기禮記 · 단궁하 제4檀弓下第四』의 기록은 이를 입증하는데, "북쪽에 장사 지내고 북쪽으로 머리를 두는 것은 3대에 통하는 예로 저승에 이르게 하기 위한 까닭이다.(葬於北方北首, 三代之達禮也, 至幽之故也.)" 이 기술은 두 가지의 사실을 알려준다. 첫째는 최초의 음택에도 방위문제를 고려했고, 둘째는 방위문제에 대한 고려는 '예禮'에서 비롯된 것이라 했다. 이후 진秦나라 때 저리자樗裏子[45]의 '장지흥왕葬地興旺'이라는 전설이 있었지만 『한서漢書 · 예문지藝文志』나 기타 한나라 고적古籍에는 '장지흥왕'에 관한 기록이 없다. 이것은 일부 문학작품을 통해서도 알 수 있다. 예를 들면, 나관중羅貫中의 『삼

44) 『荀子 · 禮記』, 참조.

45) 사기(史記)는, 중국 전한 왕조의 무제 시대에 사마천이 저술한 중국의 역사서이며, 중국 이십사사의 하나이자 정사의 으뜸으로 꼽힌다. 초기에는 『태사공서(太史公書)』로 불렸는데, 후한 말기에 이르러 처음 '사기'라 불리게 되었고 이것이 현재 일반적으로 널리 알려진 명칭으로 쓰이고 있다. 「본기(本紀)」 12권, 「표(表)」 10권, 「서(書)」 8권, 「세가(世家)」 30권, 「열전(列傳)」 70권으로 구성된 기전체 형식의 역사서로서 그 서술 범위는 전설상의 오제(五帝)의 한 사람이었다는 요 (기원전 22세기)에서 기원전 2세기 말의 전한 무제까지를 다루고 있으며, 그 서술 방식은 후대 중국의 역사서, 특히 정사를 기술하는 한 방식의 전범(典範)이 되었고, 유려한 필치와 문체로 역사서로서의 가치 외에 문학으로서도 큰 가치를 가진 서적으로 평가받고 있다.

국지三國誌』에서는 손견孫堅, 동탁董卓, 조조曹操, 주유周瑜 그리고 유비劉備의 장묘에 대해 풍수風水 '호혜互惠'에 관한 언급을 하지 않고 길일후장吉日厚葬만 기술했다. 하지만 그전 동한東漢에 원안袁安이 아버지를 안장했다는 이야기를 보면 유생儒生인 원안袁安이 아버지의 장지를 모색하던 중 만난 세 서생書生으로부터 이곳에 묻으면 상공上公이 되겠다는 이야기를 듣고 아버지의 시신을 그곳에 묻었더니 수 세대가 번성했다고 한다. 그 후에도 유사한 전설이나 이야기가 점점 많아지는 걸 보면 '장지흥왕'이라는 믿음이 동한 때 이미 민간에 성행되었지만 최고 통치자가 승인하거나 응용하지는 않았다. 이유는 삼국은 동한의 말기인데 삼국 때의 지도자이던 손견孫堅, 동탁董卓 등의 장묘에 관하여 풍수風水 덕분에 후대를 호강시켰다는 기록이 없기 때문이다.

미국의 인류학자인 에밀리 아헨Emily M. Ahern은 『중국 마을의 상례의식』[46]이라는 책을 통해 "조상숭배祖上崇拜의 핵심문제인 생자生者와 망자亡者 간間의 '호혜互惠' 관계에 관한 연구에서 조선숭배습속祖先崇拜習俗의 취지는 생자가 망자를 받들어 망자의 은혜를 갚고 반면에 망자를 받듦으로써 망자의 음덕을 받아 자신이 바라는 행복한 생활과 많은 돈, 곡식 그리고 자손을 이룩하려는 것"이라고 밝혔다.

그런데 이상에서와 같이 '장지흥왕葬地興旺'이라는 믿음이 동한 때가 되어서야 유행되기 시작했다는 사실을 볼 때 에밀리 아헨의 연구가 절반만이 정확하다고 할 수밖에 없다. 왜냐하면 이러한 '호혜' 관계를 처음부터 믿었던 것이 아니었고 당초 조상숭배祖上崇拜의 계기도 '호혜互惠' 관계가 아니라 '예禮'였기 때문이다. 필자가 많은 사료들을 대조 비교한 바, 상술上述 '호혜' 관계에 대한 믿음은 동한東漢 말기 불교의 전입傳入과 밀접

46) Emily M. Ahern, *The cult of the dead in a Chinese village*, Stanford University Press, 1975, pp. 149~174 참조

한 관계가 있었다고 본다. 불교에서 주장하는 인과응보설이 중국 민간에서 전해지는 각종 영혼불멸이라는 귀신사상 그리고 조상숭배와 결합되어 생자와 망자 간의 '호혜互惠' 관계를 만들어냈다고 볼 수 있을 것이다. 동한 이후에 중국인들이 이러한 '호혜互惠' 관계에 대한 믿음이 갈수록 확고해지면서 모든 중국인들의 마음속에 자리를 잡았기 때문에 '호혜' 관계가 바로 중국인들의 소위 '조상숭배'의 핵심이라는 서양학자들의 착각을 자아냈다. 그런데 '장지흥왕'설이 식지 않고 성행할 수 있던 원동력이 역시 이러한 '호혜' 관계이다. '장지흥왕葬地興旺'설이 음택풍수陰宅風水에서 추구하는 최고의 목표로 음택풍수를 대대로 이어지게 했다.

3. 복택에서 지리술까지

복택 이후의 풍수활동은 바로 상택相宅이다. 복택卜宅이 무술적巫術的 감성을 바라고 구하는 단계라고 하면 상택相宅은 이성적 탐구를 시작하는 단계라고 할 수 있다. 상택에 관한 최초의 문헌기록은『주서周書 · 소고召誥』에 다음과 같은 내용이 보인다. "2월 16일[旣望]에서 엿새 지난 을미일 아침에 성왕成王이 주나라로부터 걸어서 풍豐땅에 이르렀다. 태보太保가 주공에 앞서 가서 집터를 보았다. (풍에서 돌아온) 3월 초사흘 병오일에서 사흘 지난 무신일 아침에 태보가 낙읍에 이르러 집터를 점쳤다. 길하다는 점괘를 얻고서 측량하여 설계하기 시작하였다. 사흘 지난 경술일에 태보가 마침내 여러 은나라 백성을 데리고 낙예洛汭에 집터를 다스리게 하였다.(惟二月旣望, 越六日乙未. 王朝步自周. 則至於豐, 惟太保, 先周公相宅. 越若來, 三月惟丙午朏. 越三日戊申, 太保朝至於洛. 卜宅. 厥旣得卜, 則經營, 越三日庚戌. 太保乃以庶殷攻位於洛汭.)"

이것은 주성왕周成王이 낙읍洛邑의 건설을 결정하는 과정을 묘사하는 내용이다. 성왕成王이 2월 21일(乙未) 아침에 호경鎬京에서 풍읍豐邑에 온 후 태보소공太保召公이 주공周公보다 앞서 먼저 낙洛(오늘의 낙양)에 가서 그곳의 환경을 답사하고 다음 달 초사흘 날에 초승달이 뜨고 삼일이 지난 무신일戊申日에 태보소공太保召公이 이른 아침에 다시 낙洛에 와 전체 도시건설의 위치에 길흉을 점쳐본 결과 길吉하다고 판단하고 낙읍洛邑건설을 위한 측량작업을 시작했다. 아울러 그 위치를 하천(하류)의 굽이 도는 곳(안쪽)으로 선정했다. 이 유명한 이야기를 바탕으로 하여 청나라 때 어떤 이가 설명도를 그려내어 유명한 태보상택도太保相宅圖가 되었다.(〈그림 1〉). 태보太保는 아마도 중국의 정사正史에 기록된 최초의 풍수사風水師라고 할 수 있을 것이다. 그럼 태보는 어떤 사람이었을까?

『칭위대사전稱謂大辭典』에서는 태보를 이렇게 설명했다. ① 관직명, 고대삼공古代三公의 하나로 태전太傅 밑에 있는 임금의 보좌관. 『서경書經 · 주관周官』에서 "태사, 태부, 태보를 세웠다(立太師, 太傅, 太保.)"고 한다. 서주西周 때에 창설했다 춘추春秋 후에 폐지되었고 서한西漢 때 다시 세웠다가 동한東漢 때 다시 폐지되었다. 그 후 역대 왕조에 계속 유지되었지만 대부분 주공 문무대신文武大臣에게 추서되는 명예관직이라 실직實職이 아니었다. 그리고 진晉나라 이후에는 태자太子를 지도하는 관리를 가리키는 말이 되었다. ② 옛날에 사원에서 향불을 관리하는 사람이나 무속인을 가리키는 말, ③ 송나라와 원元나라 때 일반무사一般武士, 복역僕役 등에 대한 존칭尊稱, ④ 의적義賊에 대한 존칭尊稱. 위에서 언급한 『주서周書 · 소고召誥』의 태보太保에 대한 설명을 볼 때 태보상택太保相宅이[47]라고 할 때의 태보는 위에서 언급한 ①번과 거의 일치하고 주나라 때 주성왕

47) 李學勤主 編, 『尙書正義』(周書), 臺灣書房出版有限公司, 2001, 459~462쪽.

〈그림 1〉 태보상택도(『書經 圖說』)

을 보좌하였을 정도로 높은 벼슬이라 당시 풍수사風水師가 어떤 지위였는지 상상할 수 있다. 하지만 설명 ②, ③, ④번에서는 태보의 성격이 어느 정도 달라져 풍수에도 '태보'라는 용어가 더 이상 보이지 않았다. 이러한 성격상의 변화가 중국 문화인의 마음속에서는 '풍수'가 이미 높고 신성하던 관직에서부터 무술巫術 성격을 띤 전문직으로 전환되었다는 증거가 된 셈이다.

일부 학자들의 고찰에 따르면 양자강 이남 지역에는 오늘날에도 '태보선생太保先生'이나 '태보서太保書'라고 불리는 사람들이 있는데 그들이 하는 일은 풍수사와 거리가 멀고 보통 사승師承을 한다 … 초보 수준으로 … 승려도 도사도 아니고 무속인과도 다르다. 평소 집에 있다가 제사가 있는 집에서 요청이 오면 방문하여 의식儀式을 진행하고, 신가神歌를 불러준다 … 그들이 맡은 민간 종교의식은 대체로 3가지가 있다. 첫째는 '주사做社'로 신에게 보우保佑를 비는 제사의식, 둘째는 '양해禳解'로 환자에게 잡귀를 몰아주는 무술행위, 나머지 하나는 '완고完股'로 상속喪俗의 일종이다.[48] 결론적으로는 오늘날에 태보와 풍수사風水師의 업무영역이 전혀 다르지만 그래도 유사한 부분이 많고 모두 일정한 학력을 갖춘 민간 업자다. 성격은 승려나 도사도 아니고 무속인과도 다르다. 무속인과 일반인 그리고 무술과 이성 사이에 있는 존재라고 할 수 있다.

초기의 '상택相宅' 활동을 살펴보려면 『소고召誥[49]』 중에 기록된 태보상택 이야기부터 시작해야 한다. 그 당시의 상택相宅 활동은 주로 현장을 찾아가서 답사하는 것이었다. "낙예에 집터를 다스리게 하였다.(攻位於洛汭)."는 한 결과를 볼 때 이러한 답사를 통해 설계된 도시구조는 현대 과학원리에도 부합된다.(〈그림 2〉). 그런데 최종 '복'으로 그 위치의 길흉을 판단해야 한 것을 보면 그 때까지 여전히 이성과 무술이 공존했음을 알 수 있다.

태보상택 이외에 『주례周禮 · 하궁사마하夏官司馬下』에 기록된 토방씨土方氏(관직명)도 상택지법相宅之法을 관여하였다. "토방씨는 토규土圭의 법으로 해의 그림자를 계산하여 토지의 집자리를 점쳐서 나라의 도都와

---

48) 『太保與做社』, 顧希佳 · 陳宰 · 張玉觀, 載 『中國民俗文化』 第七集, 學林出版社, 1992.

49) 召誥: 『서경(書經)』, 주서(周書)의 편명. 금문(今文)과 고문(古文)의 두가지가 있음. 성왕(成王)이 낙양(洛陽)으로 천도하려 할 때 소공(昭公)이 성왕을 계고(誡告)하여 올린 글.

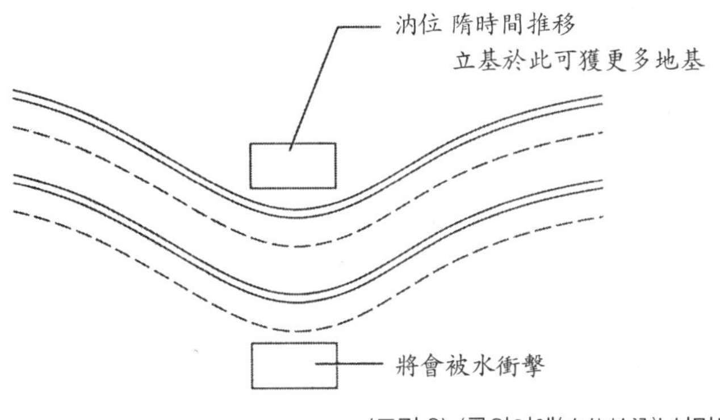

〈그림 2〉 '공위어예(攻位於汭)' 설명도

비鄙를 세웠고, 토의土宜와 토화土化의 법을 따져서 부임할 곳을 준 사람이고, 왕이 순수할 때에는 왕사를 세웠다.(土方氏掌土圭之法以致日景, 以土地相宅而建邦國都鄙, 以辨土宜土化之法而授任地者, 王巡守, 則樹王舍.)" 대략적인 의미는 이렇다. 토방씨는 규표의 사용을 주관한다. 규표로 해가 이동할 때 그림자의 길이 변화를 재고 토지 측량과 방위 측정을 통해 거주지나 도시 그리고 수도건설에 적합한 지역을 선택하고 경작적합 토질과 토질 개량 방법을 밝혀내어 토력제공土力制貢 등 부세賦稅를 담당하는 재사載師들에게 전수해준다. 왕이 출행하여 제후국을 시찰할 때 행궁行宮(왕이 출궁하거나 도읍을 떠나 나들이할 때 머물던 별궁) 주변에 나무들을 세워 울타리를 만든다. 그러므로 토방씨土方氏의 '상택相宅' 방법에는 '과학科學'적인 발상이 들어 있음을 알 수 있다. 그 중 치일경致日景의 '토규법土圭法'은 방위 측정에, '토회법土會法'과 '토의법土宜法'은 각종 토지의 특성감별에 쓰였다. '토규법'과 '토회법' 그리고 '토의법'은 바로 초기 '상택'의 기초이며 천문관찰과 지리탐사를 통해 풍수를 연구하는 선례를 만들었다고 할 수 있다.

상택활동이 주周나라 때 이미 보편화 되었던 점은 많은 문헌들에도 기록되어 있다. 가장 유명한 것은 『시경詩經·대아大雅·공류公劉』 속의 기술이다. 거기에서는 공류公劉가 주周나라 빈국豳國에서 "그곳의 음양을 살핌(相其陰陽)"이라는 방법을 시적인 묘사로 재조명하였다. "공류公劉께서 빈 땅의 들을 둘러 보시니 … 그들과 잘 어울리고 정이 서로 통하니 … 산꼭대기로 올라갔다 들판으로 내려왔다 하셨는데 … 공류께서 백천百泉으로 가셔서 부원을 살펴보신 뒤 남쪽 산마루에 올라가 경京 땅을 둘러 보셨네.(篤公劉, 於胥斯原 … 旣順乃宣 … 陟則在巘, 複降在原, 篤公劉, 逝彼百泉, 瞻彼溥原, 乃陟南岡, 乃觀於京)"라고 하고, "공류께서 차지한 땅 넓고 아득한데 그림자로 크기를 재고 언덕에 올라 둘러보며 그곳의 음양을 살피시고 그곳에 흐르는 샘물도 찾아보시는데 … 진뻘과 들판을 측량하시고 … 그곳 산 서쪽 기슭까지 재어보니 빈豳 땅은 진실로 넓네.(篤公劉, 旣溥旣長, 旣景乃岡, 相其陰陽, 觀其流泉 … 度其隰原 … 度其夕陽, 豳居允荒.)"라고 하였다. 이로써 당시 상택을 정하는데 이미 자연산수나 환경에 대해 전 방위 조사를 행했을 뿐만 아니라 토지의 길이와 해의 그림자를 측정하는 방법으로 건축물의 부지와 방향을 선정하였다는 사실을 알 수 있다. "그곳의 음양을 살핌(相其陰陽)"이라는 표현을 보면 나중에 풍수술風水術을 음양술陰陽術로, 풍수사風水師를 음양사陰陽師로 부르게 된 계기가 되기도 하였다.

상택에 관한 대량의 기록들에 대한 연구에서 상택은 무술巫術의 그림자에서 점차 벗어나는 동시에 실질적인 내용이 증가되었다는 사실이 밝혀졌다. 예컨대 현지답사, 지질이나 지형 같은 지리적 요인을 고려하는 부지선정, 토규법에 의한 건축물 방향선정 등이 추가되었다. 이러한 부지 및 방향 선정법은 후세 풍수의 '형법形法'과 '이법理法'의 기원이 되기도 했지만 상택相宅의 결과는 결국 '복택卜宅'을 통해 길한지를 판명해야 했다. 예를 들면 반경盤庚이 박읍亳邑으로 천도할 당시 박읍亳邑의 지질과 지형에 대한 조사를 통해 내린 결론은 이렇다. 박읍은 원래 살던 '경지耿地' 보다 살기에 적합하다. '경지'의 땅이 알칼리성 토양이라 농사에 적합하지 않지만 백성들이 그런 곳에서 생업인 농사를 하지 않을 수 없었다. 반면에 박읍은 토질이 좋은 데다 산을 끼고 있다. 백성들이 그곳에서 마음놓고 열심히 농사를 하면 사람됨도 좋아진다고 하였다. 하지만 한편으로는 그렇게 좋은 답사결과가 나왔는데도 불구하고 결국 '복택卜宅'으로 그 신성함의 의미를 부여해 백성들에게 이주를 설득시켜야 했다.

아득히 먼 옛날에 있던 복택과 상택활동相宅活動도 문헌 기록을 통해 그 내용과 취지를 확인할 수 있다. 그런데 『헌원본기軒轅本紀』에는 '청오술青烏術'이라는 표현도 나왔다. "황제黃帝가 처음 분야分野를 그어서 주州를 나누었는데 청오자青烏子란 인물이 지리地理를 잘 살폈기에 황제가 물은 것으로 『장경葬經』을 지었다.(黃帝始劃野分州, 有青烏子善相地理, 帝問之以制經.)" 이것은 하나의 전설로 원고遠古인 황제시대로 거슬러 올라갈 수 있다. '청오자青烏子'라는 사람의 행적도 줄곧 전설의 베일에 싸여 있다. 예를 들면, 『장경』을 지었다는 전설 등등. 하지만 고대신화를 고찰할 때 '청오青烏' 및 '청오자青烏子'에 관한 기록을 더 이상 찾을 수는 없다. 그런데 '청오자'가 실존했던 인물이었는지, '청오자'가 실제 『장경』을 지었는지에 대한 고증은 별다른 의미가 없지만 '청오자' 전설과 같은 시대에 있었던 기타 신화나 전설을 단서로 초기 풍수의 본질과 목표를 엿볼 수 있다고 필자는 보고 있다.

고대신화를 고찰하면 '청오青烏'나 '청오자青烏子'라는 표현을 찾아볼 수 없지만 '청조青鳥'에 관한 이야기가 많이 있다. 『산해경山海經』 중의 '청조青鳥'는 서왕모西王母의 사신使臣이다. 한나라의 반고班固가 지은 『한무고사漢武故事』에 이렇게 기술했다. "7월 7일 황제(한무제)께서 승화전承華殿의 재실에 있었는데 해가 하늘 한 가운데 오르자 홀연 청조青鳥가 서쪽에서 집전의 앞으로 오는 것을 보았다. 황제가 동방삭東方朔에게 묻자 동방삭이 대답하기를, '서왕모가 저녁 때 반드시 존귀한 상象을 내릴 것이니 황제는 깨끗이 청소를 하고 맞이하는 것이 좋겠습니다.'라고 하였다.(七月七日, 上於承華殿齋, 日正中, 忽見有青鳥從西方來集殿前. 上問東方朔, 朔對曰: '西王母暮必降尊象, 上宜灑掃以待之.')" 후세인들은 청조青鳥를 메시지(특히 사랑의 메시지)의 전달자로 비유했다. 유명한 사례로 당나라 이상은李商隱이 지은 『무제無題』 시詩에는 "봉래산 가려 해도 길이 없으니, 파랑새야 살며시 날 위해 찾아가주렴.(蓬山此去無多路, 青鳥殷勤爲探看.)"이라 하였다. 실은 '청조青鳥'가 사자使者라는 의미 외에 다른 의미도 있다. 예를 들면, 『좌전左傳·소공 17년昭公十七年』에 기록된 '소호지국少昊之國' 부분에는 "새의 이름으로 모든 관직의 이름을 정함(百鳥名百官)"이라 했는데 그 중 "청조씨青鳥氏는 사계司啓이다(青鳥氏, 司啓也)"라고 하였는데, '청조씨青鳥氏'는 시간을 계측하는 천문역법天文曆法관리로 천문天文을 연구하는 벼슬이었다.

풍수서적 중에 '청오青烏'를 '청조青鳥'라고 기술된 경우도 있지만 학자들 중에 '청조青鳥'는 '청오青烏'의 잘못이라고 지적하는 이도, 고대에 '조鳥'와 '오烏'는 동일한 의미라 '청오青烏'와 '청조青鳥'도 같은 의미라고 설명하는 이도 있다. 그런데 필자는 이것이 그리 간단한 문제가 아니라고 생각한다. 하신何新이 지은 『제신적 기원諸神的起源』이라는 책 중의 태양신숭배전설太陽神崇拜傳說에 대한 고찰을 바탕으로 필자가 『풍수탐원風水探源』을 통해 '청오青烏'와 '청조青鳥'가 중국 고대 태양신 숭배전설의 양대체계일 것이라는 추측을 내놓았다. 하나(青鳥)는 태양 자체가 '조鳥'고 나머지 하나(青烏)는 태양 속에 존재하는 '오烏'(黑烏, 金烏或三足烏)일 것이다. 그래서 '청오青烏'나 '청조青鳥'라는 호칭은 태양신 숭배에서 비롯된 두 가지의 전설이라고 할 수 있다. '청오자青烏子'는 지리를 관여하는 벼슬이고 반면에 '청조자青鳥子'는 시간계측과 역법曆法을 주관하는 관직이었다. 지역과 천후天候는 당시 중국인들의 양대 관심사였다. 이 양대 체계는 결국 『역경易經·계사繫辭』에서 "앙관천문仰觀天文"과 "부찰지리俯察地理"라는 명언으로 연역演繹되었다. 이것은 중국 전통건축에서 추구하던 양대목표가 되었다.

위에서 소개된 복택卜宅, 상택相宅, 복택, 상택, 청오靑烏, 청조靑鳥에 대한 설명을 볼 때 그것들이 모두 풍수 초기단계의 산물이다. 그들 중의 공통점은 초기 풍수의 기본특징을 반영하고 있다.

(1) 초기 풍수기법의 습득자들은 무술과 신성함을 한 몸에 지닌 고위직 관리였다. 태보太保, 토방씨土方氏, 청오자靑烏子, 청조자靑鳥子 등은 모두 신성하다는 이미지를 어느 정도 지니고 있었다.
(2) 초기 풍수에는 뚜렷한 무술 특징을 지니고 있어서 점복을 하지 않을 수 없었고 최종 단정기준도 '길', '흉'이었다.
(3) 과학적인 요소가 추가되었고 주된 내용은 지형이나 지질에 대한 조사와 천후 연구였다. 구체적으로 지리조사, 방위측정, 시간계측 그리고 역법 같은 내용이 첨가되었다.

이어서 생겨난 호칭이 '감여堪輿'이었고 시기는 한나라 때였다. 감여에 관한 최초의 기록은 『사기史記·일자열전日者列傳』에 보인다. "효무제孝武帝 때 점술가들을 모아놓고, '어떤 날을 정해 놓고 그날 며느리를 맞아들이면 좋을까?'하고 물었다. 오행가五行家는 (그 날이) 좋다고 하고, 감여가堪輿家는 좋지 않다고 하고, 건제가建除家는 길하지 않다고 하였고, …(孝武帝時, 聚會占家問之, 某日可取婦乎? 五行家曰可, 堪輿家曰不可, 建除家曰不吉 ….)" 이것으로 보아 당시 감여가堪輿家가 많았고 복잡한 점술유파占術流派들 중의 하나였음을 알 수 있다. 그런데 왜 '감여堪輿'라고 했을까? 글자의 의미로부터 답을 찾아야 한다.

『사해辭海』에서는 감堪에 대한 해석은 이렇다. ① 돌출한 땅, 『설문해자說文解字』에 참조. 땅의 돌출한 부분, ②능히, 감당함, ③ 감龕과 같음, 즉 왕성함, ④ 성씨. 그리고 여輿에 대한 해석은 이렇다. ① 수레에 짐을 싣는 곳, ② 가마, ③ 항거함, ④ 뭇사람, ⑤ 낮은 벼슬. 이상 설명들 중에 돌출한 땅이라는 '감'의 한 가지 의미를 제외하고는 '감'과 '여'는 천도天道나 지도地道와 전혀 관련이 없는 것 같다. 하지만 만약 여지輿地나 곤여坤輿라는 말과 연계시키면 '여輿'에 포함된 깊은 의미를 알 수 있다. 예컨대 『사기史記 · 삼왕세가三王世家』에는 다음과 같은 기록이 보인다. "어사御史가 여지도輿地圖를 바쳤다.(御史奏輿地圖.)"고 하였다. 『색은索隱』: "하늘은 뒤덮고 땅은 실어주는 덕이 있으므로 하늘을 지붕[蓋]이라 말하고, 땅을 수레[輿]라 한다.(天地有覆載之德, 故謂天爲蓋, 謂地爲輿.)"에 의하면 여輿와 지地는 같은 뜻이며, 『역경易經 · 설괘說卦』에도 "곤坤은 커다란 수레이다.(坤爲大輿.[50])"라고 하였다. 곤은 팔괘八卦 중에서 땅이라는 의미로 만물을 싣고 있다. 그래서 여는 땅을 가리킨다.

계속해서 '감堪'과 '여輿'의 합성어인 감여堪輿에 관한 문헌기록을 살펴보자.

『논형論衡 · 기일譏日』에서는 "기일을 정하는 법은 병丙과 자子, 묘卯 등과 같은 부류여서 처음부터 꺼리는 것이 있다고 반드시 흉화凶禍가 생기는 것은 아니다. 감여는 분명하지만 여러 신이 하나가 아니라서 성인聖人이 언급하지 않았고 제자諸子들도 전하지 않아 처음부터 그 실상이 없어 하늘의 도는 알기 어렵다.(忌日之法, 蓋丙與子卯之類也, 殆有所諱,

50) 朱子原 著, 白殷基譯註, 『周易本義』, 여강출판사, 1999, 667쪽.

未必有凶禍也, 堪輿歷歷上諸神非一, 聖人不言, 諸子不傳, 殆無其實, 天道難知.)"라는 내용에 의거하면 감여堪輿는 하늘과 관계있는 신이라는 설명이다. 『주례周禮 · 춘관春官 · 보장씨保章氏』 편의 보장씨는 "하늘의 별을 관장하여 별과 해와 달의 변동에 생각을 두고, 세상의 변천을 관찰하여 그 길함과 흉함을 분별해내고, 성토星土로 구주九州의 땅을 분별하여 내려주는 봉역封域이 모두 나누어진 별이 있게 되어 괴이하거나 상서로운 일을 살필 수 있다. 12해[歲]의 상이 있기 때문에 세상의 괴이하거나 상서로운 일을 살필 수 있고, 오운五雲의 물이 있기 때문에 길과 흉, 홍수와 가뭄, 풍년과 흉년의 재앙기운[祲象]을 분별할 수 있고, 12풍風이 있어 세상의 화명을 관찰할 수 있다 … (掌天星, 以志星辰日月之變動, 以觀天下之遷, 辨其吉凶, 以星土辨九州之地, 所封封域, 皆有分星, 以觀妖祥, 以十有二歲之相, 觀天下之妖祥, 以五雲之物, 辨吉凶水旱降豐荒之祲象, 以十有二風, 察天地之和命 …)" 여기서 거론된 분성分星이라는 것은 봉토封土(제후諸侯를 봉하여 내준 땅)와 대응되는 별자리다. 『정현주鄭玄注』에서는 "주州 안 여러 나라의 봉성은 별자리에서도 나누어져 있는데 그 책은 이미 없어졌다. 감여에 비록 군과 나라의 도수가 있지만 옛날의 수가 아니다. 오늘날에도 그 존재를 말할 수 있는 것은 12차의 분야이다. 성기星紀는 오나라와 월나라이고, 현효玄枵는 제齊나라이고, 추자娵訾는 위衛나라이고, 강루降婁는 노魯나라이고, 대량大梁은 조趙나라이고, 실침實沈은 진晉나라이고, 순수鶉首는 진秦나라이고, 순화鶉火는 주周나라이고, 순미鶉尾는 초楚나라이고, 수성壽星은 정鄭나라이고, 대화大火는 송宋나라이고, 석목析木은 연燕나라이다.(州中諸國中之封城, 於星亦有分焉, 其書亡矣, 堪輿雖有郡國所入度, 非古數也, 今其存可言者, 十二次之分也, 星紀, 吳越也; 玄枵, 齊也; 娵訾, 衛也; 降婁, 魯也; 大梁, 趙也; 實沈, 晉也; 鶉首, 秦也; 鶉火, 周也;鶉尾, 楚也; 壽星, 鄭也; 大火, 宋也; 析

木, 燕也.)"라고 기술되었다.

『회남자淮南子 · 천문훈天文訓』에 기술된 "북두北斗의 신神에는 자신[雌]과 웅신[雄]이 있다. 11월 자子에서 시작하면 달마다 한 별자리[辰]씩 옮겨 가는데, 자신은 왼쪽으로 돌고, 웅신은 오른쪽으로 돌아 5월에 오午에서 만나 형벌[刑]을 도모하고, 11월에는 자에서 만나서 덕德을 도모한다. 태음이 있는 별자리[辰]는 염일[厭日]이 되는데, 염일에는 어떤 일도 벌여서는 안 된다. 감여가 천천히 운행하면 웅신[雄]은 소리로 지신[雌]을 알게 된다. 웅신은 기진奇辰이다.(北斗之神有雌雄, 十一月始建於子, 月從一辰, 雄左行, 雌右行, 五月合午謀刑, 十一月合子謀德, 太陰所居, 辰爲厭日, 厭日不可以擧百事, 堪輿徐行雄以音知雌, 故爲奇辰.)"라는 내용의 대략적인 의미는 이렇다. 북두신北斗神은 암수로 되어 있다. 음력 11월(冬至)저녁 8시경 북두자루 끝별(요광搖光)이 정북正北방향인 자방위子方位를 가리키면서 암수가 떨어져 따로 돌기 시작한다. 매월 차례로 십이지十二支 중의 한 지支를 가리킨다. 수컷은 좌회전하는 반면에 암컷은 우회전하다가 반 년 뒤인 음력 5월에 암수가 남쪽 오방위午方位에서 결합된다. 그곳에서 살기殺氣를 모의하고 11월의 자월子月이 되면 다시 북에서 합쳐 생기生氣를 도모한다. 태음太陰(암컷)이 가리키는 시진時辰은 혐오스런 날이라서 각종 행사를 치러서는 안 되는 시간이다.

이들 기록은 감여堪輿는 북두北斗에 관련된 열두 개의 신명神名으로 각각 12개월을 가리키며 열두 개의 지상 구역과 대응된다는 것을 알려준다. 허신許愼은 『회남자 · 천문훈』을 주석하면서, "감堪은 하늘의 도이고, 여輿는 땅의 도이다(堪, 天道也, 輿, 地道也.)"라고 주장하는 것을 보면, 감堪과 술術의 내용 및 취지는 천도天道와 지도地道에 대한 관찰 및 설명을 통해 세상의 길흉을 추단推斷하는 것을 알 수 있다. 그렇다면 감여술堪輿術의 구체적 내용은 무엇인가?

『한서漢書 · 예문지藝文志』 중 오행권五行卷에 『감여금궤堪輿金匱』 부분이 있었으나 그 책이 이미 유실되어서 다른 경로를 통해 감여술의 자료를 수집할 수밖에 없다. 필자는 육임술六壬術이 『감여금궤堪輿金匱』의 주된 내용의 하나라고 생각한다.

동한東漢시대 조엽趙曄이 지은 『오월춘추吳越春秋』에 의하면 육임점六壬占의 앞 구절에 "금편팔金匾八"이라는 어구가 기록되었다고 한다. 육임반六壬盤 천반天盤에 북두성진北斗星辰이 있는 점과 감여堪輿에 관한 자세한 기록에 비추어 볼 때 양자 간의 밀접한 관계를 짐작할 수 있다. 육임술六壬術의 측산測算 중에서도 십이신十二神이라는 용어: 귀인貴人, 등사螣蛇, 주작朱雀, 육합六合, 구진勾陳, 청룡靑龍, 천공天空, 백호白虎, 태상太常, 현무玄武, 태음太陰 그리고 천후天后를 쓰며 그들이 있는 위치에 따라 사물의 길흉 상황을 판단한다. 그런데 그 중의 태음은 『회남자淮南子 · 천문훈天文訓』에서 언급된 감여신堪輿神의 하나인 '태음太陰'과 공교롭게도 일치한다.

『사고전서총목제요四庫全書總目提要』의 『육임대전六壬大全』 12권 조항에는 육임의 명칭을 이렇게 해석한다. "육임六壬은 아주 오래 전부터 전해진다. … 이 수數라는 것은 오행에 근원하고, 오행은 수水에서 시작한다. 음에서 움직여서 양을 일으키므로 임壬이라 부르고, 성수[成]에서 움직여서 생수[生]를 담당하므로 육六이라는 수를 쓴다.(而六壬其傳尤古 … 大抵數根於五行, 而五行始於水, 擧陰以起陽, 故稱壬焉, 擧成以該生, 故用六焉.)"고 하였다. 이 내용을 현대어로 설명하자면 이렇다. 음양오행학설陰陽五行學說에서는 수水는 오지五地의 첫째고 십천간十天干에서는 임壬과 계癸는 모두 수水에 속하지만 그 중 임壬은 양수陽水이고, 계癸는 음수陰水라서 "음을 포함해서 양을 취함(含陰取陽)"이기에 원칙에 따라 그것(水)을 '임'이라고 부른다. 「하도河圖」에 "천天의 수 1로 수水를 낳고, 지地의 수 6으로 수를 완성한다.(天一生水, 地六成之)"라는 설이 있어 '육六'

으로 명명했다는 설명이다. 그런데 육임의 명칭에 대하여 육십갑자六十甲子 중에 임이 있는 간지干支가 모두 여섯 개, 즉 임신壬申, 임오壬午, 임진壬辰, 임인壬寅, 임자壬子, 임술壬戌이 있어 '육임六壬'이라고 부른다는 설명도 있다. 해석이 어찌 되었든 육임의 기본 법칙은 『역경易經』에서 유래되었다. 그 중 64괘卦에 대응되는 64과課가 있는데 과체課體가 일정하지만 과식課式은 무려 二千九百八十五萬九千八百四十 가지나 된다. 육임술六壬術의 구체적인 방법은 사건발생 년, 월, 일, 시의 천간天干, 지지地支에 의거하여 육임반으로 음양오행의 변화규칙에 따라 4과四課를 정하고 3전三傳을 취하고 귀인을 세운 뒤 일상생활 중의 길흉화복을 점치는 것이다.

여기서 우리가 주목할 만한 점이 두 가지 있는데, 하나는 임술壬術이라는 명칭중의 '임'이 수水와의 관계, 다른 하나는 육임술법六壬術法 중의 '4과四課'이다. 이 두 가지는 나중에 생겨난 풍수에 커다란 영향을 미쳤기 때문이다. 예를 들면 풍수 명칭중의 '수水'자 그리고 풍수계의 중요 유파인 '과법課法'은 모두 그러한 증거로 볼 수 있다.

육임반의 발현은 육임술과 풍수나반風水羅盤의 연원관계를 한층 더 입증해준 셈이다. 현재까지 발견된 몇 개의 육임반을 보면 동축同軸인 상반上盤과 하반下盤으로 겹쳐져 있고 원형인 상반上盤을 천반天盤, 네모번듯한 하반下盤을 지반地盤이라고 부른다.(〈그림 3〉). 이렇게 원형과 정사각형으로 된 천반天盤과 지반地盤은 마침내 중국 고대 우주관의 하나인 '천원지방天圓地方'(하늘은 둥글고 땅은 네모나다) 사상에 부합된다. 천반 정면의 한가운데 부분은 북두성진北斗星辰이고 둘레 쪽에 전문篆文이 두 바퀴로 둘러 새겨져 있고 안쪽 둘레에는 숫자로 표시된 정월正月부터 12월까지의 월장月將들이고 바깥쪽 둘레에는 이십팔숙二十八宿이다. 지반地盤 테두리四周에도 전문篆文이 세 바퀴 둘러 새겨져 있고 안쪽 둘레에는 팔간사유八幹四維, 중간쪽 둘레에는 십이지十二支, 바깥쪽 둘

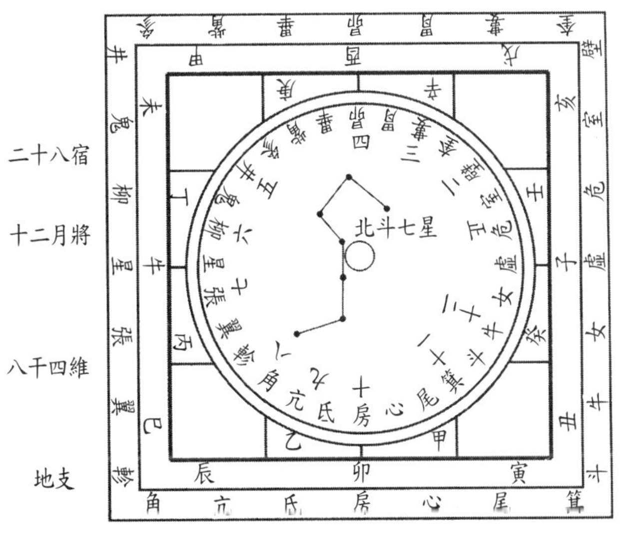

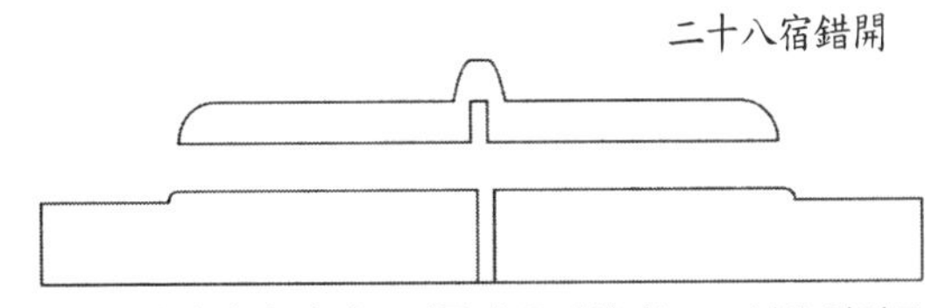

〈그림 3〉 한나라의 점치는 기구인 육임식반(六壬式盤) 설명도

레에는 천반과 마찬가지로 이십팔숙二十八宿이다. 의미심장하게도 천반과 지반상에 각인(통반에서 새겨진)으로 새겨진 이십팔숙二十八宿의 순서가 엇갈렸다. 이것은 풍수나반에 정침正針과 봉침縫針의 이십사향二十四向이 서로 엇갈린 점과 유사하다. 팔간사유八幹四維와 이십팔숙二十八宿 등을 둘러 새겨놓은 것도 나반羅盤과 비슷하다. 나반의 이러한 기본 구조의 특징들을 볼 때, 나반을 발명할 당시 직접적으로 육임반을 참고했다고 추정할 수 있다.

계속해서 십이월장十二月將의 해석적 의미를 살펴보자. 이것은 한 달 중에 일숙태양日宿太陽이 십이궁十二宮에 있는 위치를 가리킨다. 예측할 때 그 달에 일숙태양이 있는 천반의 궁宮을 지반중地盤中의 지지地支가 소재하는 궁에 놓아 길흉을 추단推斷한다. 예를 들어 『대육임심인부大六壬心印賦』의 주석에 따르면, "달이 해에 붙어서 태양에 자리한다. 정월 우수雨水를 지나 해가 추자娵訾의 자리에 위치하면 해궁亥宮에 들어가 등명장登明將이 된다. 2월 춘분春分을 지나 해가 강루降婁의 자리에 위치하면 술궁戌宮에 들어가 하괴장河魁將이 된다. 3월 곡우穀雨를 지나 해가 대량大樑의 자리에 위치하면 유궁酉宮에 들어가 종괴장從魁將이 된다. 4월 소만小滿을 지나 해가 실침實沈의 자리에 위치하면 신궁申宮에 들어가 전송장傳送將이 된다. 5월 하지夏至를 지나 해가 순수鶉首의 자리에 위치하면 미궁未宮에 들어가 소길장小吉將이 된다. 6월 대서大暑를 지나 해가 순화鶉火의 자리에 위치하면 오궁午宮에 들어가 승광장勝光將이 된다. 7월 처서處暑를 지나 해가 순미鶉尾의 자리에 위치하면 사궁巳宮에 들어가 태을장太乙將이 된다. 8월 추분秋分을 지나 해가 수성壽星의 자리에 위치하면 진궁辰宮에 들어가 천강장天罡將이 된다. 9월 상강霜降을 지나 해가 대화大火의 자리에 위치하면 묘궁卯宮에 들어가 태충장太沖將이 된다. 10월 소설小雪을 지나 해가 석목析木의 자리에 위치하면 인궁寅宮에 들어가 공조장功曹將이 된다. 11월 동지冬至를 지나 해가 성기星紀의 자리에 위치하면 축궁丑宮에 들어가 대길장大吉將이 된다. 12월 대한大寒을 지나 해가 현효玄枵의 자리에 위치하면 자궁子宮에 들어가 신후장神後將이 된다. … 가령 정월 우수를 지난 다음 해가 추자의 자리에 위치하면 해가 등명장이 된다. 예컨대 오시가 되면 해로 오에 보태고, 자로 미에 보태어 12진에 순서대로 행하는 것이다. 나머지도 이와 같다.(月將即日宿太陽也. 正月雨水後日躔娵訾之次, 入亥宮, 乃登明將也; 二月春分後日躔降婁之次, 入戌宮, 乃河魁將也; 三月穀雨後日躔大樑之次, 入酉宮, 乃以魁將也; 四月小滿後日躔實沈之次, 入申宮, 乃傳送將也; 五月夏至後日躔鶉首之次, 入未

宮, 乃小吉將也; 六月大暑後日躔鶉火之次, 入午宮, 乃勝光將也; 七月處暑後日躔鶉尾之次, 入巳宮, 乃太乙將也; 八月秋分後日躔壽星之次, 入辰宮, 乃天罡將也; 九月霜降後日躔大火之次, 入卯宮, 乃太沖將也; 十月小雪後日躔析木之次, 入寅宮, 乃功曹將也; 十一月冬至後日躔星紀之次, 入丑宮, 乃大吉將也; 十二月大寒後日躔玄枵之次, 入子宮, 乃神後將也 … 假令正月雨水後日躔娵訾之次, 乃亥將登明也, 如午時則用亥加午, 子加未順行十二辰是也, 餘仿此.)"라고 한다.[51)]

일부에서는 십이월장十二月將과 십이신十二神을 혼동하고 있다. 『당육전唐六典』 권십사卷十四에는 십이월장十二月將과 십이신十二神이 별개라고 천명되어 있다. 십이신도 육임술六壬術의 중요한 개념으로 육임술에서 그들이 있는 위치에 따라 사물의 길흉을 판단한다. 예를 들면, 귀인은 기추지사己醜之土로 출정선포를 주(관)하는 만큼 십이신十二神을 통제할 수 있다. 그런데 육임술六壬術 중에서는 재물, 경사, 소명詔命같은 일을 가리킨다. 등사騰蛇는 흉신凶神으로 주로 화재, 공포, 우려, 괴이怪異 같은 일; 주작朱雀은 병오화신丙午火神으로 문서文書, 소송, 진소奏疏 및 구설口舌 같은 일; 육합六合은 을묘목신乙卯木神으로 화합, 성취成就, 연회와 혼인 같은 일; 구진勾陳은 무진토신戊辰土神으로 정벌, 전투, 소송, 토지분쟁 같은 일; 청룡靑龍은 갑인목신甲寅木神으로 재산, 식량, 경사 같은 일; 천공天空은 무술토신戊戌土神으로 허위부실한 일; 백호白虎는 경신금신庚申金神으로 도로道路, 유혈, 관재官災, 질병, 사망 등 험악한 일; 태상太常은 기미토신己未土神으로 연회宴會, 술과 음식, 의관衣冠, 재물 등 경사로운 일; 현무玄武는 계해수신癸亥水神으로 적도賊盜, 음사陰私, 유실, 전쟁과 강탈 같은 일; 태음太陰은 신유금신辛酉金神으로 은닉, 음사陰私, 간사奸邪, 음란淫亂, 애매曖昧한

51) 張其成 主編,『易學大辭典』, 華夏出版社, 1992, 참조.

일; 천후天后는 임자수신壬子水神으로 음사陰私, 애매曖昧한 일을 가리키는 등, 십이신 중 일부 신들의 직책이 겹친 부분도 있음을 알 수 있다. 육임술의 추측범위도 인간의 모든 활동을 거의 다 포함하고 있다.

『당육전唐六典』 권십사卷十四의 육임식六壬式에 관한 기술에서는 그것이 추측할 범위에 대해서 이렇게 요약했다. "육임식을 쓰는 법은 … 길吉, 흉凶, 회悔, 구咎가 있다. 그 방법[數]에는 아홉이 있어 모든 사람들이 망설이면서 결정하지 못하는 것을 결정해준다. 하나는 혼사[嫁娶]이고, 둘은 생산[生産]이고, 셋은 역법[曆法]이고, 넷은 가옥[屋宇]이고, 다섯은 운명[祿命]이고, 여섯은 관직[拜官]이고, 일곱은 제사[祀祭]이고, 여덟은 질병[發病]이고, 아홉은 장례[殯葬]이다.(其用式之法 … 吉凶悔咎, 其數有九, 決萬民之猶豫, 一曰嫁娶; 二曰生産; 三曰曆法; 四曰屋宇; 五曰祿命; 六曰拜官; 七曰祠祭; 八曰發病; 九曰殯葬.)" 이것을 근거로 감여술堪輿術의 범위도 명확히 알 수 있다.

의미 있는 사실은 육임반六壬盤이 처음에 단지 '시진時辰'의 길흉만 점치는 데 쓰였는데 나중에 점차 방위方位의 길흉판단에도 확대하게 되었다는 것이다. 이러한 변화는 감여의 변이와 동조했다. 사실은 시대의 변천變遷에 따라 감여술堪輿術의 범위도 점차 주거(즉 陽宅)와 장묘(즉 陰宅) 같은 두 영역으로 축소하게 되었다.

한나라 때 행해지던 '형법形法'이라는 민속도 풍수에 속한다. 이 호칭은 『한서漢書 · 예문지藝文志』에 나와 있다. 거기에 『궁택지형宮宅地形』 二十卷권이 실려 있다. 하지만 형법에 포함된 내용이 매우 많다. 예컨대 상지相地, 상형相形, 상인相人, 상축相畜 등 골고루 다양하게 포함되어 있다. 이것은 아마 초기 술수(물론 풍수도 포함)의 특징이라고 할 수 있을 것이다. 실은 그 중 오로지 상지相地와 상형相形만이 풍수의 내용에 속한다.

가장 통속적인 '풍수'의 탄생 시기는 진晉나라 때였다.

전해진 바에 의하면 '풍수'가 전문용어로서는 곽박郭璞의 『장서葬書』와 같이 최초로 세상에 알려졌다고 한다. "장葬이라는 것은 생기生氣를 타는 것이다. 기가 바람[風]을 타면 흩어지고 물[水]을 막으면 그친다. 옛날 사람들이 모음으로써 흩어지지 않게 하고, 운행함으로써 그치게 하기 때문에 '풍수'라 한다.(葬者, 乘生氣也. 氣乘風則散, 界水則止 .古人聚之使不散, 行之使有止, 故謂之風水.)" 그 때에 이미 3대 요소인 바람과 물 그리고 공기를 명확히 거론했다.

곽박은 저명한 술수가術數家였다. 곽박과 그가 지은 『장서葬書』에 대해서는 3장에서 상세하게 토론할 것이고, 여기서는 '풍수風水'라는 용어(風水-고유명사)에 대해서 토론할 것이다. 필자는 바람과 물 그리고 공기를 연계시켜 이러한 정의를 하는 것은 의미심장한 작업이라고 생각한다. 바람과 물의 절묘함은 물론 말로 다 설명할 수는 없다. 이에 대해 『역경易經 · 설괘說卦』서는 이미 저명한 논단論斷이 나와 있다. "만물을 흔드는 것으로 바람[風]보다 더 빠른 것이 없다. … 만물을 적시는 것으로 물[水]보다 더 적셔주는 것은 없다.(撓萬物者, 莫疾乎風, … 潤萬物者, 莫潤乎水.)" 바람과 물의 연계는 실은 역경易經 64六十四卦괘 중의 '환渙'괘에서도 나타났다. 즉 이른바 "풍행수상風行水上"(坎下巽上)이다. 이러한 "풍수환風水渙"괘에 대해서 일본인학자 요시노 히로코吉野裕子[52]의 해석은 이렇다. '풍수환風水渙'의 '환渙'은 '흩어짐'이나 '떨어짐'이라는 뜻이다. 이 괘卦에서는 물 위에서 바람이 불고 즉 바람이 물 위에서 멀리 흩날린다는 상의象意를 지니고 있다. 동시에 이 괘卦는 흩어진 것을 다시 모아놓는다는 상의象意도 있다. 그 중 왕자가 조묘祖廟에 가서 조령祖靈에 제사를 올려 조상의 혼백을 불러 모으는 상의象意도 포함되어 있고, 바람이

52) 吉野裕子(1916~2008): 일본의 민속학자, 풍수연구자.

목기木氣라 수상水上의 바람이 목선으로도 해석될 수 있어서 이 괘卦는 배를 타고 큰 강이나 바다로 나아간다는 의미도 지니고 있다. 이 괘는 사람들이 공덕을 쌓아놓고 재난을 없애는 것인 만큼 길상吉祥을 나타내는 괘상卦象이라고 할 수 있다.[53]

이렇게 추길피흉趨吉避凶과 재난근절을 하려는 것은 바로 풍수가 추구하는 최고의 목표이다.

주목할 만한 것은 중국에서는 풍수가 건물건조나 장묘문화에 대한 일종의 술수가 되었지만 일본에서는 바람과 물에 대한 신앙은 다른 형태 –양대兩大(二大: 바람, 물)의 유명한 제사활동祭祀活動[54]이– 되었다는 것이다.

풍수에서의 하늘과 땅에 대한 고찰은 복택卜宅이나 상택相宅을 적용하는 시기에 이미 시작되었던 일관된 전통이다. 최초로 풍수를 전문용어로 사용한 곽박郭璞은 청낭靑囊을 메는 노인을 스승으로 모셨다는 전설로 풍수는 종종 청낭술靑囊術이라고도 불린다.

그리고 건물이나 분묘가 땅에 세워져야 하니, 땅과 보다 더 밀접한 관계를 가지고 있어서 산천지형山川地形에 대한 답사는 풍수작업에서 큰 비중을 차지하고 있는 관계로 '지형가地形家'나 '지리가地理家' 또는 '지사地師' 등이 풍수사風水師의 대명사가 되었다. 예컨대 송나라 조언위趙彦衛가 지은 『운록만초雲麓漫鈔』 4권四卷 중의 기록에 의하면, "지리가地理家가 어느 때 나타났는지 알 수 없다고 하였고, 황제의 명으로 갑자甲子를 시작으로 60갑자를 만들어 10간과 12지에 배당하고 오행으로 나누었다고 한다. 지금의 지리가는 오행의 설을 중시한다. 예컨대 임壬은 수水에 속하지만, 지리가는 '화火에 속한다'고 말하는 따위다.(地理家不知起於何

53) 吉野裕子 著, 汪平 譯, 『易經與祭祀』, 遼寧教育出版社, 1990 참조.

54) 위의 책, 『易經與祭祀』, 遼寧教育出版社, 1990 참조.

時, 自黃帝令大撓甲子以干支相配而分五行, 今地理家則有大五行之說, 如壬屬水, 地理家曰屬火之類.)"고 하였다. 이를 보면 지리가地理家라는 명칭이 늦어도 송나라 때 이미 나타났음을 알 수 있다.

『좀사蟫史』의 시작 부분에서 기술하기를 복건성 사람 상촉생桑蠋生이 바다로 나가다가 배가 파손되어 물에 빠져 갑자석甲子石 밖에 위치하는 삼도오三都澳까지 표류되었다가 어민에 구조되어 감정甘鼎에게 인계되었다. 감정은 마침 지령에 따라 적의 공격을 방어할 공사를 지휘하며 지형가地形家를 구하려고 하던 터라 상촉생을 보자 크게 기뻐했다.

아무튼 지형가地形家나 지리가地理家나 지리선생地理先生 또는 지사地師 같은 호칭은 송나라 지후之後의 필기된 야사에 많이 나타났다. 예를 들면, 명明나라 사조제謝肇淛의 『오잡조五雜俎』, 이지李贄의 『초담집初潭集』, 릉몽초淩蒙初의 『초각박안경기初刻拍案驚奇』, 청나라 설복성薛福成의 『용암필기庸盦筆記』 등의 책에는 여러 차례 지리가 등 술사術士를 언급했다. 그래서 오늘날에 민간에서는 '풍수'에 대한 호칭 중에 풍수 이외에 보통 흔하게 보이는 것은 바로 지형地形, 지형가地形家, 지리가地理家, 지가地家 등이다. 반면에 복택卜宅, 청오靑烏, 청조靑鳥, 청낭靑囊, 감여堪輿 등의 용어는 별로 쓰이지 않는다. 풍수의 이러한 호칭의 변천은 풍수이론 및 그 지위의 발전 그리고 변화를 간접적으로 반영하기도 한다.

2장
풍수의 근원

> 풍수에는 미신 같은 부분도 있지만 과학적인 내용도 포함되어 있는 생활의 철학이다. 천문학天文學, 점성술占星術에서부터 지리학에 의학까지 그리고 『역경易經』, 『상서尙書』1) 등의 음양오행사상 등은 모두 풍수의 구성요소로서, 풍수에 매우 큰 영향을 미친 것은 풍수가 민간생활에 침투하여 오래 생존할 수 있는 이유다.

1. 무술과 과학의 첫 융합—점복에서 천문역법까지

1장의 설명에서 풍수가 오래된 점복占卜에서 유래되어 술수術數와 공존共存하여 왔다는 사실을 밝혔다. 역사의 흐름에 따라 풍수가 점차 술수의 그림자에서 벗어나 독자적인 학설로 탈바꿈했다. 이와 동시에 점복술占卜術을 기원과 핵심으로 하는 술수도 발전과 분화를 거듭하여 풍수와 서로 보완하며 공통의 발전을 이루었다.

---

1) 『尙書』 한대(漢代) 이전까지는 '서(書)'라고 불렸는데, 이후 유가사상의 지위가 상승됨에 따라 소중한 경전이라는 뜻을 포함시켜 한대(漢代)에는 『상서(尙書)』라 하였으며, 송대(宋代)에 와서 『서경(書經)』이라 부르게 되었다. 현재는 『상서』와 『서경』 두 명칭이 혼용되고 있다. 우(虞), 하(夏), 상(商), 주(周) 시대의 역사적 내용들이 기록되어 있다.
오늘날 전해지고 있는 상서는 58편으로 구성되어 있으며 주(周) 당시의 원본이 아니라 위진남북조시대에 나온 위작(僞作)이다. 상서는 진시황(秦始皇)의 분서갱유(焚書坑儒)로 인해 소실되어 전승과정이 복잡하고 진위(眞僞) 여부에 대한 논란이 분분하다. 판본으로는 금문상서(今文尙書)와 고문상서(古文尙書)가 있다.

진한秦漢 이전에는 구시복龜蓍卜과 각종의 점복법占卜法, 상술相術, 점몽占夢, 점성占星, 역괘易卦 등이 있었고 진한 이후에는 오행설五行說의 출현과 간지기년법干支紀年法의 운용運用이 시작되면서 구궁九宮, 건제建除, 총진叢辰, 육임六壬, 태을太乙, 풍각風角, 기문둔갑奇門遁甲, 천인天人, 기운도참氣運圖讖 … 등이 나타났을 정도로 기법奇法들이 쏟아져 나왔다. 그 모든 것들이 풍수에 보다 더 광활한 생존공간과 이론기초를 제공해 주었다. 술수術數의 일부 대표적 인물들이 풍수계에서도 존경을 받거나 또는 아예 풍수술사風水術士를 겸했다. 예를 들면 관로管輅, 곽박郭璞, 원천강袁天綱, 이순풍李淳風, 승일행僧一行 등이 대표적인 인물이었다. 술수의 일부 방법이나 이론들도 많든지 적든지 간에 풍수원리에 도입되어 발전에 기여했다. 풍수원리의 기원을 보다 더 깊이 이해하기 위해 그러한 술수들을 간단하게 소개한다.

가장 오래된 구시복龜蓍卜이 탄생된 후에 려복蠡卜, 호복虎卜, 계복雞卜, 조복鳥卜, 저포복樗蒲卜, 십이기복十二棋卜, 죽복竹卜, 우제복牛蹄卜, 와복瓦卜, 양골복羊骨卜, 전복錢卜, 척효복擲筊卜 등 다양한 복서방법卜筮方法들이 생겨났다. 비록 그것들의 방법과 응용에서 풍수와 뚜렷한 계승관계를 찾아내기 어렵지만 그런 기법을 창립한 전설의 인물들이 대부분 후세인들에게 풍수의 전설적인 시조로 추앙받았다. 예를 들면 려복의 창시자 소진蘇秦의 스승이던 귀곡자鬼穀子, 저포복의 창시자인 노자老子, 십이기복의 창시자인 황석공黃石公 및 그의 후계자인 동방삭東方朔, 전복錢卜의 창시자인 경방京房 등이 모두 풍수계의 전설적인 인물이다. 그런데 이들 점복방법占卜方法의 본질, 즉 기정旣定의 정보부호情報符號와 인사人事의 대응관계를 해독함으로써 인사의 길흉을 예측하는 것은 바로 풍수가 영원히 떨쳐버리지 못하는 특성의 하나다.[2)]

---

2) 복(卜)에는 점복(占卜), 선길(選吉), 측국(測局)으로 분류하는 점술(占術)로서, 점복(占卜)에는 단역(斷易:五行易)과 육임신과(六壬神課)가 있고, 선길(選吉)에는 기문둔갑(奇

1) 상술과 명학

상술相術은 사람의 형形, 성聲, 기氣 등에 대한 관찰 · 분석을 통하여 당사자들의 운명과 길흉을 예언하는 술수術數이다. 기록에 따르면 이 술법術法은 춘추전국시대에 시작되었다. 그리고 전해진 바에 의하면 춘추 후기에 저명한 대상술가大相術家인 고포자경姑布子卿이 하는 기법은 세부적인 부분도 중요시하지만 '신神' '운韻'을 더욱 중요시했다고 한다. 그는 공자孔子의 외모를 놓고 관상을 보았는데 공자 안면의 세부적인 부위를 볼 때 제왕의 형태를 갖추고 있다고 했다. 또한 공자 안면의 부위를 세부적으로 볼 때, 제왕의 형태 즉 요堯의 이마, 순舜의 눈, 우禹의 목, 고요皐陶[3]

門遁甲: 八門遁甲)이 있으며, 측국(測局)에는 태을신수(太乙神數)가 있다. 점복(占卜)은 개인의 인사백반(人事百般)을 점(占)하고, 선길(選吉)은 택일(擇日)이나 방위(方位)를 점(占)하며, 측국(測局)은 대국적(大局的)인 사건에 주안점을 두어 천하(天下)의 대세(大勢)를 점(占)한다. 단역(斷易)은 오행역(五行易) 혹은 귀곡역(鬼谷易)이라 부르며 주역(周易)에 근거를 두고 있으며 진(秦)나라 때 귀곡자(鬼谷子)와 한(漢)나라 때 경방(京房)과 송(宋)나라 때 소강절(邵康節) 그 후 야학(野鶴), 유성의(劉誠意), 왕유덕(王維德) 등 많은 역현(易賢)들이 계승 발전시켰다. 육임신과(六壬神課)는 헌원황제(軒轅黃帝) 때에 창시(創始)되었으며 점시(占時)에 월장(月將)을 가(加)하여 일간지(日干支)를 기본으로 허성(虛星)을 사용하여 인간만사 길흉성패(吉凶成敗)를 점(占)한다. 기문둔갑(奇門遁甲)은 헌원황제(軒轅黃帝) 때 창시(創始)되었으며 풍후(風后), 강태공(姜太公), 장자방(張子房), 제갈공명(諸葛孔明), 유백온(劉伯溫) 등 많은 현철(賢哲)에 의해 계승 발전되었으며, 십천간(十天干), 팔문(八門), 구성팔신(九星八神), 구궁(九宮) 등에 의하여 길방(吉方)과 길일시(吉日時)를 점(占)하며 나아가 인사명리(人事命理) 및 천문지리(天文地理)까지 점(占)하는 고등학술(高等學術)이다. 태을신수(太乙神數)는 개인의 사건뿐 아니라 대중이나 단체 및 세상의 동태에 따라 일어나는 사건의 길흉과 진행 상황을 예측하는 점술(占術)로서 국운 및 세계 정국의 변동을 점(占)하는 최고(最高)의 학문(學問)으로 상사(上士)가 아니면 알기 어렵다. 삼국시대(三國時代)에 활약했던 촉한(蜀漢)의 군사(軍師) 제갈공명(諸葛孔明)은 삼식(三式)인 육임신과(六壬神課), 기문둔갑(奇門遁甲), 태을신수(太乙神數)의 달인(達人)인데 젊은 시절 귀록도인(龜鹿道人)이라는 선인(仙人)에게 도학(道學)을 배우고 있을 때에 어떤 기회로 그 선인(仙人)이 있는 산 속의 여리(女狸)인 호리녀(胡里女)로부터 신식(神式)삼종(三鐘)을 배웠다는 전설이 남아 있다. 공명(孔明)은 아주 미남자였기 때문에 그 여리(女狸)가 깊은 사랑을 한 나머지 당시에 아무도 모르는 삼식(三式)을 공명(孔明)에게 전수했다고 한다. 여하튼 우리들은 공명(孔明)이 귀록도인(龜鹿道人)으로부터 삼식(三式)을 배운 것으로 이해하면 되겠다.

3) 皐陶: '춘추 원명포(春秋一元命苞)'에 보면 "요임금은 고요(皐陶)를 다리(大理)로 임명하고 순임금은 그를 '사사(士師)'로 임명했다"는 말이 기재되어 있다. 고요는 중국 고대 동이족의 수령으로, 요임금은 그가 형법을 관장하는 관리로 임명했다(오늘날 사법부 장

의 입을 갖추고 있다고 하면서도 뒷모습을 볼 때 어깨가 높고 등뼈가 마르기 때문에 마치 의지할 데 없이 이리저리 떠돌아다니는 사람 같다고 하였다. 이렇게 '신神'을 중요시하는 것은 풍수의 형법形法에 중대한 의미를 지니고 있다. 『사기史記』에 상술相術에 관한 기록이 많이 실려 있다. 예컨대 『회음후열전淮陰侯列傳』에 따르면 제齊나라 사람 괴통蒯通은 대권大權이 한신韓信에게 달려 있다는 사실을 알고서는 방법을 강구하여 그의 마음을 움직이기로 했다. 관상을 봐준다며 한신韓信에게 "저는 관상 공부를 했었습니다"라고 하자 한신은 바로 관상을 보아 달라고 했다. 괴통蒯通이 말했다. "귀천貴賤은 골법骨法(인물의 골격, 骨相)에 달려 있고, 근심과 기쁨은 얼굴에 나타나고, 성패成敗는 결단決斷에 결정된다. 이 세 가지가 통과되면 확실하다." 아울러 한신에게 관상을 봐준 후 "대인의 얼굴을 보면 제후에 불과하고 게다가 위태롭다. 뒷모습을 보면 현귀하지만 그러나 나는 그 말을 할 수는 없다." 그 상사相士와 고포자경姑布子卿의 수법은 판에 박힌 것처럼 똑같았다. 『한서漢書 · 예문지藝文志』에서는 상술相術을 '상인相人'이라고 하고, 상지相地, 상형相形, 상축相畜 등과 통틀어 형법류形法類라고 부른다. 상지相地와 상형相形은 풍수의 내용이라 상인술相人術과 초기 풍수가 '친연親緣' 및 동류관계同類關係임을 충분히 알 수 있다.

풍수와 마찬가지로 상술원리相術原理는 한漢나라에서 시작되어 위진

관). 舜 · 禹의(上古시대)통치시기에 政治家, 思想家, 教育家이다.

『東史綱目』: 조선후기 순암(順菴) 안정복(安鼎福)이 고조선으로부터 고려 말까지를 다룬 역사책이다.

『東史綱目』 제4장에 보면 관상에 대해 다음과 같은 이야기가 나온다. "신라가 국원(國原 충주(忠州)) 사람 임강수(任强首)에게 곡식을 내렸다. 강수는 중원경(中原京)의 사량(沙粱) 사람으로, 내마(奈麻) 석체(昔諦)의 아들이다.처음에 그의 어머니가 꿈에 뿔난 사람을 보고 임신하였는데, 낳고 보니 머리 뒤에 솟은 뼈가있었다. 아버지가 관상가에게 보이니 그가 말하기를, "내가 듣건대 복희(伏羲)는 범의 형상이었고, 여와(女媧)는 뱀의 몸뚱이었고, 신농(神農)은 소의 머리였고, 고요(皐陶)는 말의 입이었다 하니, 예로부터 성현들은 그 상(相)이 특이하였습니다. 이제 이 아이는 머리가 뾰족하면서 사마귀가 있으니, 대체로 얼굴에 사마귀가 있는 것은 좋지 않으나 머리에 있는 것은 나쁘지 않으니, 이 아이는 반드시 영특한 인물일 것입니다." 하므로, 드디어 우두(牛頭)라 이름 지었다.

육조魏晉六朝 때 완성되었다가 송宋나라 때는 정성기鼎盛期를 맞았다. 육조六朝 때 많은 저작들 예컨대『상인법相人法』과『상경相經』등이 나타났다. 송宋나라에 이르러 중요한 상술저작相術著作인『마의상법麻衣相法』도 발표되었다. 이 책은 상술규칙相術規則의 대표적이고 권위 있는 저작으로 평가되고 있으며, 사람의 형체形體, 면모面貌, 성음聲音, 골격骨骼 등 외부특징에 대한 관찰과 평판을 통하여 당사자의 길흉吉凶, 화복禍福, 귀천貴賤, 수요壽夭(장수와 요절), 궁달窮達(빈곤과 현달), 휴구休咎(길흉) 등을 예측하는 내용으로 되어 있다. 책 전체 한 질에 4권으로 되어 있고 1권은 총론부분이고 인체人體의 구체적인 도열圖例을 그려내어 인체人體 각부위各部位와의 대응관계를 정해놓았다. 2권은 상면相面의 내용으로 사람의 안면을 머리, 이마, 눈썹, 눈, 코, 입, 입술, 인중人中, 혀, 치아, 귀 등 여러 부분으로 나눠 각 부위와 사람 명운과의 관계를 구체적으로 설명했다. 3권에서는 인체의 각 부위와 상술相術 중의 역할을 분석했다. 4권에서 안색과 사람의 명운 관계 등을 논술했다. 이러한 원리와 방법들은 지형과 사람의 명운을 연계시키는 풍수형법風水形法의 방법과 엇비슷하다. 다만 상술相術에서 다루는 것은 인체와 각各 부위지만 풍수형법風水形法에서 다루는 것은 '지형地形', '지모地貌', '지질地質'과 각 부위의 관계다. 더욱 기묘한 것은 상술相術 중에 비금주수법飛禽走獸法이라는 상면방법相面方法도 있는데, 사람의 안면용모를 조류(飛禽類)에 견강부회하여 수십 가지의 유형으로 분류했다. 예를 들면 비금류飛禽類로서는 봉형鳳形, 학형鶴形, 응형鷹形, 연형燕形, 합형鴿形, 아형鵝形, 공작孔雀形, 원앙형鴛鴦形, 작형鵲形, 계형雞形, 압형鴨形 등; 주수류走獸類류로서는 용형龍形, 호형虎形, 사형獅形, 상형象形, 귀형龜形, 사형蛇形, 후형猴形, 마형馬形, 양형羊形, 웅형熊形, 구형狗形, 호형狐形, 해형蟹形 등이 있다. 이것들을 근거로 사람의 운명을 견강부회하며 요약했다. 이러한 수법들은 풍수형법風水形法에서 지형地形을 각종 비금류飛禽類, 주수류走獸類로 비유하는 '갈형喝形'과 매우 흡사하다. 이것은 상고시대의 동물신기숭배動物神祇崇拜와 관련이 없지 않다.

상술相術과 상응하는 '명학命學'[4]도 있다. '사주명학四柱命學', '자평명학子平命學', '자평술子平術', '팔자八字', '生辰八字' 등이라고도 불리운다. 구체적인 방법은 천간天干과 지지地支를 결합시켜 당사자의 생년, 월, 일, 시를 각각 년주年柱, 월주月柱, 일주日柱, 시주時柱라는 네 개의 항목으로 표시하는 것이다. 그런 관계로 '사주명학四柱命學'이라는 이름으로 붙여졌다. 이는 하나의 천간天干과 하나의 지지地支로 이루어진 각각의 주柱로 사람의 명운길흉命運吉凶을 분석하는 방법이다. '명학命學'의 방법원리는 풍수와 관계가 매우 밀접하다. 풍수 중의 한 중요한 유파인 '과학課學'이나 '일학日學'에서는 '명학命學'의 방법을 운용하여 주택주와 건축물의 방위 및 시공시간 등 요소 간의 관계를 판단한다. 그리고 '명학命學'의 중요한 술어의 하나인 '유년流年'도 풍수에 이용되고 있다. 유년流年이란 일년一年의 운수를 가리킨다. 점쳐지는 해를 바로 유년流年이라고 부른다. 대상자 생일의 천간天干과 유년천간流年天干의 오행관계에 따라서 그 해의 길

---

4) 명점술(命占術)에는 자미두수(紫微斗數), 자평추명(子平推命), 성평회해(星平會海: 七政四餘, 張果星宗)가 있다. 자미두수(紫微斗數)는 여순양(呂純陽)이 창시(創始)하고 오대말(五代末) 송(宋)나라 초기(初期)의 도인(道人)으로서 118세(歲)에 선화(仙化)한 화산(華山)의 희이(希夷) 진단(陳摶)이 정리하고 집대성(集大成)하여 자미두수전서(紫薇斗數全書)를 남겼으며, 진희이(陳希夷)는 노후(老後)에 목수(穆脩: 穆伯長)에게 전하고, 목수(穆脩)는 이지재(李之才:李挺之)에게 전하고, 이지재(李之才)는 다시 소강절(邵康節)에게 전하였다. 그 후에 명대(明代)의 유백온(劉伯溫), 나홍선(羅洪先)과 청대(淸代)의 청성도사(靑城道士) 등이 계속 발전시켜 오늘에 이르게 되었다.
자평추명(子平推命)은 사주학(四柱學), 팔자학(八字學), 자평술(子平術), 명리학(命理學) 등으로 불리우며 당(唐)나라 때 이허중(李虛中)이 창시(創始)하고 송(宋)나라 때 서자평(徐子平 : 徐升)이 완전한 형식으로 발전시켰으며 명(明)나라 때 유백온(劉伯溫), 만육오(萬育吾), 청대(淸代)의 임철초(任鐵樵), 심효첨(沈孝瞻), 진소암(陳素庵), 근대(近代)에 와서는 서락오(徐樂吾), 위천리(韋千里), 원수산(袁樹珊), 백혜문(白惠文), 공치천(龔稚川) 등 많은 역현(易賢)들이 계속 발전시켜 오늘에 이르렀다. 성평회해(星平會海)는 칠정사여(七政四餘) 혹은 장과성종(張果星宗)이라 부르고, 원(元)나라 때 야율초재(耶律楚材)가 창시(創始)했으며 간(干)과 지(支)에 실성(實星)과 허성(虛星)을 이용하는 차원(次元) 높은 학문이다.

흉을 판단하는 것이다. 그런데 풍수에서 말하는 유년流年은 주택이나 분묘를 건조하는 해를 가리키며 마찬가지로 주택이나 무덤 주인의 생일천간天干과 유년천간流年天干 그리고 주택이나 분묘墳墓의 좌향위서坐向位序 등 오행관계에 따라 당사자가 그 주택에 살거나 사후에 그 무덤에 묻혔을 경우의 길흉吉凶 상황을 판단한다.

2) 태을太乙, 기문奇門과 육임六壬(三式)

태을구궁太乙九宮과 기문둔갑奇門遁甲 그리고 육임신과六壬神課 등 세 종류의 점복술占卜術은 매우 영험靈驗하다고 전해지며 예로부터 "세 가지 방식[式]을 합쳐서 하나로 합한 것이 신神이 된다(三式合一乃爲神一삼식三式(기문, 태을, 육임)을 터득한 자는 지상의 신이 된다)"라는 설이 있었을 정도로 고대중국의 3대비술이라고 불리며 택일하거나 인사의 길흉선학을 점치는 데 광범위하게 응용되고 있다. 그 중 택일방법은 풍수에 도입되어 음양택陰陽宅의 건조(건축)날짜와 이전(이사)시일의 결정에 이용되고 있다.

(1) 태을구궁太乙九宮

태을수太乙數라고도 불리며 약칭은 태을太乙이다. 삼식三式의 으뜸이다. 태을太乙은 즉 태일太一이며 북극신北極神이다. 고인古人들의 생각대로는 하늘의 성숙星宿들이 모두 신기神祇이며 지면地面과 대응對應된다. 그 중 북극신北極神은 뭇 성신星神의 왕으로 모든 것을 통합한다. 그래서 '중궁대제中宮大帝'나 '천황대제天皇大帝' 또는 '호천상제昊天上帝'라는 별명까지 가지고 있다. 태을太乙은 술수術數로서 그 방법은 주로 역리易理에서 유래되었으며 태을신太乙神과 구궁九宮을 연계시킨 것이다. 예컨대 『역위易緯 · 건착도乾

鑿度』에서는 "한번 음陰하고 한번 양陽하여 합하여서 15가 되는 것을 도道라 한다. 양은 7에서 변하여 9로 가서 쉬고, 음은 8에서 변하여 6으로 가서 쉬므로 합하여 15이다. 그러므로 태일은 그 수를 얻어서 구궁九宮을 운행한다.(一陰一陽, 合而爲十五之謂道. 陽變七之九息也, 陰變八之六消也, 合於十五, 故太一取其數以行九宮.)"라고 주장한다. 구궁九宮은 실제로 고대古代에 일종一種의 연산법演算法으로 1부터 9까지의 수를 취하여 만든 정방 행렬이다.(〈그림 1〉). 〈그림 1〉에서 나타난 것 같이 구궁九宮과 '낙서洛書'가 매우 흡사하다. 이것으로 보아 그 기원이 매우 오래되었다고 추축할 수 있다. 후세인들이 "태일취기수이행구궁太一取其數以行九宮"이라는 것을 근거로 태을술太乙術을[5] 태을수太乙數나 태을구궁太乙九宮이라고 불렀다. 풍수에 대한 태을구궁太乙九宮과의 영향은 두 가지가 있다.

한편으로는 구궁도九宮圖 자체가 풍수의 이론적 기초가 되었다. 예를 들면 감여가堪輿家가 구궁九宮과 구색九色을 대응시켜 "一白, 二黑, 三碧, 四綠, 五黃, 六白, 七赤, 八白, 九紫"를 만들었다. 구색九色은 구성九星이라고도 불렀다. 풍수에서는 구성九星 중 자백성紫白星에 속하면 길하고

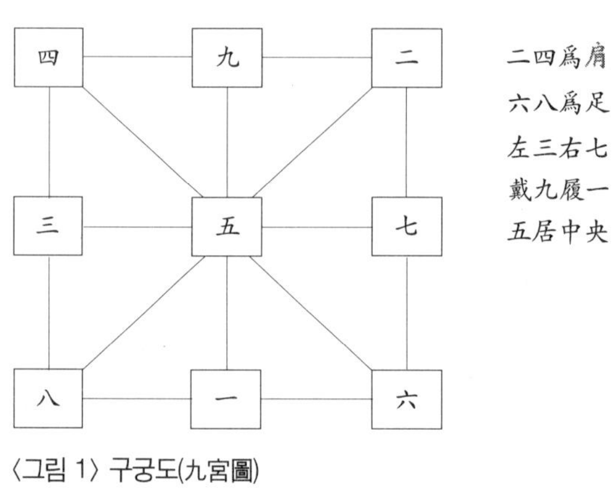

〈그림 1〉 구궁도(九宮圖)

5) 穀芳等 著, 『太乙術』, 哈爾濱出版社, 1994, 참조.

반대로 나머지 것들은 모두 흉하다고 주장하고 있다. 아울러 이에 의거하여 구성도九星圖 (〈그림 2〉)를 만들어 '유년流年'의 변화에 따라 길흉을 판단한다. 동시에 풍수에서 팔괘八卦와 구궁九宮을 결합시켜 창립한 이른바 팔택격국八宅格局은 바로 명明나라와 청淸나라 때 성행되었던, 『팔택주서八宅周書』나 『팔택명경八宅明鏡』 중 양택풍수陽宅風水 원리의 기초다.

다른 한편으로는 태을구궁太乙九宮의 일부 세부적인 수법들이 풍수에 계시啓示가 된 것도 사실이다. 태을술太乙術의 방법은 대체로 아래와 같다.[6] 오원육기五元六紀를 채택하여 대주기大週期인 삼백육십년三百六十年과 소주기小週期인 칠십이년七十二年을 추산 근거로 하고 있다, 태을太乙은 각각의 궁宮에 3년간 머무르지만 중오궁中五宮에는 진입하지 않는다. 이십사二十四년마다 한 바퀴를 돌고 칠십이七十二년에 세 바퀴를 회전한다. 하지만 태을太乙은 기문둔갑奇門遁甲의 방법과는 다르다. 기문둔갑奇門遁甲에서는 후천방위後天方位數를 채택하여 건괘乾卦를 육궁六宮으로, 손괘巽卦를 사궁四宮으로 하고 있지만 태을太乙에서는 궁위宮位를 시계반대방향으로

四 綠	九 紫	二 黑
三 碧	五 黃	七 赤
八 白	一 白	六 白

〈그림 2〉 자백구성도(紫白九星圖)

6) 張其成 主編, 『易學大辭典』, 華夏出版社, 1992 참조.

45°씩 돌려 건괘乾卦를 일궁一宮으로, 손괘巽卦를 구궁九宮으로 바꾼다.(〈그림 3〉). 태을太乙에는 음양둔국陰陽遁局이 있다. 년, 월, 일에는 양둔국陽遁局을, 시時에는 음둔국陰遁局을, 동지冬至 후에는 양둔국陽遁局을, 하지夏至 후에는 음둔국陰遁局을 채택한다. 양둔陽遁 제일국第一局의 태을太乙은 일궁一宮에서 시작하고 음둔국陰遁局의 태을太乙은 그것과 상대하여 제일국第一局에 구궁九宮에서 시작한다. 세태을歲太乙은 상원갑자上元甲子부터 시작하여 서기원년西紀元年을 중심으로 삼고, 적세積歲는 10153977 (『太乙淘金歌』에 의거)이나 10153917(『太乙金鏡式』에 의거)이 된다는 두 가지의 주장이 있다. 태을은 일一을 태극太極으로 하여 중심으로 하고, 객이목客二目을 생生하고 이목二目은 또 주객대소장主客大小將과 계신計神 등 모두 팔장八將을 생生한다. 이는 실제로 태극은 음양양의陰陽兩儀로 나뉘어 있고 양의兩儀는 사상四象을 생生하고 사상四象은 팔괘八卦를 생生한다는 원리를 본뜬 것이다. 다시 태을팔장太乙八將이 위치하는 십육신十六神 방위方位의 상호관계相互關係로 엄掩, 박迫, 인囚, 격擊, 관關, 격格의 격국格局을 정함으로써 내외內外의 화복禍福을 점친다. 그리고 사신四神의 소재분야分野에서 수

巽 九	離 二	坤 七
震 四	五	兌 六
艮 三	坎 八	乾 二

〈그림 3〉 태을방위전환관계도(太乙方位轉換關係圖)

해水害와 한해旱害 그리고 질역疾疫을 점침으로써 삼기오복대소유이한三基五福大小遊二限을 추정하고 나아가 사회의 정세까지 예측한다. 역괘易卦를 연산演算하면 어느 해의 년괘年卦와 월괘月卦를 추단할 수 있다. 그밖에 태을太乙과 오운육기五運六氣의 관계에 따라 기후변화와 질역疾疫도 예측한다. 풍수중의 '과법課法'에서는 늘 이러한 수법手法들을 운용한다.

그밖에 태을太乙에서는 구궁九宮의 각 궁宮을 지상의 9주九州와 대응시켰다. 즉 일궁건천문一宮乾天門을 기주冀州와, 이궁이화문二宮離火門을 형주荊州와, 삼궁간귀문三宮艮鬼門을 청주青州와, 사궁진일문四宮震日門을 서주徐州와, 육궁태월문六宮兌月門을 옹주雍州와, 칠궁곤인문七宮坤人門을 익주益州와, 팔궁감수문八宮坎水門을 연주兗州와, 구궁손풍문九宮巽風門을 양주揚州와, 대응시킨 것이다. 일궁一宮은 절양絶陽, 구궁九宮은 절음絶陰, 이궁二宮과 팔궁八宮은 역기易氣, 사궁四宮과 육궁六宮은 절기絶氣, 삼궁三宮과 칠궁七宮은 화和다. 이러한 천문天門, 화문火門, 귀문鬼門, 일문日門, 월문月門, 인문人門, 수문水門, 풍문風門 등은 풍수 중의 천문天門, 인문人門, 귀문鬼門이라는 표현들과 어느 정도의 관계가 있는 듯하다. 그런데 태을술太乙術에서는 구궁九宮의 수數와 일치하게 하기 위해 특별히 북두칠성北斗七星에 곤坤, 감음궁坎陰宮의 수數에 대응되는 팔八번과 구九번 성星을 추가했다. 결국 구궁九宮은 팔괘八卦, 음양오행陰陽五行 등과 연계되어 팔괘八卦는 팔궁八宮과 대응되고 중앙은 중궁中宮이 되고 팔괘八卦에 오행五行이 결합되고 다시 천간天干과 상응하여 팔방八方과 대응했다. 그래서 진동갑을목震東甲乙木, 이남병정화離南丙丁火, 태서경신금兌西庚辛金, 감북임계수坎北壬癸水, 중앙무기토中央戊己土 등이 생겨났다. 역리易理와 오행五行 그리고 팔괘八卦와 연관시키는 작법作法은 중국내 모든 술수術數들의 공통점이자 풍수의 관용방법慣用方法이기도 한다.

물론 태을구궁술太乙九宮術의 응용에 있어서는 길일양신吉日良辰의 선택選

擇 등 이외에 가장 유명한 응용사례로 고대전쟁 중에 늘 등장했던 '구궁팔괘진九宮八卦陣' 등도 있었다. 그러나 그 내용을 여기서는 다루지 않겠다.

(2) 기문

기문奇門은 '둔갑遁甲'이나 '기문둔奇門遁'이라고도 불리며 전체 명칭은 '기문둔갑奇門遁甲'이다. 방법은 천간 중의 을乙,병丙, 정丁을 삼기三奇로, 휴休, 생生, 상傷, 두杜, 경景, 사死, 경驚, 개開를 팔문八門으로 정하여 '기문奇門'이라고 불리운다. 십천간十天干 중에서는 '갑甲'을 지존至尊으로 하는데다 『후한서後漢書 · 방술전方術傳』 서문에 "육갑六甲의 음陰에서 미루어 은둔한다(推六甲之陰而隱遁)"는 주석이 있는 관계로 '둔갑遁甲'이라는 이름이 붙여졌다. 의미는 음양陰陽의 변화규칙에 순응함으로써 사람들의 이목을 피하고 추길피흉趨吉避凶을 하는 술術이라는 것이다. 그런데 송宋나라의 조언위趙彦衛가 지은 『운록만초雲麓漫鈔』에 대한 고증에 따르면 '둔갑遁甲'을 '순갑循甲'으로 해야 옳다. 세간에 둔갑서遁甲書라는 서적이 나돌고 있는데 갑甲을 없앨 수 없는 것인데도 왜 '둔遁'자를 취했느냐? 한漢나라 낭중郎中(의사) 정고비鄭固碑가 한 말 "준둔퇴양逡遁退讓" 중의 '둔遁'자는 바로 '순循'자字다. 고대에 글자가 모자라서 빌려 쓴 것 같다. 이러한 사례가 이것으로만 그치지 않는다. 그래서 둔갑遁甲을 순갑循甲이라고 해야 했다. 즉 육갑六甲을 순환하며 운수를 추산한다는 뜻이다. 보통 기문둔갑술奇門遁甲術은 천天, 지地, 인사人事의 길흉을 점치는 데 쓰일 뿐만 아니라 전쟁에도 많이 응용되었다. 풍수의 응용범위와는 그리 밀접하지 않은 것 같지만 이 술수의 연원과 규칙을 고찰해보면 풍수와 친밀한 관계를 쉽게 알 수 있다.

우선 연원에 관한 전설을 볼 때 '둔갑遁甲'의 기원에 관한 전설이 두 가지가 있다. 하나는 황제黃帝, 봉후鳳後 및 구천현녀九天玄女로부터 유래되었다는 설이다. 이른바 "대요大撓(黃帝의 史官)는 갑자甲子를 만들고 풍후鳳後가 그것을 둔갑으로 발전시켰다"는 전설이다. 술수창립 시기는 하夏나라 때였고 성행 시기는 남북조南北朝였다. 다른 하나의 전설은 『역위易緯·건착도乾鑿度』 태을행구궁법太乙行九宮法에서 유래되었고 낙서洛書, 팔괘八卦와의 관계가 밀접하며 '갑'으로 '이기二奇', '육의六儀'(戊, 己, 庚, 辛, 壬, 癸) 및 팔문八門의 변화를 통제하며 구궁九宮에 배속시킨다. 갑甲은 일궁一宮을 독점하고 육갑六甲은 육의六儀 속에 숨겨 놓았다. '육갑六甲'과 '육의六儀'는 서로 추단연역推斷演繹한다는 것이다. 이 두 전설에서 나온 전설적인 인물과 이론은 풍수기원에 관한 전설과 일치한다. 예컨대 풍수전설에서도 늘 황제나 구천현녀九天玄女가 거론되었고 그 이론 역시 역학에 중점을 두고 있다.

계속해서 둔갑술遁甲術의 방법을 보자. 추산推算방법으로는 조식삼중법造式三重法을 채택하고 있다.(〈그림 4〉). 하늘을 상象으로 하는 상층上層을 '천반天盤'이라는 이름을 지어 거기에 구성九星, 즉 천봉天蓬, 천임天任, 천충天沖, 천보天輔, 천영天英, 천내天內, 천금天禽, 천주天柱 그리고 천심天心을 배열하고, 사람을 상象으로 하는 중층中層을 '인반人盤'이라는 이름을 지어 거기에 팔문八門, 즉 휴문休門, 생문生門, 상문傷門, 두문杜門, 경문景門, 사문死門, 경문驚門, 개문開門을 배열하고, 땅을 상象으로 하는 하층下層을 '지반地盤'이라는 이름을 지어 거기에 구궁팔괘九宮八卦, 즉 감일坎一, 곤이坤二, 진삼震三, 손사巽四, 중오中五, 건육乾六, 태칠兌七, 리구離九를 배치했다. 동지와 하지에 음둔陰遁과 양둔陽遁을 세워 정正 방향과 반대 방향으로 '삼기三奇'와 '육의六儀'를 배치하여 그 소재 위치에 따라서 길흉을 점친다. 이러한 천반天盤, 지반地盤, 인반人盤의 설정은 풍수나반風水羅盤 중의 천반天盤, 지반地盤, 정침正針, 인침人針, 봉침縫針의 설정과 매우 흡사하다. 〈그림 4〉와 나반도羅盤圖를 비교하면 그 밀접한 관계를 더욱 잘 확인할 수 있다. 그리고 둔갑술遁甲術 중의 많은 용어 예컨대 구성九星, 천삼문天三門, 지사호地四戶 등이 모두 풍수에도 쓰이고 있다. 다만 의미가 어느 정도 변했을 뿐이다. 예를 들면, 둔갑술遁甲術에서 '천삼문天三門'은 월장月將과 그 시점에 정해진 종괴從魁, 소길小吉, 태충太沖의 세 위치로 길흉화복을 판단하는 것이고 '지사호地四戶'는 월장과 그 시점의 지지地支에 정해진 제除, 위危, 정定, 개開의 위치로 길흉화복을 판단하는 것이다.(〈그림 5〉).[7] 반면에 풍수의 '천문天門', '지호地戶'는 '수구水口'의 위치를 나타낸다.

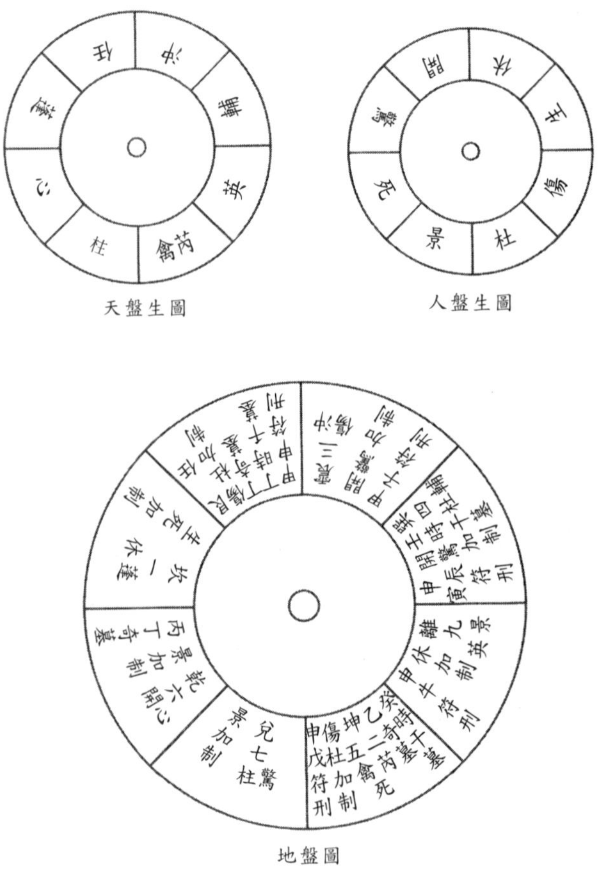

〈그림 4〉 둔갑조식삼중반도(遁甲造式三重盤圖)(『역학대사전(易學大辭典)』)

7) 張其成 主編, 『易學大辭典』, 華夏出版社, 1992 참조.

(3) 육임

육임술六壬術과 감여술堪輿術의 친밀관계에 대해서는 이 책의 1장에서 이미 비교적 상세한 분석을 하였다. 기문둔갑奇門遁甲의 전설과 마찬가지로 육임술기원六壬術起源에 관한 전설도 황제黃帝, 구천현녀九天玄女 등의 시대로 거슬러 올라갈 수 있고 위 이론도 모두 팔괘八卦나 오행五行과 관련된다. 예를 들면, 청淸나라 유정섭俞正燮이 『계사유고癸巳類稿』 권 10 중의 「육임고식고六壬古式考」 조목條目 중에서 이렇게 고증했다. "육임六壬의 시작을 『도장道藏』에서는 황제로 보아 육임六壬이라는 것의 이름을 지어 신기神機로 승勝함을 만들었다고 하고, 『태백음경太白陰經』에서는 '현녀식玄女式이라는 것은 일명 육임식으로 현녀玄女가 지은 것이다. 만물의 시작

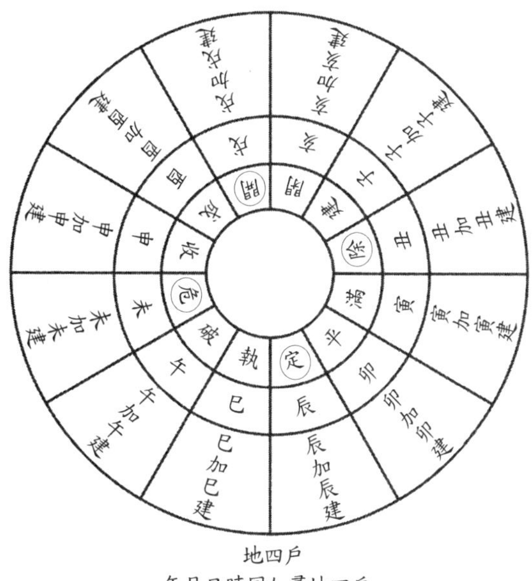

〈그림 5〉 둔갑(遁甲) '지사호'(地四戶) (『역학대사전』)

인 북쪽을 위주로 하여 육갑의 임壬을 쓰기 때문에 육임이라 한다'고 하고, 『무경총요武經總要』에서는 '육임의 설에서 대연수大衍數는 천일의 생수를 말하는데, 북쪽에서 시작한다'고 하고, 허신許愼의 『설문說文』에서는 '수라는 것은 준準이다. 생수는 1, 성수는 5이니 수水의 수數를 배당하여 6임을 만들었다.'고 하였다.(六壬之起, 『道藏』謂之黃帝, 名六壬者, 神機制勝. 『太白陰經』云: '玄女式者, 一名六壬式, 玄女所造, 主北方萬物之始, 因六甲之壬, 故曰六壬.' 『武經總要』云: '六壬之說, 大衍數謂天一生水, 始於北方.' 許愼『說文』: '言水者, 準也. 生數一, 成數五, 以水數配之成六壬也.')" 황제黃帝, 구천현녀九天玄女 등은 모든 술수術數들의 시조라고 할 수 있으며 모두 어느 동란動亂 속에서 갑자기 속세에 내려와 어떤 사람에게 전수했다는 후속 전설이 있다. 이러한 전설들과 역경팔괘易經八卦 그리고 음양오행陰陽五行 이론이 함께 중국내 모든 술수術數들 간의 강한 유대관계를 구축하긴 했지만 중국의 술수術數들을 뒤얽히기도 했다.

(4) 건제술建除術

이 수술은 건제십이진建除十二辰(즉 建, 除, 滿, 平, 定, 執, 破, 危, 成, 收, 開, 閉 十二辰)에 십이지지十二地支를 결합함으로써 방위시진方位時辰의 길흉을 판정하는 것이다. 그 중 십이진十二辰은 건제십이신建除十二神이라고도 불리는 건建, 제除, 만滿, 평平, 정定, 집執, 파破, 위危, 성成, 수收, 개開, 폐閉를 가리킨다. 건제술建除術의 방법은 대체로 두 종류가 있는데 하나는 햇수(歲數)로 하는 것이다. 예컨대 『월절서越絶書』에서 "황제의 항亢은 진辰을 잡고 사巳를 깨뜨리는 패왕의 기氣로 지호地戶에서 보인다.(黃帝之亢, 執辰破巳, 霸主之氣, 見於地戶.)"라고 밝혀진 것이다. 다른 하나는 월수月數로 하는 것이다. 예를 들면 『회남자淮南子 · 천문훈天文訓』에서 "월수月數에서 유래한다. 인寅은 건建이다. 묘卯는 제除이다. 진辰은 만滿이다. 사巳

는 평平으로 생을 주관한다. 오午는 정定이다. 미未는 집執으로 함陷을 주관한다. 신申은 파破로서 형衡을 주관한다. 유酉는 위危로서 표杓를 주관한다. 술戌은 성成으로 소덕少德을 주관한다. 해亥는 수收로서 대덕大德을 주관한다. 자子는 개開로서 태세太歲를 주관한다. 축丑은 폐閉로써 태음太陰을 주관한다.(由月數, 寅爲建, 卯爲除, 辰爲滿, 巳爲平, 主生; 午爲定, 未爲執, 主陷; 申爲破, 主衡; 酉爲危, 主構; 戌爲成, 主少德; 亥爲收, 主大德; 子爲開, 主太歲; 丑爲閉, 主太陰.)"라고 밝혀진 것과 『한서漢書·왕망전王莽傳』에 "11월 임자壬子는 건建에 해당하고, 무진戊辰은 정定에 해당한다.(十一月壬子直建, 戊辰直定.)"고 밝혀진 것 등이 있다.

기록에 의하면 건제술建除術은 대체로 서한西漢에 탄생되었고 너무 많이 외부로 유출된 탓에 상술上述된 삼대비술三大秘術처럼 신비하거나 신성神聖하지 않았다. 그래서 위진육조魏晉六朝에 이르렀을 때 건제술建除術은 거의 그 종적을 감췄다.

(5) 매화역수

북송北宋의 소옹邵雍이 매화역수梅花易數를 창립했다. 그는 어느 날 매화를 구경할 때 나무 가지를 차지하려고 싸우다가 땅에 떨어진 두 마리의 새를 보자 바로 괘위卦位를 이용해 그것에 대해 점을 쳐보았다는 전설이 있어서 이 술수를 '관매점수觀梅占數'라고도 부른다. 실제로 서법筮法의 일종에 속하는 이 술수는 주로 『역경易經』의 괘효사체계卦爻辭體系를 결합하여 상호전환, 오행생극五行生剋 등 원리로 단괘斷卦(卦를 해석한다)한다. 그 방법은 융통성이 있는데다 응용범위도 넓다.(〈표 1〉) 그 중 풍수에 관한 내용 즉 소위 가실점家室占이 대량 포함되어 있다. 이는 송나라 이후의 풍수에 비교적 큰 계시가 되었다.

〈표 1〉「관해점수(觀梅占數)」 중 「팔괘만물류점(八卦萬物類占)」(『역학대사전』)

	乾	坤	震	巽	坎	離	艮	兌
卦數	一	八	四	五	六	三	七	二
五行	金	土	木	木	水	火	土	金
系統	天風垢 天山遁 天地否 風地觀 山地剝 火地晉 火天大有	地雷復 地澤臨 地天泰 雷天大壯 澤天夬 水天需 水地比	雷地豫 雷水解 雷風恒 地風升 水風井 風澤大過 澤雷隨	風天小畜 風火家人 風雷益 天雷無妄 火雷噬嗑 山雷頤 山風蠱	水澤節 水雷屯 水火既濟 澤火革 雷火豐 地火明夷 地水師	火山旅 火風鼎 火水未濟 山水蒙 風水渙 天水訟 天火同人	山火賁 山天大畜 山澤損 火澤睽 天澤履 風澤中孚 風山漸	澤水困 澤地萃 澤山咸 水山蹇 地山謙 雷山小過 雷澤歸妹
	天	地	雷	風	水	火	山	澤
天時	冰·雹 霰·日	雲霧 陰氣	雷	風	雨·月· 雪·霜·露	日·電· 虹·霓·霞	雲·霧· 山嵐	雨·澤· 星·新月
地理	西北方·京都·太郡·形勝之地·高亢之所	西南方·田野·鄕里·平地	東方 樹木 鬧市 旅途 竹林草木茂盛之所	東南之地 草木茂秀之所·花果菜園	北方 江南 溪潤 泉井 鬼濕之地	南方·干亢之地 窰灶·爐冶之所·剛燥厥地·其地面陽	東北方·山徑路·近山城·丘陵·墳墓	西方·澤·水際·缺地·廢井·山崩破裂之地·其地爲剛鹵
人物	君父 大人 老人 長者 宦臣 名人 公門人	老母 後母 農夫 鄕人 衆人 大腹人	長男	長女 秀士 寡婦 山木仙道	中男 江湖之人 舟人 盜賊	中女 文人 大腹人 目疾人 介冑之士	小男 閒人 山中人	小女· 妾·歌 伎·伶人 驛人 巫師
人事	剛健武勇·果決·多動少靜·高上下屈	吝嗇·柔順懦弱·衆多	起動·怒,虛驚·鼓躁·多動	柔和·不定·鼓舞·利市三倍·進退不果	隘陷卑下·外示以利·內存以剛·漂泊不成·隨波逐流	文書之所·聰明才學·相見虛心·書事	阻隔·守靜·進退不決·反背·止住不見	喜悅·口舌·讒毀·謗設·飮食

續表

	乾	坤	震	巽	坎	離	艮	兌
卦數	一	八	四	五	六	三	七	二
五行	金	土	木	木	水	火	土	金
身體	首·骨·肺	腹·脾·胃·肉	足·肝·髮·聲音	肱股·氣·風疾	耳·血·腎	目·心·上焦	手指·骨·鼻·背	舌·口·肺·塊·涎
時序	秋·九十月之交·戌亥年月日時·五金年月日時	辰戌丑未月·未申年月日時·八五十月日	春三月·卯年月日時·四三八月日	春夏之交·三五八月日時·三月·四月辰巳年月日時	冬十一月·子年月日時·一六月日	夏五月·午火年月日時·三二七日	冬春之月十二月·丑寅年月日時·七五十數月日	秋八月·金年月日時·金年月日·二四九數月日
動物	馬·天·鵝·獅·象	牛·百獸·牝馬	龍·蛇	雞·百禽·山林禽中之禽蟲	魚·水中之物	雉·龜·螺·蟹·蚌	虎·狗·百獸·黔喙之物	羊·澤中之物
靜物	金玉·寶珠·圓物·棵·劇物·冠·鏡	方物·柔物·布帛·絲錦·五穀·瓦器·斧	木竹·竹木樂器·花草繁鮮之物	木香·繩·植物·長物·竹木·工巧之器	手帶子·帶核之物·弓輪之物·酒器水具	書·文·申胄·干戈·稿衣·乾燥之物·赤色之物	土·石·瓜果·黃物·土中之物	金刃·金類·樂器·廢物·缺器
屋舍	公所·樓臺·高堂·大廈·西北向之居	村居·田舍·矮屋土階·西南向之居	山林之居·樓閣·東向之居	寺觀樓閣·山林之居·東南向之居	近水·水閣·紅樓茶酒肆·宅中濕地·向北之居	陰明之宅·明窗,虛空·南向之居	山居近石·近路之宅·東北方之居	近澤之居·敗牆壁宅·戶有損·西向之居
家宅	秋占宅興隆·夏占有禍·冬占冷落·春占吉利	安穩·多陰氣·春占宅舍不安	宅中不時有虛驚·春占吉·秋占不安	安穩利市·春占吉·秋占不安	不安·暗昧·防盜	安穩·平善·冬占不安·克體防火災	安穩·諸事有阻·家人不睦·春占不安	不安·防口舌·秋点喜悅·夏占家穿宅有禍
婚姻	貴官地眷, 有聲名之家	宜稅産之家,鄉村之家惑寡婦之家	可有成,聲名之家,長利男之婚	可成,利長女之婚	利中男之婚,利北方之婚,不可婚辰戌丑未月	不成,利中女之婚	阻隔難成成亦遲,利少男童之婚	不利,恐有損胎,或者生女

續表

	乾	坤	震	巽	坎	離	艮	兌
卦數	一	八	四	五	六	三	七	二
五行	金	土	木	木	水	火	土	金
飮食	馬肉·珍味·多骨·肝肺·乾肉·木果·諸物之水·圓物·辛辣之物	牛肉·土中之物·甘味·野味·五穀·芋筍·腹苦惱之物	蹄肉·肉林野火·鮮肉·果酸味·菜蔬	雞肉·山林之味·蔬菜·酸味	豬肉·酒·冷味·海味·羹湯酸味·宿食·魚·帶血·腌物·帶核之物	雉肉·煎妙之物·燒炙之物·乾脯之類·熟肉	土中物味·諸獸之肉·墓畔竹筍之屬·野味	羊肉·澤中之物·宿味·辛辣
生産	易生·座宜向西北·秋占生貴子·夏占有損	春占難産·或不利於母·坐宜西南方	虛驚·胎動不安·頭胎必生男·坐宜東向	頭胎産女·秋占損胎·宜向東南坐	難産有險·宜次胎·辛戌丑未月有損	易生·産中女·座宜向南	難生有險之阻·宜向東北	恐有損胎·或則生女
求命	有名·宜隨朝內任刑官·武職掌權,宜西北·天使,驛官	有名·宜西南方·或敎官·農官守土之職	宜東方之任·旋號發令之職·掌刑獄之官有茶竹木稅課之任	宜東南方之任·宜文職·宜茶課竹木稅貨之職	艱難·恐有災陷·宜北方之任·魚鹽河泊之職	宜南方之職·文官之任·宜爐冶坑場之職	阻隔無名·官東北方之任·宜工官·山城之職	難成·困名有損·利西之任·宜刑官·武職,伶官·譯官
謀望	有成·利公門·宜動中有財·夏占不成·冬占多謀少遂	鄕里求中謀·靜中求謀·或謀於婦人	可望可求·宜動中謀	有謀望·有財·可成	不宜謀望·不宜成就·秋動占可謀望	可以謀望·宜文書之職	阻隔難成·進退不決	難成·謀中有損·秋占有喜·夏占不遂
交易	宜金玉珠寶·易成·夏占不利	宜田土交易·宜五穀利·賤貨	利於成交·動而可成·山林木竹茶貨之利	可成·進退不一·交易之利·山林木茶之類	恐防失陷·宜水邊交易或點水人之交易	宜有文書之交易	難成·有山林田土之交易	不利·防口舌·有競爭

續表

	乾	坤	震	巽	坎	離	艮	兌
卦數	一	八	四	五	六	三	七	二
五行	金	土	木	木	水	火	土	金
出行	利出於行.宜入京師.利西北方行.夏占不利	可行.宜西南行,往鄕里行,睦行.春占不宜行	利於東方.利山林之人	有出入之利.宜向東南行	不宜遠行,宜涉舟,宜北方之行.防盜,恐遇險阻之事	宜東向南方,有文書之行.不宜舟行	不宜遠行.有阻,宜近睦行	不宜遠行.防口舌.宜西行.秋占宜行有利
謁見	利見大人.有德行之人官貴.可見	可見.利見鄕人,親朋陰人.春不宜見	利見山林之人.利見宜有聲名之人	利見山林之人.利見文人秀士	難見.宜見江湖之人.或水有傍姓氏人	可見南方人.冬占不順.秋見文書教案才士	不可見.有阻.宜見山林之人	和行西方見.有詛咒
疾病	頭面之疾,肺疾,筋骨疾,上焦病	腹病,脾胃之病,飮食停傷,穀食不化	足疾.肝經之疾.驚恐不安	股肱之疾風疾,腸疾,中風,寒邪	耳疼心疾感寒.賢疾,胃冷水瀉,痼冷之病	目疾,心疾,上焦,熱病,夏占伏暑.時疫	手指,脾胃之疾	口舌咽喉之疾.氣易喘疾.飮食不調
方道	西北	西南	東	東南	北	南	東北	西
五色	大赤色玄色	黃黑	青,錄,碧	青綠碧潔白	黑	赤紫	黃	白
姓名	帶金傍者,商音,行一四九	宮音.帶土行人.行位八五十	角音.帶木姓氏.行位四八三	角音.草木水傍之姓氏.行位五三八	羽音.點水傍之姓氏.行位一六	征音.帶次及立人傍姓氏.行位三二七	宮音.帶土傍姓氏.行位五七	商音.帶口帶金字傍姓氏.行位四二九
數目	一四九	八五十	四八三	五三八	一六	三二七	五七	二四九

(6) 화주림법火珠林法

'육효괘법六爻卦法'이라고도 불리며 속칭은 '문왕과文王課'다. 『역경易經』 이후에 영향이 비교적 큰 일종의 서법筮法으로 대략 당송唐宋시기에 유행되었었다. 화주림점서법火珠林占筮法[8]을 시술할 때 주로 두 번의 과정을 거쳐서 화괘畫卦, 장괘裝卦(판단할 대상을 괘에다 그려 놓았다)를 단괘斷卦하여 분석(운수運數 · 시운時運)한다. 그런데 그 방법과 이론이 심오한데다 풍수와의 연계관계도 고찰할 길이 없는 것이 현실이다. 관련 저작의 다수가 풍수 중의 음양택陰陽宅 내용을 언급했고 많은 관점들도 풍수이론과 병행하고 어긋나지 않는다. 이 술수術數가 비교적 늦게 기원된 관계로 음양택陰陽宅에 대한 추측방법은 풍수법風水法을 전용하고 있다. 하지만 독자적인 술수術數로서 음양택陰陽宅 내용을 그렇게 많이 다루는 것이 참으로 독특하다. 이러한 현상은 풍수가 당송 때 가장 성행되었다는 사실을 한 측면에서 입증해주었다. 이어서 화주림법火珠林法에 관련된 풍수의 일부 중요한 저작들을 간단하게 소개하도록 하겠다.

---

8) 『火珠林』은 六爻卦法이라고도 부르며 文王課라고 한다. 저자는 麻衣道者가 지었다고 하는데, 그 기원은 漢代 京房(B.C. 77~B.C. 37)에게서부터 나왔다. 麻衣道者는 陳摶(?-989)의 스승이라고 하며 相術에 밝았다고 전해진다. 저서로는 관상술에 관한 저작인 『麻衣相法』과 『주역』의 象數로 內丹의 수련법을 해설한 『麻衣道者正易心法』이 전해지고 있다. 『火珠林』은 『주역』을 계승 발전시킨 점법으로 가장 영향력이 큰 점법 중의 하나이다. 이는 『주역』의 괘를 가지고 점을 치기는 하지만 50개의 蓍草 대신에 동전 3개를 가지고 陰陽의 老少를 간단히 정하는 방법을 사용한다. 다시 말해 주역점에서는 50개의 蓍草를 가지고 시초를 반으로 나누고 넷씩 세고 합하고 다시 세는 등의 과정을 18번이나 반복해서 하나의 卦를 만들고, 다시 각각의 爻에 대해 老陽 老陰 少陽 少陰을 따져서 之卦를 만들어서 吉凶을 따지는데, 이러한 번거로움을 줄이는 방법으로 개발된 것이다. 이는 한꺼번에 3개의 동전을 던져서 한 번에 하나의 효를 얻어서 6번만 던지면 하나의 卦를 얻을 수 있다. 이때 동전 3개가 모두 앞이 나오면 老陽이고 모두 뒤가 나오면 老陰으로 보고, 하나만 앞이 나오면 少陽 하나만 뒤가 나오면 少陰으로 보아서 之卦를 만들어 보는 간편한 주역 점법이다. 그리고 64괘를 乾震坎艮坤巽離兌의 八宮에다가 8괘씩을 나누어 놓고 음양오행과 天干地支를 卦爻에 배당하고 世應을 따져서 길흉을 점친다.

① 『화주림火珠林』[9]: 책 속에 점가택占家宅(家宅 점치기), 점기조천이占起造遷移(건조(건축)·이전 점치기), 부양택附陽宅(陽宅 보록) 그리고 점분묘占墳墓(墳墓 점치기) 등의 내용이 있다. 그 중 점가택占家宅편에서는 가택家宅을 점칠 때 재복財福을 우선으로 해야 한다고 주장했다. "가택을 괘卦로 점치는 것은 오로지 재財와 복福에 쓰기 위함이다. 상괘上卦에 재·복이 없으면 일반적인 주택이 된다. 형刑이 없이 충沖이 능히 제압할 수 있으면 청룡의 용덕龍德이 주택에 임하여 크게 길한 집이 된다.(卦之家宅, 專用財福, 上卦如無財福, 便是平常之宅. 無刑沖克制, 有青龍龍德臨宅, 乃是大吉之家.)" 이것은 당시當時의 가치관價值觀을 반영했다. 구체적具體的인 점서원칙占筮原則은 이렇다. "인수印綬로 당옥堂屋에 해당되게 하고, 처재妻財는 부엌과 솥을 건 부뚜막[廚竈], 자손子孫은 낭묘廊廟, 관귀官鬼는 전청前廳, 합合은 문, 충沖은 길[路], 오五는 대들보와 기둥[棟牆], 복[卜]은 용마루와 담장[棟牆]에 해당되게 한다. 왕상旺相은 신新이 되고, 휴수休囚는 구舊가 되고, 청룡은 왼쪽이 되고, 백호는 오른쪽이 되고, 주작은 앞이 되고, 현무는 뒤가 되고, 등사가 중앙이 된다.(以印綬爲堂屋, 妻財爲廚灶, 子孫爲廊廟, 官鬼爲前廳, 合亦爲門, 沖乃爲路, 五爲樑柱, 卜爲棟牆, 旺相爲新, 休囚爲舊, 青龍爲左, 白虎爲右, 朱雀爲前, 玄武爲後, 螣蛇爲論中.)" 문로門路, 청룡青龍, 백호白虎, 주작朱雀, 현무玄武 등은 풍수이론의 핵심이다. 특이한 것은 여기서는 '등사논중螣蛇論中'을 하는 것이다.

점기조천이占起造遷移 편에서는 "처음 지어 옮기면 재財가 고요해져 사

9) 『火珠林』, 是火珠林卦法中的生表作, 據『中國術數概觀』一書考察, 該書成書於唐末宋初, 著者傳說為痲衣道 士, 又傳說其為陳搏的老師, 尤善相衛. 另有相街的代表作『痲衣一相法』, 可謂中國歷史上有名的術數大師. 書的基本原則是「卦定根源, 六親為主」, 即用五行生剋刑害, 合墓旺空等進行斷卦, 主玉繼承京房易的理論. 本書所述『火珠林』係轉引自郭志誠等綳 著,『中國術數慨觀』, 中國書籍出版社, 1991.

람이 안정되고, 귀鬼가 움직여 화를 부르면 옮김이 움직이게 되어 (재와 인이) 모두 어려워진다.(起造遷移, 財靜人安; 鬼發招禍, 遷動俱難.)"고 주장했다. 이편에서는 양택 내용도 추가되었다. "귀묘鬼墓의 방위를 성당聖堂으로 삼고, 자묘子墓의 방위를 희생을 기르는 장소로 삼고, 재묘財墓의 방위를 창고로 삼고, 절絶을 화장실로 삼는다. 형묘兄墓가 직사각형이면 물[水]이 생왕(生旺)하는 곳을 우물로 삼는다. 응應은 옥屋, 귀鬼는 청廳, 복은 낭廊, 재財는 방옥房屋·주궤櫥櫃, 형兄은 문門이 되니, 몸소 간직하여 형兄이 얻어지면 오사五事가 모두 온전해지며 공空일 수 없으니 형刑이 없으면서 충沖할 수 있어 높은 등급의 집[屋]이 된다. 안으로는 한 효가 충극沖克이 되어 손해를 보거나 허물어지는 것을 주관하게 되어 공空을 얻는 것으로 오묘함[妙]이 된다.(鬼墓方爲聖堂, 子墓方爲牲畜, 財墓方爲倉庫, 絶爲厠, 兄墓得直方水生旺處爲井, 應爲屋, 鬼爲廳, 福爲廊, 財爲房屋櫥櫃, 兄爲門, 身持兄得, 五事俱全, 不可空, 無刑沖尅, 上等屋也, 內有一爻被沖尅, 主有損壞, 得空爲妙.)" 그 서법용어筮法用語가 좀 신비스럽지만 실은 양택陽宅 중의 여러 요소要素들을 분석한 후 점서占筮하여 단괘斷卦하는 것이다. 양택陽宅 중의 요소에 대한 분할은 대체로 풍수 중의 '양택삼요陽宅三要' 및 '양택육사陽宅六事'와 중복된다. 예컨대 문門, 측廁, 정井, 청廳 등이다.

점분묘占墳墓 편에서는 "귀鬼를 시신[屍]으로 삼으면 기가 필요 없고, 부모에게 봉분을 하면 모두 고요해진다. 재財를 녹祿으로 삼고, 자子를 사祀로 삼으려면 왕旺하는 상相이 나타나서 세상을 지탱하여야 한다. 세상에서 풍수風水를 한다고 하는 것은 관곽棺槨이니 모두 고요해야 한다.(以鬼爲尸, 要無氣; 父母爲墳, 皆宜靜, 以財爲祿, 以子爲祀, 要旺相, 出現, 持世. 世爲風水, 應爲棺槨, 皆宜靜.)"라고 주장했다. 이러한 '의정宜靜(고요해야 함)'적 주장은 점기조천이占起造遷移편 중의 "재財가 고요해져(棺槨)

사람이 안정된다.(財靜人安)"라는 내용과 일치한다. 이편에서는 시일택선時日擇選에 대한 점법을 언급했다. "전쟁에서 죽은 사람의 장례를 지내는 해는 신身이 묘卯의 해에 있으면 유酉의 해에 점을 친다. 묘의 수가 유에 이르는데 7년을 채운 것과 7년을 못 채운 경우, 또는 묘에서 유에 이르기까지 2 곱하기 7, 14년, 또는 월수月數를 쓰는 것 등은 변효變爻가 묘효卯爻를 충沖하는 것과 같아 땅[地]이 이미 협착(비좁아)하여 기氣가 머무는 틈새가 없다.(戰葬年, 如身在卯, 酉年占, 卯數至酉成七年不七年, 或卯酉二七十四年, 或用月數, 如變爻沖卯爻, 必地旣狹窄, 無氣間.)"

② 『천오가장闡奧歌章』[10]: 풍수 내용에 관련된 것으로서는 「주거택住居宅」의 제장第章(附. 風水), 「이주장移徙章」, 「분묘장墳墓章」 등이 있다. 그중 「주거택」 제장第章의 시작 부분은 한 구절에 7자字씩인 구결口訣 총 42구절이다. 내용은 재財, 왕旺, 쇄衰, 복福 등이 고작이고 끝부분이 오행이론과 관련된 것들이다. 이어서 구체적인 점효방법占爻方法을 소개했는데 양택구성요소陽宅構成要素에 대한 분석과 점서占筮를 골고루 갖추고 있다. 우물, 부뚜막, 침대에 까는 돗자리를 유난히 중시하는 심리도 정통풍수와 일치한다. 이주장移徙章에서는 우선 점효방법占爻方法을 소개하는데 주작朱雀, 현무玄武, 백호白虎, 청룡靑龍 그리고 등사螣蛇를 운용하며 똑같이 '정靜'을 주장했다. 분묘장墳墓章도 한 구절에 7자字씩인 구결口訣들로 되어 있고 총 34구절이다. 거기서도 정靜을 주장했다. 즉 "만약 분墳과 총塚을 점친다면 고요함[靜]이 강하나 움직일 때는 평상시와는 반대가 된다.(若占墳塚靜爲强, 發動之時便反常)."

10) 『闡奧歌章』, 作者佚名.該書前半記錄了具體的斷卦歌訣二十五條, 可謂火珠林卦法的斷卦總則, 後半部為據前半記口訣而來的具體斷卦方法.

③『천현부天玄賦』[11]: 풍수에 관련된 부분은 「가택장家宅章」과 「지리장地理章」이다. 그 중 가택장家宅章의 내용은 『화주림火珠林』이나 『천오가장闡奧歌章』과 일치하며 마찬가지로 주택 내의 각 요소에 대해서 점효占爻해야 한다. 『천오가장闡奧歌章』에서 소개하듯 일효一爻를 설명하고 나서는 예외 없이 괄호를 치고 서술된 내용을 해석·분석했다. 아울러 오행의 속성을 통하여 길흉을 분석했다. "초효初爻가 토土에 속하면 혼탁하며, 수水에 속하면 맑고 차고 가득차고 넘치며, 목木에 속하면 우물가에 나무가 있으며, 화火에 속하면 샘의 물이 항상 마르며, 금金에 속하면 가라앉으면서 밝고 향이 깨끗하다.(初爻屬土, 則渾濁, 水則淸冷盈溢, 木則井上有樹, 火則泉水常乾, 金則沉瑩香潔)." 동시에 여러 차례 백호白虎, 주작朱雀, 청룡靑龍, 구진勾陳, 등사螣蛇 등 술수術數용어를 운용했다. 그 밖에 여기서도 '정靜'을 우선으로 하고 양문을 마주하면 안 된다고 주장했다. "두 문을 서로 마주 보고 뚫으면 재화가 생기지 않는다.(有兩門相穿不生財.)." 「지리장地理章」에서는 주로 음택풍수陰宅風水를 거론한 것을 보면 그야말로 정통풍수이론과 다름이 없다. 우선 풍수를 점치는 총칙을 언급했다. "풍수를 점친다는 것은 현묘玄妙함과 현미玄微함을 널리 구하고, 또 괘효의 상서로움으로 이 땅인지 아닌지를 파악하여 6합六合이면 바람을 가두며 기를 모으고, 6충六沖이면 물이 흐르고 모래가 날린다.(凡占風水, 漫求玄妙與玄微, 且把卦爻端詳, 是地不是地, 六合則風藏氣聚, 六沖則走沙飛.)" 아울러 괄호括號를 치고 육합六合과 육충六沖의 의미를 해석했다. "

6합六合이라는 것은 음양陰陽에 배당되어 서로 떨어질 수 없으니, 초효와 4효, 2효와 5효, 3효와 6효가 다시 서로 조고朝顧하게 되면 유정有情

11)『天玄賦』, 作者佚名. 該書目前推測其爲宋元之間作品. 書先論總要占卜提綱, 再分具體篇章 細論各種事情的吉凶占卜.

이 된다. 지리地理는 산이 두르고 물이 싸안는 것을 벗어나지 않으니 4신四神이 알현하고 맞이하며 유정을 감싸 안고 지켜주어 바깥의 성에 결함이 없는 것은 괘 가운데 6합의 뜻과 비슷하여 가장 길한 땅이 된다. 만약 괘의 6합이 없으나 세효世爻가 내상內象, 사신四獸, 유정有情에 있으면 이는 다음으로 길한 땅이다. 세효世爻가 비록 외상外象에 있지만 주인과 손님을 구분할 수 있고 왼쪽과 오른쪽이 돌아보고 명당明堂이 넉넉히 넓으면서 수구水口가 닫혀 있으면 작게 결국結局되어 있다면 이 또한 쓸 수 있다. 만약 6충六沖의 괘를 만나 산이 날고 물이 달리는 땅이라면 다시 자세히 말할 필요가 없다.(夫六合者陰陽相配而不相離, 初四, 二五, 三六更相朝顧, 是爲有情. 凡地理不過山環水抱, 四獸朝迎, 拱衛有情, 羅城無缺, 似此卦中六合之義也, 大吉之地, 若卦無六合, 世在內象四獸有情者, 乃次吉之地也. 世爻雖在外象, 去得賓主有情, 左右回顧, 明堂寬廣, 水口關闌, 乃小結局, 亦可用也, 若遇六沖卦, 乃山飛水走之地, 不必更詳).” 이어서 수구水口, 명당明堂, 향위向位 등의 구체적인 단괘방법斷卦方法을 논했는데 역시 정통풍수와 일치한다. “산에 들어가서 수구水口를 찾는데 육위六位가 공망空亡하면 바람직하지 않고, 혈穴에 이르러 명당을 보면 간효間爻의 왕상旺相을 보아야 한다.(入山尋水口, 不宜六位空亡, 到穴看明堂, 喜見間爻旺相.)” 그리고 “명당明堂은 만 명의 기병이라도 허용하는데, 수구水口가 바람을 통하지 않게 하면 크게 길한 땅이다. 명당에는 물들이 모이는데, 고요한 것이 옳고 움직이는 것은 옳지 않으니 고요하면 높은 것을 모으고 움직이면 기울여 쏟아 낸다. 물이 띠를 둘러 길신이 생극하는 간효이면 4수가 명당으로 들어간다.(明堂容萬騎, 水口不通風, 大吉之地, 明堂衆水所聚, 宜靜不宜動, 靜則聚高, 動則傾瀉, 水帶吉神生尅間爻, 乃四水入明堂也.)” 그래서 화주림법火珠林法에 대한 풍수의 영향을 이것으로 충분히 알 수 있다.

④『황금책黃金策』. 이 책은 명나라 유기劉基가 지은 것으로 전해졌다. 유기劉基, 자백온字伯溫, 명나라의 건국공신이었다. 주원장朱元璋을 도와 남경南京을 수도로 정하는 데 큰 공을 세웠다. 『황금책黃金策』은 화주림火珠林 괘법卦法을 집대성한 작품이다. 명나라나 청나라의 술사術士들이 모두 이것을 유일한 준칙으로 삼았을 뿐만 아니라 민간에까지 전해졌다. 그 중 풍수에 관련된 것은 '가택家宅'과 '분묘墳墓' 두 편인데 가택家宅 편의 내용은 위에 서술한 저작들 중의 가택家宅 편 내용과 비슷하다. 시작부분에서 똑같이 점효법占爻法을 육효六爻별로 소개했지만 주택의 구성요소 이외에 주택주인 등의 요소도 점효占爻의 근거로 삼은 것은 풍수『팔택주서八宅周書』와 일치한다. 『팔택주서』는 명나라 때부터 나돌기 시작한 풍수이론『황금책黃金策』의 유전流傳시기와 일치해서 그 상호간의 영향을 짐작할 수 있다. 분묘墳墓 편이 비교적 짧고 혈穴, 산山, 수水 등이 고작이다. 재미있는 것은 책 속에 사용된 '룡반호거龍盤虎踞'라는 어구는 바로 고대로부터 사람들이 남경南京의 지세地勢를 형용하는 말이다.

위에서 상술된 네 가지의 화주림점법火珠林占法 저작을 종관縱觀하면 풍수에 관련된 내용이 마치 판에 박힌 것처럼 똑같이 가택家宅과 분묘墳墓만 다루고 다른 점이 있어봐야 일부 책에 이전移轉이라는 내용만 추가된 것뿐이다. 그 단괘법斷卦法은 모두 주택住宅의 구성원소構成元素를 점효占爻의 근거로 하며 주된 원소元素 또한 문門, 부뚜막, 우물, 침대 등에만 국한된다. 구체적인 규칙도 대부분 오행五行 그리고 청룡青龍, 백호白虎, 주작朱雀, 현무玄武, 등사螣蛇를 길흉의 판별표준으로 하며 '정靜'을 길吉로 여긴다. 풍수이론風水理論이 화주림법火珠林法에 어느 정도 영향을 주었다는 증거로 화주림법火珠林法의 일부 용어들 예를 들어 수구水口, 명당明堂, 혈穴 등이 모두 정통풍수正統風水에서 따온 것이다. 한편 화주림법火珠林法 중에 포함된 풍수 원칙은 나름대로 체계와 규칙이 있다. 이러한 독립적인 체계와 원리도 틀림없이 역으로 풍수에 어느 정도 침투했거나 영향을 미쳤을 것이다.

(7) 점성술占星術

초기의 무술巫術들은 예를 들면 점복술占卜術, 점몽술占夢術, 수상술手相術, 점성술占星術 등 모두 세계世界 각 민족들의 원시문화 속에 존재했었다. 특히 점성술占星術이 각종 무술巫術 중에서 유난히 중요했다. 이른바 점성술占星術은 성숙방위星宿方位의 출현과 소실에 의거해 미래에 일어날 일을 점치는 술수術數이다. 이것은 실은 영혼과 천체신령天體神靈의 시스템에 내하여 면밀하게 짜놓은 기본원리로 상당부분 직접적인 상징을 기초로 하여 자연계 및 사람의 생사나 성쇠를 일월성신日月星辰과 연계시킨 것이다. 이러한 술법은 중국의 풍수 이론에 커다란 영향을 미쳐 어떤 의의에서 말하면 점성술占星術은 풍수의 창세기를 열었다고 할 수 있다.

점성술의 역사가 매우 오래되었다. 은나라의 갑골甲骨에 대한 고고학적 분석을 통하여 중국 고대의 점성활동占星活動이 원고遠古시대였던 미개의 원시사회에 벌써 시작된 것으로 단정斷定된다. 복희시대伏羲時代에 이미 탄생된 하도河圖와 낙서洛書는 복희伏羲나 또는 황제黃帝가 황하黃河강물 속에서 나온 신구神龜와 용마龍馬의 등 무늬를 본떠 그린 것으로 전해졌다. 이러한 전설이 일리가 있는 것 같기도 하다. 왜냐하면 대량의 고대전적 중에 황제 및 대신들이 천상天象을 관찰했거나 측정 기구를 제작했다는 전설이 많이 실려 있기 때문이다. 그리고 일부 전문가들이 황제黃帝와 복희伏羲가 동일한 신이라고 고증했다.

하도河圖와 낙서洛書가 년대도 오래되었고 중국 고대술수古代術數 특히 점성술에도 지울 수 없는 영향을 미친 만큼 점성술에는 각별한 의미를 지니고 있다. 하낙河洛이라는 표현이 『상서尙書 · 고명顧命』에 최초로 나타났다. "큰 옥과 보통 크기의 옥[夷玉]과 천구天球와 하도河圖는 동쪽 행랑방[東序]에 두었다.(大玉, 夷玉, 天球, 河圖在東序.)" 그리고 『역易 · 계사상전繫辭上傳』에서는 "황하[河]에서는 도圖가 나오고 낙수[洛]에서는 서書가 나와 성인이 이것으로 법칙으로 삼았다.(河出圖, 洛出書, 聖人則之.)"라는 기술이 있는데 이 성인은 과거에는 복희伏羲나 또는 대우大禹라고 거론되었었다. 중국내 다수의 역학가易學家들이 팔괘八卦가 하도河圖와 낙서洛書에서 유래되었다고 생각하고 있는데, 이러한 설은 대략 한나라 때쯤부터 벌써 많은 학자들이 이러한 설을 추앙했다.

그리고 『역易 · 계사하전繫辭下傳』에는 "옛날 복희씨伏羲氏가 천하의 왕노릇을 하면서 우러러 하늘의 상을 관찰하고 굽어 땅에서 법을 취하였다. 새와 짐승의 무늬와 땅의 옳음을 보고 가까이 자기 몸에서 취하고 멀리 여러 사물에서 취하여 여기에서 처음 8괘를 만들었다.(古伏羲氏之王天下也, 仰則觀象於天, 俯則取法於地, 觀鳥獸之文與地之宜, 近取諸身, 遠取諸物, 於是始作八卦.)"

『상서尙書 · 고명顧命』에 위공안국전僞孔安國傳에서 인용되었다. "복희씨가 세상의 왕노릇을 할 때 용마龍馬가 황하[河]에서 나와 그 무늬로 8괘를 그렸으니 이를 하도河圖라 한다.(伏羲氏王天下, 龍馬出河, 遂則其文, 以圖八卦, 謂之河圖.)"

『한서漢書 · 오행지五行志』에는 "유흠劉歆은 복희씨가 하늘을 이어 왕이 되어 하도를 받고 이것을 본받아 그림으로 그린 것이 8괘라고 여겼다.(劉歆以爲伏羲氏繼天而王, 受河圖, 則而圖之, 八卦是也.)"라고 하였고, 또 말하기를 "유흠은 우禹임금이 홍수를 다스리고 낙서洛書를 받아 본받아 쓴 것이 구주九疇라고 여겼다.(劉歆以爲, 禹治洪水, 賜洛書, 法而陳之, 九疇是也.)"는 등의 기록들이 있다.

하도河圖와 낙서洛書 그리고 팔괘八卦의 기원에 대한 설이 많고 아직까지 정해진 결론이 없다. 필자가 주목하는 관점은 이렇다. 그것이 천하天河 즉 은하성상銀河星象에 대한 관측이나 또는 고대기후 및 방위에 대한 관측에서 비롯된 것이다. 예컨대 근대학자 고형高亨[12]은 하도河圖와 낙서洛書가 고대의 지리서였다는 추측을 내놓았다. 그래서 필자가 점성술占星術 편에서 하도河圖와 낙서洛書를 설명할 때 그것들이 고대 천문학, 지리학 지식에 관련이 있어서 고대 점성술 및 고대 풍수에 큰 영향을 미쳤다는 견해를 밝혔다.(〈그림 6〉).

점성占星에 관한 최초의 사서기록은 『역易 · 계사상전繫辭上傳』에 나오는데, "하늘이 상象을 드리워 길흉을 보이니 성인이 이를 본받았다.(天垂象, 見吉凶, 聖人象之.)"고 하였다. 한대漢代에 이르러 점성에 관한 기록이 매우 풍부해졌다. 주목할 만한 것은 저명한 사학가 사마천司馬遷이 직접 지은 대작인 『사기史記』에서 성상星象과 천체변화에 의거하여 한나라 때 있었던 중대한 사건을 기록했다. "한나라가 발흥하자 5성이 동정東井에 모였다. 평성의 주위에 달무리가 삼[參]과 필[畢]에 7중으로 감쌌다. 여러 려呂가 난리를 일으키자 일식이 일어나 대낮이 컴컴해졌고, 오 · 월 등 7국이 반역을 일으키자 혜성의 꼬리가 길게 늘어지고 천구天狗가 양[梁]의 분야를 지나갔다. … 이것은 명백하게 큰 것들(괴변)이니 자질구레한 것들은 이루 다 말할 수 없다.(漢之興, 五星聚於東井, 平城之圍, 月暈參, 畢七重; 諸呂作亂, 日食, 晝晦; 吳越七國叛逆, 彗星數丈, 天狗過梁野. … 此其犖犖大者. 至若委曲小度, 不可勝道.)" 그리고 그

12) 高亨(1900~1986): 고문학자(古文學子). 북경대학을 졸업하고 무한(武漢)대학 교수를 역임. 고형은 고사변파 역학 사상으로부터 깊이 영향을 받은 考據派 학자이다. 즉 乾嘉學派처럼 훈고 · 고증 · 朴學 방법으로 역을 연구하는데, 고형이 대표적인 학자이다. 특히 자구 훈고에 능한 역학가 이다. 중국(대륙)과 대만에서 영향력이 크다. 특히 『周易古經今注』는 무한대학교에서 교수로 재직 시에 지은 것으로 이 책은 『역전』을 고수하지 않고 상수도 말하지 않고, 오로지 훈고만을 중시하여 지은 책이다. 지은 책으로는 『詩經選注』, 『詩經今注』, 『楚辭選』, 『上古神話』, 『文字形義學概論』, 『古字通辭典』, 『周易古經今注』, 『周易古經通說』, 『周易雜論』 등이다.

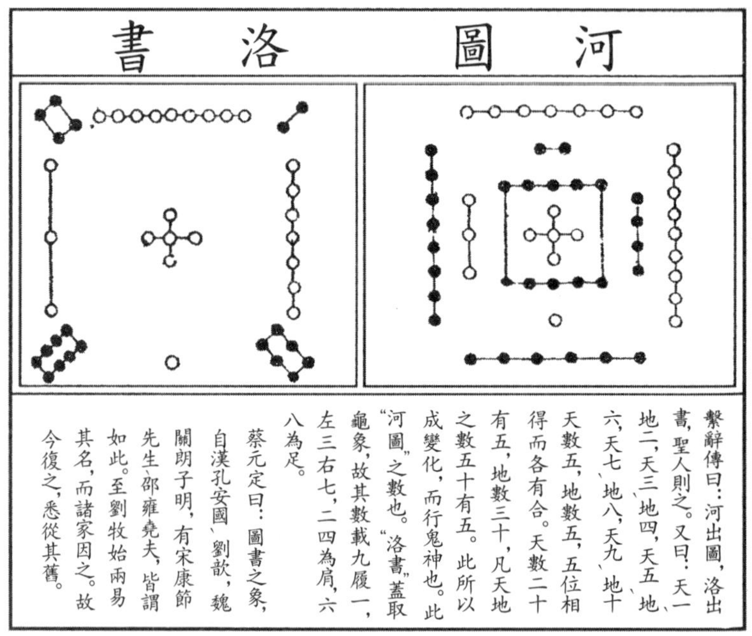

〈그림 6〉 하도(河圖) 낙서(洛書), 『역경(易經)』

는 '북두칠성'을 '제7정齊七政'으로 간주하여 남극노인성南極老人星이 보이면 천하가 태평하고 안 보이면 병란兵亂이 일어난다고 생각했다. 사마천 같은 위대한 사학가도 일월성신日月星辰과 인간 간에 일종의 길흉 대응 관계가 있음을 확신하고 있던 것을 보면 당시 상층 지식인들의 성점星占에 대한 숭배崇拜와 신앙을 상상할 수 있다. 상술된 기록을 통하여 사마천이 연계시킨 성신星辰에 대응된 사건들은 한결같이 국가흥망에 직결되는 중대한 사건이었음을 알 수 있다. 이는 당시 성점의 특징으로 주로 국가사직강산國家社稷江山, 제왕장상帝王將相, 천후天候, 작황作況 등 큰일의 길흉을 판단하는 데 쓰이던 것이었음을 반영했다. 일반인들에게는 성상星象에 대응할 '공력功力'이 없어서 중국 고대의 기타 술수에 비하면 점성술이 사회하층의 일반 백성들과는 거리가 멀었다. 그리하여 아래와 같은 결론을 내릴 수 있다. 점성술의 풍수에 대한 주요 영향은 구체적인 판단과 세밀한 규칙이 아니라 총체적인 수법과 관념 즉 천지天地가 대응되는 관념 및 관련된 천문지식 그리고 술어術語들이다. 그런데 풍수에 직접적인 지도 의미를 부여한 이것들 중 가장 중요한 것으로 꼽힌 것은 그래도 '분야分野' 이론이다.

이른바 분야分野는 지상의 주국州國 등 구역區域을 천상의 성공구역星空區域과 서로 대응시킴으로써 인간의 길흉화복을 판단判斷하는 것이다. 천상구역天上區域의 분할법에는 십이차十二次나 이십팔숙二十八宿 등 다양한 방법이 있으므로 분야分野의 방법도 여러 가지다. 『역학대사전易學大辭典』의 정리整理에 따르면 역사상에 중요한 분야학설分野學說이 횟수로서 모두 세 번, 패턴으로서는 모두 9가지 있었다.

① 간지설干支說: 지역의 분할을 간干, 지支와 월령月令과 대응시키는 방법으로서 십간분야十幹分野와 십이지분야十二支分野 그리고 십이월분야十二月分野 등 세 가지 패턴이 있다.[13]

② 성토설星土說: 지역의 분할을 성신星辰과 대응시키는 방법으로서 단성분야單星分野, 오성분야五星分野, 북우분야北牛分野, 십이차분야十二次分野, 이십팔숙분야二十八宿十二次分野 등 다섯 가지 패턴이 있다.[14]

③ 구궁설九宮說: 지역의 분할을 구궁九宮과 대응시키는 방법으로서 오로지 구궁분야九宮分野라는 한 가지의 패턴만 있다.[15]

---

13) 張基成 主編, 『易學大辭典』, 華夏出版社, 1992, 555쪽.

14) 위의 책, 『易學大辭典』, 626쪽.

15) 앞의 책, 『易學大辭典』, 608쪽.

이 세 가지의 학설이 모두 풍수에 전용되었었다. 예를 들면 최초의 감여술堪輿術은 바로 간지분야干支分野 패턴으로 길흉을 추단했다.

일월성신日月星辰의 분포分佈와 운행運行은 시간, 계절 그리고 방위를 판별하는 데 매우 중요했다. 초기의 농업생산이 시간과 계절에 대한 의뢰가 유별났다. 방향판정과 계절구분은 농업생산이나 토목건축을 계획하거나 진행하기에 필수적인 지식이어서 원고遠古시대에 세계의 각 민족들이 목축시대에서 농업사회로 전환되던 시점에 천상관측을 하게 되었다.

천문학은 세계에서 가장 오래된 과학의 하나다. 고대 중국에는 은상殷商시대에서 춘추시대로 바뀌면서 농업 사회가 상대적으로 발달되고 온정穩定(사리에 맞는)된 단계에 이르렀고 천문학도 많이 발전되었다. 『역경易經』에서도 '천문天文'이라는 단어를 찾을 수 있다. 예컨대 『역易 · 분괘賁卦』를 보면 이러한 기록이 있다. "천문을 보고서 때의 변화를 관찰한다.(觀乎天文, 以察時變)." 중국 고대 천문관측의 주된 내용은 성상星象 즉, 일월성신日月星辰 등 천체天體가 우주宇宙에 있는 분포 및 운행규칙을 관측하는 것이었다. 진나라 이전에 중국인들은 이미 행성의 변화와 항성恒星의 위치를 비교적 명확하게 설명할 수 있었을 뿐만 아니라 성위星位의 변화에 의거하여 최초의 기년법紀年法(성세기년星歲紀年)을 발명하였다. 이와 같은 일련의 천문지식이 중국의 모든 술수이론術數理論의 초석을 세워주었다. 중국술수中國術數의 신비함이 상당 부분 신묘하여 종잡을 수 없는 천문에서 비롯되었다. 풍수도 당연히 그 예외가 될 수 없었다. 풍수에 대한 영향이 가장 큰 고대 천문학설들을 예로 설명하겠다.

① 우주결구설宇宙結構說: 우주 즉 하늘과 땅을 통틀어 상호 간의 관계를 연구하는 학설이다. 한나라 때부터 중국 천문학계에 이러한 이론에 관련된 학설로서 전후로 개천蓋天, 혼천渾天, 선야宣夜, 흔천昕天, 궁천穹天,

안천安天 등 여섯 종류[16)]가 있었다. 현대 과학적으로 볼 때 이 여섯 가지의 학설의 우수성과 과학성이 시기적으로 점차 높아졌다. 그런데 중국 역사상에 개천설蓋天說의 영향력이 제일 컸다.

은殷나라 말기와 주周나라 초기 즈음에 처음 나타난 개천설蓋天說이 하늘이 위에 있고 땅이 밑에 있으며, 하늘은 반구형半球形인 커다란 덮개라고 주장했다. 즉 이른바 "하늘은 커다란 오두막, 대광주리로 사방 벌판을 덮어 놓은 것과 같다.(天似穹廬, 籠蓋四野)"이다. 구체적인 내용을 볼 때는 개천설蓋天說에 두 종류가 있는데 하나는 '천원지방天圓地方'설이다. 『진서晉書·천문지天文志』에서는 아래와 같이 요약했다. "주비가周髀家가 주장하기를, '하늘은 둥글어서 장막으로 덮은 것과 같고, 땅은 네모나서 바둑판과 같다.'(周髀家云: '天員 (圓) 如張蓋, 地方如棋局.')"고 하였다. 네모난 땅에 대해서는 전국시대의 저명한 음양가陰陽家 추연鄒衍이 보다 더 명확하게 해석했다. 지상에 9주九州가 있는데 중국이 그 중의 하나로 적현신주赤縣神州라고 불린다. 각 주州마다 작은 바다에 둘러싸이고 9주九州 둘레를 둘러싸고 있는 큰 바다가 뻗어나가다가 내려온 하늘과 맞닿는다. 파오(천막집)처럼 생긴 천궁에 극極(굴대)이 있는데 하늘이 수레바퀴처럼 이 '극極' 주위를 돈다는 설명이다. 그러나 이러한 설명 자체가 결국 모순이 된 것으로 밝혀졌다. 왜냐하면 반구형半球形인 천궁天穹과 네모난 대지大地가 이어지지 않기 때문이다. 그래서 다시 수정했다. 즉 하늘이 땅에 닿지 않고 커다란 우산처럼 대지大地의 상공上空에 높이 떠 있다. 그 중심부가 밧줄로 묶여 있고 사방에 여덟 개의 큰 기둥으로 받쳐져 있어서 하늘이 마치 지붕이 돔 모양의 정자와 같다고 했다. 다른 종류의 개천설蓋天說에서는 네모난 대지大地를 아치형 대지大地로 바꿔놓았다. 비록 첫

16) 陳遵嬀著, 『中國天文學史-第六』, 明文夏書局, 1990, 1827~1847쪽.
馬振亞·張振興, 『中國古代文化概說』, 吉林大學出版社, 1983 참고

번째 개천설蓋天說보다 앞선 학설이지만 '천원지방天圓地方'설說만큼 영향이 심원深遠하지 않았다. 이상의 각 학설 중에서 '천원지방天圓地方'설說만이 중국 풍수 및 중국 전통 건축에 독특한 의미를 갖게 해주었다.

② 오위와 칠요五緯與七曜: 중국 고대천문학에서는 실제 관측된 금金, 목木, 수水, 화火, 토土 5개의 행성行星을 통틀어 오위五緯라고 불렀다. '위緯'자는 직물織物의 가로 실이라는 의미다. 위 오성五星이 하늘에 있는 분포위치가 위선緯線(가로 실)처럼 동쪽에서 서쪽으로(注. 보이는 형상이고 실제로는 서쪽에서 동쪽으로 향한다)누비기 때문에 오위五緯라는 이름을 가지게 되었다. 오요五曜라고도 불린다. 그 중 동방목성東方木星을 세성歲星, 서방금성西方金星을 태백太白, 남방화성南方火星을 형옥熒惑, 북방수성北方水星을 진성辰星, 중앙토성中央土星을 진성鎭星이라고 부른다. 점성가들은 그 중 목성木星(또는 해성歲星)이 길성吉星이라서 다다른 성위星位에 대응되는 지상지역에 풍년이 들고 반면에 화성火星이 재성災星이라서 다다른 성위에 대응되는 지상지역에 재난이 일어난다고 한다. 일월日月과 오성五星을 합해서 칠요七曜나 칠정七政 또는 칠위七緯라고 부른다. 오위와 칠요는 풍수에도 자주 전용된다.

③ 삼원三垣, 북두北斗, 사상四象, 이십팔숙二十八宿

중국 고대 천문학에서는 하늘을 삼십일개의 천상구역天上區域—삼원이십팔숙三垣二十八宿으로 나누기도 했다. 삼원三垣[17]이란 자미원紫微垣과 태미원太微垣 그리고 천시원天市垣이고 그 중 자미원紫微垣은 북극성 주위 약 36° 정도 된 성체구역星體區域, 태미원太微垣은 자미원紫微垣의 서남西南 천상구역天上區域, 천시원天市垣은 자미원紫微垣의 동남東南 천상구역天上區域을 가리

17) 陳遵嬀 著,『中國天文學史-第二』, 明文夏書局, 1990, 33~49쪽, 참조.

킨다. 여러 개의 별이 주축을 이루고 있는 이 삼원三垣은 담장처럼 천상 구역의 범위를 규정하기 때문에 '원垣'이라는 이름을 가지게 되었다.

북두北斗[18]는 천추天樞, 천선天璿, 천기天璣, 천권天權, 옥형玉衡, 개양開陽, 요광瑤光 등 일곱 개의 별로 이뤄져 있다. 관측에 의하면, 이 일곱 개의 별이 있는 위치를 선으로 연결하면 모양이 마치 술을 뜨는 국자와 같아서 중국 고대 천문학에서 북두北斗라는 이름이 붙여졌다. 북두北斗는 흔히 방향方向을 판별하거나 계절을 판정하는 데 쓰이지만 풍수에서 북두극北斗極을 신앙信仰으로 하고 있다. 일부 풍수원리에 따라 지은 전통적 건축물들은 견강부회하듯이 북두北斗 모양으로 건조(건축)되었기도 했다. 예를 들면, 유명한 한漢 장안성長安城은 두성斗城이라는 별명을 가지고 있었다.

일월日月과 오성五星의 운행변화를 보다 더 확실히 관측하기 위해서 중국고인中國古人들이 장기간의 관찰을 통해 얻은 경험으로 연이어 적도赤道와 황도黃道 부근에 있는 이십팔二十八 개의 성숙星宿을 선택하여 참조參照 체계體系화 했다. 그것은 바로 "각角·항亢·저氐·방房·심心·미尾·기箕, 두斗·우牛·여女·허虛·위危·실室·벽壁, 규奎·누婁·위胃·묘昴·필畢·자觜·삼參, 정井·귀鬼·유柳·성星·장張·익翼·진軫(角亢氐房心尾箕; 斗牛女虛危室壁; 奎婁胃昴畢觜參; 井鬼柳星張翼軫)"이다. 이십팔숙은 이십팔사二十八舍라고도 불리며 모두 네 개의 성체구역星體區域과 각 구역에 일곱 개의 별로 이루어져, 서로 다른 형상形狀으로 되어 있어서 동쪽에 있는 각항씨방심미기角亢氐房心尾箕 등 칠숙七宿을 통틀어 창룡蒼龍으로, 서쪽에 있는 규류위앙필자참奎婁胃昴畢觜參 등 칠숙七宿을 통틀어 백호白虎로, 남쪽에 있는 정기류성장익진井鬼柳星張翼軫 등 칠숙七宿을 통틀어 주작朱雀으로, 북쪽에 있는 두斗, 우牛, 여女, 허虛, 위危, 실室, 벽

18) 陸思賢·李迪 共著, 『天文考古通論』, 北京, 紫禁城出版社, 2000, 97-104쪽, 참조.

壁 등 칠숙七宿을 통틀어 현무玄武로 비유하며 이 네 가지의 동물형상을 사상四象[19]이라고 부른다. 저명한 천문학자 겸 수학자 정형張衡이 본인의 명저인 『영헌靈憲』에서 사상四象에 대하여 시적인 묘사를 했다. "창룡蒼龍은 좌측에 몸을 구부리고 있고, 백호白虎는 우측에 웅크리고 있고, 주작朱雀은 앞에서 날개를 펼치고 있고, 영수靈獸는 뒤에서 머리를 움츠리고 있다.(蒼龍連蜷於左, 白虎猛踞於右, 朱雀奮翼於前, 靈獸圈首於後.)"

사상四象은 중국 문화사에 있어 매우 중요한 상징적인 의미를 지니고 있다.

첫 번째 응용사례는 군사軍事에 이용되었던 것이다. 하늘에 분포된 사상四象의 위치대로 군대를 훈련시켰다. 『예기禮記 · 곡예曲禮』에 기재된 "군대 대열에서 앞에는 주작, 뒤에는 현무玄武, 왼쪽에는 청룡, 오른쪽에는 백호가 위치한다.(行, 前朱雀而後玄武; 左青龍而右白虎.)"는 것은 군대가 행군할 때의 상황을 소개하는 내용이다.

두 번째 응용사례는 건축에 이용된 것이다. 궁궐전문宮闕殿門들이 흔히 이 사상四象으로 명명 · 배치되었을 뿐만 아니라 그 방위는 각각 동남서북에 대응되었다. 『삼보황도三輔黃圖 · 한궁漢宮』에서 "창룡蒼龍, 백호白虎, 주작朱雀, 현무玄武는 하늘의 네 신령스러운 동물[四靈]들로 사방에 바르게 위치하여 왕이 궁궐과 전각을 지을 때 이것에서 법도를 얻는다.(蒼龍, 白虎, 朱雀, 玄武, 天之四靈, 以正四方, 王者制宮闕殿閣取法焉.)"라는 내용이 기재되었다. 이와 같이 배치된 사례는 다른 것도 많이 있었다.

세 번째 응용사례는 술수術數 특히 풍수에 광범위하게 이용되었던 것이다. 사상四象은 길흉판별뿐만 아니라 지형地形의 선악善惡을 단정하는 기준이 되기도 했다. "장례를 지낼 때 왼쪽을 청룡으로, 오른쪽을 백호

19) 앞의 책, 『中國天文學史-第二』, 25~31쪽, 참조.

로, 앞을 주작으로, 뒤를 현무로 삼는다.(故葬者以左爲青龍, 右爲白虎, 前爲朱雀, 後爲玄武.[20])" 아울러 이것을 바탕으로 많은 세칙細則들을 이끌어냈다.

위에 언급한 이십팔숙二十八宿[21]은 풍수이론에 있어서도 없으면 안 될 기본이 되었다. 특히 풍수나반風水羅盤에는 이십팔숙二十八宿이 꼭 있어야 하는 항목이다.

이십팔숙二十八宿 중의 실숙室宿과 벽숙壁宿이라는 두 별을 이은 직사각형은 고대 호미의 모양이다. 고대 농기구인 호미는 '정定'이라고도 불려서 이 두 숙宿을 통틀어 정성定星이라고 부른다. 기록에 의하면 고대에 정성定星이 중천中天에 있을 때 주택을 건조(건축)하기에 좋은 시기였다고 한다 예를 들면, 『시詩·곽풍郭風·정지방중定之方中』에는 "정성이 하늘 가운데 올 때, 초구楚丘에 궁宮을 짓네, 해 그림자로 방위를 재어 초구에 실室을 짓네.(定之方中, 作於楚宮, 揆之以日, 作於楚室.)"라는 기록이 있다. 한漢나라 정현鄭玄이 여기에 주석을 달았다. "초궁楚宮은 종묘宗廟를 말한다. 정성定星이 저녁에 가운데 있으면서 바르게 있으면 이때 궁실을 지을 수 있으므로 '영실營室'이라 부른다.(楚宮, 謂宗廟也, 定星昏中而正, 於是可以營制宮室, 故謂之營室.)" 이것은 건축택일建築擇日에 관한 과학성이 있는 최초의 기록記錄이 될 수도 있고 '영건營建'이라는 용어의 유래이기도 한다.

④ 십이진과 십이차 그리고 성세기년

십이진十二辰은 중국 고대천문학 중 주천周天에 대한 분할 방법으로 대체로 적도를 따라 동쪽에서 서쪽으로 365등분이 된 하늘을 다시 십이개

20) 東晉郭璞在《葬書》中也提到"四象." 他說: "地有四勢. 氣從八方. 故葬以左為青龍, 右為白虎, 前為朱雀, 後為玄武. 玄武垂頭, 朱雀翔舞, 青龍蜿蜒, 白虎馴頫. 形勢反此, 法當破死. 故虎蹲謂之銜屍, 龍踞謂之嫉主, 玄武不垂者謂之拒屍, 朱雀不舞者騰去."

21) 위의 책, 『中國天文學史-第二』, 51~72쪽, 참조.

十二個의 부분으로 나눠 약 30도 정도 된 각 부분을 지평방위地平方位의 십이지十二支 자子, 축醜, 인寅, 묘卯, 진辰, 사巳, 오午, 미未, 신申, 유酉, 술戌, 해亥로 표시하는 것이다. 고대에는 30도를 일진一辰이라고 해서 '십이진十二辰'이라는 이름을 갖게 되었으며 이십팔숙二十八宿과 대응관계가 있다. 성숙星宿이 남중천南中天에 있을 때 십이진十二辰과 지평방위地平方位의 십이지十二支는 마침내 일대일一大一로 대응對應이 된다.

그밖에 고대 중국 천문학 중에 일월오성日月五星의 위치와 궤도를 관측하기 위해서 황도대黃道帶를 서쪽에서 동쪽으로 십이개十二個의 부분으로 분할해 십이차十二次라고 불렀다. 십이차는 숙宿과 동일한 의미 즉 멈춤, 체류, 거주라는 뜻이다. 다시 말하면 십이차十二次는 일월오성日月五星이 머무르는 장소인데 일 년 중에 해와 달이 열두 번 만나므로 십이차十二次라는 이름을 가지게 되었다. 그 구체적인 명칭은 순서대로는 성기星紀, 현효玄枵, 추자諏訾, 강루降婁, 대량大樑, 실침實沉, 순수鶉首, 순화鶉火, 순성鶉星, 수성壽星, 대화大火, 석목析木이다. 십이차十二次와 십이진十二辰 그리고 이십팔숙二十八宿 간에 대응관계가 있다.(〈표 2〉).

〈표 2〉 십이진(十二辰), 십이차(十二次), 이십팔숙(二十八宿) 대응관계표

十二辰 由東向西	丑	子	亥	戌	酉	申	未	午	巳	辰	卯	寅
分野	吳越	齊	衛	魯	趙	晋	秦	周	楚	鄭	宋	燕
十二次 由西向東	星紀	玄枵	娵訾	降婁	大梁	實沉	鶉首	鶉火	鶉尾	壽星	大火	圻木
州	揚州	青州	并州	徐州	冀州	益州	雍州	三河	荊州	袞州	豫州	幽州
二十八宿	斗·牛·女	虛·危	室·壁	奎·婁·胃	昴·畢	觜·參	井·鬼	柳·星·張	冀·軫	角·亢	氏·房·心	尾·箕

특히 설명할 만한 것은 십이진十二辰의 실제응용인 성세기년星歲紀年이다. 이른바 성세기년이란 세성歲星과 태세성太歲星의 운행변화 및 소재위치에 근거하여 연대를 기록하는 방법이다. 여기의 '성星'은 즉 세성歲星 다시 말하면 목성木星이다. '세歲'는 태세성 즉 일종의 가상의 성명星名(별의 이름)이다. 목성의 운행은 해나 달과 상반되어 서쪽에서 동쪽으로 진행하므로 중국 고대인들이 편의를 위하여 목성반영물木星反映物이라고도 할 수 있는 가상의 행성을 가설假設했다. 동쪽에서 서쪽으로 운행하는 이 가상의 행성은 점차 신격화되어 '태세太歲'성으로 명명되었다. 그것이 1년 중 머무르는 위치들은 각각 십이지十二支인 자子, 축丑, 인寅, 묘卯, 진辰, 사巳, 오午, 미未, 신申, 유酉, 술戌, 해亥다. 신격화된 이러한 '태세성太歲星'은 점차 민간신앙의 유명한 흉신凶神으로 바뀌었다. 그래서 풍수에는 이 천상세성天上歲星에 대응되는 지상흉신地上凶神 '태세토太歲土'가 생겼다. 아울러 천상세성天上歲星의 위치에 근거하여 이 지상흉신地上凶神의 방위를 추측한다. 만약 이러한 '태세토太歲土'에 건물을 지을 경우면 꿈틀거리는 공 모양의 흙덩어리를 파게 되므로 피하지 않으면 재앙을 만나게 된다. 불가사의한 것은 중국고대에 세성歲星이 한때 길吉한 성진星辰으로 간주되었었는데 왜 나중에 흉凶을 주主하는 성진星辰 종류로 전락되었을까? 아마도 가상된 태세太歲와 관련이 있었을 것이다.

⑤ 입표측영立表測影: 이것은 중국 천문학 중 가장 큰 공헌의 하나다. 이른바 '표表'는 최초에는 평지에 똑바로 세워진 막대기나 기둥이었는데 고대 문헌 중에는 '표表'라는 이름 이외에 늘 '얼臬', '얼槷', '비髀', '비碑' 또는 '비椑'라는 이름도 사용하곤 했다. 그 용도로서 3가지가 있었다. 첫째, 방향 측정, 둘째, 시각 측정, 셋째, 절기(冬夏二至)판단, 이 세 가지는 풍수에 모두 중대한 의미가 있는 것이다.

(8) 역법

『상서尙書 · 요전堯典』에 역법에 관한 기록이 있는데, "이에 희羲씨와 화和씨에게 명하여 넓은 하늘을 받들어 따르게 하고 해와 달과 별의 운행을 자주 관찰하여 사람들에게 계절을 알리도록 하였다.(乃命羲和, 欽若昊天, 曆象日月星辰, 敬授民時.)" 『대대예기大戴禮記 · 증자천원曾子天圓』에는 다음과 같이 기술되었다. "성인이 수명守明의 수數를 신중히 하여 별들의 운행을 관찰하고, 사계절의 순역順逆을 차례대로 한 것을 역曆이라 한다.(聖人愼守明之數, 以察星辰之行, 以序四時之順逆, 謂之曆.)" 여기에 언급된 역曆은 역법曆法을 의미하는데, 역법은 절기구분節氣區分, 시일기재時日記載, 시간계산時間計算 등을 결정決定할 때 표준방법標準方法으로서 천문학과 매우 밀접한 관계가 있었음을 알 수 있다. 어떤 의미에서 볼 때 역법曆法이 천문학의 일종의 구체적인 운용이라고 할 수 있다. 중국은 농업을 위주로 하는 관계로 계절의 변화에 대단히 민감했던 것은 중국의 역법을 매우 발달시켰다. 이러한 역법은 풍수 중의 '택일擇日'에 비교적 큰 영향을 주었다. 그 중 풍수이론의 초석으로 여겨지는 역법의 기본규칙은 세 가지로 분류할 수 있다.

① 이십사절기二十四節氣: 1년 365일을 골고루 입춘立春, 우수雨水, 경칩驚蟄, 춘분春分 등 이십사 개의 절기로 등분하여 사계四季, 기온氣溫, 물후物候 등의 변화를 비교적 명확하게 구분할 수 있도록 했다. 이십사절기의 구체적 명칭과 순서는 다음과 같다. 정월正月; 입춘立春, 우수雨水, 2월; 경칩驚蟄, 춘분春分, 3월; 청명淸明, 곡우穀雨, 4월; 입하立夏, 소만小滿, 5월; 망종芒種, 하지夏至, 6월; 소서小暑, 대서大暑, 7월; 입추立秋, 처서處暑, 8월; 백로白露, 추분秋分 , 9월; 한로寒露, 상강霜降, 10월; 입동立冬, 소설小雪, 11월; 대설大雪, 동지冬至, 12월; 소한小寒, 대한大寒. 오늘날 사람들이 이십사절기二十四

節氣와 농작물의 재배관계를 대부분 잘 알고 있겠지만 이십사절기二十四節氣와 건축의 기공일 관계를 이해하지 못한 것 같다. 그런데 거의 모든 풍수사風水師들이 다 완벽하게 이십사절기二十四節氣의 가결歌訣을 외울 수 있는 것을 감안하면 풍수를 단정할 때 이십사절기二十四節氣는 반드시 고려해야 하는 요인 중의 하나임을 알 수 있다. 풍수나반風水羅盤에도 예외 없이 이십사절기二十四節氣[22]를 층層에 표시하여 오운五運을 추단하고 육기六氣를 볼 수 있게 했다.

② 칠십이후七十二候: 이십사절기二十四節氣의 각 절기節氣를 세 개의 후候로 나누면 한 후候는 5일 남짓하다. 각 후候에 그때그때에 따라 생겨난 자연현상自然現象을 추가한 것을 후응候應이라고 부른다. 풍수나반風水羅盤에 표시되어 있는 천산칠십이룡穿山七十二龍 층層 즉 육십갑자六十甲子와 팔간사유八幹四維가 합쳐진 칠십이七十二 천(穿山七十二라고 부른다)은 바로 이러한 칠십이후七十二候에 맞춰 추가된 것이다.

③ 간지干支: 고대역법 중 시간기록에 쓰이던 전용 서수序數시스템이다. 간幹은 십간十幹이며 천간天干이나 간모幹母 또는 일간日幹이라고 불리는 갑甲, 을乙, 병丙, 정丁, 무戊, 기己, 경庚, 신辛, 임壬, 계癸를 통틀어 일컫는 말이다. 『사기史記』, 『한서漢書』, 『설문해자說文解字』 등 일부 고대문헌들에는 천간天干에 대한 구체적인 해석(〈표 3〉)이 나와 있다. 천간天干의 원의原義 및 배열순서는 만물의 영고성쇠榮枯盛衰의 상像 즉 만물이 탄생誕生, 발전發展, 강성强盛에서 쇠약衰弱, 멸망滅亡, 갱생更生까지의 전 과정을 나타낸다. 지支는 십이지十二支이며 지지地支나 또는 십이자十二子라고 불

22) 24절기는 춘추전국 시대 중심지였던 황하강 유역에서 만들어졌다. 명칭은 중국 황하강 유역의 특징에 맞도록 그 명칭을 붙였다.

〈표 3〉 천간본의표(天干本意表)

天干	《史記·律書》	《漢書·律曆誌》	《說文解字》
甲	萬物剖符,甲而出也	出甲於甲	東方之孟陽氣萌動
乙	萬物生軋軋	奮軋於乙	像春草木寃曲而出,陰氣尙强,基出乙乙也
丙	陽道著明	明炳於丙	往南方,萬物生,炳然,陰氣動氣,陽氣將虧
丁	萬物丁壯	大盛於丁	夏時萬物皆丁實
茂		豊茂於戊	中宮也,像六中五龍相拘絞也
己		理紀於己	中宮也
庚	陰氣庚萬物	斂更於庚	往西方,象秋時萬物庚庚有實也
辛	萬物之辛生	悉新於辛	秋時萬物成而熟
壬	陽氣化養於下也	懷妊於壬	往北方也,陰極養生,像人懷妊之形
癸	萬物可揆度	陳揆於癸	冬時,水土平,可揆度也,像水從四方流入地中之形

리우는 자子, 축丑, 인寅, 묘卯, 진辰, 사巳, 오午, 미未, 신申, 유酉, 술戌, 해亥를 통틀어 일컫는 말이다.

마찬가지로 『사기史記』 등 고대문헌에는 지지地支에 대한 구체적인 해석도(〈표 4〉) 나와 있다. 실은 지지地支는 천간天干과 같은 의미로 식물植物이 시작부터 번성까지 다시 장복藏伏까지의 순환과정을 나타낸다.

간지干支가 순서대로 서로 짝이 이루어져 육십六十쌍이 한 순환이 된 것을 한 개의 갑자라고 부른다. 그것이 꽃꽂이에도 응용되므로 화갑자花甲子나 육십화갑자六十花甲子라고도 불리운다.(〈표 5〉).

〈표 4〉 지지본의표(地支本意表)

地支	《史記 · 律書》	《漢書 · 律曆誌》	《說文解字》
子	言萬物滋於下	孳萌於子	十一月陽氣動,萬物滋
丑	紐也,言陽氣在上未降,萬物厄紐未敢出	紐紐於丑	紐也,十二月萬物動用事,像水五形
寅	言萬物始生, 螾然也	引達於寅	正月陽氣動,去黃泉欲上書,陰尙强也
卯	言萬物茂也	冒茆於卯	冒也,二月萬物冒地而出,像開門之形
辰	言萬物之蜧也	振美於辰	震也,三月陽氣動,雷電振,民農時也,物皆生
巳	言萬物之巳盡	巳盛於巳	巳也,四月陽氣已出,陰氣已茂,萬物見, 成文章
午	陰陽交, 故曰午	咒布於午	啎也,五月陰氣啎逆陽, 冒地面出也
未	萬物皆成,有滋味也	昧曖於未	味也, 六月滋味也,像木重枝葉也
申	言陰用事申則萬物	申堅於申	神也,七月陰氣成體,自申東
酉	萬物之老也	留執於酉	就也,八月黍成可爲酎酒
戌	萬物盡滅	畢入戌	天也,九月陽氣微,萬物畢成,陽下入地也
亥	該也,陽氣藏於下也	該閡於亥	亥也,十月微陽起接盛陰

천간天干, 지지地支의 기원이 매우 오래되었다. 그것의 발명과 운용은 중국문화에 심원한 영향을 주었다. 중국의 어떤 술수術數도 간지干支를 응용하지 않을 수 없다고 해도 과언이 아니다. 간지干支는 중국역사 상에 기

〈표 5〉 육십화갑자표(六十花甲子表)

甲子	乙丑	丙寅	丁卯	戊辰	己巳	庚午	辛未	壬申	癸酉
甲戌	乙亥	丙子	丁丑	戊寅	己卯	庚辰	辛巳	壬午	癸未
甲申	乙酉	丙戌	丁亥	戊子	己丑	庚寅	辛卯	壬辰	癸巳
甲午	乙未	丙申	丁酉	戊戌	己亥	庚子	辛丑	壬寅	癸卯
甲辰	乙巳	丙午	丁未	戊申	己酉	庚戌	辛亥	壬子	癸丑
甲寅	乙卯	丙辰	丁巳	戊午	己未	庚申	辛酉	壬戌	癸亥

년紀年 이외에 월月, 일日, 시時, 각刻, 4계四季 및 방위순서方位順序 등에도 이용되었었다. 그 대응관계는 〈그림 7〉에 표시된 것과 같다. 이것은 풍수에서는 특히 중요하다.

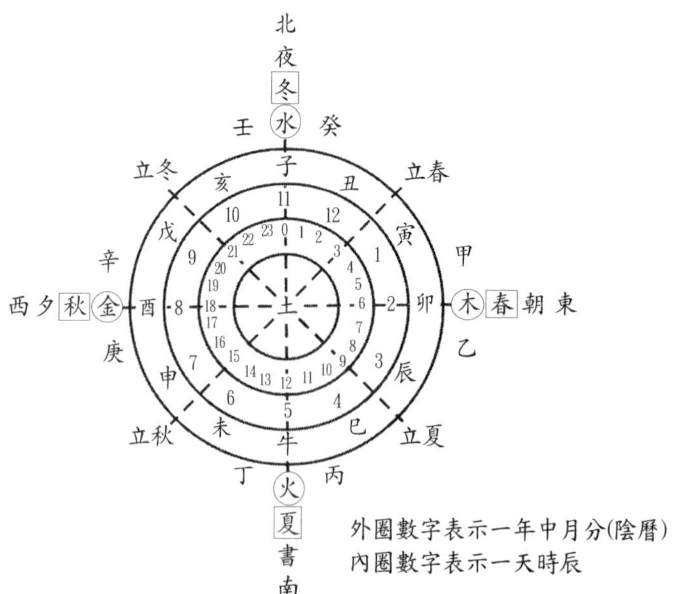

〈그림 7〉 천간(天干) 지지(地支) 사계(四季) 방위(方位) 시간(時間) 등 대응관계도

(9) 지리

천문학과 대응되는 중국의 지리학도 유구한 역사를 지니고 있다. 그 중 단편적인 지리자료는 『시경詩經』까지 거슬러 올라갈 수 있다. '지리地理'라는 용어와 '천문天文'이라는 단어는 함께 『역경易經 · 계사상繫辭上』에 최초로 보인다. "위로는 천문에서 살피고 아래로는 지리에서 관찰한다. 이러한 까닭에 어두움[幽]과 밝음[明]의 일을 안다.(仰以觀於天文, 俯以察於地理, 是故知幽明之故.[23])" '이理'자字의 의미에 관해서는 당나라 공영달孔穎達[24]이 "땅에는 산山, 내[川], 들판[原], 개펄[隰] 등이 있는데 각각 다른 명칭의 결[理-條理]이 있으므로 이(理-規律)라 한다.(地有山川原隰, 各有條理, 故稱理也.)"라고 설명한 것을 보면 지리地理는 산천山川과 평원平原 그리고 습지隰地의 조리條理 및 규율規律에 관한 학문임에는 틀림이 없다. 중국인들은 늘 천문天文과 지리를 함께 놓고 논論하곤 했다. "하늘에는 해 · 달 · 별이 있으니 이를 문[文]이라 하고, 땅에는 산 · 천 · 구릉이 있으니 이를 이[理]라 한다. 지리는 위를 향하고 천문은 아래를 향하니 천과 지가 기를 합하면 만물이 여기에서 생겨난다.(天有日月星辰謂之文, 地有山川陵谷謂之理, 地理上向, 天文下向, 天地合氣, 而萬物生焉.[25])" 의미심장하게도 풍수는 지리학이나 지학地學 등이라고도 불리며

---

23) 朱子原著, 白殷基譯註, 『周易本義』, 여강출판사, 1999, 542쪽.

24) 孔穎達(574~648): 당나라 기주(冀州) 형수(衡水) 사람. 자는 충원(冲遠) 또는 중달(仲達)이고, 시호는 헌(憲)이다. 수나라 양제(煬帝) 초년 명경과(明經科)에 합격하여 하내군박사(河內郡博士)를 제수 받았다. 당나라 건국 후 국자박사(國子博士)와 국자좨주(國子祭酒) 등을 역임했다. 당시 유명한 경학자인 유작(劉焯)에게 배웠다. 『춘추좌씨전』, 『모시(毛詩)』, 『예기』와 정현주(鄭玄注)의 『상서(尙書)』, 왕필주(王弼注)의 『주역』에 밝았고, 역산(曆算)에도 뛰어났다. 당 태종의 명을 받아 안사고(顔師古), 사마재장(司馬才章), 왕공(王恭), 왕염(王琰) 등과 함께 남학파와 북학파의 경학을 절충하여 『오경정의(五經正義)』를 찬술했다. 이 책은 송나라 때 합간된 『십삼경주소(十三經注疏)』에 모두 수록되어 있다.

25) 『意林』.

정통 지리학에는 '여지輿地'[26]라고 불리기도 한다. 그런데 '여輿'는 마침 풍수의 별칭인 '감여堪輿' 중의 '여輿'와 동일한 것을 보면 풍수와 지리학의 '친연親緣' 관계를 이러한 명칭을 통해서도 짐작할 수 있다. 필자가 고찰한 바에 의하면, 지리학의 풍수에 대한 영향이 양대兩大 측면에서 나타난다.

층면層面의 하나는 일부 구체적인 지형地形, 지모지식地貌知識은 풍수의 형법이론形法理論에 가르침과 참고할 만한 가치價値가 있다. 예컨대 선진先秦 때의 사람들이 하천河川과 산맥山脈에 관한 많은 체계적인 지식知識을 파악했다.(〈그림 8〉). 『우공禹貢』 중에 '도산導山'과 '도수導水'에 관한 편篇과 장章이 있고 『고공기考工記』에서는 "세상의 지세를 보면 산과 산 사이에는 반드시 내가 있고, 큰 하천 가에는 반드시 길이 있다.(天下之地勢, 兩山之間必有川焉, 大川之上必有塗焉.)"는 기술이 나온 것은 당시 사람들이 산山과 천川의 상호 의뢰 관계를 이미 인식하게 되었다는 증거

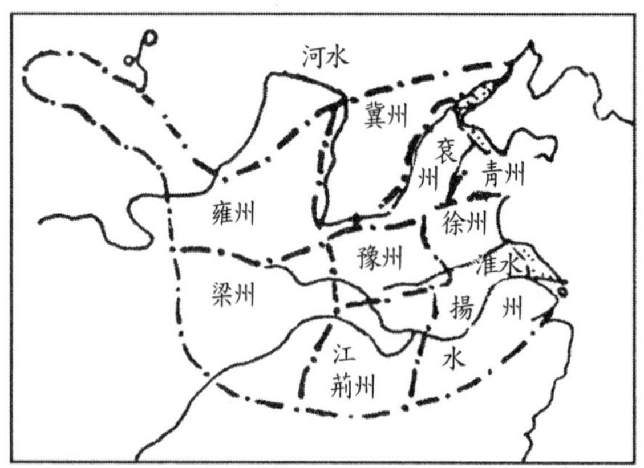

〈그림 8〉 『우공(禹貢)』 구주(九州)도

26) 여(輿)는 땅 · 지문(地文)을 뜻한다. 여(輿)에는 '수레'와 함께 '싣다[載]'라는 뜻이 있는데, 땅은 온 사물을 실어주지 않음이 없으니 여지(輿地)는 우리가 사는 이 땅 전체를 의미한다.

다. 진한秦漢 이후에도 수계水系를 골자로 하는 지리저작이나 수문지리저작水文地理著作들이 대량으로 나타났다. 예컨대 『사기史記 · 하거서河渠書』, 『수경주水經注』, 『수도제강水道提綱』, 『행수금감行水金鑒』, 『서역수도기西域水道記』 등에서 수계水系에 대해서 대서특필한 것은 중국지리학의 특징으로 모든 풍수에 영향을 주었다. 그 영향은 바로 "물을 얻는 것이 최상이다.(得水爲上)." 그밖에 관자管子가 지형地形, 지모地貌 그리고 도시 건축 부지선정, 성시규모城市規模 등을 연계시켜 『관자管子 · 승마乘馬』에서 밝혀진 것처럼 "나라의 수도를 세우는데, 큰 산의 아래는 적절하지 않으니 반드시 넓은 하천이 있어야 한다. 위로는 가뭄을 피할 수 있으면서 물이 풍족하고, 아래로는 홍수를 피할 수 있으면서 도랑을 파거나 제방을 만드는 일을 안 해도 된다.(凡立國都, 非於大山之下, 必於廣川之上, 高毋近旱而水用足, 下毋近水而溝防省.)"고 하였고, 『도지度地』 편에서는 "성인이 나라를 세울 때는 반드시 기울지 않는 땅에서 지형의 비옥하고 풍요로움을 택하여 산이 좌우에 있고 옆으로 흐르는 물은 연못처럼 고요하다.(聖人之處國者, 必於不傾之地, 而擇地形之肥饒者, 鄕山左右, 經水若澤.)"고 하였고, 『팔관八官』 편篇에도 더 명확하게 "나라의 도성이 크고 (주위의) 밭과 들판이 적으면 그 들판으로는 백성들을 먹일 수 없다.(夫國城大而田野淺者, 其野不足以養其民.)"라고 기술했다. 그래서 당시 도시규모를 그 주변의 농촌과 연계시켜 고려했던 것은 오늘날의 환경 수용능력이라는 관점과 유사하다. 그리고 『관자管子 · 지수地水』에는 "땅이라는 것은 만물의 근원이다. … 물이라는 것은 땅의 혈기血氣이니, 근육[筋]과 맥脈 같은 것을 흐르게 하는 것이다.(地者, 萬物之本原, … 水者, 地之血氣, 如筋脈之流通者也.)"라는 기술이 있다. 이 모든 것은 풍수의 형법形法에 직접적인 영향을 미쳤다. 특히 『사기史記 · 몽염열전蒙恬列傳』

에 언급된 '지맥地脈'[27] 관점은 풍수 '용맥龍脈' 사상의 시조라고 할 수 있다. 그리고 지리방위에 관한 관념도 지리학의 발전에 따라 중국인들의 시각이 이차원적 방위관에서 사차원 내지 오차원으로 확대되었다.(〈그림 9〉). 방위에 대한 이러한 작은 체험일지라도 풍수를 보다 크게 촉진시켰다.

다른 층면層面은 지리학 중의 일부 중요한 이론과 관념은 직접적으로 풍수원리를 구성했다는 것이다. 대표적인 사례는 구주설九州說이다. 구주설九州說의 창립자는 추연鄒衍[28]이었다. 『사기史記』에 그의 학설을 이용했다. "먼저 중국의 명산대천名山大川이 날짐승과 들짐승을 먹이는데 수와 토가 기르는 것, 사물 가운데 진귀한 것을 열거하고 이것에 근거하여 미루어 사람들이 보지 못하는 해외에까지 이른다. … 유자儒者가 중국이라고 부르는 것은 천하를 81분한 곳 가운데 한 곳일 뿐이라고 여겼다. 중국은 적현신주赤縣神州인데 적현신주는 구주九州에서 왔으며, 우禹임금의 구주가 이것이지만 주의 수로 삼을 수 없다. 중국 밖에 적현신주가 아홉 개 있기 때문에 이른바 구주인 것이다.(先列中國名山大川, 通谷禽獸, 水土所殖, 物類所珍, 因而推之, 及海外人之所不能睹. … 以爲儒者所謂中國者, 於天下乃八十一分居其一分耳. 中國名曰赤縣神州. 赤縣神州

---

27) 太史公在《蒙恬列傳》最后的贊中這樣說道: "吾適北邊, 自直道歸, 行觀蒙恬所為秦筑長城亭障, 塹山堙谷, 通直道, 固輕百姓力矣, 夫秦之初滅諸侯, 天下之心未定, 痍傷者未瘳, 而恬為名將, 不以此時強諫, 振百姓之急, 養老存孤, 務修眾庶之和, 而阿意興功, 此其兄弟遇誅, 不亦宜乎! 何乃罪地脈哉?" 不是秦帝國的政治精英們都看不到, 而是他們或無仁心, 或苟安于富貴, 不敢拂逆龍鱗; 即或無仁, 或為一己私利而無勇以諫罷了.

28) 추연(鄒衍 또는 騶衍: 기원전 305~240): 중국의 전국시대(戰國時代: 기원전 403~221)의 제나라(齊: 기원전 1046~221) 사람이며, 제자백가 중 음양가(陰陽家)의 대표적인 인물이다. 추연은 맹자(孟子: 기원전 372?~289?)보다 조금 뒤의 사람이다. 제나라 땅은 전통적으로 미신적 · 주술적 · 신비적 사상의 경향이 강한 곳이었다. 이곳에서 중국 재래의 오행사상(五行思想)과 음양이원론(陰陽二元論)을 결합하여 음양오행사상을 구축하였다. 추연의 저서라고 하여 『추연(鄒衍)』 49편, 『추자종시(騶子終始)』 56편이 있었다고 하나 현존하지 않는다. 추연의 철학으로 유명한 것은 소위 오덕종시설(五德終始說)과 적현신주설(赤縣神洲說)이다.

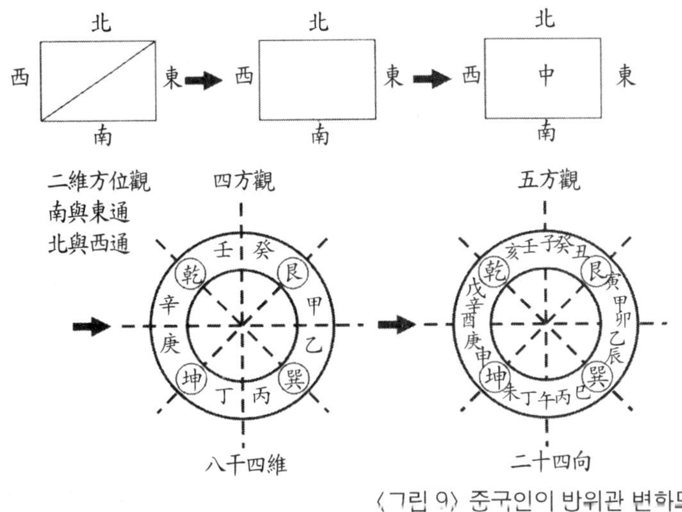

〈그림 9〉 중국인의 방위관 변화도

自有九州, 禹之序九州是也, 不得爲州數. 中國外如赤縣神州者九, 乃所謂九州也.)" 진나라 장화張華는 본인이 지은 『박물지博物志』에서 한나라 위서緯書 『하도괄지지河圖括地志』 중의 구주설九州說을 인용하면서 추연鄒衍의 학설을 구체화했다. "땅의 남북은 3억3만 5천5백리이다. 땅이 올라와 형체가 높고 큰 것이 곤륜산인데 넓이는 10,000리이고, 높이는 11,000리이다. 신물이 생기는 곳이고 성인과 신선이 모이는 곳이다. 오색의 구름이 피어나고 오색의 물이 흐른다. 그 샘이 남쪽에서 중국으로 흘러 들어오는데 이름 하여 황하이다. 그 산의 중간은 하늘과 맞닿아 있고 가장 중앙에 위치하여 80국이 둘러싸고 있다. 중국은 동남쪽 구석으로 그것의 1분으로 있으며 좋은 나라이다.(地南北三億三萬五千五百里. 地部之立 (原作位) 起形高大者有昆侖山, 廣萬里. 高萬一千里. 神物之所生, 聖人仙人之所集也. 出五色雲氣, 五色流水, 其泉南流入中國, 名曰河也. 其山中應於天, 最居中, 八十國布繞之. 中國東南隅, 居其一分, 是好國也.)"

이와 같은 "중국이 동남쪽 구석에 있으며 … 좋은 나라이다.(中國東南隅 … 是好國也)"라는 관념은 당시의 중국 지리학에서 동남방위東南方位에 대해 편애偏愛했음을 반영反映했다. 이러한 관점은 풍수원리風水原理에도 뚜렷하게 나타났다. 예컨대 풍수에서는 동남방東南方이 손위巽位이며 수구水口나 문門의 향이 보통 이쪽 방향이면 길吉한 것으로 여겨진다. 동남방東南方에 대해 편애偏愛했다는 증거는 많은 전설고사 중에서도 찾을 수 있다. 예컨대 나관중羅貫中이 『삼국연의三國演義』에서 유비劉備에 대한 묘사를 이렇게 했다. "그 집의 동남쪽에 한 그루 큰 뽕나무가 있는데 높이는 5장 남짓하여 멀리서 보면 무성하여 수레의 덮개 같아, 관상을 보는 사람이 말하기를 '이 집에서 필히 고귀한 인물이 나올 것이다'라고 말했다.(其家之東南, 有一大桑樹, 高五丈餘, 遙望之, 童童如車蓋, 相者云: '此家必出貴人.')"

중국 지리학에 관한 도표 표시 방식도 매우 독특하며 지리학에 대한 풍수의 공헌이라고 할 수 있다.

2. 철학과 미신의 그림자—『역경易經』, 음양오행과 천인감응

거의 전 세계의 모든 지역에 다 무술巫術과 과학科學이 있었고 왜 유독 중국에만 독특한 술수術數의 일종인 풍수風水가 생겼을까? 이에 대답하려면 중국의 독특한 철학 특히 『역경易經』을 살펴봐야 한다.

한 일본인 학자 요시노 히로코吉野裕子가 아래와 같은 주장을 한 적이 있다. "'역易'은 5~6천 년 전에 창립된 고대 중국의 철학사상이자 과학이다. '역易'과 '역易'의 음양사상陰陽思想에서 비롯된 오행사상五行思想이 결합되어 점복占卜에 운용되어왔을 뿐만 아니라 도덕道德, 학술學術, 종교宗教

의 토대로 삼아 유교儒敎, 도교道敎, 방술方術 등의 성행을 추진했다.[29]" 이 주장은 『역경易經』의 중국에 있는 지위를 들어맞게 설명한 것이다. 그런데 여기서 토론討論하는 목적은 『역경易經』의 지위나 연원을 밝히려는 것이 아니라 풍수원리風水原理의 형성에 결정적인 역할을 하던 『역경易經』의 전형적인 사상을 천명하는 데 있다. 요약하면 주로 아래와 같이 몇 가지가 있다.

① 태극과 음양太極與陰陽: 『역경易經』에서는 두 가지 상대적인 상징을 음양이원陰陽二元으로 하고 있다. 용어 음양陰陽의 자원字源을 보면 역사가 매우 오래되었다. '양陽'자字는 갑골문甲骨文에 이미 나왔고 '음陰'자字도 금문金文에 나타났다. 금문金文에는 '음양陰陽' 두 자를 병용했지만 당시의 '음양陰陽'이라는 용어는 글자가 만들어졌던 당초의 간단하고 원시적인 의의意義만 지니고 있었다. 즉 '양陽'은 햇빛이 비춘다는 뜻이고 '음陰'은 '양陽'에 대한 부정否定이다. 서주西周 후에야 음양陰陽이 기氣로 여겨져 전문적인 철학용어로 쓰이게 되었다. 관련 기록이 『노자老子』에 최초로 기록되어 있다. "만물은 음을 지고 양을 품고, 충기沖氣로 조화를 이룬다.(萬物負陰而抱陽, 沖氣以爲和.[30])" 그런데 음양陰陽을 '도道'의 지위로 끌어올린 일등공신은 『역경易經』이었다. 『역경易經』은 나아가 음양陰陽을 부호화符號化했다. 양陽을 '—'로, 음陰은 '– –'로 (이러한 부호를 효爻라고 부른다)하였다. "한번 음陰하고 한번 양陽한 것을 도道라 한다.(一陰一陽之謂道[31])", "역易에는 태극太極이 있으니 이것이 양의를 낳는다.(易有太

29) 吉野裕子 著 ,汪平譯, 『易經與祭祀』, 遼寧教育出版社, 1990 참조.

30) 金敬琢 譯註, 『新譯老子』, 玄岩社, 1978, 207쪽.

31) 앞의 책, 『周易本義』, 549쪽.

極, 是生兩儀[32])" 중의 양의兩儀는 바로 음양陰陽이고 태극은 음양이원陰陽二元이라는 개념이 생기기 전에 존재했던 유일한 원시적인 절대적 존재, 즉 '혼돈混沌'이다. 만물생성의 발단을 음양이원陰陽二元의 결합으로 해석했던 사상은 풍수이론의 가장 기본적인 기초다.

② 사상과 팔괘四象與八卦, 육십사괘六十四卦: 『역易 · 계사상繫辭上』에 "역에는 태극이 있으니 이것이 양의를 낳고, 양의는 사상四象을 낳고, 사상은 팔괘八卦를 낳는다. 팔괘는 길함과 흉함을 결정하고, 길함과 흉함은 커다란 사업을 낳는다.(易有太極, 是生兩儀, 兩儀生四象, 四象生八卦, 八卦定吉凶, 吉凶生大業.)"(〈그림 10〉)라고 한 것은 태극太極이 분할되어 일음일양一陰一陽이 되었다. 이 '이二'를 두 배倍로 하면 '4四'가 되고 '4四'의 두 배는 '팔八'이다.그래서 삼효三爻(畫)의 괘卦는 8개八個라 팔괘八卦나 또는 '소성괘小成卦'라고 불린다.

이 '소성괘小成卦'가 겹쳐지면 '대성괘大成卦' 즉 육화六畫(爻)로 이루어진 육십사괘六十四卦(〈그림 11〉)가 된다.

각각의 괘卦는 모두 나름대로 명칭이 있다. 기억하기 편하게 만들어진 괘가卦歌는 모든 풍수사風水師에게 반드시 외워야 하는 필수내용이다.(〈표 6〉).

그밖에 팔괘八卦 그리고 육십사괘六十四卦를 자연계의 물상物象이나 방위方位와 연계시키면 팔괘八卦가 상징象徵하는 물상物象은 천天, 택澤, 화火, 뢰雷, 풍風, 수水, 산山, 지地다. 관련 기록은 『설괘전說卦傳』에 나타났다. "우레[雷]에 의해 움직이고, 바람[風]으로 흩어지고, 비[雨]로 적시고, 해[日]로 말리고, 간艮으로 그치고, 태兌로 기쁘게 하고, 건乾으로 군주 노릇

32) 위의 책, 『周易本義』, 592쪽.

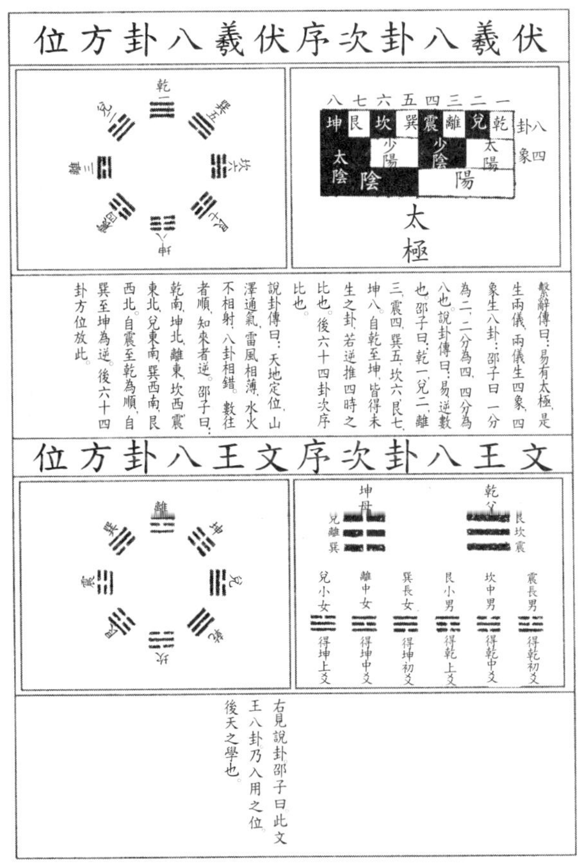

〈그림 10〉『역경(易經)』의 태극, 양의사상, 팔괘도

하고, 곤坤으로 감춘다.(雷以動之, 風以散之, 雨以潤之, 日以烜之, 艮以止之, 兌以悅之, 乾以君之, 坤以藏之.)" 그리고 "만물을 움직이는 것 중 우레[雷]보다 빠른 것이 없고, 만물을 어지럽히는 것 중 바람[風]보다 빠른 것이 없고, 만물을 말리는 것 중 불[火]보다 센 것이 없고, 만물을 기쁘게 하는 것 중 못[澤]보다 기쁘게 하는 것이 없고, 만물을 적시는 것 중 물[水]보다 촉촉한 것이 없다. 사물의 끝마침과 사물의 시작함에 간艮보다 왕성한 것이 없다. 그러므로 물[水]와 불[火]이 서로 이르고, 우레와

바람이 서로 거슬리지 않게 만나고, 산과 못이 서로 기운을 통한 다음에야 능히 변화하여 만물을 이루어 놓는다.(動萬物者, 莫疾乎雷; 撓萬物者, 莫疾乎風; 燥萬物者, 莫熾乎火; 說(悅) 萬物者, 莫悅乎澤; 潤萬物者, 莫潤乎水; 終物始物, 莫盛乎艮. 故水火相及, 雷風匪悖, 山澤通氣, 然後

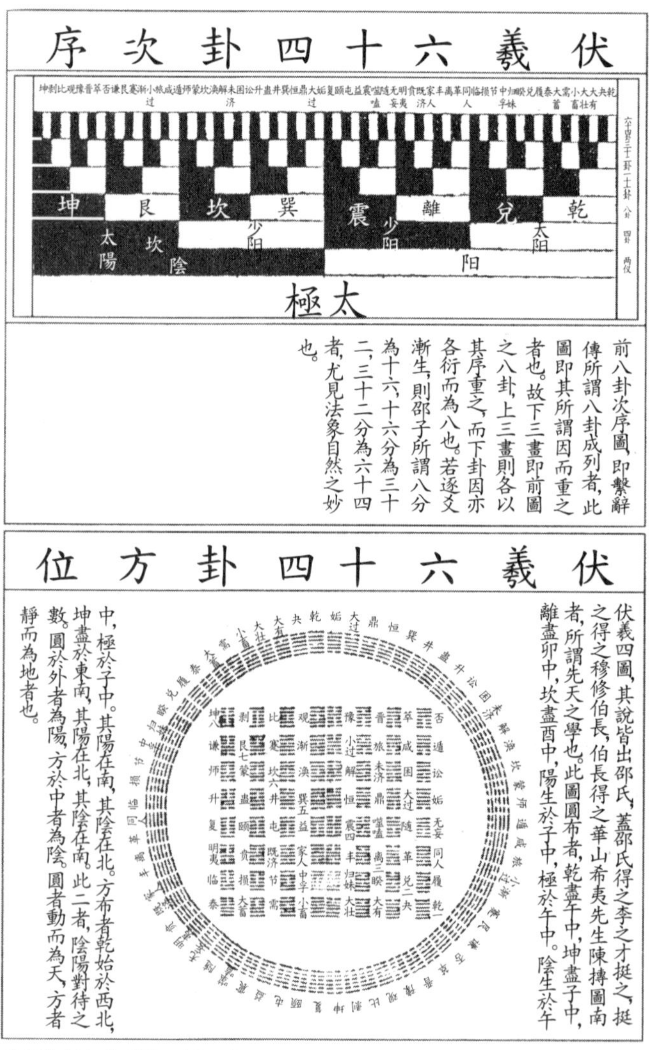

〈그림 11〉『역경』의 64괘도

〈표 6〉 괘가표(卦歌表)

周易本義卦歌

八卦取象歌

☰乾三連　☷坤六斷

☳震仰盂　☶艮覆盌

☲離中虛　☵坎中滿

☱兌上缺　☴巽下斷

分宮卦象次序 乾坎艮震為陽四宮巽離坤兌為陰四宮每宮陰陽八卦

乾為天　天風姤　天山遯　天地否

風地觀　山地剝　火地晉　火山大有

坎為水　水澤節　水雷屯　水火既濟

澤火革　雷火豐　地火明夷　地水師

艮為山　山火賁　山天大畜　山澤損

火澤睽　天澤履　風澤中孚　風山漸

震為雷　雷地豫　雷水解　雷風恒

地風升　水風井　澤風大過　澤雷隨

巽為風　風天小畜　風火家人　風雷益

天雷無妄　火雷噬嗑　山雷頤　山風蠱

離為火　火山旅　火風鼎　火水未濟

山水蒙　風水渙　天水訟　天火同人

坤為地　地雷復　地澤臨　地天泰

雷天大壯　澤天夬　水天需　水地比

兌為澤　澤水困　澤地萃　澤山咸

水山蹇　地山謙　雷山小過　雷澤歸妹

上下經卦名次序歌

乾坤屯蒙需訟師　比小畜兮履泰否

同人大有謙豫隨　蠱臨觀兮噬嗑賁

剝復無妄大畜頤　大過坎離三十備

咸恒遯兮及大壯　晉與明夷家人睽

蹇解損益夬姤萃　升困井革鼎震繼

艮漸歸妹豐旅巽　兌渙節兮中孚至

小過既濟兼未濟　是為下經三十四

上下經卦變歌

訟自遯變泰歸妹　否從漸來隨三位

首困噬嗑未濟兼　蠱三變賁井既濟

噬嗑六五本益生　賁原於損既濟會

無妄訟來大畜需　咸旅恒豐皆疑似

晉從觀更睽有三　離與中孚家人繫

蹇利西南小過來　解升二卦相為贅

鼎由巽變漸渙旅　渙自漸來終於是

能變化, 悉成萬物.)" 마찬가지로 육십사괘에 대응되는 자연계 중의 상징물상象徵物象도 있다.

주의해야 하는 것은 팔괘八卦와 방위方位의 대응관계도 있는데 그 방식에는 선천역도先天易圖(또는 先天八卦)와 후천역도後天易圖(또는 後天八卦)

두 가지가 존재한다는 것이다.(〈그림 12〉). 그 중 선천팔괘도先天八卦圖는 복희팔괘도伏羲八卦圖라 하고, 후천팔괘도後天八卦圖는 문왕팔괘도文王八卦圖라 한다. 선천팔괘도는 『역경易經 · 설괘說卦』에 의한 것이다. "하늘과 땅이 자리를 정하고, 산과 못[澤]이 기氣를 통하고, 우레雷와 바람風이 서로 부딪치고, 물과 불이 서로 이기려 하고 팔괘가 서로 뒤섞인다.(天地定位, 山澤通氣, 雷風相薄, 水火不相射, 八卦相錯)" 즉 이른바 자연의 상象을 취한다는 말은 밝은 남방南方에는 '천天' 곧 건乾, 어둑어둑한 북방北方에는 '지地' 곧 곤坤, 해가 떠오르는 동방東方에는 '화火' 곧 리離, 해가 지는 서방西方에는 '수水' 곧 감坎을 대응시킨다는 의미다. 간단히 말하면 바로 건남乾南, 곤북坤北, 리동離東, 감서坎西, 진동북震東北, 태동남兌東南, 손서남巽西南, 간서북艮西北이다. 그밖에 건일乾一, 태이兌二, 리삼離三, 진사震四, 손오巽五, 감육坎六, 간칠艮七, 곤팔坤八이라는 식으로 괘수卦數를 매기고 아울러 이 괘위卦位에 의거하여 선천팔괘방점진도先天八卦方點陣圖, 육십사괘방점진도六十四卦方點陣圖, 원도圓圖, 괘기도卦氣圖 등 다양한 도식을 만들어냈다.

그래서 선천팔괘先天八卦 등은 자연의 변화에 따라서 발명되었음을 알 수 있다. 반면에 사람들이 자연을 이용하여 이른바 "사람이 자연을 거

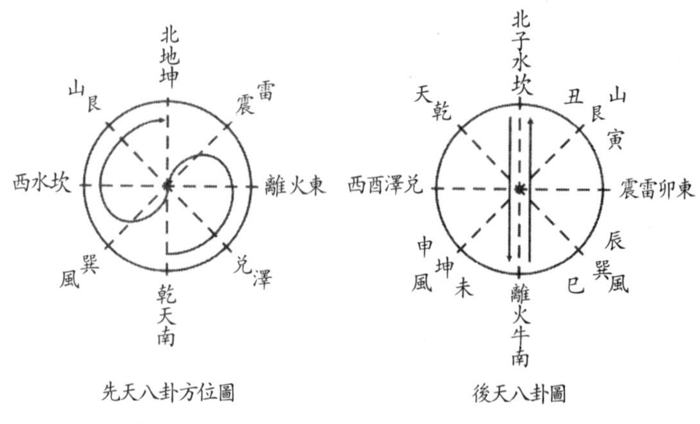

〈그림 12〉 선천(先天) 및 후천(後天)팔괘도

슬리면서 살아간다.(人忤逆自然而生活)"고 하여 숙식熟食(불에 익힌 음식)을 먹고 옷을 입고 가옥에 거주하는 등의 생활의 정형情形(형편)에 본떠 만들어진 팔괘도식八卦圖式을 후천팔괘後天八卦라고 부른다. 이것은 주문왕周文王이 착수하고 주문왕의 아들인 주공단周公旦에 의하여 완성되었다는 전설관계로 문왕팔괘文王八卦라고도 불린다. 이 경우 괘위卦位는 리남離南, 감북坎北, 진동震東, 태서兌西, 손동남巽東南, 간동북艮東北, 건서북乾西北, 곤서남坤西南으로 바뀌게 된다. 선천팔괘先天八卦에서 후천팔괘後天八卦로의 변천방식도 그림으로 표시되었다.(〈그림 13〉).

③ 수數, 하도河圖, 낙서洛書, 구성九星, 색채色彩. 풍수에 숫자 및 색채에 관련된 내용들이 대다수 하도河圖나 낙서洛書 중의 수자관계數字關係에 의거된 것이다. 『역경易經 · 계사繫辭』에는 수자數字에 대해 이렇게 기술했다. "천天은 1, 지地는 2, 천은 3, 지는 4, 천은 5, 지는 6, 천은 7, 지는 8,

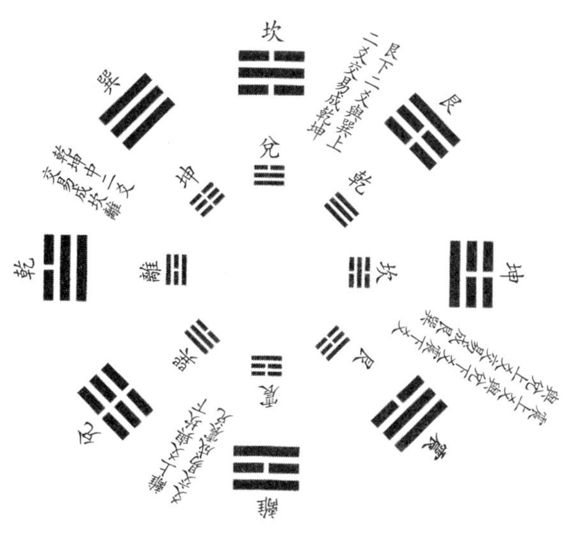

〈그림 13〉 선천팔괘 후천팔괘 변화도(『역학대사전』)

천은 9, 지는 10이다. 천의 수는 다섯이고 지의 수도 다섯이니, 다섯 자리끼리 서로 합하면 천의 수는 25, 지의 수는 30이 되어 천지의 수는 55가 되는데, 이것이 변화가 이루어지는 까닭이며 귀신鬼神이 행하는 바이다.(天一地二, 天三地四, 天五地六, 天七地八, 天九地十, 天之數五, 地之數五, 五得位相, 各個有合, 天之數二十有五, 地之數三十, 凡天地之數五十有五, 其乃成變化, 行鬼神之所以.[33])" 게다가 1부터 10까지의 숫자 중에 홀수를 천상天上과 양陽으로, 짝수를 토지土地와 음陰으로 했다.

이렇게 분할한 이유에 대해서 하신何新이 『제신적 기원諸神的 起源』이라는 책에서 도표로 설명과 추측을 했다.(〈표 7〉). 그 책에는 모든 홀수들은 천문현상天文現象과 관련되므로 천상天上을 양陽으로 하고 모든 짝수들은 지리현상地理現象과 관련되므로 지수地數라고 불린다고 설명했다.

〈표 7〉 숫자(數字)와 천지(天地)관계 대응분석표

天一	地二	天三	地四	天五
(混沌)	(兩向地理)	(日 · 月 · 星三皇)	東西南北	五行
太極	方位	三光	四方	
地六	天七	地八	天九	地十
六級	七曜	四方	九道	五帝
六合		四佐	九圓	五佐

"각개유합各個有合"이라는 말의 의미는 서로 결합함을 가리킨다.

일본인 학자 요시노 히로코吉野裕子는 그 말의 의미를 10개의 수위數位

33) 위의 책, 『周易本義』, 570쪽.

의 부분으로 분해하는 뜻으로 풀이할 수 있다고 주장했다.

〈표 8〉 오행(五行), 색채(色彩), 방위(方位) 관계표

1	2	3	4	5
1	1	1	1	1
6	7	8	9	10

즉 1과 6, 2와 7, 3과 8, 4와 9, 5와 10이 결합된 조합이다. 이 조합들은 서로 음양陰陽으로 되어 있고 기회가 마련되면 결합된다. 이 다섯 가지의 결합은 꼭 '오행五行'의 이론에 부합된다. '오행五行'의 용어 및 숫자와의 관계에 관한 최초의 기록은 『홍범洪範』[34]에 나와 있다. "오행은, 첫째는 수水이고, 둘째는 화火이고, 셋째는 목木이고, 넷째는 금金이고, 다섯째는 토土이다. 수는 아래로 젖어들고, 화는 불꽃이 되어 위로 오르고, 목은 굽으면서 곧고, 금은 변화를 따르고, 토는 심고 거두는 것이다.(五行, 一曰水, 二曰火, 三曰木, 四曰金, 五曰土. 水潤下, 火炎上, 木曲直, 金從革, 土爰稼穡.)" 간단한 관계식으로 표시하면 아래와 같다.(〈표 9〉)

〈표 9〉 오행관계식

水	火	木	金	土
1	1	1	1	1
1	2	3	4	5

34) 중국 유교의 5대 경전 중 하나인 『서경(書經)』의 1편으로서 유가(儒家)의 천하적 세계관에 의거한 정치철학을 말한 글. 홍범구주(洪範九疇)라고도 한다. 정치는 천(天)의 상도(常道)인 오행(五行) ·오사(五事) ·팔정(八政) · 오기(五紀) · 황극(皇極) · 삼덕(三德) · 계의(稽疑) · 서징(庶徵) · 오복(五福) 등 구주(九疇)에 의해 인식되고 실현된다는 것이 그 주요 내용이다.

1, 2, 3, 4, 5와 6, 7, 8, 9, 10이 서로 결합이 되므로 6, 7, 8, 9, 10도 오행五行과 짝이 될 수 있다. 그래서 관계식은 아래와 같이 확대될 수 있다.(〈표 10〉)

〈표 10〉 오행변화관계도

水	火	木	金	土
1	1	1	1	1
1	2	3	4	5
1	1	1	1	1
6	7	8	9	10

결국 「하도河圖」 중의 수조합數組合인 경우가 되었다.

하도의 내원來源에 대한 다양한 전설들을 이 장의 제1절에서는 조금 언급했었으니 여기서 도식圖式과 수자오행數字五行의 관계만 설명하겠다. 물론 하도河圖를 논할 때 낙서洛書를 언급하지 않을 수 없다. 하도河圖, 낙서洛書 중의 수자數字에 대한 해석은 중국철학에 많이 나와 있지만 크게는 두 종류로 분류할 수 있다.

정강성鄭康成은 "천지의 기는 각 다섯이 있다. 오행으로 순서를 매긴다. 첫째는 수水이며 천수天數이고, 둘째는 화火이며 지수이고, 셋째는 목木이며 천수이고, 넷째는 금金이며 지수이고, 다섯째는 토土이며 천수이다.(天地之氣各有五, 五行次之, 一曰水, 天數也; 二曰火, 地數也; 三曰木, 天數也; 四曰金, 地數也; 五曰土, 天數也.)"라고 했다.

양자楊子가 『태현太玄』에서 "1과 6은 수가 되고, 2와 7은 화가 되고, 3과 8은 목이 되고, 4와 9는 금이 되고, 5와 10은 토가 된다. 1과 6은 공종共宗(범망은 해석하기를 '북쪽에 있다'고 했다)이고, 2와 7은 벗[朋: 남쪽에 있다]이 되고, 3과 8은 우애를 완성하고(동쪽에 있다), 4와 9는 도를 함께 하고(서쪽에 있다), 5와 10은 지킴을 함께 한다[共守: 중앙에 있다](一六爲水, 二七爲火, 三八爲木, 四九爲金, 五十爲土, 一與六共宗 (范望解釋曰居北方), 二與七爲朋 (居南方), 三與八成友 (居東方), 四與九同道 (居西方), 五與十共守 (居中央).)"라고 했다.

이러한 것들이 모두 풍수에 커다란 영향을 미친 만큼 거의 모든 풍수서적에 상술적上述的 해석解釋이 이용되었다. 예컨대 『오위상명五位詳明』, 『양택각陽宅覺』, 『입지안도설入地眼圖說』 등 풍수서적風水書籍에 예외 없이 하도河圖, 낙서洛書 그리고 상술문자上述文字와 일치된 설명이 실려 있다. 낙서洛書에는 숫자 1부터 9까지의 홀수들을 각각 동서남북 4개의 정방향正方向과 대응시키고 짝수들을 각각 4개의 꼭짓점과 대응시켜 구성도九星圖를 만들었다. 그리고 구성九星과 색채色彩와의 관계에 대해서는 앞절에서 이미 설명했듯이 그것들도 풍수학의 중요한 기초중의 하나다.

풍수학의 중요한 기초가 된 다른 사상은 역리易理와 밀접한 관계가 있는 오행五行이다.

앞서 언급되었듯이 오행五行이라는 용어가 『상서尙書 · 홍범洪範』에 최초로 나타났다. 그 중 오행五行의 상생상극이론相生相剋理論이 풍수에 가장 흔히 운용되고 있다. 오행五行인 금목수화토金木水火土 사이에 이루어지는 상생상극관계相生相剋關係가 풍수에 길흉을 추론하는 기본준칙이 되었다. 여타 술수術數들과 마찬가지로 풍수에서도 모든 사물들을 오행원소五行元素 중의 하나로 견강부회하고는 이러한 상생상극원리相生相剋原理에 따라 길흉을 판단한다. 상생순서相生順序란 바로 오행五行의 상호증식순서相互增殖順序인 목생화木生火, 화생토火生土, 토생금土生金, 금생수金生水, 수생목水生木이라는 순서다.(〈그림 14〉). 상극相剋이란 오행五行의 상호억제순서相互抑制順序로 즉 오행五行이 상반순서相反順序에 따라 상대방을 억누르는 것이

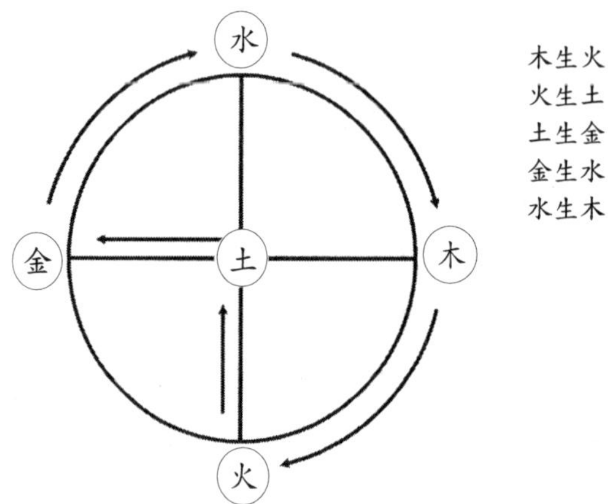

〈그림 14〉 오행상생서(五行相生序)

라 상승서相勝序라고도 불린다. 상생순서相生順序와 상반되어 목극토木剋土, 토극수土剋水, 수극화水剋火, 화극금火剋金, 금극목金剋木이라는 순으로 되어 있다.(〈그림 15〉).

오행五行과 방위方位, 수자數字, 색채色彩, 시간時間, 소리, 인체기관人體器官, 인사人事, 천상행성天上行星, 천간天干, 지지地支 등 어우러져 이러한 상생상극

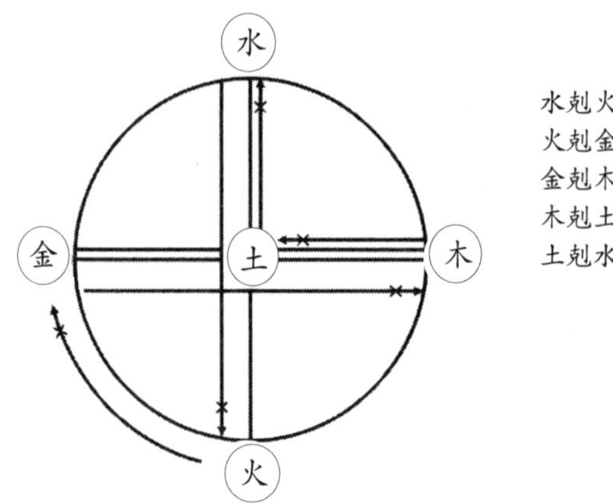

〈그림 15〉 오행상극서(五行相尅序)

원리相生相剋原理에 따른 여러 가지의 세칙細則들이 만들어졌다.(〈표 11〉).

음양오행법칙陰陽五行法則 중의 유명한 '삼합원리三合原理'도 풍수학에 대한 중대한 영향을 미친 중요법칙 중의 하나다. 나중에 풍수계의 한 유명유파有名流派로 성장한 '삼합파三合派'는 바로 이러한 원리를 학설 전체의 지주支柱로 삼아 음양택陰陽宅 건조建造를 분석하는 최고最高의 원리로 하고 있다. 삼합원리三合原理는 자연계 사물의 발전규칙에 근거하여 정리된 일련의 이론이다. 구체적인 방법은 자연계 사물의 시작, 성장, 소멸이라는 기본 단계를 생生, 왕旺, 묘墓라는 세 개의 글자(또는 三個의 階段)로 요약하는 것이다.

『회남자淮南子』에는 일찍이 삼합三合에 관한 기록과 정의가 실려 있다

"수는 신申에서 생겨나 자子에서 왕성하고 진辰에서 죽으니 3진(三辰=三支. 신, 자, 진)은 모두 수에 속한다. 화火는 인寅에서 생겨나 오午

〈표 11〉 오행(五行), 색채방위(色彩方位) 등 관계분석표

五行	金	木	水	火	土
五色	白	青	黑	亦	黃
五方	西	東	北	南	中央
五時	秋	春	冬	夏	土用
五星	太白	歲星	辰星	熒惑	塡星
五臟	肺	肝	腎	心	脾
五聲	商	角	羽	徵	宮
五味	辛	酸	鹹	苦	甘
五事	言	貌	聽	視	思
五常	義	仁	智	禮	信
五蟲	毛	鱗	介	羽	倮
十干	庚辛	甲乙	壬癸	丙丁	戊己
十二支	申酉戌	寅卯辰	亥子丑	巳午未	辰未戌丑
月	七·八·九	一·二·三	十·十一·十二	四·五·六	
易卦	☱兌	☳震	☵坎	☲離	

에서 왕성하고 술戌에서 죽으니 3진(인, 오, 술)은 모두 화火에 속한다. 목木은 해亥에서 생겨나 묘卯에서 왕성하고 미未에서 죽으니 3진(해, 묘, 미)은 모두 목木에 속한다. 금金은 사巳에서 생겨나 유酉에서 왕성하고 축丑에서 죽으니 3진(사, 유, 축)은 모두 금金에 속한다. 토土는 오午에서 생겨나 술戌에서 왕성하고 인寅에서 죽으니 3진(오, 술, 인)은 모두 토土에 속한다.(水申生, 子旺, 辰死. 三辰 (三支) 皆水. 火寅生, 午旺, 戌死. 三辰皆火. 木亥生, 卯旺, 死未. 三辰皆木. 金巳生, 酉旺, 丑死. 三辰皆金. 土午生, 戌旺, 寅死. 三辰皆土.)" 이 말은 나중에 풍수에 널리 운용되었고 아울러 가장 신비스럽고 심오한 원리의 하나가 되었다. 필자도 처음 풍수서적을 접할 때 역시 그 의미를 도무지 이해하지 못했다. 나중에 일본인 학자 요시노 히로코吉野裕子의 『역경과 제사易經與祭祀』를 읽다가 계절의 예로 '삼합지리三合之理'를 해석한 부분을 보고 나서야 깨닫게 되었다.

예컨대 '수기水氣'는 계절로서는 '동冬' 계季인 10월十月, 11월十一月, 12월十二月 즉 해亥, 자子, 축丑 3개월이다. 이 동안은 해亥인 10월十月은 '생生', 자子인 11월十一月은 '왕旺', 축丑인 12월十二月은 '묘墓' 기간이다. 하지만 삼합원리에 비추어 고찰할 때 '동冬'의 '수기水氣'는 해亥, 자子, 축丑인 10월十月부터 12월十二月까지의 3개월에 국한되지 않는다. 왜냐하면 '동冬'이나 '수水'기氣의 맹아萌芽가 실제로 신월申月(陰曆七月)에 일찍이 나타났고 중동仲冬인 자월子月(十一月)에 장성壯盛하고 진월辰月(陰曆三月)에 이르러서야 점차 끝나가기 때문에 신申, 자子, 진辰 삼지三支는 수기水氣의 생生, 왕旺, 묘墓에 속해야 하고 삼지三支는 일색수기一色水氣로 합쳐진다. 이것은 바로 "수는 신申에서 생겨나 자子에서 왕성하고 진辰에서 죽으니 3진(三辰=三支: 신, 자, 진)은 모두 수이다.(水申生, 子旺, 辰死, 三辰 (三支)皆水)"의 한 실례이다. 이로부터 유추하여 도표로 표시할 수 있다.(〈그림 16〉).

1. 子的三合 (水氣之三合)
申‧‧‧‧生
子‧‧‧‧旺
辰‧‧‧‧墓
申, 子, 辰三支皆爲水氣

2. 牛的三合 (火氣之三合)
寅‧‧‧‧生
牛‧‧‧‧旺
戌‧‧‧‧墓
寅, 牛, 戌三支皆爲水氣

3. 卯的三合 (木氣之三合)
亥‧‧‧‧生
卯‧‧‧‧旺
未‧‧‧‧墓
亥, 卯, 未三支皆爲水氣

4. 酉的三合 (金氣之三合)
巳‧‧‧‧生
酉‧‧‧‧旺
丑‧‧‧‧墓
巳, 酉, 丑三支皆爲水氣

〈그림 16〉 삼합원리도(三合原理圖)

위에서 말한 『역경易經』, 음양오행陰陽五行 이외에 중국철학 중의 한 중요한 사상도 중국사회 각 계층에 침투하고 풍수이론의 지침이 되었다. 이것은 바로 유명한 천인감응天人感應과 천일합일사상天人合一思想이고 선진제자先秦諸子의 저작 속에 산발적으로 나타나곤 했다. 한나라 때 유학자 동중서董仲舒가 신학화神學化된 그러한 사상들을 계통화系統化하여 대부분을 본인의 명저인 『춘추번로春秋繁露』[35]에 실었다. 그 내용을 아래와 같이 정리하겠다.

① 천인감응론天人感應論: (董仲舒의 견해로는) 완비完備되고 인격의지가 있는 하늘이 만물의 시조이자 백신百神의 대군大君이다. "하늘이라는 것은 만물의 조상이니 하늘 없이 사는 것은 없다. 양陽만으로 살 수 없고, 음陰만으로 살 수 없으니 음과 양, 하늘과 땅이 함께 참여하여만 살 수 있다.(天者, 萬物之祖, 無天而生, 未之有也, 獨陽不生, 獨陰不生, 陰陽與天地參然後生)." 게다가 하늘이 사람처럼 감정感情과 희노애락喜怒哀樂도 있고 오행五行의 속성屬性도 있으며 춘하추동春夏秋冬 사계절과 대응對應되고 있다. 그리고 그는 이렇게 주장했다. "하늘과 땅의 기는 합쳐서 하나가 되고, 나뉘어져 음양이 되고, 쪼개져 사시가 되고, 펼쳐져서 오행이 된다.(天地之氣, 合而爲一, 分爲陰陽, 判爲四時, 列爲五行.[36])" 그래서 동중서董仲舒의 생각대로는 하늘이 인류를 위해 만물을 만들어주는 것이라 사람을 낳은 후 인류의 마음을 키우는 의義와 인류의 몸을 기르는 리利를 낳았다. 하늘과 인류사회는 밀접한 관계를 가지고 있고 하늘이 질책과 경고를 하며 절차가 있게 인류사회를 관리하고 있다. 그래서 제왕帝王은 '천의天意'를 잘 파악해야 한다. "왕이 된 자는 하늘을 알지 않을 수 없다. … 하늘의 의지는 알기 어렵고, 하늘 도道는 이해하기 어렵다. 그러므로 음양이 들고나는 텅 빈 곳을 명확히 이해하면 하늘의 의지를 알 수 있다. 오행의 본(道)과 말(末), 순順과 역逆, 대大와 소小, 광廣과 협狹을 분변할 수 있으면 하늘의 도를 볼 수 있다.(夫王者不可以不知天. … 天意難見也, 其道難理, 是故明陽陰出入空虛之處, 所以觀天之志. 辨五行之

35)『史記』上並末記書名, 只說董有百二十三篇, 估計書名是魏晉南北朝詩人整理時所加.
36)『春秋繁露 · 五行相生』.

本末順逆大小廣狹, 所以觀天道也.[37])” 즉 음양오행 ‘천天’과 왕도정치王道政治 ‘인人’이 대응對應되어 있고 서로 영향影響을 미친다는 뜻이다.

② 천인합일天人合一, 이류합일以類合一: 하늘에서 파생派生된 인류는 하늘과 동류에 속한다. 하늘은 인류의 증조부曾祖父이고 인류의 형체形體는 천수天數(자연계의 수)에서 유래된 것이라 하늘에 사시四時(사계절)가 있어서 인류에게 사지四肢가 있고 하늘에 오행五行이 있어서 인류에게 오장五臟이 있고 하늘에 365일三百六十五日이 있으며, 인류에게는 365소절三百六十五小節의 뼈(실제實際 사람의 뼈는 206개밖에 없다)가 있고 1년은 12개월이라 인류에게는 큰 뼈가 12개 있는 것이다. “사람에게는 360개의 관절이 있어 하늘의 수와 짝을 이룬다. 형체形體, 골육骨肉은 땅의 두터움과 짝을 이룬다. 위로 눈과 귀의 총명함은 해와 달의 모습이고, 몸의 빈 곳과 구멍, 주름, 맥은 하천과 지각의 모습이다. 마음에 슬픔, 즐거움, 기쁨, 노여움이 있는 것은 신기神氣와 같은 류이다. … 사람의 몸에서 머리가 크고 둥근 것은 하늘의 모습을 본뜬 것이다. 머리카락[髮]은 별을 본뜬 것이고, 귀와 눈이 분명한 것은 해와 달을 본뜬 것이다. … 작은 관절이 366개인 것은 날의 수를 베낀 것이고, 큰 관절이 12마디인 것은 달의 수를 베낀 것이다. 안으로 오장五臟을 갖는 것은 오행五行의 수를 베낀 것이고, 밖으로 사지四肢를 가진 것은 4계절의 수를 베낀 것이다. 어느 땐 보이다가 어느 땐 깜깜해지는 것은 낮과 밤을 베낀 것이고, 어느 땐 강하다가 어느 땐 부드러워지는 것은 겨울과 여름을 베낀 것이고, 어느 땐 슬퍼지다가 어느 땐 즐겁다는 것은 음과 양을 베낀 것이다.(人有三百六十節, 偶天之數也, 形體骨肉, 偶地之厚也. 上有耳目聰明, 日月之

37)『春秋繁露 · 天地陰陽』.

象也. 體有空竅理脈, 川谷之象也. 心有哀樂喜怒, 神氣之類也. … 是故人之身首頒而員, 象天容也. 髮象星辰也. 耳目戾戾, 象日月也. … 故小節三百六十六, 副日數也. 大節十二分, 副月數也. 內在五臟, 副五行數也. 外有四肢, 副四時數也, 乍視乍瞑, 副晝夜也. 乍剛乍柔, 副冬夏也. 乍哀乍樂, 副陰陽也.[38])" 오늘날에 이러한 주장을 얼핏 보면 황당하고 넌센스인 것 같지만 하늘과 사람을 일체로 보는 것은 물질적이거나 자연적인 공감대뿐만 아니라 정신적이거나 정서적인 공감대도 형성되어 중국문화에 심원深遠한 영향을 미쳤다.

그리고 일부 주장들은 합리적인 면도 있다. 예컨대 "하늘이 어두워지고 비가 내리려 하면 사람의 병病이 먼저 반응하는 것은 음양이 호응하여 일어나기 때문이다. … 음양의 기는 류類끼리 서로 손해를 끼치거나 도움을 준다.(天將陰雨, 人之病故爲之先動, 是陰陽應而起也. … 陰陽之氣因可以類相損益也.)"라는 서술처럼 날씨를 사람의 정서와 건강을 연계시킨 것은 오늘날에도 많은 환경학자들이 기후변화를 연구하는 관심사 중의 하나다. 풍수의 최종목표는 바로 건축에 대한 고안을 통하여 상술上述된 천인감응天人感應과 천인합일天人合一을 이루어 인류의 생활이 천의天意에 순응하여 조화롭고 원만한 환경에 생활하도록 하는 데에 있다.

결론적으로 말하면 풍수는 중국문화의 옥토沃土에 뿌리를 내려 있다. 중국의 무술巫術, 예제禮制, 철학哲學, 미학美學 내지 종교宗敎에도 풍수이념과 일치한 기초부분이 들어 있을 뿐만 아니라 중국 민간생활에도 깊이 침투되어 있어서 풍수風水에 무술巫術이나 미신迷信의 색채色彩를 많이 띠고 있는데도 불구하고 꾸준히 발전해왔다.

38)『春秋繁露·人福天數』.

3장

풍수의 발전사

한나라의 음양오행 학설은 풍수학 이론의 기초를 다졌다. 이것은 송나라 때 절정기를 맞아 왕공귀족王公貴族에서 서민에 이르기까지 풍수를 굳게 믿어 의심하지 않아서 풍수가 사람들 마음속에서 뿌리를 내릴 수 있었다. 『장서葬書』와 『택경宅經』 등 경전 저작들은 후세의 풍수에서 꼭 따라야 하는 지침이 되었다.

1. 한나라 때의 감여

중국 초기의 역사에 대해 이미 내려진 세인世人들의 결론은 이렇다. 사회제도에 있어서는 진秦나라가 중국의 '대통일大一統' 국면을 이뤄내어 지도적인 역할을 했고 한나라는 이른바 "한승진제漢承秦制"인 징검다리역할을 했다. 사상의식思想意識에 있어서는 한나라의 철학사조는 선진제자先秦諸子의 풍부하고 다채로운 백가쟁명상百家爭鳴相보다 크게 못 미쳤을 뿐만 아니라, 나중에 나타난 위진현학魏晉玄學처럼 그렇게 사변성思辨性이 있는 것도 아니었다. 아이러니하게 한나라는 문화정향文化正向에 있어서는 오히려 '유가전통儒家傳統'의 기반을 다졌을 정도로 매우 중요한 시기였다. 2장에 거론된 중국풍수의 기초가 된 철학이나 무술巫術 그리고 과학들은 바로 이 시기에 뿌리를 내리고 싹을 틔우게 되어 민간에 전해졌다.

한나라 초기에 벌써 황노사상黃老思想(황제와 노자의 사상)이 성행했다. 노자老子의 청정무위淸靜無爲(자연을 따르고 무리하지 않음)를 숭상하고 모든 것을 황제黃帝의 이름으로 한 것 등, 철학상의 신비주의神祕主義의 서막을 올리고 점차 "모든 학문을 배척하고 오직 유가의학과 술術학만을 존중(罷黜百家, 獨尊儒術)"을 하게 되었다. 유술儒術은 동중서董仲舒를 비롯해 신비화유학神學化儒學이 된 것은 이상한 일이 아니었다. 이유는 앞장에서도 언급되었듯이 이러한 유학은 음양오행학설陰陽五行學說과 기존의 유학을 포함하고 정통적인 유가학설儒家學說을 합류시켜 천인감응만 다루는 경학經學을 창립했기 때문이다. 그 후에 참위학讖緯學이 나타났다. '참讖'이란 인간에게 행위를 계시啓示하는 신령神靈, 즉 일종의 예언이라는 의미고 '위緯'는 경經에 상대되는 말이다. 그래서 '참위讖緯'는 과거에 있었던 특정 성격을 띤 모든 예언들을 총정리하고 일반 성격을 띤 유가경전儒家經典들을 해석함으로써 성인聖人의 교시와 상천上天의 계시를 하나로 통합한 것이다. 이 모든 것과 한漢나라는 도교道敎의 급속한 성장으로 인하여 민간에서 각양각색의 술수활동들, 즉 '기운도참氣運圖讖', '점후占候', '점성占星', '간상看相', '망기望氣', '풍각風角', '천사지법遷徙之法' 그리고 여러 가지 미신으로 인한 금기 들이 널리 유행하게 되었다. 당시의 감여堪輿는 바로 이러한 상황에서 초기의 단순적單純的 점서占筮나 상택형식相宅形式에서 벗어나 음양오행을 바탕으로 하는 실천의 학설로 탈바꿈했다.

제1장에서 풍수명칭의 변천을 돌이켜보면서 한나라 때 풍수명칭이 감여堪輿였다는 것을 설명했다. '감여堪輿'라는 전문용어의 등장은 풍수를 점복무술占卜巫術에서 탈피하여 독립적인 학파로 거듭나게 했다. 감여명칭 및 내용에 대해서도 제1장에서 거론했기 때문에 여기서는 『한서漢書・예문지藝文志』에 기재된 술수서목術數書目을 바탕으로 추측하면

서, 당시의 감여堪輿에는 주로 두 가지의 풍수학風水學, 즉 '감여금궤堪輿金匱'와 '궁택지형宮宅地形'이 있었고 이러한 두 가지의 구분은 후세後世 풍수이론風水理論에서 이법理法과 형법形法을 정식으로 구분하고 있음을 예시한 것 같다. 그렇다면 감여술堪輿術은 한나라 때 도대체 어떤 방법으로 구체적인 활동과 영향을 끼쳤을까?

우리가 갖고 있는 자료들의 주된 출처는 동한東漢의 사상가 왕충王充[1]이 지은 『논형論衡』이다. 재미있는 것은 『논형論衡』의 저술 목적은 풍수를 비판하는 데 있었지만 오늘날에 오히려 당시의 감여堪輿 활동들을 고증하는 자료가 되고 있다.

1) 갑을지신甲乙之神과 오음성리지설五音姓利之說—도택술圖宅術

왕충의 『논형論衡·힐술詰術』에서는 "『도택술圖宅術』에서 '택宅에는 8술八術이 있어 육갑의 이름과 수로 차례를 정하는데, 차례가 정해지고 이름을 세우는 것은 궁宮, 상商과는 다르다. 택宅에는 5음이 있고 성姓에는 5성이 있는데, 택이 그 성에 맞지 않아 성과 택이 서로 해치게 되면 질병에 걸리고 죽게 되고 범죄를 저지르거나 재앙을 만난다.'(『圖宅術』曰: '宅有八術, 以六甲之名數而第之, 第定名立, 宮, 商殊別. 宅有五音, 姓有五聲, 宅不宜其姓, 姓與宅相賊, 則疾病死亡, 犯罪遇禍.')"고 하였고, 또 "『도택술』에서 '상商의 집의 문은 남향南向으로 하면 안되고, 치徵의 집의 문은 북향으로 하면 안된다'고 하였는데 상금商金은 남쪽의 불

---

1) 王充(27~100): 후한 시대의 유물론자. 사회적으로 불우한 생애를 보내고, 또 최근까지 이단시되어 정당한 평가가 내려지지 못했는데, 그것은 공자, 맹자를 비판했기 때문이었다. 그는 당대에 유행한, '하늘에는 합목적적 의지 활동의 능력이 있고 이것이 사람의 일에 영향을 끼친다'고 하는 천인상관설(天人相關說)이나, 미신적 예언설인 참위설(讖緯說)을 비판하고 부정하였으며, 자연으로서의 천(天)과 제 현상은 '기'(氣)의 작용에 의해 필연적으로 일어난다고 하는 유물론을 주장하였다.

이고, 치화徵火는 북쪽의 수이다. 수는 화를 억제하고, 화는 금을 해치니 오행의 기가 도움을 얻지 못하므로 오성의 택문이 방향[向]이 맞아야 하는데 방향이 그 올바름을 얻으면 부귀하며 번창하고, 방향이 그 올바름을 얻지 못하면 빈천해지며 쇠퇴해진다.(『圖宅術』曰: '商家門不宜南向, 徵家門不宜北向.' 則商金, 南方火也; 徵火, 北方水也. 水勝火, 火賊金, 五行之氣不相得, 故五姓之宅門宜有向, 向得其宜, 富貴吉昌; 向失其宜, 貧賤衰耗 ….)"라는 기술이 나와 있다. 이것을 보면 필자가 미루어 알게 된 것은 도택술圖宅術이 주로 오행의 상생상극원리相生相剋原理에 근거하여 주택주인住宅主人의 성씨姓氏 및 주택방위住宅方位를 오행의 속성으로 견강부회했다는 사실이다. 즉 주택에는 오음五音, 성씨에는 오성五聲이 있어 주택의 방향을 정할 때 주택주인住宅主人의 성씨가 속하는 오성五聲(宮, 商, 角, 徵, 羽)과 주택방위住宅方位의 오음속성五音屬性을 조화롭게 한 것이다. 구체적인 방법은 이렇다. 우선 주택주인 성씨의 발음이 오성五聲, 즉 궁宮, 상商, 각角, 치徵, 우羽 중의 어느 한 종류에 소속되는지를 단정하고 그 결과에 따라 오행의 속성을 추단한 다음에 마지막으로 오행五行의 상생상극원리相生相剋原理에 따라 문향門向의 방위를 결정하는 것이다. 예를 들면 전田씨 성은 치음徵音에 속하고 치徵는 오행五行 중의 화火에 속하는데 화火는 목木으로부터 소생所生되고 화火는 또 금金과 상극相剋한다. 목木은 방위 중의 동방東方, 금金은 방위 중의 서방西方에 속하기 때문에 도택술圖宅術에 따르면 전田씨 집안 주택住宅의 문門은 동향東向이 바람직하고 서향西向을 삼가야 한다. 그리고 왕충王充이 주장한 '택유팔술宅有八術'을 보면 당시에 이미 팔종八種의 방법方法이 있었던 것 같았지만 오늘날 도무지 그 구체적인 내용을 고증할 수는 없다.

필자는 『풍수탐원風水探源』이라는 책에서 두 가지의 이유를 들어 도택술圖宅術이 『감여금궤堪輿金匱』[2)] 내용 중의 하나일 것이라고 추측했다.[3)] 그 첫 번째 이유는 도택술원리圖宅術原理와 감여금궤원리堪輿金匱原理는 일치하고 똑같이 오행류五行類에 속한 것, 두 번째 이유는 도택술에 이용되는 육갑六甲의 신神은 육임六壬의 방법과 서로 호응呼應되기 때문이다. 왕충의 『논형論衡』에서 볼 때 도택술이 한나라 때 이미 매우 유행되었다. 그래서 도택술圖宅術 활동이 당시 감여술堪輿術의 주요 구성부문이었을 것이라고 추측할 수 있다. 도택술의 핵심核心은 오음성리五音姓利라는 설設이고 이러한 오음성리설五音姓利設의 성행은 한나라의 음양오행설陰陽五行說과 확실히 연관관계가 있었다. 그래서 풍수와 중국 문화역사의 발전과정이 거의 일치하였음을 알 수 있다. 도택술에 대해 왕충이 강하게 반론을 제기했는데도 불구하고 이 학설이 계속 당唐나라까지 성행盛行되었고 송宋나라 때도 그 영향력이 사라지지 않았다.

2) 천사법遷徙法이나 천이법遷移法 — 태세금기太歲禁忌

왕충이 『논형論衡 · 난세難歲』 편에서 "『이사법移徙法』에서 '저태세抵太歲는 세가 저급하다[下]고 하고, 부태세負太歲는 세가 깨진다[破]고 하므로 모두가 흉하다'고 한다. 가령 태세가 자子에 있으면 세상 사람 모두가 남쪽이나 북쪽으로 이사를 할 수 없고, 집을 새로 짓거나 혼인하는 일도 또한 모두 피해야 한다. 동쪽이나 서쪽으로 옮기거나 네 구석 방향으로 옮기는데 점을 치면 일에서 모두 길하다고 하는 것은 어째서인가? 태세와 서로 접촉하지 않고서는 태세의 충沖을 막을 수 없다는 것이다.(『移徙法』曰: '徙抵太歲凶, 負太歲亦凶.' 抵太歲名曰歲下, 負太歲名曰歲破,

2) 『堪輿金匱』는 초기의 六壬 專門書이다.

3) 何曉昕 · 罗隽 編著, 『風水探源』, 東南大學出版社, 1990, 20~26쪽.

故皆凶也. 假令太歲在子, 天下之人皆不得南北徙, 起宅嫁娶亦皆避之; 其移東西, 若徙四維, 相之如者皆吉, 何者? 不與太歲相觸, 亦不抵太歲之沖也.)"라고 주장했다. 여기서 언급된 세하歲下라는 것은 즉 태세太歲가 있는 방위方位이고, 세파歲破는 즉 태세와 상대상충相對相沖되는 방위方位이다. 천사법遷徙法에 포함된 범위가 매우 넓고 '기택가취起宅嫁娶(건물건조와 혼사)'를 모두 다루지만 최종목적은 태세를 피하는 데 있다. 앞서 설명했듯이 태세太歲는 처음에는 기년紀年을 편리하게 하기 위해 상상해낸 일종의 가상의 행성行星이었지만 감여술堪輿術의 출현에 따라 태세太歲가 지상흉신地上凶神의 하나로 변질되었다. 실은 일찍이 한漢나라 이전에도 태세에 관한 기록들이 있었다. 예를 들면 『순자荀子 · 유효儒效』를 보면 무왕벌주武王伐紂에 관한 글이 나와 있다. "무왕이 주紂를 정벌할 때 출병하는 날은 군대에서 꺼리는 동남쪽을 향하여 태세를 맞이하였다(武王之誅紂也, 行之日, 以兵忌東南而迎太歲.)"는 내용은 이렇다. 대신들이 무왕武王에게 태세太歲를 마주하는 동남방東南方으로 진군하지 말라고 권간勸諫했지만 무왕이 받아들이지 않고 여전히 군대軍隊를 사수汜水로 이동시켰다. 그런데 마침 그 때 사수汜水의 수위가 급증해서 다시 회수懷水로 이동했지만 회수의 물도 불어나자 군심軍心이 동요動搖하기 시작했다. 다행히 여러 휴제신虧諸神들이 도와준 덕분에 위험한 상황을 벗어나 안전하게 되었다. 이렇게 태세를 마주해서 비록 불길하긴 했었지만 다행히도 흉凶을 길吉로 바꿀 수 있었다. 한漢나라에 이르러서는 태세太歲가 절대 건드려서는 안 되는 흉신凶神이 되고 말았다. 아울러 그것을 피하는 전용專用 천사법遷徙法까지 나타났다. 그런데 그간의 전환과정에 대한 연구가 아직 많이 필요한 실정이다.

태세太歲가 흉凶을 주主한다는 견해가 계속 후세까지 성행되어 오늘날에도 민간民間에 아직도 "태세두상불능동토太歲頭上不能動土(太歲神 머리

위에서 땅을 파서는 안 된다)"라는 속담을 쓰고 있을 정도다. 그 의미는 매년每年 태세太歲가 소재所在하는 방위가 흉위凶位라 만약 태세방위太歲方位에 공사하면 꿈틀거리는 공 모양의 흙덩어리를 파게 된다. 만약 그렇게 되면 죽게 되어 있다는 것이다. 『유양잡조酉陽雜俎』[4], 『속이견지續夷堅志』[5] 등의 서적書籍에 이에 대한 상세히 기재되어 있다.

놀랍게도 태세토太歲土라는 것은 와전된 것이 아님을 오늘날에 판명되었다. 그것은 세상에 보기 드문 백막균종白膜菌種으로 이미 '태세균太歲菌'

---

4) 『유양잡조(酉陽雜俎)』: 당(唐) 나라 단성식(段成式)이 엮은 이야기책. 30편 20권. 『사부총간(四部叢刊)』에 수록되어 있다. 이 책은 비서(秘書)를 기록하고 이사(異事)를 서술하여 선불인귀(仙佛人鬼)로부터 동식문에 이르기까지 기재하고 있는데, 같은 유(類)는 모아 마치 유서(類書)처럼 보인다. 단성식은 집에 기이한 책을 많이 소장하고 있었고 박학강기(博學强記)했으며 더욱이 불서(佛書)에 조예가 깊었다. 그는 일찍부터 문명(文名)이 있었고, 그의 사구(詞句)에는 오박(奧博)한 것이 많아 세상에서 진이(珍異)하게 여겼으며, 그의 소설로는 『여릉관하기(廬陵官下記)』 2권이 있었으나 전하지 않는다. 책이름은 양(梁) 나라 원제(元帝)가 지은 부(賦) 〈방유양지일전 訪酉陽之一典〉에서 따온 것이다. 인용한 책 가운데에는 이미 그 원전이 없어진 것들도 있어서 문헌적 가치도 높다. 30편으로 분류되어 있는 이 책은 충지(忠志), 예이(禮異), 천지(天咫), 옥격(玉格), 호사(壺史), 패편(貝編), 경이(境異), 희조(喜兆), 화조(禍兆), 물혁(物革), 궤습(詭習), 괴술(怪術), 예절(禮絶), 기기(器奇), 악(樂), 주식(酒食), 의(醫), 경(黥), 뇌(雷), 몽(夢), 사감(事感), 도협(盜俠), 물이(物異), 광지(廣知), 어자(語資), 명적(冥跡), 시둔(尸窀), 낙고기(諾皐記) 상 · 하, 광동식(廣動植) 1 · 2 · 3 · 4, 육확부(肉攫部)로 되어 있다.
이 중 '호사(壺史)'는 도술(道術)을 기록한 것이고, '패편(貝編)'은 불경(佛經)에서 뽑은 것이다. '시둔(尸窀)'은 상장(喪葬)을 서술한 것이고, '낙고기(諾皐記)'는 괴이(怪異)를 기술한 것이다. 또 '경(黥)'은 문신(文身)에 대한 기록이며, '육확부(肉攫部)'는 매 기르는 방법의 서술이다. 또 속집(續集) 10권이 있어서 6편으로 분류되어 있는데, 그 내용은 지락고(支諾皐) 상 · 중 · 하, 폄오(貶誤), 사탑기(寺塔記) 상 · 하, 금강경구이(金剛經鳩異), 지식(支植), 지동(支動) 상 · 하이다. 이 중 '폄오(貶誤)'는 고증(考證)이고, '사탑기(寺塔記)'는 사찰에 대한 기록이다. 이 책은 저자가 섭렵한 바가 넓고 진기한 바가 많아서 세상에서 전기(傳奇)와 더불어 애완(愛玩)되었다고 한다. 또 이 책에는 『흥부전(興夫傳)』의 근원설화(根源說話)라고 일컬어지는 '방이설화(旁說話)'가 수록되어 있어서 일찍부터 국문학 연구자들에 의해 관심의 대상이 되어 왔다.

5) 원호문(元好問, 1190~1257): 금(金)나라의문인. 사료의 빈곤을 딛고 홀로 금(金)의 역사를 엮고, 해괴한 전설을 모아 '속이견지(續夷堅志)'를 편찬했다. 금나라 흔주(忻州) 수용(秀容) 사람. 자는 유지(裕之)고, 호는 유산(遺山)이다. 당나라 때 원결(元結)의 자손으로, 원덕명(元德明)의 아들이다. 7살 때부터 시에 능했다. 선종(宣宗) 흥정(興定) 5년(1221) 진사가 되고, 내향령(內鄕令)을 지냈다. 금나라가 멸망할 당시, 그는 44살로 행상서성좌사원외랑(行尙書省左司員外郎)으로 있었다. 원나라의 벼슬은 거부하여 출사(出仕)하지 않았고, 저작(著作)을 자신의 임무로 여기면서 문인으로서 유유자적(悠悠自適)한 생활을 보냈다.

으로 정식 명명되었다. 비록 한漢나라 때부터 전해 내려오던 것처럼 태세太歲가 매년 소재所在하는 방위方位가 지상地上의 태세토太歲土에 대응對應된다는 설設에 대해서 아직도 입증해야 할 필요가 있겠지만, 민간에서도 잊혀지지 않고 성행되고 있지만 미신이라는 낙인이 찍힌 일부 전설들이 종종 어느 정도의 사실근거事實根據가 있음을 보여준 사례라고 할 수 있다. 다만 그 전설들이 "극히 영험靈驗하기" 때문에 베일 속에 싸이게 된데다 많은 인위적人爲的인 미신색채迷信色彩까지 부착되었다. 새로운 과학적인 증명으로 그 중의 원리를 밝혀내고 신비함을 없애주어야만 사람들에게 진상眞相을 인식시켜줄 수 있다. 만약 무조건 반발하거나 그 이론에 대한 매도만 하면 역효과만 낳을 수 있다. 예를 들면 태세太歲에 대한 금기禁忌는 비록 왕충王充 등으로부터 맹비난을 받았지만 생명력이 여전히 유지된 것은 가장 좋은 예증을 보여준 사례가 될 수 있다. 결국 오늘날에 사람들은 그것의 실체가 '태세균太歲菌'이라는 것을 알게 되자 "알고 보니 그렇구나!"하는 탄성만 자자하다.

3) 서익택

『논형論衡 · 사휘四諱』 중에서 "… 세속에서 크게 꺼리는 것은 넷이 있다. 하나는 서익택西益宅을 꺼리는데, 서익택은 상서롭지 못하다고 한다.… (俗有大諱四. 一曰諱西益宅. 西益宅謂之不詳 ….)"[6] 중의 서익택西益宅은 주택住宅 서쪽에 새로 증축된 건물을 가리킨다. 이에 왕충王充은 그것이 실제로 일종의 의리상義理上의 금기禁忌이고 길흉관계吉凶關係에 의한 것은 아니라고 지적하여 "서쪽은 어른과 노인의 땅이고, 존귀한 자가 위치하는 곳이다.(夫西方, 長老之地, 尊者之位也.)"라고 하였다. 이

6) 『論衡 · 四諱』.

러한 해석은 기타 문헌에서도 검증될 수 있다. 예컨대 『풍속통風俗通』에서는 "집은 서쪽에 증축하지 않는다는 속설에서 서쪽은 위가 되는데, 위에 덧붙이면 집의 웃어른을 방해한다.(宅不西益, 俗說西者爲上, 上益者妨家長也. 原其所以.)"고 하였고, 『예기禮記』에서는 "남향과 북향에서 서쪽이 위가 된다.(南向北向, 西者爲上.)"는 것을 예로 들었다. 『이아爾雅』[7]에서도 "서쪽의 귀퉁이를 오奧라 하는데, 높은 어른이 있는 곳이다.(西方隅謂之奧, 尊長之處.)"고 하였다. 해석이 어찌 되었든 서쪽이 금기방향禁忌方向이라 그냥 빈터로 놓아둘지언정 건물을 절대로 지어서는 안 된다고 생각했던 한漢나라 사람들의 실내외室內外 방위에 대한 신앙과 처리원칙을 보여 주었다. 이것은 감여堪輿의 이론과 실천들이 모두 당시의 예제禮制 및 풍습들에 어긋나지 않았다는 증거라고 하거나 또는 아예 감여堪輿 중의 일부 견해들이 바로 예제禮制 및 풍습들에 대한 정리된 부분이라 그 사이에 일종의 연원관계淵源關係가 있다고 해도 무방할 것이다. 그런데 그 후의 풍수에서 동북東北방향을 귀문鬼門으로 여겨 동북東北방향을 빈터로 놓아두어야 한다는 견해로 바뀐 것은 시대의 변천에 따라 방위에 대한 이해와 신앙도 변경變更하게 된 사례로 볼 수 있다. 풍수학설도 이처럼 시대에 따라 상응되는 조정을 통해 계속 새로운 이론을 창출하는 것이다.

---

7) 『爾雅』: 한(漢) 나라 초에 있었던 자서(字書). 천문 · 지리 · 초목에 이르기까지 설명이 되어 있다 함. 『이아(爾雅)』의 소(疏)에 따르면 이아의 석고(釋詁) 1편을 주공이 저술하고, 이후의 것은 공자 · 자하 · 숙손통(叔孫通) · 양문(梁文) 등이 첨가한 것이라 하였으나 정확하지는 않고 실제는 한나라 때 저술된 일종의 백과사전이라 할 수 있음. 진나라의 곽박(郭璞)이 주를 저술하고 송나라의 형병(邢昺)이 소를 저술하였는데 이것을 경문과 합하여 보통 13경 중의 하나가 되는 『이아』라 하였음. 『이아』의 이는 가깝다는 뜻(近)이고 아는 바르다는 뜻(正)으로서 가까운 곳에서 정확한 의미를 찾는다는 뜻임. 고려 시대의 국자감에서 사전으로 이용하였다.

4) 택시, 택일

『논형論衡·기일譏日』에 "세속에서는 이미 세시歲時를 믿고 또 날[日]을 믿는다. 일을 하려 할 때 병이 나거나 죽거나 재앙이나 근심이 생긴다면 그것이 크면 세월을 범했다고 하고, 작으면 금하는 날을 피하지 않았다고 한다. 세월에 대해 전래되는 내용도 이미 사용하고 있고, 날을 금하는 책도 이미 통용되고 있다. … 『장력葬曆』에서는 '장례지내는 날에서 9공의 함정, 날의 강유, 달의 홀짝을 피한다. 날이 길하여 해가 없고 강유가 서로 얻고 홀짝이 서로 상응하면 길량吉良이 된다. 이 역曆에 맞지 않으면 흉하고 나쁜 것으로 바뀐다'고 하였고, … 또 말하기를 '비가 와서 장사를 지낼 수 없으면 경인일에 장례를 치뤄라'고 하였다.(世俗既信歲時, 而又信日. 擧事若病死災患, 大則謂之犯觸歲月, 小則謂之不避日禁. 歲月之傳旣用, 日禁之書亦行. …『葬曆』曰: '葬避九空地臽及日之剛柔, 月之奇耦. 日吉無害, 剛柔相得, 奇耦相應, 乃爲吉良. 不合此曆, 轉爲兇惡' … 又曰: '雨不克葬, 庚寅日中乃葬.')"라고 실린 내용을 보면, 당시 택시擇時와 택일擇日이 유행되었고 아울러 역시 음양오행을 원칙으로 한 만큼 음양의 조화에 역점力點을 두었다. 특히 묘장에 있어서는 날짜 선택만 다루는 전문 서적인『장력葬曆』이 있었을 정도로 시일을 중요시했다. 그런데『장력』의 내용에 대해 알 길이 없고, 다만 당시에 이미 어느 정도 체계화에 이르렀다는 추측만 할 수 있다. 그런데 주택건조 기공일의 선택에 관해서는 "공예에 관한 책에서 집을 새로 짓거나 지붕을 이을 때에는 반드시 택일해야 한다.(工伎之書, 起宅蓋屋必擇日.)"는 내용이 실린 서적이 있다.

5) 장지흥왕설

제1장에서 분석했듯이 중국 초기의 묘장墓葬은 예제禮制에 따른 것이었고 풍수에서 고취하듯 후대가 조상의 시체屍體로부터 음덕을 본다는 '장지흥왕葬地興旺'설은 당시에는 아직도 없었다. '장지흥왕'설이 도대체 언제 탄생되었는지에 대해서 아직도 고증할 부분이 많지만 현재로서는 저리자樗裏子(BC?~BC300)가 창안創案했다는 의견이 일반적이다. 『사해辭海』 역사분책의 소개에 의하면 저리자樗裏子는 전국시대의 진국귀족秦國貴族이자 진혜왕秦惠王의 이모형제異母兄弟로서 이름은 질疾이고 저리樗裏(일명 楮裏, 현 陝西渭南)에 거주하던 관계로 저리자樗裏子라는 이름을 얻었다. 처음에 서장庶長으로 지냈다가 전공戰功을 세워 엄군嚴君으로 봉관封官되었다. 진무왕秦武王 때 감무甘茂와 함께 좌左, 우승상右丞相이 되었다. 그는 유머스럽고 지혜로워서 진나라 사람들로부터 '지낭智囊'이라는 별명을 얻었다. 『사기史記』의 기록에 의하면 저리자樗裏子가 사후에 위남장대渭南章臺의 동쪽에 묻혔다. 그는 생전에 자신의 묘지 양측에 천자天子의 궁전宮殿이 들어선다고 예측하여 결국 들어맞았다. 한나라에 이르러 마침 장락궁長樂宮이 그 묘지의 동쪽, 미앙궁未央宮은 그 서쪽에, 무고武庫(유적지)는 그 묘지 자리에 있었다. 이 전설 덕분인지 모르지만 저리자가 풍수 역사상의 전설적인 인물이 되어 후세 풍수계에서도 그를 장지흥왕론葬地興旺論의 기여자로 공인했다. 실제로 저리자樗裏子의 예언이 "들어맞았다"는 주장에 자손들을 보우해주었다는 내용이 포함되지 않은 것은 앞서 고증했듯이 진나라부터 한나라 초기까지는 아직 장지흥왕설과 유사한 것이 없었기 때문이다. 그래서 장지흥왕설이 한나라 때부터 시작되었다고 단정할 수 있다. 위에서 언급되었듯이 『장력葬曆』이 한나라 때 출현되었음을 종합해보면 그때 이미 비교적 체계화된 장설

葬說에 관한 이론들이 나타났다는 추측을 할 수 있다. 그래서 한나라 때 청오자靑烏子가 지은 『장경葬經』과 주선도朱仙桃가 지은 『수산기搜山記』[8]가 있었다는 전설까지 나온 것도 당연지사다. 전설에서 나도는 청오자靑烏子의 저작이라는 『장경葬經』은 실은 바로 왕충王充이 거론했던 『장력葬曆』일지도 모른다는 것이 필자의 생각이다.

6) 부진符鎭

이상의 설명을 통하여 한나라 때 행해지던 모든 감여활동堪輿活動들은 금기禁忌에 귀착되었다는 것을 알 수 있다. 사람들이 그런 금기를 꺼려하는 동시에 자연히 그 흉악兇惡들에서 벗어나려고 해서 일련의 부진방법符鎭方法들을 '발명發明'했다.

(1) 해제解除: 『논형論衡・해제解除』에는 "세상 사람이 제사를 믿는다는 것은 제사를 지내면 반드시 복이 온다고 말한다. 또 그러한 것이 해제解除인데 해제는 반드시 흉을 없애준다고 말한다. … 집에 주신主神이 열둘이 있는데 청룡, 백호 등으로 차례지어 열둘이고, 청룡, 백호 같은 사나운 신이 하늘의 정귀正鬼이다. … 열두 신이 사는데, 집 주인이 쫓아내면 제거된 열두 신의 객이 되어 열두 신을 한스럽게 여긴다. … 세간에서 집을 고치거나 새로 짓거나 땅을 파면서 작업을 마치면 토지신[土

---

8) 진(秦)나라 때에 주선도(朱仙桃)라는 기인(奇人)이 수산기(搜山記)라는 풍수지리 책을 저술하였는데, 이 수산기의 내용이 신통하게 적중하므로 진시황제는 이 책을 세상에 공개하지 못하게 하고, 반드시 황실 관계에만 이 신비의 비결을 활용하도록 엄명을 내렸다. 그 연유는 이 비결을 활용하여 일반인이 제왕지지(帝王之地)에 묘지를 쓰게 되면 왕통(王統)이 끊어질 것을 염려했기 때문이라 하겠다. 그 이후 한(漢)나라 때에는 청오자(靑烏子)라는 인물이 청오경(靑烏經)이라는 풍수책을 저술하였는데, 이 책도 역시 풍수술의 신비한 비결이 수록된 것으로, 황실관계에만 그 비결을 적용했을 뿐 일반인에게는 공개되지 못했던 것이다.

神]에게 감사해야 하는데 이것을 해토解土라 한다. 흙인형을 귀신의 형상으로 만들어 무당의 인도로 해신한다. 토제를 지내고 나면 마음이 쾌활하고 기뻐서 귀신에게 재앙을 없애준 것을 사례[解謝]한다.(世信祭祀, 謂祭祀必有福. 又然解除, 謂解除必去凶. … 宅中主神有十二焉, 青龍白虎列十二位, 龍虎猛神天之正鬼也, … 有十二神舍之, 宅主驅逐, 名爲去十二神之客, 恨十二神之意, … 世間繕治宅舍, 鑿地掘土, 功成作畢, 解謝土神, 名曰解土. 爲土偶人, 以象鬼形, 令巫祝延以解神, 土已祭之後, 心快意喜, 謂鬼神解謝, 殃禍除去.)"라는 내용이 기록되어 있다. 여기서 축연祝延이 진행하는 것을 보면 해제解除방법은 실은 일종의 무술활동巫術活動이었음을 알 수 있다. 무술巫術성격을 띤 이러한 활동이 점차 일종의 민속으로 변신되어 오늘날까지 전해 내려왔다. 오늘날 기공식起工式에서 행해지는 정초식定礎式은 이러한 민속의 잔재라고 할 수 있다.

(2) 염승厭勝: 두 번째는 염승厭勝이다. 한나라 때의 염승법厭勝法은 주로 태세흉신太歲凶神을 피하기 위해서였고, 근거는 여전히 음양오행陰陽五行의 상생상극원리相生相剋原理였다. 예를 들면 『논형論衡 · 시時』에 이렇게 기재되었다. "제사를 받드는 집에서 염승厭勝을 하려면 오행물인 금, 목, 수, 화를 건다. 가령 세월歲月에 서가에서 제사[食]를 지내려면 서가에 금을 매달아 두고, 세월에 동가에서 제사지내려면 동가에 숯을 매달아 두는 따위다. 제사를 지내 그 흉을 제거하거나 공망空亡을 옮겨서 그 재앙을 피한다. 점치는 것[相]과 연결시키는 것도 이와 마찬가지로 모두 그렇다고 한다.(見食之家, 作起厭勝, 以五行之物懸金木水火. 假令歲月食西家, 西家懸金, 歲月食東家, 東家懸炭. 設祭祀以除其凶, 或空亡徙以辟其殃. 連相仿效, 皆謂之然.)" 염승법厭勝法을 운용運用했었다는 가장 유명

한 사례는 선우單于가 상림원上林苑에 투숙하던 일이다. 관련 기록은 『한서漢書·흉노전匈奴傳』에 실려 있다. "(哀帝) 원수元壽 3년 선우가 내조來朝하였다. 황제가 태세太歲를 염승厭勝하는 곳이 있는 상림원上林苑 장도궁蔣陶宮에 거처하였다.((哀帝)元壽三年, 單于來朝, 上以太歲厭勝所在, 舍之上林苑蔣陶宮.)" 제왕까지도 이러한 술법을 이용하던 것을 보면 당시 염승의 위력이 어느 정도였는지를 상상할 수 있다.

(3) 진묘수鎭墓獸, 진묘문鎭墓文, 매지권買地券 등. 현대의 고고발굴에서 밝혀진 바에 의하면 출토된 한나라 무덤에서 대량의 진묘수, 진묘문 그리고 매지권 등이 나왔고 그 중에 동한東漢시대의 것이 가장 많았다. 그것들은 모두 부진符鎭의 수단이다.

진묘수는 록각鹿角, 두면頭面, 입좌立座(받침대) 등 세부분으로 조성되어 있다. 두면은 여러 가지가 있고 록각은 보통 진짜 록각이 아니라 상태가 사슴과 비슷하게 생긴 일종의 '도지桃枝(복숭아나무 가지)'다. 뿔이 하나인 것을 천록天鹿, 뿔이 둘인 것을 벽사辟邪라고 부른다. 왕서명王瑞明 『진묘수고鎭墓獸考』[9] 중의 고증에 따르면 그것은 고산신古山神의 조상으로 상고시대의 영혼을 지켜준다던 '추령芻靈'(殉葬할 때 殉死者의 대신으로 쓰던 풀을 묶어서 만든 사람이나 말 모양의 인형)과 비슷한 성격이다.

진묘문 및 진묘병鎭墓甁이라는 것은 '천제사자天帝使者' 같은 명의로 쓰인 문구들로 망자의 망령亡靈을 분묘墳墓 속에서 편안하게 하고 생자生者의 가택家宅을 평안하게 해주는 것이다.

매지권은 동한東漢 때부터 시작된 것으로 묘실墓室 속에 놓이는 일종

9) 王瑞明「鎭墓獸考」,『文物』, 1979년 第六期.

의 토지증서 형식의 물품이다. '권별券別'이나 '지권地券' 또는 '지계地契'라고도 불린다. 생자가 토지증서를 구매하는 것을 본뜬 것 같은데, 망자가 명토冥土에서 묘지墓地의 소유권所有權을 침해侵害받지 않는 보장된 생활을 할 수 있도록 함으로써 더 이상 생자生者에게 누가 되지 않도록 하는 것이 주목적이다. 예컨대『정송석집고유문貞松石集古遺文』권15의 기록에 의하면 연희延熹4년 (161年)의 한 매지권買地券에 이러한 문구내용이 적혀 있다. "연희延熹 4년 9월 병진丙辰 초하룻날과 30일 을유乙酉가 폐閉하는 날에 해당하였다. 황제黃帝가 구승丘丞, 묘백墓伯, 지하이천석地下二千石, 묘좌墓左, 묘우墓右, 주묘옥리主墓獄吏, 묘문정장墓門亭長 등을 모두 들라고 명하였다. 지금 평양平陽 언인향偃人鄉 장부萇富에서 종중유鐘仲游의 부인이 박명薄命하여 일찍 죽었다. 지금 장례를 하려면 만세총전萬世塚田을 사야 한다. 가격 99,000전은 당일 모두 줄 것이다. 사각으로 경계를 세우고 중앙에 명당을 두는 것은 자로 6척의 도권桃券에 기록되어 있다. … 지금부터는 살아있는 사람에게 어지럽힘을 당하지 않으며 천제天帝의 가르침이 있을 것이다. 이는 율령律令과 같다.(延熹四年九月丙辰朔, 卅日乙酉直閉. 黃帝告丘丞, 墓伯, 地下二千石, 墓左, 墓右, 主墓獄吏, 墓門亭長, 莫不皆在. 今平陽偃人鄉萇富裏鐘仲游妻薄命蚤死. 今來下葬, 自買萬世塚田. 賈直九萬九千. 錢卽日畢. 四角立封, 中央明堂, 皆有尺六桃券, … 自今以後, 不得干擾生人, 有天帝教, 如律令.)" 이러한 매지권이 줄곧 유행되고 있었다. 숙백 선생宿白先生의 고증考證[10]에 의하면 지권地券의 문구가 당나라 말기부터 점차 규격화가 되기 시작하여 4계四界(사방의 경계)를 기재할 때 "동쪽으로는 어디까지 … 남쪽으로는 어디까지 … 서쪽으로는 어디까지 … 북쪽으로는 어디까지 … (東至 … 南至

10) 宿白『白沙宋墓』, 文物出版社, 1957.

… 西至 … 北至 …)"와 같은 문구를 꼭 넣어야 했다. 이러한 내용은 뚜렷한 풍수색채風水色彩를 띠고 있다. 예를 들면, 1961년에 강서분의江西分宜의 한 송宋나라 무덤에서 출토된 매지권買地券은 바로 이러한 격식을 따른 것이었다. "… 우리 현의 화전향化全鄕 덕전德全 안의 땅인 장당촌長塘村 신산申山 간인향艮寅向의 땅 한 혈穴을 사들인다.(이 땅은) 동으로는 갑을甲乙 청룡에 이르고 남쪽으로는 병정丙丁 주작에 이르고, 서쪽으로는 경신庚辛 백호에 이르고 북쪽으로는 임계壬癸 현무에 이르러 위로는 청천靑天에 이르고 아래로는 황천黃泉에 이른다….(… 買得本縣化全鄕德全裏地名長塘村申山艮寅向受地一穴, 東至甲乙靑龍, 南至丙丁朱雀, 西至庚辛白虎, 北至壬癸玄武, 上至靑天, 下至黃泉 …)."[11]

요컨대 한漢나라 때 음陰, 양陽에 관한 이론들이 모두 기초형태를 갖추고 민간에 깊이 전파되었다. 그 이론규칙들은 음양오행陰陽五行을 바탕으로 했다. 오행五行의 상생상극원리相生相剋原理는 당시 감여설에서 길흉을 판별하는 최고준칙最高準則이었고 이로 인해 오음성리설五音姓利設의 성행을 불러일으켰다. '장지흥왕葬地興旺'설도 한나라 때 출현되었고 동한東漢 때 절정기를 맞았다.

2. 위진魏晉 때의 풍수대사—곽박郭璞과 관로管輅

1) 곽박郭璞과 『장서葬書』

풍수 이야기만 나오면 거의 모든 풍수사風水師들이 이구동성으로 그

11) 「從喪葬習俗看中國人的生命觀」, 『中國民間文化』 第七集, 學林出版社, 1992.

것이 곽박郭璞의 발명發明이라고 주장하고 있다. 그럼 곽박은 어떤 사람이었을까?

곽박郭璞(276~324)은 자字가 경순景純고, 하동河東 문희聞喜(지금의 山西省에 속한다)사람이었다. 『진서晉書』 권72에는 그의 집안에 대해 아래와 같이 소개했다. "아버지는 곽원郭瑗으로 상서도령사尙書都令史였다. 이때 상서는 두예杜預였는데 증손增損한 것이 있어 곽원이 여러 차례 반박하여 그것을 바로잡아 공명하게 박정駁正(바르게 수정)한 것으로 알려지게 되었다. 건평태수建平太守로 생을 마쳤다.(父, 瑗, 尙書都令史. 時尙書杜預, 有所增損, 瑗多駁正之, 以公方著稱. 終於建平太守.)" 그래서 곽박郭璞은 유명 가문 출신이었음을 알 수 있다. 곽박 본인에 대해서는 "경학을 좋아하고 널리 학문을 하여 높은 재주가 있었으나 말을 어눌하게 하였다. 사詞와 부賦에서는 그것을 다시 일으킨 으뜸 인물이었다. 고문古文의 기이한 글자를 좋아하여 음양陰陽과 산력算曆에 빼어남이 있었다.(好經術, 博學有高才, 而訥於言論. 詞賦爲中興之冠. 好古文奇字, 妙於陰陽算曆.)"고 평가했다. 그런데 곽박이 어떻게 이러한 재능을 갖추게 되었는지에 대한 설명은 더욱 신비롭다. "곽공郭公이란 사람이 하동河東에서 객지 생활을 하면서 점을 치는데 정통하였는데, 곽박은 이 사람에게 배웠다. 곽공이 『청낭중서靑囊中書』 아홉 권을 곽박에게 주었기에 (곽박은) 오행, 천문, 복서卜筮의 술을 통달하게 되었고, 재앙을 물리쳐 복으로 전환하는 술수에 제약이 없을 정도로 정통하였다.(有郭公者, 客居河東, 精于卜筮, 璞從之受業. 公以靑囊中書九卷與之, 由是遂洞五行天文卜筮之術, 攘災轉福, 通致無方.)" 이 서술을 보면 민간에는 이미 곽박의 점서占筮, 상묘相墓, 상지相地에 관한 이야기가 널리 알려졌다. 『태평광기太平廣記』 권13에서는 그에 대해 "천문과 지리, 낙서[龜書]와 하도[龍圖], 효상爻象과 참위讖緯, 안묘와 복택을 잘 살펴서 작은 단서에 의지해서도 인귀人鬼의 실정을 헤아리지 못함이 없었다(鑒天文地理, 龜書龍圖, 爻象讖緯, 安墓卜宅, 莫不寄微善測人鬼之情況)"고 기술했다. 필자의 고찰에 따르면 곽박은 비록 하동문희河東聞喜 사람이었지만 전설들을 볼 때 그가 주로 강절복건江浙福建 등 남부지역일대에서 점묘상지占墓相地 활동을 했다. 몇 가지의 예를 보자.

(1) 복지卜地(땅의 길함과 흉함을 가려냄). 『진서晉書·곽박전郭璞傳』의 기록에 따르면 사마예司馬睿가 건업建鄴을 진수鎭守할 때 곽박은 왕도王導의 요청을 받고 복지卜地해보니 함괘咸卦의 정괘井卦가 나온 것에 따라 북동쪽에 위치하는 '무武' 이름을 가진 군현郡縣에서는 구리 도끼를 얻을 수 있었고, 서남쪽에 위치하는 '양陽' 이름을 가진 군현에는 끓는 우물이 있다고 단언했다. 아니나 다를까 나중에 무진현武進縣의 논에서 5개의 동택銅鐸(구리로 제작된 큰 방울)을 발견했고 역양현曆陽縣에 있는 우물이 하루 내내 끓었다. 사마예는 나중에 진왕晉王이 된 후 다시 곽박에게 복지卜地해달라고 했다. 결국 예괘豫卦의 규괘睽卦가 나오자 곽박은 회계會稽의 정구井口에서 종鐘을 얻을 수 있었고 그 종鐘에 성공했다는 명문銘文이 있다고 예언했다. 사마예가 즉위했을 때 예언대로 회계섬현會稽剡縣 정구에서 종鐘 하나를 발견했다.

(2) 택묘활동擇墓活動: 『진서晉書·곽박전郭璞傳』에 이러한 기록도 나와 있다. 곽박은 기양暨陽에서 어머니의 묘지로 쓸 땅을 선택했지만 그곳이 물가에서 너무 가까워 물에 잠길 우려가 있어 불길하다는 지적을 받았다. 그러나 곽박은 물이 불어난 것이라고 예언했다. 결국 예언대로 그곳이 모래흙이 덮여 있는 땅으로 밝혀져 묘 주위 몇 십리가 모두

뿌리가 되었다. 『세설신어世說新語[12]·술해편術解篇』 기록에 따르면 진명제晋明帝가 장묘를 궁금해 하던 참에 곽박이 남의 집에 장사葬事를 하고 있다는 소식을 듣고서는 분장한 채 구경하러 갔다가 묘주墓主에게 왜 멸족할 수도 있는 용각龍角에 묻느냐고 묻자 묘주墓主는 곽박의 말을 인용하며 그것이 실제 용이龍耳에 묻은 것이라 3년 안에 천자天子를 불러낼 수 있다고 대답했다. 황제는 다시 그것이 천자를 만들어낼 수 있다는 말이냐고 묻자 천자를 만들어내는 것이 아니고 천자가 문의하러 오게끔 끌어들일 수 있다고 답했다. 『남사南史[13]·장유전張裕傳』에 따르면 장유의 증조부인 장징張澄이 부친을 매장하려고 해서 곽박은 분혈墳穴을 찾아주고 설명하기를 A땅에 묻으면 백 세까지 살고 최고 벼슬인 삼사대관三司大官(太尉, 司徒, 司空)이 될 수 있으나 자손이 많지 않다. 반면에 B땅에 묻으면 오십여 세까지만 살고 벼슬도 많이 낮아지겠으나 후대가 현귀顯貴하다고 했다. 장징張澄은 후자를 선택하더니 벼슬은 광록光祿(皇帝의 식사업무를 主管하던 벼슬)을 지내다 64세 나이에 죽었고 자손들은 결국 창성했다.

(3) 온주성 입지선정溫州城 立地選定: 건륭년乾隆年에 편찬된 『절강통지浙江通志』의 소개에 따르면 곽박은 한때 절강일대浙江一帶에서 도시 입지선정을 했었다고 한다. 전설에 따르면 곽박이 온주성 입지선정도 했다고 한다. 처음에는 강북일대로 정했으나 토양 샘플의 무게를 재어보니 너

12) 世說新語: 중국 송나라 유의경(劉義慶)이 지은 『세설신어(世說新語)』. 『세설신어』는 후한(後漢)에서 동진(東晋)에 이르기까지 귀족·문인·학자·승려들의 일화를 분류하여 수록하고 있어 그 시대의 사조(思潮)를 잘 보여 주고 있으며, 문장도 매우 깨끗하고 참신함.

13) 南史: 중국 당(唐)의 이연수(李延壽)가 편찬한 사서(史書). 기전체(紀傳體)로 송(宋), 남제(南齊), 양(梁), 진(陳) 등 남북조시대(南北朝時代) 남조(南朝)의 네 왕조의 역사를 기술한 중국 25사(二十五史) 가운데 하나이다.

무 가볍다는 사실을 알고서는 강을 건너 북서쪽에 위치한 한 산봉우리(그 山이 그래서 郭公山이라는 이름이 지어졌다)에 올라가보니 "엇갈린 봉우리들이 마치 북두처럼 보이고 화개산華蓋山이 입구를 막고 있다"[14]는 것을 보고 그곳을 도시입지로 선정하고서는 "만약 성이 산으로 둘러싸인 곳에 있으면 부와 귀를 모으는 것은 당연하지만 병란과 홍수의 큰 피해를 막을 수 없다. 산에 성을 쌓으면 도적들이 깎아지른 곳으로 들어오지 못하여 오래도록 편안하게 보존할 수 있다. 산에 성을 쌓기 때문에 두성斗城이라 부른다.(若城繞山處, 當聚富貴, 但不免兵戈水大; 城於山, 則寇不入斗, 可長保安逸, 因城於山, 號斗城.)"고 말했다. 이렇듯 곽박은 흙 무게를 재는 과정을 거쳐야 할 뿐만 아니라 아울러 입지선정을 할 때 안전방위를 최우선으로 한 것을 알 수 있다. 이것은 아마도 당시 전쟁이 빈발한 배경과도 관련되었을 것이다.

(4) 복건성福建城 지址(터)에 대한 논지는 곽박이 성시城市 입지선정을 논하는 『천주기遷州記』, 『천성기遷城記』 등에 저술했다는 전설이 있다. 예컨대 『민중척문閩中摭聞』의 복주부福州府에 관한 기재에서 "태강泰康의 해에 구甌 땅으로 옮기는 것을 점쳐서 4색色의 기초를 만들었다. 뇌성牢城은 층층이 산과 같고 삼면에는 수로를 파니, 남쪽으로는 상서로운 용처럼 흐르고, 서쪽에서는 그 주인을 맞는다. 라우螺友가 마주하여 나타나고, 화봉花峰이 천 년을 … 그 성의 형상은 용과 같고 봉황과 같아 기가 꿈틀꿈틀 굳세어서 군대가 쳐들어와도 침탈당하지 않고, 흉년이 들어도 굶주리지 않고, 재앙을 만나도 영향을 받지 않고, 60갑자가 꽉 차서 없어져도 다시 쓴다.(泰康之載, 遷卜甌基四色, 牢城層巒, 三逕洪滸, 南流瑞龍, 西應其主, 螺友對現, 花峰千載 … 其城形狀如龍如鳳勢, 氣盤

14) 見清乾隆年修『浙江通志』.

拏, 遇兵不掠, 遇荒不饑, 逢災不染, 六十甲子滿廢而復用.)"라는 부분은 진나라 곽박郭璞『천주기遷州記』중의 명론名論을 인용한 것이라고 전해졌다. 그리고 곽박은『천성기遷城記』에서 복주시福州市에 대해 아래와 같이 묘사하였다고 한다. "왼쪽에는 기산[기旗], 오른쪽에는 고산[고鼓], 모두 섬閩(민閩)땅의 두 절경이다. 기산은 홍당산洪塘山의 서쪽에 있고, 산꼭대기가 옆으로 기운 것이 마치 깃발과 같았다. 고산鼓山은 바닷가에 우뚝 솟아 있고 … (左旗右鼓, 全閩二絶, 旗山在洪塘山之西, 山巓欹側, 其形如旗, 鼓山屹立海濱 …)." 이러한 기록과 의론議論들을 보면 곽박은 한때 복건일대에서 많은 복성卜城(도시의 길흉을 점쳤다)활동을 했었다는 추측을 할 수 있다.

이상의 설명들은 곽박이 복택卜宅, 점묘占墓, 상지활동相地活動들을 많이 했다는 증거라고 할 수 있다. 영험靈驗이 있었다는 많은 전설들로 인하여 그는 후세 풍수사들로부터 풍수의 비조鼻祖나 종사宗師로 추앙받은 것도 당연지사이다.

곽박은 매우 특이한 인물이었음에 틀림없다. 전반적으로 볼 때는 그는 술수術數에 정통하고 유가儒家의 많은 정통경전正統經典들을 통독했을 정도로 박학다식했을 뿐만 아니라 고인古人에게 구니拘泥(얽매이다)하지 않고 자신의 새로운 견해를 갖고 있었다. 예를 들면『진서晉書』의 기록에 따르면 그는『이아爾雅』,『삼창三蒼』,『방언方言』,『산해경山海經』,『초사楚辭』,『목천자전穆天子傳』등의 책에 주석을 했다. 세부적으로 볼 때는 주변에 있던 점서占筮에 관한 각종 자료들을 수집하여 그 중 영검한 60여 건을『동림洞林』으로 엮어 점서의 참고서적을 만들었다. 풍수계에서 이토록 유학儒學과 술학術學을 두루 구비한 인물을 시조로 추앙함으로써 풍수의 지위를 향상시켜 풍수를 상류지식계에서도 신뢰받도록 하고 일반 지식인에 대한 숭배의식도 만족시킬 수 있다는 일석이조의 목적을 거둘 수 있었다. 풍수사風水師들도 한편으로는 그릇이 큰 실존인물을 조사祖師로 모실 수도 있고 다른 한편으로는 이 조사祖師의 신비로운 수학과정을 신화전설 중의 신성인물들과 연관시켜 풍수의 신성함을 가져다 주었다. 이는 역사상 중국 민간업자 사이에 가장 흔히 행해지던 방법의 하나로 모든 술수術數나 목공木公이나 도장塗裝 등 각종 수공업의 종사宗師들의 수업과정을 볼 때 그 내용이 거의 천편일률이다.

사람들이 조사祖師로서의 곽박에게 나름대로 이론이 있어야 한다는 생각에서 그의 이름을 가차한 『장서葬書』를 만들어냈다.

이에 대해 일찍이 질의를 통해 고증과 부정을 했던 사람이 있었다. 예를 들면, 청나라의 고증 전문가인 기균紀昀이 『사고전서총목제요四庫全書總目提要』에서 아래와 같이 지적했다. "『장서葬書』에 대해서 구본舊本에는 진나라 곽박郭璞이 쓴 것이라고 하였다. 곽박은 『이아주爾雅注』를 쓴 바가 있지만 장지설葬地說에 대해서는 그 출처를 알 수 없다. 『주관周官·가인塚人』과 『묘대부墓大夫』에는 모두 족장을 했다고 한 것은 2대이상 이장埋葬할 때 장지 선택을 안 했다는 이야기다. 『한서漢書·예문지藝文志·형법가形法家』에는 최초로 궁택지형宮宅地形과 상인상물相人相物을 함께 거론한 것을 보면 그러한 술수術數가 한漢나라 때 시작된 것이라고 단정할 수 있지만 장법을 전문적으로 다룬 내용은 없다. 『후한서後漢書·원안전袁安傳』의 기록에 따르면 원안袁安이 아버지를 묻을 땅을 찾다가 길에서 만난 세 서생을 만났다. 서생은 한 곳을 가리키며 거기에 묻으면 당세當世에 상공上公이 될 수 있다고 해서 원안袁安이 그의 말에 따라서 하더니 몇 세대 부귀영화를 했다고 한다. 그래서 이 술수術數는 동한東漢 이후에야 성행하게 되어 관련 유명인사도 많이 등장했는데 특히 곽박이 가장 많이 거론되었다. 곽박 본인을 고증해보니 그는 하동河東 곽공郭公으로부터 『청낭중서青囊中書』 9권을 받아 배우더니 바로 천문天文, 오행복서술五行卜筮術에 정통하게 되었다고 한다. 그의 제자이던 조재趙載가 『청낭중서靑囊中書』를 훔치려고 했으나 그 책이 불에 타버렸다는 이야기도 있었지만 『장서葬書』를 썼다는 이야기를 들어본 적이 없다. 『당지唐志』 중의 『장서지맥경葬書地脈經』 일一권에 실려 있는 『장서오음葬書五陰』도 곽박의 작품이라는 언급이 없었다. 유독 『송지宋志』에만 곽박의 『장서葬書』가 실려 있다. 그 책은 송나라 때 최초로 세상에 나오자 방술사方術士들이 앞다투어 분식한 나머지 12편 이상이나 되었다 ….” 청나라 광서光緖 무인년戊寅年에 출판된 정예박丁芮樸의 『풍수거혹風水祛惑』에도 기윤紀昀의 주장과 유사한 의견과 고증이 실려 있다. 현재 다수의 학자들은 『장서葬書』가 당송시대의 작품이라는 견해를 갖고 있다.

『장서葬書』에 기술된 방위관측方位觀測의 방법은 여전히 “토규법土圭法(土圭測其方位, 玉尺度其遐邇)”이라는 점을 볼 때 『장서葬書』의 출간 연도가 나반羅盤의 발명이나 사용 연도보다 앞서 있다고 추정할 수 있다. 그래서 늦어도 당나라 말기인 서기 800~900년 사이에 나반羅盤을 발명했다는 오늘날의 추정에 비춰 볼 때 『장서葬書』의 출간연대는 늦어도 서기 800년 전인 당나라 때까지였다고 단정할 수 있다. 그런데 청나라 이후 풍수사風水師들은 곽박을 비조鼻祖로 추앙하고 『장서葬書』의 저자가 곽박郭璞이었다는 확신을 가졌다.

『장서葬書』의 내용을 살펴보면 전편의 글자 수가 이천 자도 채 안 되지만 간단명료해서 일반 변변찮은 술사術士의 작품이 아닌 것 같다. 필자는 『장서葬書』가 풍수설風水設의 경전과 초석으로서는 손색이 없다고 생각한다. 그 주요 내용은 아래와 같다.

(1) 승생기설乘生氣說. 『장서』의 핵심 내용인 만큼 전편의 시작으로 “장이라는 것은 생기를 탄다.(葬者, 乘生氣也.)”라고 했다. 그래서 장묘

선택葬墓選擇에 관한 모든 활동들은 어떻게 승생기乘生氣(生氣를 이어받는다)를 하는지에 따라 진행된다. 생기生氣란 무엇인가? 후세 풍수가들의 해석에 따르면, 우주관의 모든 자연현상의 출현 및 발전, 즉 스산함과 상대되는 것을 생기라고 한다. 이러한 생기는 하늘에서는 육허六虛(천지天地와 사방四方)을 순회하고 지상에서는 만물을 창조한다. 하늘은 생기를 자資(資源)로, 땅은 생기를 재載(運搬體)로 하여 생기를 땅 속에 모아놓는다. 즉 이른바 "오기는 땅 속에서 운행하고, 발하여서는 만물에서 산다.(五氣行乎地中, 發而生乎萬物.)" 『장서葬書』의 이러한 생기설生氣說은 후세 풍수학설의 골자가 되었다.

(2) 유체수음감응설遺體受蔭感應說. "사람은 부모에게서 몸을 받는다. 본해(本骸, 조상의 유해)가 기를 얻으면 남겨진 몸은 조상의 공덕을 받는다. … 기氣가 감응하면 귀신의 복이 사람에게 미친다.(人受體於父母, 本骸得氣, 遺體受蔭 … 氣感而應鬼福及人.)"라는 말은 사람의 몸뚱이가 부모에게서 나온 것이라 부모의 사후 유골의 생기만 받을 수 있으면 자손을 보우할 수 있다. 부모의 기氣에 땅이 감응하면 자손의 기氣가 부모의 기氣에 응하게 된다. 즉 부모자손은 본래 감응感應이 되는 같은 기氣여서 생자生者는 이러한 식으로 부모의 기氣를 받을 수만 있으면 번창할 수 있다. 이러한 설設은 사람들의 심리적 기대가 되는 바람에 장지풍수葬地風水가 도태淘汰되지 않고 성행할 수 있는 가장 근본적인 원인이 되었다. 이것은 풍수이론 중 인심人心을 가장 고혹蠱惑시키고 미신과 위해성도 가장 심각한 부분이기도 한다.

(3) 득수장풍설得水藏風說. "기는 바람을 타면 흩어지고, 물을 막으면 그치게 된다. 옛날 사람들의 말에 의하면, 모아서 흩어지지 않게 하고,

운행하여 그치지 않게 하였으므로 풍수風水라 한다. 풍수의 법은 물을 얻으면 가장 좋고 바람을 가두는 것은 그 다음이다.(氣乘風則散, 界水則止, 古人聚之使不散, 行之使有止, 故謂之風水, 風水之法, 得水爲上, 藏風次之.)" 여기서 풍수라는 용어를 명확히 제시하고 풍수의 원칙까지 천명했다. 즉 물이 있는 것이 최우선이고 그 다음은 바람을 피하는 것이다. 풍수라는 용어가 참으로 절묘하고 "물을 얻는 것이 가장 좋고, 바람을 피하는 것이 다음이다.(得水爲上, 避風次之)"라는 준칙도 이치에 들어맞는다. 세계 문명의 기원들은 모두 하천과 연관성이 있다. 나일강, 티그리스강, 유프라테스강, 갠지스강, 황하, 양자강 등 모두 인류 문명 최초의 발상지다. 중국 고대의 도시들도 대부분 강가에 건설되었다. 하지만 위 서술의 원칙들를 '음택陰宅'에 적용시키면 참으로 납득할 수 없는 일이다. 왜냐하면 중국고대中國古代 장묘문화葬墓文化에는 벌레나 침수가 가장 큰 금물이었다. 이유는 물이 많은 곳에 시체가 묻히면 금방 부패하게 되기 때문에 물이 있어야 한다고 할 수가 없다. 그래서 여기서 언급된 원칙은 '장사葬事'를 두고 한 이야기다. 필자의 추측推測으로는 이른바 '득수得水'는 무덤 주위에 있는 큰 산천들이 형세상 물이 있으면 바람직하다는 뜻이지 묘혈墓穴이 있는 곳에 물이 있어야 한다는 말이 아니다.

(4) 형세설形勢說. "지세地勢는 맥脈에 근원하고 산세山勢는 뼈骨에 근원한다. 구불구불한 뱀이 동서 혹은 남북이 된다. 1,000자[尺]면 세勢가 되고, 100자면 형形이 된다. 세에서 와서 형에서 그치는데 이를 전기全氣라 하고, 전기의 땅에는 그것이 그친 곳에 장사지내는 것이 옳다.(地勢原脈, 山勢原骨, 委蛇東西, 或爲南北. 千尺爲勢, 百尺爲形. 勢來形止, 是謂全氣, 全氣之地, 當葬其止.)" 즉 평지에서는 토롱土壟의 맥을, 산지에서

는 지그재그를 그리며 동서나 또는 남북으로 뻗어가는 석룡石龍(두두룩(가운데가 솟아난)한 바윗돌 줄기)의 지세를 봐야 한다. 형세가 분명하지 않을 경우 멀리 있는 산을 세勢로, 가까이 있는 산山을 형形으로 하여 즉 원산遠山의 세勢도 고찰하고 근산近山의 형形도 구명究明하며 지형地形을 봐야 한다. 형形과 세勢가 규합된 곳 즉 정기가 모인 곳에 안장하면 운수대통 할 수 있다.

(5) 동童, 단斷, 석石, 과過, 독獨 오불가지설五不可之說. "산에서 묫자리를 쓸 수 없는 것에는 다섯이 있다. 기氣가 화和를 생하면서 동산童山이면 묫자리로 쓸 수 없다. 기가 형形으로 오면서 끊어진 산[斷山]은 묫자리로 쓸 수 없다. 기가 토행土行이면서 돌산[石山]이면 묫자리로 쓸 수 없다. 기가 세勢에서 끝나면서 넘어가는 산[過山]은 묫자리로 쓸 수 없다. 기가 용회龍會이지만 독산獨山인 경우는 묫자리로 쓸 수 없다. … 경에 이르기를 '동산, 단산, 석산, 과산, 독산은 새로운 흉을 만들고 이미 복이 다 빠져 나간 곳이다'고 하였다.(山之不可葬者五. 氣以生和而童山不可葬也, 氣因形而來斷山不可葬也; 氣因土行而石山不可葬也, 氣以勢止而過山不可葬也, 氣以龍會而獨山不可葬也. … 經曰: '童, 斷, 石, 過, 獨生新凶而消已福.')" 이어 5가지의 산 종류를 설명했다.

민둥산, 곧 동산童山(음양이 조화된 기가 없음)
산줄기가 끊어진 산, 곧 단산斷山(정기가 이어지지 않음)
대체로 돌로 이루어진 산, 곧 석산石山(흙이 없으면 정기도 없음)
기세氣勢가 없는 산, 곧 과산過山(냉정하면 정기도 없음)
외따로 떨어져 있는 산, 곧 독산獨山(脈이 이어지지 않으면 정기도 없음)

이 논술은 실제로 산의 임업생산성林業生産性과 미관美觀에 대한 평가 기준이다. 이 부분이 끝난 뒤에도 『장서葬書』에서 좋은 지형地形의 이용법을 비중 있게 설명하면서 끊임없이 기복을 이루는 산세가 좋은 지형地形이라는 것과 지세地勢의 기준을 덧붙여 설명했다. 출렁이는 물결이나, 천군만마가 내달리는 것 등등이다.

(6) 사령지형설四靈地形說: "묏자리를 쓰는 데는 왼쪽은 청룡, 오른쪽은 백호, 앞은 주작, 뒤는 현무로 한다. … 현무는 머리를 늘어뜨리고, 주작은 날개짓하며 춤을 추고, 청룡은 꿈틀꿈틀 몸짓하고 백호는 잘 길들여져 다소곳하게 엎드린 모습이다. 형세가 이것의 반대이면 당연히 깨지거나 죽는 법이다. 그러므로 호랑이가 날뛰면 함시銜屍라 하고, 용이 웅크리고 있으면 질생嫉生이라 하고, 현무가 머리를 드리우지 않으면 액시扼屍라 하고, 주작이 춤을 추지 않으면 등거騰去라 한다.(夫葬以左爲青龍, 右爲白虎, 前爲朱雀, 後爲玄武 … 玄武垂頭, 朱雀翔舞, 青龍蜿蜒, 白虎馴頫, 形勢反此, 法當破死. 故虎蹲謂之銜屍, 龍踞謂之嫉生, 玄武不垂者扼屍, 朱雀不舞者騰去.)" 이것은 지형길흉地形吉凶에 대한 판단준칙을 설명하는 내용이다. 전후좌우 반드시 모두 산이 있어야 하고 현무방위玄武方位에 있는 산은 깎아지른 듯이 급하게 비탈지고, 주작방위朱雀方位에 있는 산山은 날개를 펴고 춤추는 듯하고, 청룡방향青龍方向에 있는 산은 끊임없이 기복을 이루고, 백호방향白虎方向에 있는 산山은 부복하는 듯 유순하게 엎드려야 한다. 그렇지 않으면 흉하다. 이 준칙은 나중에 풍수에서 지형을 판별하거나 음양택陰陽宅 부지를 선택하는 최고의 기준이 되었다.

(7) 방위설方位說: "토규土圭로는 그 방위를 측정하고, 옥척玉尺으로는 그 거리를 잰다. … 경에 말하기를, '땅에는 네 가지의 사세[四勢]가 있

다. 기氣가 8방에서 오는데, 그 중 인寅, 신申, 사巳, 해亥가 4세이다. 진震, 이離, 감坎, 태兌, 건乾, 곤坤, 간艮, 손巽이 8방이다. 이러한 까닭에 4세의 산이 8방의 용을 낳는다. 4세에서 용이 움직이면 8용이 생겨나면서 한결같이 그 기를 얻어 길하고, 경사스럽고, 높고, 귀하게 된다[吉慶尊貴]'고 하였다.(土圭測其方位, 玉尺度其遐邇 … '經曰: 地有四勢, 氣從八方, 寅申巳亥, 四勢也, 震離坎兌乾坤艮巽八方也, 是故四勢之山生八方之龍, 四勢行龍, 八龍施生, 一得其氣, 吉慶尊貴.')" 이것은 음양법칙陰陽法則과 팔괘원리八卦原理로 풍수의 방위이기方位理氣를 설명하는 내용이다. 인신사해寅申巳亥로 4개의 방위를, 진리감태건곤간손震離坎兌乾坤艮巽으로 팔방八方을 표시한다. 팔용八龍은 인신사해寅申巳亥 사방四方의 오행五行의 생기生氣를 받아야 활성화할 수 있다. 예컨대 진룡震龍은 목木에 속屬하고 목木은 해亥에서 나온 것이라 그래서 해방亥方은 생기生氣를 받을 수 있다. 한편 여기서 방위方位를 정하는 방법方法은 여전히 토규법土圭法이고 나반羅盤 이야기는 언급조차도 하지 않은 것을 보면 『장서葬書』의 출간연도는 나반羅盤이 아직 사용되지 않았던 시대였음을 알 수 있다.

결론적으로는 『장서葬書』 중에 소개된 각 논단들은 후세 풍수의 골자가 되었다. 예를 들면, '장풍득수藏風得水', '사령설四靈說', '지세설地勢說' 등은 모두 후세 풍수의 핵심 내용이 되었다.

2) 관로管輅와 『관씨지리지몽管氏地理指蒙』

관로管輅는 곽박郭璞보다 조금 더 먼저 있었던 위국魏國사람으로 역시 풍수종사風水宗師로 추앙받고 있었다. 관로管輅, 자공명字公明, 평원인平原人(현 江蘇徐州)이었다. 전해진 바에 의하면, 그는 어린시절에 이미 성진관측星辰觀測을 무척 좋아했고 성인이 된 후 풍각점상風角占相 같은 점서술

占筮術을 좋아했다. 벼슬은 문학文學, 소부승少府丞까지 했고 자신의 수명을 48세로 점쳤다. 『삼국지三國志 · 위서魏書 · 방기전方技傳』 중 「로별전輅別傳」의 기술을 인용했다. "관로가 나이 열아홉에 우러러 별들을 관찰하기를 좋아했다. … 번번이 천문과 해, 달, 별을 땅에 그렸다.(輅年八九歲, 便喜仰觀星辰 … 輒畫地作天文及日月星辰.)" 아울러 관로는 백여인百餘人이 참석한 연회에서 "커다란 논의의 실마리를 주창하고, 음양에 관한 경의 설을 뒤집었으며, 문채가 화려하고, 많은 논의들을 파생시켜 경전에 의존함이 적으면서 자연스러움을 유발하였다.(… 唱大論之端, 逆經於陰陽, 文采葩流, 枝葉橫生, 少之經籍, 多發天然.)" 이로부터 서주徐州에서 유명해져 신동으로 불렸다고 한다. 그래서 관로는 당시에 술수術數에 정통하는 신인神人으로 여겨졌음을 알 수 있다. 후세인이던 곽박과 마찬가지로 세간에 관로의 점서占筮, 상지相地, 상인相人, 망풍望風 등에 관한 기문奇聞도 널리 전해졌다.

전해진 이야기에 의하면 관로가 왕홍식王弘直의 집에 도착했을 때 마침 높이가 세척정도 된 선풍旋風(회오리바람)이 신申의 방위에서 불어닥쳐와 마당 한 가운데서 흔들리며 빙빙 돌다 꺼졌다가 다시 일기 시작해 한참 지속되었다. 왕홍식王弘直이 그 상황을 보고 관로에게 어떤 징조를 의미하느냐고 물어보자 관로는 동방에서 마리馬吏(말을 타고 공무를 수행하는 小吏)가 와서 아버지가 아들 때문에 우는 일을 전할 것 같다고 대답했다. 이튿날에 교동膠東에서 관리가 와서 왕홍식의 아들이 죽었다는 비보를 전달했다. 왕홍식은 다시 관로에게 그 이유를 캐물었다. 관로는 대답했다. "을묘乙卯가 되는 날에 그대는 맏아들에게서 응험應驗할 것이니, 목木은 신申에 떨어지고, 북두성[斗]은 신申을 세우고, 신申은 인寅을 부숴 응험이 죽음[死喪]에 있게 된다. 그 날 오시가 지나면 바람이 일어나 응험이 말[馬]에 있게 된다. 위에서 말한 대로 서로 아울러 이루어져 법도法度가 되는 것은 응험이 이吏에 있어 신申·미未가 호랑이가 되고 호랑이는 대인이 되어 응험이 아버지에게 있게 된다.(乙卯的日子應驗在長子, 木落於申, 斗建申, 申破寅, 應驗在死喪. 日過午時而風起, 應驗在馬, 上述相竝成爲法度, 應驗在吏, 申未爲虎, 虎爲大人, 應驗在父.[15](乙卯日은 長子를 상징한다. 나뭇잎이 신위申位에 떨어지고 북두두병北斗斗柄이 가리키는 시진時辰이 신申에 있어서 신申과 인寅이 상충相沖하게 되었다. 이것은 사망의 상징이다. 오시午時에 바람이 불었는데 오午는 말띠라 말을 상징한다. 이것들을 종합하면 법도가 되어 관리를 상징한다. 신미申未는 호랑이고 호랑이는 대인大人의 뜻이라 아버지를 상징하기 때문이다.)"

삼국 위나라의 명장이던 관구검毋丘儉의 묘지에 대한 관로의 평론은 나중에 『장서葬書』 중에서 지형地形에 관한 표준이 되었다. "관로가 군대를 따라서 행군하다가 관구검毋丘儉의 묘 아래에서 나무에 기대어 슬프게 탄식하였는데 마음이 즐겁지 않았다. 다른 사람이 그 이유를 묻자 관로는 '나무숲이 무성하나 형形이 지속할 수 없고, 비문이 아름다우나 뒤를 지켜줄 후손이 없다. 현무가 머리를 묻고, 청룡이 다리가 없고, 백호가 주검을 물고, 주작이 슬프게 우는 네 가지 위험이 갖추어져 있으니 멸족滅族하는데 해당한다. 2년이 지나지 않아 그 응험이 올 것이다.'고 하였다.(輅隨軍而行, 過毋丘儉 (毋丘興)墓下, 倚樹哀吟, 精神不樂, 人問其故, 輅曰: '林木雖茂, 無形可久; 碑誄雖美, 無後可守. 玄武藏頭, 蒼龍無足, 白虎銜屍, 朱雀悲哭, 四危以備, 法當滅族. 不過二載, 其應至矣.')"

곽박의 이름을 가차한 『장서葬書』와 마찬가지로 관로의 이름을 가차한 『관씨지리지몽管氏地理指蒙』도 후대 사람에 의하여 출간되었다. 『관씨

15) 『三國志 · 魏書 · 方技傳』.

지리지몽』의 출간 시대에 대하여 영국 인문학자 조셉 니담Joseph Needham은 만당晩唐시대(대략 서기 800年)로 추정했다.[16] 하지만 『관씨지리지몽』은 권위성權威性이 있는 풍수경전임에 틀림없다. 그 구체적인 설명을 다음 절에서 하겠다.

지금까지 우리가 알고 있는 것은 풍수계보 속 경전저작의 창시인들이 한나라전까지는 모두 전설적인 인물에 속한다. 예를 들면, 주선도朱仙桃, 청오자青烏子 등은 모두 그들에 관한 역사의 경전經典이 없어서(태보太保와 토방씨土方氏인 경우는 전해 내려온 작품이 없다) 실존 인물이었는지 단정할 수는 없다. 실제의 인물이 위진魏晉 때 최초로 나온 것은 물론 곽박과 관로 등 본인이 상묘相墓, 점택占宅 같은 술수術數에 정통한 것과 관계가 있겠지만, 다른 한편으로는 풍수계에서 위진魏晉시대의 실존 인물을 가차하여 학설의 창시인으로 삼은 것은 위진시대의 특수성과도 무시할 수 없는 관계가 있다.

위진육조魏晉六朝에 관하여 저명한 미학자인 종백화宗白華[17]는 아래와 같은 투철한 분석을 했다. "한말漢末 위진육조魏晉六朝는 중국 정치사상적으로 가장 혼란스럽고 백성들의 삶이 가장 고통스러운 시대였지만, 정신문화에 있어서는 극히 자유스럽고 해방된 데다 가장 지혜롭고 가장 열정적인 한 시대였던 만큼 예술정신도 자유분방했다. 예를 들면, 왕희지王羲之 부자의 서예, 고개지顧愷之와 육탐미陸探微의 회화, 대규戴逵[18]와

---

16) 『李約瑟 文集』, 潘吉星主編, 遼寧科學山版社, 1986.

17) 宗白華(1897~1986): 原名宗之櫆, 字伯華. 美學家,哲學家, 詩人. 被稱爲"中國現代美學的先行者和開拓者". 20世紀唯一一個建立了自己美學體系的中國美學家,與朱光潛先生並稱爲20世紀中國美學界的"雙峰". 중국의 미학자. 주광잠(朱光潛)과 함께 20세기 중국 미학계의 두 봉우리이다.

18) 戴逵(325 추정~395): 동진(東晉) 초국(譙國) 사람. 자는 안도(安道)다. 박학했고 담론을 좋아했다. 글을 잘 지었고, 거문고를 잘 뜯었으며, 인물과 산수, 종교화에도 능했다. 조각과 소조에도 일가를 이루었다. 범선(范宣)에게 배웠다. 관직을 마다하고 학문에만 전념했다. 조각에 탁월한 재능을 보여 새로운 방식으로 불상(佛像)을 조각했는데, 아주

대옹戴顒(대규의 둘째 아들) 부자의 조각, 혜강嵇康의 『광릉산廣陵散』(琴曲), 조식曹植, 완적阮籍, 도잠陶潛, 사령운謝靈運, 포조鮑照, 사조謝朓의 시, 력도원酈道元, 양현지楊衒之의 서경문敍景文, 운강雲岡, 용문龍門의 웅장한 조각상들, 낙양洛陽과 남조南朝의 장려壯麗한 사원들 등 그 전례 없는 찬란함으로써 후세에 문학예술의 기초와 발전방향을 확립했다.[19]

자연주의와 개성주의 시대로서의 위진魏晉 때 산수미山水美에 대한 발현은 가장 위대한 공헌이라고 할 수 있다. 예컨대 진나라 장협張華이 『박물지博物志 · 제일第一』에 산 · 천에 대한 고찰을 세밀하게 기재했다. "땅은 명산으로 보좌를 받으니, 돌[石]은 뼈[骨]가 되고, 내[川]는 맥脈이 되고, 초목은 털[毛]이 되고, 흙[土]은 살[肉]이 되고, 3척 이상은 똥[糞]이 되고, 3척 이하는 땅이 된다. … 땅은 물을 머금는 성질이 있고, 토산을 즐기는 자는 땅의 기를 당긴다.(地以名山爲輔佐, 石爲之骨, 川爲之脈, 草木爲之毛, 土爲之肉, 三尺以上爲糞, 三尺以下爲地 … 地性含水, 土山樂者引地氣也.)" 종백화 선생이 다른 논문에서 설명한 것과 같이 진나라는 중국의 산수정서가 시작하고 발전되었던 시대인 만큼 주로 미학적인 시각에서 연구를 하였다. 위진魏晉시대 다른 하나의 중대한 특징은 바로 선도사술仙道邪術을 즐겨 논하고 철학에 있어서는 현학玄學을 공리공담(헛된 말)하곤 했던 것이다. 많은 은사隱士들이 선진시대先秦時代에 벌써 나타난 '기설氣說'을 극찬했다. 예컨대 완적阮籍이 『달장론達莊論』에서 "천지는 자연에서 생기고, 만물은 대지에서 생긴다. … 오르는 것

생동감이 넘쳤다고 한다. 인물과 산수를 동적인 기법으로 그려 산수화의 선구적인 역할도 했다. 세상과 어울리기를 싫어해 무릉왕(武陵王) 사마희(司馬晞)가 와서 거문고를 연주하라는 명령을 단호하게 거절했다. 나중에 회계(會稽) 섬현(剡縣)으로 옮겼다. 왕휘지(王徽之)가 눈 내리는 밤에 찾아왔다가 문 앞까지 와서는 돌아간 적도 있다. 진효무제(晉孝武帝) 때 여러 번 불렀지만 나가지 않았다. 작품에 「삼마백락도(三馬伯樂圖)」와 「손작고사도(孫綽高士圖)」, 「칠현도(七賢圖)」 등이 있다.

19) 宗白華, 『美學散步』, 上海人民出社, 1983.

을 양이라 하고, 내려가는 것을 음이라 한다. 땅에 있으면 이理라 하고, 하늘에 있으면 문文이라 한다. 증발하는 것을 우雨라 하고, 흩어지는 것을 풍風이라 하고, 불타오르는 것을 화火라 한다. … (天地生於自然, 萬物生於大地 … 升之謂陽, 降之謂陰, 在地謂之理, 在天謂之文, 蒸謂之雨, 散謂之風, 炎謂之火 …)"라고 했다. 혜강嵇康은 『명론明論』에서 "저 원기가 도야陶冶되면 뭇 생명들은 이것을 받는다.(夫元氣陶鑠, 衆生稟焉.)"고 했다. 위진魏晉 때 산수미山水美에 대해 고찰하여 발현하고 바람과 기에 대해 이해함으로써 『장서葬書』의 작자에게 직접적인 계시啓示를 제공한 셈이다. 『장서』에서 산천지형의 생기에 대한 고찰을 중시하고 산山과 형形, 길흉吉凶에 대한 묘사들은 모두 산수미에 대한 위진문인魏晉文人의 평가기준과 일치했다. 양자 간에 차이가 있다면 단지 『장서葬書』에서는 선비의 심미관審美觀을 술사術士의 길흉관吉凶觀으로 바꿔놓은 것뿐이다. 그때부터 산수에 관한 중국인들의 사상은 두 개의 방향으로 발전해 나가기 시작했다. 이른바 형이상자위지도形而上者謂之道(形而上者는 道를 중요시 한다)라는 문인화가文人畫家들은 독특한 산수시山水詩, 산수화山水畫 이론을 발전시키며 미美를 최고준칙으로 삼았고, 이른바 형이하자위지기形而下者謂之器(形而下者는 器를 중요시한다)라는 지리풍수사地理風水師들은 독특한 풍수산형수법학설風水山形水法學說을 발전시키며 길吉을 최고준칙最高準則으로 삼았고, 이 두 진영은 서로 뒤엉켜 많은 공통점도 유지하며 모두 '생기生氣'를 최고목표로 하였다. 그런데 풍수이론이 형이하形而下의 특성상 많은 찬란한 사상들도 세인들의 중시를 받지 못했다. 일부 선비들도 시를 짓거나 그림을 그린 후 그러한 것들을 일종의 기분전환으로만 활용하였다.

3. 당나라 때의 풍수

당나라 시대에는 풍수가 우후죽순처럼 왕성히 발전하여 성숙成熟해지던 시기였다. 그 시기에 각양각색의 풍수서적들이 나타난 상황을 려재呂才[20]가 이렇게 설명했다. "마침내 장서葬書라는 한 가지 학술[術]에도 120가가 생겨나서 각기 길흉吉凶을 말하니 구애되어 꺼리는 것이 많아졌다.(遂使葬書一術, 乃有百二十家, 各說吉凶, 拘而多忌.)"[21] 비록 한나라 때 왕충王充이 오음성리五音姓利에 관한 감여설堪輿說을 강하게 반발했었지만 당唐나라 때는 그 학설이 여전히 유행되고 있었다. 조공무晁公武가 지은 『소덕선생독서후지昭德先生讀書後志』[22] 권2 「오행류五行類」 중의 기록에 따라 당시 대사大師 중의 한사람이던 승일행僧一行이 편찬한 『오음지리신

---

20) 呂才(600 추정~665): 당나라 초기 박주(博州) 청평(淸平) 사람. 음양(陰陽)과 방기(方伎), 여지(輿地), 역사에 정통했고, 음률에 특히 밝았다. 정관(貞觀) 3년(629) 불려 홍문관(弘文館)에 있으면서 악사(樂事)에 관한 논의에 참여했다. 황제가 주무제(周武帝)의 『삼국상경(三局象經)』을 읽고 뜻을 이해할 수 없어 문의하자 물러나 하루 만에 풀이하고는 그림으로 갖추어 아뢰니, 이때부터 이름이 알려졌다. 또 일찍이 「진왕파진악(秦王破陳樂)」의 음률을 조율했고, 「백설(白雪)」 등의 악곡을 수정했다.

21) 唐 · 呂才 『敍宅經及葬書』.

22) 『郡齋讀書志』: 조공무는 소덕선생(昭德先生)이라 불렸는데, 쓰촨성[四川省]에서 관리로 있었다. 그 당시 쓰촨에서 전운사(轉運使)로 있던 정도(井度)가 이 지방이 전화(戰禍)를 입지 않아 귀한 서적이 많이 남아 있어 10여 년간이나 책을 모았는데, 조공무의 호학(好學)에 감탄하여 그 책을 전부 양도하였다 한다. 이것을 조공무가 임지(任地)의 관아, 즉 군재(郡齋)에서 해설한 것이다. 경(經) · 사(史) · 자(子) · 집(集)의 4부를 다시 유(類)로 나누어, 부(部)와 유의 첫머리에 서문을 붙여 책마다 권수, 저자의 약력, 내용의 개요 등을 적었다. 완전히 정리되지는 않았으나, 『칠략(七略)』의 체재를 본받은 중요한 해설서로서 『문헌통고(文獻通考)』의 경적고(經籍考)는 이 책을 취택하고 있다. 원서(原書) 4권 출판 후 두 계통으로 나뉘어 전해지고 있다. 하나는 문인(門人) 요응적(姚應績)이 가장(家藏)했던 책을 보태어 중편(重編)한 20권으로서 구주본(衢州本)이라고 하며, 다른 하나는 원서 4권에 송(宋)나라의 왕족 조희변(趙希辨)이 가편집한 것을 추가하여 편찬한 『부지(附志)』 1권과 요씨(姚氏)의 증가분을 따서 편찬한 『후지(後志)』 2권을 합쳐 만든 것인데, 원주본(袁州本)이라고 한다. 양쪽 모두 통행본(通行本)에는 오류가 있어서 우열론이 분분했으나, 왕선겸(王先謙)이 구주본에 양쪽 것을 참조하여 만든 『교보(校補)』(1권)를 덧붙여 간행한 것이 편리한 것으로 간주되었고, 이어서 1933년에 송판 원주본(宋版袁州本)이 영인(影印)되어, 가장 신용할 수 있는 것으로 인정받게 되었다.

서五音地理新書』에 인성오음人姓五音으로 팔산八山의 십팔장길흉十八將吉凶의 방향을 감정했다는 등의 내용이 실려 있다. 왜 이처럼 번복繁複한 국면이 나타났을까?

당대풍수唐代風水를 분석고찰하려면 당唐나라의 중요한 제도 중의 하나인 과거제를 돌이켜보지 않을 수 없다. 중국 정치는 진한秦漢 후부터 이미 귀족정치와 군인정치의 막을 내려 전국 각지분구各地分區에서 관리를 선발하게 되었다. 이러한 제도는 원래 일종의 평민정치였지만 한나라 때는 명목상의 지방 선발이 된 채 실권은 여전히 지방장관 즉 태수太守의 손아귀에 잡혀 있었다. 지방의 장관은 지역여론을 수집하기만 하고 최종결정은 제멋대로 했다. 그래서 겉으로는 국가의 관리들이 모두 민간에서 선발된 것 같지만 실제로는 민간 중의 일부 특정 집단에서 온 사람들이었다. 그 결과 민간에서는 점차 특수한 계층의 하나로 동한말년東漢末年 이후에는 문벌이 생겨났다. 그것을 쉬운 말로 설명하자면 일종의 변화된 신귀족新貴族이었다. 삼국위진三國魏晉시대까지 전란으로 인하여 지방정치가 와해되어 선거를 더 이상 진행할 수 없게 되자 구품중정제九品中正制를 임시臨時로 창설創設했다. 중앙 정부에 봉직하는 지방 출신의 대관리大官吏들 중에서 한 사람을 중정中正으로 선출해 출신지역의 민의를 대표하게 하고 아울러 지역의 벼슬아치들을 각각 9개의 품계로 上上, 上中, 上下, 中上, 中中, 中下, 下上, 下中, 下下로 나누고 명부를 만들어 중앙에 보고하도록 하던 것은 정부의 관리 선발제도가 되었다. 이러한 제도制度는 한漢나라 때의 지방선발제와 본질적인 차이가 없는 데다 당시 문벌들의 영향력이 점점 더 강해져서 중정 중의 9개의 품계도 모두 문벌기준에 따라서 정해졌다. 구품중정九品中正도 문벌세력의 보신부保身符와 같은 것으로 전락되고 말았다.

그런데 수당隋唐시대에 이르러 위 제도들이 근본적으로 개편되어 모든 이른바 '선거제도選擧制度'들이 공개경쟁을 하는 고시제도로 바뀌었다. 그것은 정치적인 포부를 가진 모든 사람들이 모두 지방관리에게 직접 시험 참가신청을 할 수가 있고 지방관리가 응시자들의 명단을 중앙정부에 통보한 후 중앙정부에서는 특별 관리를 보내 특정적인 고시를 실시하고 급제한 모든 사람들에게 관아의 입장권入場券을 부여하는 제도였다. 이러한 고시제도는 심사기준에 있어서도 변화가 일어났다. 예컨대 한漢나라 때는 관리를 선발하는 데 지역여론을 중요한 조건으로 하고 아울러 이상의 도덕성과 지방정부에서의 업무실적을 주된 평가기준으로 하는 소위 재덕독실才德篤實을 요구했지만, 당대唐代에 이르러 응시자의 출신에 문제가 없는 한 무조건 재능과 지혜에 대한 시험을 선발기준으로 하였다. 초기의 시험은 비록 응시자의 정치실무 문제에 대한 이론적인 논술 및 고대경적古代經籍에 대한 이해력을 심사평가하는 것에 중점을 두었다가 나중에 점차 시부詩賦 고시에만 치우치게 되었다. 이러한 변경變更에 대해 원인은 두 가지가 있다. 하나는 시부詩賦의 출제내용은 무한 한만큼 천지간天地間의 형형색색의 사물들을 모두 출제문제로 삼을 수 있고, 다른 하나는 시부詩賦를 할 때 응시자가 짤막한 말로 품고 있는 포부와 이상, 또는 취미를 적당하게 표현해야 하기 때문에 자연계의 모든 사물에 응시자의 해박한 지식이 필요하고 재능과 인정人情, 학술과 인품도 요구되기 때문이었다. 이러한 제도 하에서 재능이 아무리 뛰어나도, 학술이 해박해도 인정이 없거나 인품이 안 좋으면 여전히 벼슬을 할 수 없었다.

이러한 제도는 바로 수나라 때 시작하고 당나라 때 자리 잡은 과거제도였다. 이 제도는 후세에도 대대로 이어져 중국정치의 한 기둥이 되었으며 선비들에게 출세의 기회도 제공했다. 이 제도는 지속적으로 전국각지의 인재들을 같은 문화적 목표로, 역대 유가의 경적전고經籍典故

와 자연산수의 정취를 두루 중시하는 쪽으로 노력하도록 했다. 동시에 전국각지의 우수인재들이 지속적으로 제도에 따라 중앙에 선출된 덕분에 당나라 중앙정부가 정치적으로 계속 신진대사를 하여 평민적인 문화와 정신을 유지할 수 있었다. 이 제도는 당나라 때는 현명한 정책이었음이 확실하지만 나중에 이로 인해 수많은 누습陋習(더러운 풍습)과 비극悲劇들이 초래되기도 했다. 물론 그런 것들은 따로 논의할 별개의 문제다.

필자가 여기서 특별히 과거제도를 제기하는 것은 이 제도가 중국풍수 및 전통건축에 커다란 영향을 미쳤기 때문이다. 한편 우리 모두가 알다시피 중국 고대에 과거에 급제한 선비들 중의 상당한 일부는 농촌 출신이었다. 그들의 인생여정을 보면 대부분 농촌에서 정부(도시)로, 다시 정부(도시)에서 고향으로 귀환한 경우가 대부분이었다. 그 중의 많은 저명한 역대인물들이 정치적으로 큰 업적을 남긴 뒤에 조용히 귀향했다. 시서詩書들을 두루 섭렵해서 자연산수에 해박한 지식을 갖고 있던 그들은 재직 때는 천하의 안정을 위해 일하던 유자儒者였으나 퇴임 후에 특히 좌천되었을 때에는 황제黃帝와 노자老子 그리고 장자莊子 등 도가학설로 일상의 빈자리를 채워야 했다. 그러한 때에 마음에 와 닿는 것은 풍수학설이어서 (비록 일부는 그런 것을 의식하지도 못했지만) 대부분이 산수가 아름답고 돌이나 나무가 잘 생긴 길지吉地를 골라 복택卜宅(살 곳으로 적합한지 여부를 점쳐서 정한다)한 다음에 여생을 보내는 것이었다. 결국 전통문화와 풍수사상이 중국의 향촌에 함께 뿌리를 내림으로써 중국향촌의 주택들에는 심오한 철리哲理와 신비함 그리고 풍수가 복잡하게 얽혀 있는 문화가 스며들게 되었다. 산수山水에 대한 이들 상류上流 인물의 인식과 논술들은 역으로 풍수이론을 풍부하게 발전시켰다.

다른 한편으로는 과거제도의 출현은 사람들의 마음에 뿌리 깊은 믿음을 심어준 것은 물론이고 바로 공부하는 과정 중에 급제하면 벼슬에 나아갈 수 있고, 벼슬을 하면 행복과 재산을 다 누릴 수 있다는 것이었다. 그리고 아래와 같은 방법들은 급제를 보우해줄 수 있는 가장 손쉬운 것으로 여겼다.

(1) 풍수학의 유체수음설遺體蔭德說의 영향으로 조상의 음덕을 입으면 출세할 수 있다는 생각에서 분묘후장墳墓厚葬을 하는 것이었다. 이러한 후장풍조厚葬風潮가 점점 만연하게 되어 역으로 풍수에도 촉진제 역할을 하게 되었다. 그래서인지 당나라 때부터 수많은 장서葬書들이 나타나 이 장의 서두에 언급되었던 번복繁複한 국면을 초래했다.

(2) 길吉한 주택에 사는 사람이 발전할 수 있다는 생각에서 주택의 길흉을 특별히 중시하는 것이었다.

(3) 특수목적의 건축물 즉 풍수와 종교가 융합된 일종의 향촌 공공시설, 즉 문루文樓, 규각奎閣, 문탑文塔 등을 이용하여 교육 붐을 일으키고 문운文運을 틔우게 하는 것이었다. 이러한 독특한 인문건축물은 종종 한 향촌의 표지물標誌物로 여러 가지의 상징적인 의미를 지니고 있다. 이러한 건축물의 출현은 물론 풍수학설의 내용도 풍부豊富화 시켰다. 당나라 이후의 풍수서적들에는 대부분 특정지면으로 규루奎樓, 문각文閣의 건조원리建造原理, 건축방위建築方位, 운용수법 등을 천명했다. 그래서 당나라 때의 풍수학과 과거제도가 상부상조했다고 해도 과언이 아니다. 그런데 과거제도도 풍수와 마찬가지로 결국 그 저열성이 하나하나씩 드러나 명청明淸에 이르렀을 때 심각할 지경까지 이르렀다. 물론 이

것은 나중의 일이었다.

위에서 설명한 과거제도와 당나라의 특수한 사회적 배경, 즉 불교의 보급, 도교 지위의 향상, 천문지리학의 발전 등은 모두 당나라 풍수를 르네상스 시대로 맞게 해주었다. 그러한 성황盛況들은 일부 전설에서도 그 단서를 찾을 수 있다. 『태평광기太平廣記』의 기록에 의하면 당나라 소주蘇州 오현吳縣에 왕풍汪風이라는 사람이 있었는데 부두에서 멀지 않은 곳에 살고 있었다. 한때 그의 집안에 괴상한 일이 끊임없이 일어나고 십수년十數年 사이에 처자식들 그리고 하인들이 잇따라 세상을 뜨자 살고 있던 주택이 불길不吉하지 않을까 의심해서 그 주택을 동향인 성춘에게 팔았더니 성씨네도 몇 년 사이에 패가망신하게 되었다. 성盛씨는 헐값으로 그 주택을 되팔려고 했으나 이웃에서 사겠다고 나선 사람이 아무도 없었다(이것으로 보아 당시 풍수설의 위력이 얼마나 컸는지를 짐작할 수 있다). 결국 그 주택은 오래토록 팔리지 않다가 현縣 관아官衙의 소리小吏이던 장려張勵가 그 주택 앞을 지나갈 때마다 늘 굵기가 화살대만한 푸른 연기 두 줄기가 주택에서 피어오르는 것을 보고 안에 보석 등 귀중품들이 있는 줄 알고 욕심을 내는 김에 그 주택을 사들여 바로 입주했다. 다음 날 아침에 다시 두 줄기의 푸른 연기를 보자 보물을 찾아야겠다는 생각에 연기가 나오는 곳을 깊이 육칠척六七尺 정도 마구 파다가 아니나 다를까 원형圓形 석반石盤이 나타났다. 그 밑에는 세밀하게 조각된 석궤石櫃(돌로 된 장)가 있는데, 그 석궤의 틈새가 쇳물로 채워져 있고 아울러 석회石灰에 밀봉된 데다 외부는 쇠사슬에 고정固定되어 있었다. 석궤의 4면에 찍혀 있는 7개의 네모난 빨간색 도장을 보자 장려張勵는 보물이 들어 있다는 확신을 갖게 되어 망치로 석궤를 깨뜨려보니 그 속에서 동부銅釜(구리로 된 가마솥)가 하나 나왔다. 그것을 다시 보니 동부銅釜 한 군데에 이러한 명문이 새겨져 있다. "정명禎明 원년(587년) 7월 15일에 모산茅山의 도사 포지원鮑知遠이 원숭이 신[猴神]을 이곳에 가두자 그것에 발發한 것이 있는데, 발한 다음 12년간 오랑캐 군대가 크게 어지럽혀 사방 어느 곳에서나 연기와 먼지가 피어올랐으며, 발하게 한 사람은 일족이 멸망하였다.(禎明元年 (587年)七月十五日, 茅山道士鮑知遠囚猴神於此, 其有發者, 發後十二年, 胡兵大擾, 六合煙塵, 而發者俄亦族滅.)" 이듬해 장려張勵 집안은 가족들이 몰살을 당하다시피 했고 십이 년 후에는 안록산安祿山이 반란한다는 예언도 정확히 적중되었다. 이러한 이야기는 믿어지지 않을 정도로 엽기적이지만 당시 민간에서 풍수에 대한 존숭尊崇과 경외敬畏를 생동감 있게 표현했고, 또한 도사道士가 풍수에 참여參與했던 사실이 당나라 때 이미 존재했음을 밝혀냄으로써 도교道教와 풍수風水 간의 밀접한 관계도 보여 주었다.

『고금도서집성古今圖書集成』 중의 감여명류열전堪輿名流列傳 및 일부 민간전설들에 의하면 당시에 아래와 같은 풍수대사風水大師들이 있었다. 이순풍李淳風, 장연공張燕公, 일행선사一行禪師, 사마두타司馬頭陀, 유백천劉白文, 부도홍운浮屠弘雲, 진아화陳亞和, 양균송楊筠松, 구연한丘延翰, 증문천曾文遄, 범월봉範越鳳, 만백초萬伯超, 유묘劉淼, 엽칠葉七, 소정감邵庭監, 뢰문준賴文俊 등이다. 그 중 이순풍李淳風, 일행선사一行禪師, 구연한丘延翰 등은 정사正史에 실린 만큼 실존인물로 판명되었으나 정사에는 단지 그들을 천문天文, 지리地理, 산학算學, 술수術數 등에 두루 능통한 신성인물로만 소개했고 그들이 하던 풍수활동을 별로 언급하지는 않았다. 나머지 인물들에 대해서는 그 정체나 존재의 신빙성을 고찰하기는 어렵다. 그 대표적인 인물은 양균송楊筠松이라고 할 수 있다. 풍수계보 중에서 그는 곽박郭璞에 버금가는 유명인물일 뿐만 아니라 영향력과 그를 중심으로 하는 학술체계에 있어서 곽박보다 더욱 방대龐大하다. 곽박과 다른 점은 양균송楊筠松은 정사正史에 기록되지 않았고, 단지 그가 당희종唐僖宗(874~888)의 국사國師이던 금자광록대부金紫光祿大夫(唐宋 때는 正三品文官)로 영대지리靈臺地理에 관한 일을 주관하다가 나중에 곤륜산昆侖山에 이어지는 보룡步龍을 밝혀냈다는 전설만 진해지고 있다는 것이다. 그런데 『사고전서총목제요四庫全書總目提要』에서는 이러한 전설의 진실성을 부정했다. "양균송은 역사에서 전하는 것을 볼 수 없다. 오직 진진손陳振孫의 『직제서록해제直齋書錄解題』에 그 이름이 실려 있다. 『송사宋史·예문지藝文志』에 양제빈楊濟貧이라는 인물이 있지만 이 또한 시말[始末]이 자세하지 않고 오직 풍수가에서 전하는 것이 있다. 균송의 이름은 익益이고 두주竇州 사람이다. 영대지리靈臺地理라는 벼슬을 맡았고, 관직이 금자광록대부(紫光祿大夫에 이르렀다. 광명廣明(880년) 년간에 황소의 난으로 대궐을 침범당하자 궁중의 옥함비술玉函秘術을 훔쳐서 달아났고 이후 건주虔州에서 나타났다는 근거없는 말이 있는데, 모두 믿기 어렵다.(筠松不見於史傳, 惟陳振孫『直齋書錄解題』題載其名氏. 『宋史·藝文志』則稱爲楊濟貧, 亦不詳其始末, 惟術家相傳, 以爲筠松名益, 竇州人, 掌靈臺地理, 官至金紫光祿大夫, 廣明 (880年)中, 遇黃巢犯闕, 竊禁中玉函秘術以逃, 後往來於虔州, 無稽之談, 蓋不足信也.)" 하지만 이러한 부정적인 주장은 많은 풍수술사風水術士들의 마음속에 자리 잡은 양균송의 실질적 존재감을 지워 버릴 수 없다. 필자가 고찰하던 중에 만났던 모든 풍수지리사들이 예외 없이 양제빈楊濟貧을 언급하며 조사祖師로 추앙한다고 하였다. 공贛, 상湘, 민일대閩一帶에는 아직도 그에 관한 많은 전설들이 나돌고 있다. 예컨대 상중지구湘中地區의 전설에 의하면 양제빈이 한때 보경일대寶慶一帶(오늘의 소양邵陽)에서 풍수를 보다가 죽계파竹雞坡의 위쪽은 낭떠러지, 아래쪽은 자강資江, 가운데는 호랑이 입처럼 벌어진 지형을 보자 죽계파가 풍수의 길지吉地라는 경탄을 연발했다. 그런데 그곳이 절벽이라 안장할 수 없는 현실에 그는 집에서 고심한 끝에 드디어 묘안을 찾았다. 그 후부터 그는 매일 빚어낸 흙덩이를 대나무대로 힘껏 위로 던지는 연습을 3년이나 연마한 끝에 마침내 백발백중의 수준에 이르렀다. 이어서 조산의 유골을 덩이로 빚은 후 죽계파에 가져다 밑에서 대나무대로 힘껏 위로 던져 정확히 동굴 속으로 넣었다. 당시 그는 양楊씨네의 조상이 죽계파에 묻히면 양씨네가 부귀를 누리게 된다는 확신을 갖고 있었다. 그가 바라던 대로 과연 송나라 때에 양가장楊家將(실은 양가장에 관한 전설도 다양하다)이 나타나 세상에 명성을 떨쳤다. 후세에도 양씨네들이 늘 죽계파에서 성묘했다는 뒷이야기도 있지만 일부 양씨네들이 번양호鄱陽湖의 풍수가 더 좋다는 판단을 갖기도 했다. 그래서 "번양호를 일찍 알았더라면 죽계파竹雞坡에 장사지내는 일은 없었을 것이다.(早知鄱陽湖, 免葬竹雞坡)"라는 민언民諺까지 생기게 되었다. 이처럼 양균송을 신비화하고 양가장楊家將과 연계시킨 것은 신빙성이 부족한 견강부회한 처사이겠지만 전설 중의 양균송에 관한 사적들은 줄곧 사람들의 마음속에 새겨져 있고 과학이 발달된 오늘날에도 그 예외가 아니다.

실은 풍수술사들의 마음속에 양균송은 강서파江西派의 시조로서 실존 인물이었을 뿐만 아니라 계승 제자들도 수두룩했다. 명明 홍무4년(1371年) 가을 8월 월삭일月朔日에 금화金華(지명)의 호한胡翰이 『장서』 서문에 "당나라 문종 황제[文皇帝]가 나라의 경전을 궁궐 안으로 들인 뒤 다시 전해지지 않다가, 황소黃巢가 장안長安을 쳐부수자 국사國師인 양균송楊筠松이 훔쳐서 강서로 달아나 제자 3인에게 주었는데, 그 가운데 한 명이 증지曾智이고 증지가 요고廖高와 사위 뇌문진賴文進에게 주어 우禹가 세 번째로 전하여 상뢰上牢 유자선劉子先이 이를 얻었다.(唐文皇帝取其國經入內腐, 也不復傳, 及黃巢破長安, 國師楊筠松竊奔江西, 授弟子三人, 其

一日曾智, 智授廖高及具甥賴文進, 禹三傳而上牢劉子先得之.)"라고 밝혔다. 양균송은 형법파形法派의 직계시조直系始祖이고 또한 곽박의 계승자라서 풍수계보의 맥을 이어주던 중요한 인물이었다고 하지만 서양 기독교 중의 예수와 마찬가지로 아직도 이 결정적인 인물이 존재했음을 검증할 길이 없다.

지금까지 발견된 양균송의 사제계승연원師弟繼承淵源에 관한 서적들을 종합해보면 문제점들도 쉽게 찾아낼 수 있다. 예를 들면, 시조로서의 양균송은 희종僖宗(874~888)시대의 사람으로 전해지고 있지만 제자 중의 하나이던 구연한丘延翰은 의외로 고종高宗(650~683)시대의 사람으로 기록되어 있어서 제자가 스승보다 오히려 200년 정도 일찍 태어난 격이 된 것을 보면 계보 상에 심각한 오류가 있음을 알 수 있다.

그런데 이 모든 것은 강서파의 추종자들이 양균송을 풍수형법파風水形法派의 시조로 추앙하려던 집념을 동요시키지 못했다. 그들은 양균송의 대표적인 저작인 『의룡경疑龍經』, 『감룡경撼龍經』, 『장법십이장葬法十二杖』, 『청낭오어青囊奥語』, 『청낭서青囊序』 등을 남겼다고 강력히 주장하면서 그 중의 『청낭오어』와 『청낭서』를 대표작 중의 대표작이라며 후세 풍수학風水學의 이론총칙理論總則으로 삼았다. 그 요점은 심룡尋龍[23]을 찾는 방법과 심룡尋龍을 찾는 요결要訣인 4대 절차, 곧 오운추산五運推算, 음양변별陰陽辨別, 삼합규명三合糾明, 생왕고찰生旺考察이다. 『청낭오어青囊奥語』 중의 심룡尋龍에 관한 이론이 매우 완비되어 있다. 그 중 나경십이위羅經十二位와 같이 나반羅盤에 관한 내용까지 포함된 것을 보면 그 책의 출간 년대가 나반羅盤의 출현 이후로 추정된다. 주목할 만한 것은 책에 24산二十四山에 관한 논술이 많다는 점이다. 예컨대 "여러 번 뒤집어 보면

23) 尋龍 : 풍수(風水) 지리(地理)에서 주맥(主脈)이 되는 용을 찾는 것을 말한다.

24산에 주보[珠寶]가 있고, 바로보거나 거꾸로 보면 24산에 불구덩이[火坑]가 있다. 24산을 오행으로 나누면 영榮, 고枯, 사死, 생生을 알 수 있다.(顚顚倒, 二十四山有珠寶; 順逆行, 二十四山有火坑; 二十四山分五行, 知得榮枯死與生.)"는 따위이다. 이에 왕진택王振鐸 선생은 "이러한 24산 48국으로 방향을 구분하는 것은 선천 12지로써 옛날의 제도이니 보존하고 믿게 하기 위해 뒤에 보탠 것이다. 세상에 전해지는 양균송의 『천옥내전天玉內傳』 3권이 있으나, 정초鄭樵의 『통지通志 · 예문략藝文略』과 진진손陳振孫의 『직제서록해제直齋書錄解題』를 살펴보면, 양균송과 증문천의 2가서二家書에는 『천옥경天玉經』이란 책이 없었다. 양씨와 제자에게 비밀리에 전수한 뒤에 감추어 두어 세상에 나오지 않다가 송대의 오견성吳見誠이 진인眞人을 만나 처음으로 이 책을 받았고, 그의 아들 경란景鸞이 그 책의 뜻을 밝혔다. 이 책은 송대에 이르러 처음 나왔는데 원문은 그 설을 신비화시키려고 일부러 심오한 용어를 써서 사람을 헷갈리게 만들어 요지를 금방 습득하지 못하게 하는 등 술수術數의 거짓된 지식이 때때로 이와 같았다.(這種以二十四山, 四十八局之分向, 以先天十二支爲古制, 信干維爲後加, 世傳楊筠松尙有『天玉內傳』三卷, 考鄭樵『通志 · 藝文略』, 陳振孫『書錄解題』, 楊曾二家書, 無『天玉經』之名. 傳楊氏師弟秘之, 不行於世, 至宋吳見誠遇眞人, 始授此經. 其子景鸞, 乃發明其義. 是書亦至宋始出, 原文多神其說, 故作隱奧之詞, 使人恍惚迷離, 驟不得其指要, 方技之譎智, 往往如斯.)"[24] 왕선생의 이와 같은 설명에 따르면 양균송의 명의로 된 풍수서적은 송대가 되어서야 나타났다. 그런데 출간 년대가 어찌 되었든 풍수계보 중에서는 그것들은 의심할 여지도 없이 형법이론形法理論의 정수다.

24) 王振鐸, 「司南指南針與羅經盤」, 載 『中國考古學報』, 1951년 第五期.

『사고전서총목제요四庫全書總目提要』에서는 『의룡경疑龍經』, 『감룡경撼龍經』, 『장법십이장葬法十二杖』의 내용에 대하여 아래와 같이 요약했다. "『감룡경撼龍經』은 오로지 산용山龍의 맥락과 형세만을 탐랑貪狼, 거문巨門, 녹존祿存, 문곡文曲, 염정廉貞, 무곡武曲, 파군破軍, 좌보左輔, 우필右弼 9성으로 나누어 말하면서 각각을 학설로 말했다. 『의룡경疑龍經』「상편」에서는 줄기[幹] 가운데 가지[支] 찾는 것을 말함으로써 관국關局과 수구水口를 위주로 하였고, 「중편」에서는 심룡을 찾아 머리에 이르러 얼굴과 등을 보고 조영朝迎하는 법을 논하였고, 「하편」에서는 혈穴을 맺는 형세를 논하고 「의룡십문疑龍十問」을 덧붙여 그 뜻을 천명하였다. 『장법葬法』(『장법십이장葬法十二杖』을 가리킴)은 점혈點穴만을 논한 책으로 의倚, 개蓋, 당撞, 점([沾/黏])의 여러 설이 있고 도장倒杖을 12조로 나누었다. … (『撼龍經』專言山龍脈絡形勢, 分貪狼, 巨門, 祿存, 文曲, 廉貞, 武曲, 破軍, 左輔, 右弼九星, 各爲之說. 『疑龍經』上篇言幹中尋枝, 以關局水口爲主; 中篇論尋龍到頭, 看面背朝迎之法; 下篇論結穴形勢, 附以疑龍十問, 以闡明其義. 『葬法』(指『葬法十二杖』) 則專論點穴, 有倚蓋撞沾諸說, 倒杖分十二條 ….)"

풍수역사상에 늘 있었던 남의 이름을 가차하여 책을 내는 것은 모든 민간술수民間術數들이 지니고 있는 공통적인 문제라 지나치게 비난할 필요는 없다. 오늘날에 우리가 연구해야 할 과제는 풍수서적의 내용 및 풍수이론의 창안에 대한 영향과 역할이다. 이러한 생각으로 보면, 양균송의 이름을 가차하는 소위 위서僞書일지라도 풍수의 경전이 되기에는 손색이 없다. 비록 책 속에 대량의 "은오지사隱奧之詞(심오한 용어)"와 미신 내용이 들어 있는데다 출간 년대도 결코 당나라 때가 아니겠지만 … .

현재까지 만당晩唐에 출간된 풍수서적으로 판명된 것들 중에 관로管

輅의 이름을 가차한 『관씨지리지몽管氏地理指蒙』이 있다. 전서全書는 모두 10권씩, 매권마다 10개의 조목條目으로 도합 총 100조다. 책의 내용은 없는 것이 없을 정도로 풍수이론의 종합적인 서적이다. 책에서는 "卜兆營室二事, 一論山一論向爲堪輿家第一關鍵."이라고 주장했다. 그리고 산형지세山形地勢에 대한 묘사는 『장서葬書』와 확연히 연계되어 있어서 『장서』의 도입부분導入部分에서도 참조할 수 있다. 『장서』와 마찬가지로 『관씨지리지몽管氏地理指蒙』도 '기氣'설을 중심으로 전개하기 시작했다. 예를 들면, 책의 시작에 바로 기氣에 대해 서술했다.(〈표 1〉). 아울러 기氣의 가볍고 맑은 부분이 올라가 하늘이 되었고 무겁고 혼탁한 부분이 가라앉아 땅이 되었고 중간 부분이 세상의 만물이 되었다고 주장하고서는 산룡山龍과 수룡水龍 등을 둘러싼 논술을 통하여 인성과 자연산수가 상통해서 산수에 대한 심리審理와 고찰考察(尋龍 즉 용맥 수색)이 매우 중요하다고 밝혔다. 그 방법과 기준은 『장서葬書』의 "바람[風]을 가두고 물[水]을 모음(藏風聚水)"과 비슷해졌고 아울러 어느 정도 발전하였다. "높은 산과 낮은 산의 좋고 나쁨은 물[水]의 모임에 있으므로 이를 분명히 하면 물이 가장 중요하다.(高山低山之優劣在水之聚, 故以明之, 而水爲最重.)"고 하거나 "산은 반드시 수로 막아야 하므로 물은 반드시 산의 주인이 되어야 한다.(山必以水爲防, 水必以山爲主.)"고 하였

〈표 1〉 『관씨지리지몽(管氏地理指蒙)』 중 '기(氣)'의 해설표

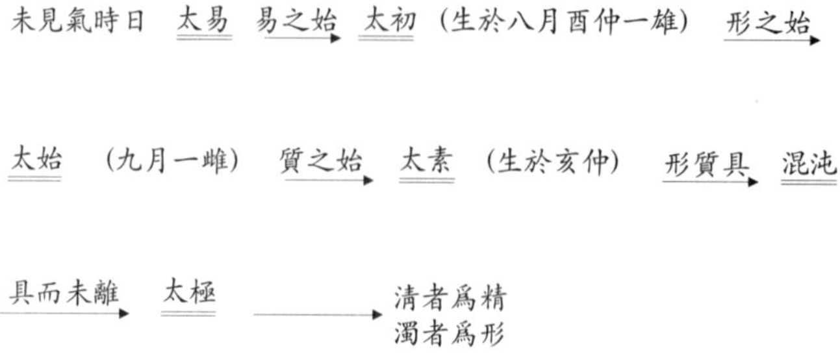

未見氣時日 太易 易之始 → 太初 (生於八月酉仲一雄) 形之始 →

太始 (九月一雌) 質之始 → 太素 (生於亥仲) 形質具 → 混沌

具而未離 → 太極 → 清者爲精
濁者爲形

다. 그리고 산과 물은 음양 관계처럼 서로 필요로 한다고 주장했다. 예컨대 "물은 산을 따라서 움직이고 산의 경계에서 물은 그친다. … 산은 실기實氣가 되고 물은 성기星氣가 되며 토가 높아질수록 그 기는 더욱 두터워지고 물이 깊어질수록 그 기는 더욱 커진다.(水隨山行, 山界水而止 … 山爲實氣, 水爲星氣, 土逾高, 其氣逾厚, 水逾深, 其氣逾大.)" 등등이다. 『석명釋名』 제28에서는 수성水城, 수구水口 등 개념을 언급하면서 수구水口는 "바위를 얻어 막히면 변화나 옮김이 없다(得岩, 關鎖則無變遷)"고 주장했다. 이것은 풍수 중에서 수구水口에 대한 최초의 논술인 것 같다. 그 밖에 책에서는 조목별로 자세仔細하게 심룡법尋龍法의 세칙들을 논술 · 천명하는 데 역시 음양오행陰陽五行을 총칙으로 하였다. "그러므로 용을 찾는 기술은 오행의 성쇠盛衰를 알고 음양 두 기의 청탁淸濁을 분변하는 것을 중요하게 여긴다.(故尋龍之術, 惟貴識五行之盛衰, 辨二氣之淸濁.)" 그리고 형세, 방위, 방위선택 등 문제에 대해서도 논술한 것들은 풍수이론의 핵심문제들이다. 책 전체는 "기를 보고 심룡을 찾는 백 가지(望氣尋龍第一百)"라는 내용으로 마무리되어 수미收尾(끝을 맺다)가 상응하게 된 셈이다. 주목할 만한 것은 책에서 여러 차례 이순풍李淳風의 사상관념思想觀念을 인용한 것이다. 예컨대 제13, 제12, 제29, 제31 편篇 등에 "이순풍왈李淳風曰"이라는 문구文句가 나온 것을 보면 『관씨지리지몽管氏地理指蒙』이 이순풍 때보다 늦은 당나라의 서적이었음을 추단할 수 있다.

황제의 이름을 가차한 다른 풍수경전인 『택경宅經』도 당나라 때에 민간에서 널리 전해졌다. 『택경』은 풍수역사상 『장서』와 동등한 지위에 있었다. 일부 전가專家의 고증에 의하면, 그 책은 당나라 때 출간된 것으로 추측된다. 이유는 두 가지가 있는데 첫째는 『구당서舊唐書 · 경적지經籍志』에 『오성택경五姓宅經』 2권이 실려 있고 『송사宋史 · 예문지藝文志』에

『상택경相宅經』 1권, 『택체경宅體經』 1권이 실려 있는데다 『사고전서총목제요四庫全書總目提要』의 작자는 "바로 이 책인 것 같다"고 하고 아울러 이 책은 "술수 중에서 가장 오래된 것처럼 보인다"고 하였다는 것, 두 번째는 돈황敦煌에서 발견된 당나라 문헌 중에 『택경宅經』이 포함되어 있었고 소수의 일부 문구만 『황제택경黃帝宅經』과 다르지만 내용은 거의 같은 것을 보면 『황제택경』이 당나라 때 이미 민간에 잘 알려졌음을 알 수 있다.

『택경宅經』의 내용에 주로 서序, 총론總論, 범수택차제법凡修宅次第法, 양택도설陽宅圖說, 음택도설陰宅圖說 등을 포함하고 있다. 서문에서 "지금 여러 비험秘驗들을 수집하여 24로路, 8괘, 9궁으로 나누고 남녀의 위位와 짝하게 하고 음양의 경계를 정하고 휴休와 구咎를 찾아서 음양의 택宅을 벗어나지 않는다면 이것이 바로 생령生靈을 기르는 성스런 법이다.(今采諸秘驗, 分爲二十四路, 八卦, 九宮, 配男女之位, 定陰陽之界, 考尋休咎, 並無出於陰陽之宅, 此卽養生靈之聖法也.)"라고 했듯이 그 이론적 근거는 마찬가지로 음양을 잣대로 하고 천간天干, 지지地支 그리고 팔괘八卦 중의 건간곤손乾艮坤巽을 덧붙여서 24로를 이루어 양택도陽宅圖와 음양도陰宅圖를 만들고 아울러 팔괘로 위치방향을 정하고 건감간진진乾坎艮震辰을 양陽으로, 손리곤태술巽離坤兌戌을 음陰으로한다. 양의 수首는 해亥, 미尾는 사巳고, 음의 수首는 사巳, 미尾는 해亥다. 모든 방위方位는 다 길흉吉凶과 연관되어 있다. 그래서 이 책의 중심은 괘리卦理의 법이고 양균송楊筠松의 명의로 한 위에 서술한 형법상形法相과 마침 대응對應된다. 이로써 당나라 때 이미 명확히 강서파江西派(形法)와 복건파福建派(理法)로 나뉘었음을 알 수 있다.

『장서葬書』와 같은 이유로 『택경宅經』에서도 '기氣'를 중심으로 전개하였다. "양택陽宅이란 곧 양기가 음기를 감싸는 것이 있는 것이고, 음택陰

宅이란 곧 음기가 양기를 감싸는 것이 있는 것이다.(凡之陽宅, 卽有陽氣抱陰; 陰宅卽有陰氣抱陽. 陰陽之宅者, 卽龍也.)” 이어서 ‘오실五實’, ‘오허五虛’설과 같은 상택相宅의 구체적인 원칙들을 제시했다. 모두 일리가 있지만 책에 언급된 ‘음양陰陽’에 관한 문구들은 비교적比較的 회삽晦澀(언어나 문장이 어려워 뜻이 분명하지 않다)하다.

여기서 특별히 강조할 만한 것은 양택도설陽宅圖說과 음택도설陰宅圖說이다. 아래의 〈그림 1〉(양택도陽宅圖, 음택도陰宅圖)는 오늘날 이미 사용하지 않지만, 많은 의미가 있다. 필자는 도圖(양택도, 음택도)의 내용에 따라 그 중의 ‘천문天門’, ‘지호地戶’, ‘인문人門’, ‘귀문鬼門’이라는 표현을 보면 풍수는 신화, 중국인의 우주관, 중국인의 독특한 역학, 철학 등과는 절묘한 관계가 있음을 알 수 있다. 이것은 매우 재미있는 일이다. 필자는 『풍수탐원風水探源』에서 설명했듯이 ‘천문’, ‘지호’ 등과 같은 표현은 『산해경山海經』 속의 신화전설로 거슬러 올라갈 수 있다. “창해滄海라는 바다 가운데 도삭度朔이란 산이 있다. 산 위에는 큰 복숭아 나무가 있어 그것이 3천리나 뻗어 있는데, 그것의 가지 사이의 동북쪽을 귀문이라 한다.(滄海之中,

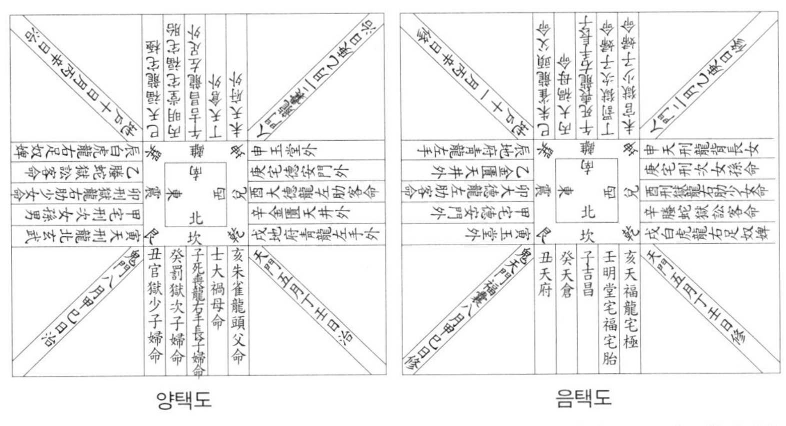

〈그림 1〉 양택도, 음택도(「택경」)

有度朔之山, 上有大桃木, 其屈蟠三千里, 其枝間東北曰鬼門.)" 이것은 풍수이론의 유래와 신화는 연계관계가 있다는 증거이다.

그 이유를 말하자면 『산해경』의 신화전설은 초기 중국인들의 일종의 우주관을 반영했기 때문이다. 이점에 대해서 하신何新이 설명도說明圖(〈그림 2〉)를 만들었다. 설명도에서는 풍수를 곤륜산昆侖山과 연계시켰다. 곤륜산은 풍수설 중의 한 성지로 중국의 여러 산과 하천의 발원지다. 그런데 상술한 우주관 중의 '팔문八門'설(〈표 2〉)은 풍수 중의 '천문', '지호' 등의 방식이 표현이나 작업에 영향이 없지 않았다. 우리가 음양오행陰陽五行 및 역리易理의 시각으로 고찰할 때 '천문天門', '지호地戶', '인문人門', '귀문鬼門'의 다른 측면의 의미를 알아낼 수 있다.

『오행대의五行大義』 속에 이미 '사문四門'에 관한 표현이 있었다. "병서에는 '양이 갑자甲子를 낳지만 술해戌亥가 부족하여 이에 천문天門이 된다. 음이 갑오甲午를 낳지만 진사辰巳가 부족하여 이에 지호地戶가 된다. 양이

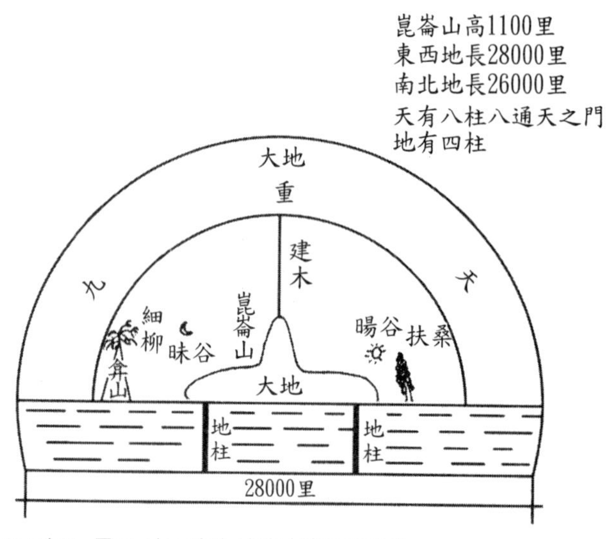

〈그림 2〉 중국 상고시대 신화전설의 우주관

갑인甲寅을 경계로 삼아 자축子丑이 부족하여 이에 귀문鬼門이 된다. 음이 갑오를 경계로 삼아 오미午未가 부족하여 이에 인문人門이 된다.(兵書云, 陽生甲子, 不足戌亥, 仍爲天門. 陰生甲午, 不足辰巳, 仍爲地戶. 陽界甲寅, 不足子丑, 仍爲鬼門. 陰界甲申, 不足午未, 仍爲人門.)" 이것은 우연히 육십갑자六十甲子의 공망空亡과 일치한다.(〈표 2〉). 육십갑자는 전문에 소개되었듯이 고대중국의 일종의 기년법紀年法이었다. 육십은 한 순환이다. 월月, 일日에도 이러한 순환이 있다. 기년紀年할 때는 환력還曆이라고 부르고 날을 계산할 때는 10일을 한 기점으로 하는 것을 1순이라고 부른다. 천간天干이 10개가 있고 지지地支가 12개가 있으므로 1순 중의 두 지지地支에 짝이 될 상응되는 천간天干이 없다. 그러한 것을 '고孤'나 '공망空亡'이라고 부른다. 예컨대 '갑자甲子'순旬의 공망은 '술해戌亥'고 '갑술甲戌'순旬의 공망은 '신유申酉'고 '갑신甲申'순旬의 공망은 '오미午未'다. 나머지는 이와 같이 유추類推한다.(〈그림 3〉). 다시 천간天干과 지지地支가 대응되는 팔괘방위八卦方位에서 '술해戌亥'를 보면 하늘을 가리키는 후천팔괘後天八卦 중의 '건乾'위位고, 그런데 공망의 의미는 허虛와 공空이라는 의미로 건축상建築上의 '문門'과 허공은 같은 의미이다. 그래서 '술해戌亥'에 '천문天門'이라는 칭호가 붙여졌다. 같은 이유로 '갑오甲午'순旬에서는

〈표 2〉 신화(神話) 중 팔천문(八天門) 명칭표

方位	四座主山	甲骨文所記 四方神名	四座副山	方位
東	東極山-開明門	析	方土山-蒼門	東北
南	南極山-署門	炎(因)	波母山-陽門	東南
西	西極山-閶全門	夷	編勺山-白門	西南
北	北極山-寒門	伏	不主山-幽都門	西北

六十甲子干支順序										空亡	
甲子	乙丑	丙寅	丁卯	戊辰	己巳	庚午	辛未	壬申	癸酉	戌亥	天門
甲戌	乙亥	丙子	丁丑	戊寅	己卯	庚辰	辛巳	壬午	癸未	申酉	
甲申	乙酉	丙戌	丁亥	戊子	己丑	庚寅	辛卯	壬辰	癸巳	午未	人門
甲午	乙未	丙申	丁酉	戊戌	己亥	庚子	辛丑	壬寅	癸卯	辰巳	地門
甲辰	乙巳	丙午	丁未	戊申	己酉	庚戌	辛亥	壬子	癸丑	寅卯	
甲寅	乙卯	丙辰	丁巳	戊午	己未	庚申	辛酉	壬戌	癸亥	子丑	鬼門

〈그림 3〉 육십갑자 '공혈(空穴)'표

'진사辰巳'가 건乾과 상대된 '손巽'위位라 하늘과 바로 상대하는 지地라는 의미를 갖게 되어 '진사辰巳'를 '지문地門'이라고 부르게 되었다.(나중에 '지호地戶'라고도 한다). 그런데 여기서는 '오미午未'를 '인문人門'으로, '자축子丑'을 '귀문鬼門'으로 하는 것은 풍수의 표현과 맞지 않다. 우리는 방위도方位圖(〈그림 4〉)로 추측하면 풍수설에서 '인문', '귀문'에 관한 변동은 사우四隅의 개념과 관련이 있다는 것을 알 수 있다. 팔괘방위八卦方位 중에 동, 서, 남, 북은 4정四正이고 동북, 동남 , 서북, 서남은 사우四隅다. 만약 술해戌亥, 서북, 건乾이 '천문天門'이면 그럼 그것과 상대되는 '진사辰巳', 동남東南, 손巽은 '지호地戶'다. 나머지 두 우隅는 서남 , '미신未申'과 동북, '추인醜寅'이다. 그래서 위의 『오행대의五行大義』 중의 '인문人門', '귀문鬼門'은 각각 시계바늘 방향으로 한 칸씩 이동해 사우四隅의 배합이 되었다. 방위상의 회전, 변위變位는 풍수 중에서 상용常用되는 '개조改造' 수법의 하나다. '미신未申'(西南)은 '건乾', '천天'과 상대되어 '지', '인'이라는 의미를 갖게 되어 '인문人文'이라고 불린다. 산 '사람'은 망자와 상대된 것이라 '미신未申'과 상대되는 '축인丑寅'을 '귀문鬼門'이라고 부른다. 그런데 '인

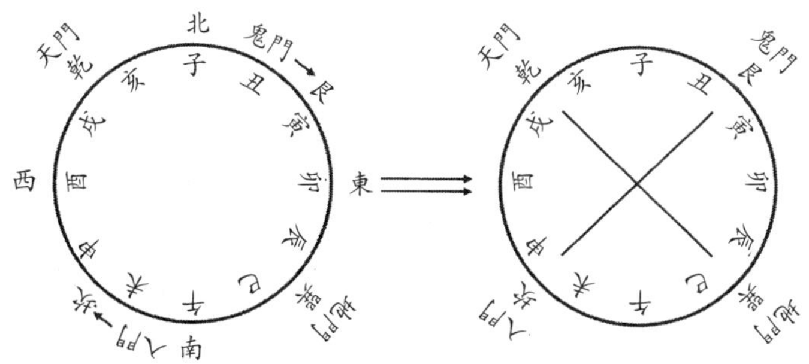

⟶ 鬼門 人門各向右旋轉半格,
成四正四隅方位

〈그림 4〉 인문(人門) · 귀문(鬼門) 방위변화 분석표

문人門'과 '귀문鬼門'의 유래에 대한 추측은 견강부회한 것 같다.

만약 팔괘방위八卦方位의 상생상극相生相剋 관계를 고찰하면 더욱 기묘한 것을 발견하게 될 것이다.(〈그림 5〉). 그 중 팔괘八卦, 방위方位, 오행五行, 수자색채數字色彩의 상관관계는 아래와 같다.

東	震	三碧木氣	〉木旺木
東南	巽	四綠木氣	〉木生火
南	離	九紫火氣	〉火生土
西南	坤	二黑土氣	〉土生金
西	兌	七赤金氣	〉金旺金
西北	乾	六白金氣	〉金生水
北	坎	一白水氣	〉土剋水
東北	艮	八白土氣	木剋土
東	震	三碧木氣	

물론 동북東北 '간艮'위位의 토기土氣만 이웃 두 방위의 수기水氣및 목기木氣와 상극관계相剋關係가 되어 있고 기타 방위들은 모두 상생相生이나 동기同氣의 관계에 있다. 그래서 이 '간艮'방위만은 악영향을 초래할 수

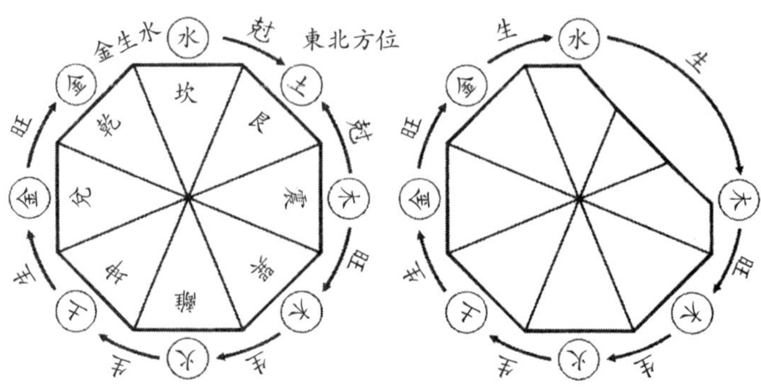

〈그림 5〉팔괘 각 방위의 오행상생상극관계도

있는 방위에 속하는 즉, 금기禁忌시되어야 하는 방위인 '귀문鬼門'이 되었다. 더 재미가 있는 것은 만약 '간艮'방위를 없애고 '감坎'방위와 '진震'방위를 직접 연결시키면 모든 방위들이 상생상순相生相順의 순서를 갖추게 된다. 이러한 단면방식은 복건성 일대의 성시城市 동북면에 있는 비스듬히 뻗은 담장과 너무나도 흡사하다.

위에서 팔괘방위八卦方位의 오행대응 관계 및 상생상극 관계를 통해서 분석해 보았듯이 음양오행 역리易理에서는 공간과 시간도 서로 교차한다. 그래서 상술한 공간방위관계도를 시간도時間圖로도 전환할 수 있다.(〈그림 6〉). '축인丑寅'은 하루 내에 대응되었을 때 축시丑時, 인시寅時 즉 새벽 한 시부터 다섯 시까지의 사이, 1년 내에 대응되었을 때 축월丑月, 인월寅月 즉 음력 12월부터 음력 정월正月까지의 사이, 사계절 내에 대응되었을 때 겨울이 끝나고 봄이 시작할 때다. 중국 역법에서는 축시丑時는 새벽 두 시 전후 두 시간으로 음기陰氣가 끝나갈 무렵이고, 인시寅時는 새벽 네 시 전후 두 시간인 동이 틀 때라 양기陽氣가 증강할 때다. 그래서 '축인丑寅'은 시진時辰으로는 음기陰氣와 양기陽氣가 교차할 때고 같은 이유로 축월丑月은 음력 12월, 인월寅月은 정월正月이라 두 해의 전환점이

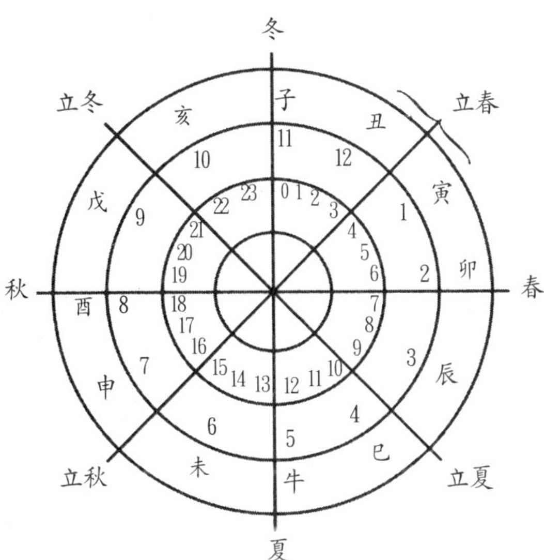

〈그림 6〉팔괘 각 방위와 시간관계도

되고 또한 음양陰陽이 교차하는 달이다. 계절적으로 볼 때 축월丑月은 동계冬季(음력 12월)의 끝 무렵이라 음기陰氣가 끝나가고, 인월寅月은 춘계春季의 시작이라 양기陽氣가 증가하기 시작할 시기다. 요컨대 시간적으로 '축인丑寅'은 모두 음양의 교체시기交替時期를 상징해서 사람을 경외시키는 시간이다. 또한 사람과 시간에 대응되는 공간방위로 금기禁忌로 여겨지는 '귀문鬼門'이 되었다.

상술한 것을 종합해보면 풍수에서도 든든한 이론적 기초가 어느 정도 갖추어져 있음을 알 수 있다. 필자의 견해로는 그것은 결코 우연이나 견강부회가 아니라 하나의 측면에서 나타난 풍수학 중 매우 진실한 부분이다. 동북쪽이 '귀방鬼方'이라는 관점은 날로 중국문화의 각 분야에 점점 많이 침투되었다. 예를 들자면 『규릉산지竅窿山志』에 기재된 '파옥破獄'방법이다. "동북쪽부터 파破하기 시작하면 동북쪽은 귀로鬼路가 된다.(從東北方破起, 東北方乃鬼路也)."

영국의 조셉 니담 박사의 고증에 의하면 또 다른 풍수책인 『구천현녀청낭매각경九天玄女靑囊海角經』도 만당시기晩唐時期의 작품이라고 한다. 이 고증은 나반 발명의 시대에 대한 추측에 결정적인 도움을 제공했다. 왜냐하면 그 책에 나반羅盤에 관한 서술이 실려 있기 때문이다. "현녀성이 낮에는 태양이 뜨고 지는 곳으로 위치를 정하고, 밤에는 자子 별자리 분야로 기를 정하는 것에 따라 치우蚩尤가 지남[指南]을 만들었으며, 이 때문에 위치를 나누어 정하는 것에 정교함이 생겨나 비로소 천간天干이 위치를 정하고 지지地支가 기의 방향을 정할 수 있었다. 뒤에 동반銅盤을 만들어서 24방향을 판위에 올려 천간으로 보완하여 천반天盤을 만들고 지지를 나누어 지반地盤을 만들어 방향을 세우고 물을 받아들여 하늘에 따르게 하고 용을 바로잡고 모래를 거두어서 땅에 따르게 하였다. 지금의 점은 정침인 천반으로 용을 바로잡고, 끈으로 된 침인 지반으로 점占을 세워 둥근 것은 하늘을 따르고 네모난 것은 땅을 따름으로써 땅의 법칙을 밝힌다.(玄女晝以太陽出沒而定方所, 夜以子宿分野而定方氣, 因蚩尤而作指南, 是以得分定位之精微, 始有天干方所, 地支方氣. 後作銅盤合局二十四向, 天干輔而爲天盤, 地支分而爲地盤, 立向納水從乎天, 格龍收砂從乎地. 今之象占, 以正針天盤格龍, 以縫針地盤立占, 圓者從天, 方則從地, 以明地經.)" 위에서 같이 상술된 『관씨지리지몽管氏地理指蒙』 중에서 자침磁鍼에 관한 서술을 보면, "자석은 어머니의 도이고, 침은 쇠가 손상을 입은 것이다. 모자母子의 성이 이 자석 때문에 감응하고 통한다. 손상 입은 것을 받아들이는 성이 이 침 때문에 복잡해지고 완전해진다. 가벼우면서 경도를 가리키며 반드시 곧은 한 기가 부르는 곳에 호응한다.

헌원軒轅의 기紀와 항상 별자리 허虛에 있고 정계丁癸의 궤도에 있으면서 세차의 다스림이 황도를 따라 점이 이루어진 상이 밝게 드러나도록 한다.(磁者母之道, 針者鐵之戕. 母子之性以是感, 以是通. 受戕之性以

是複, 以是完. 體輕而經所指, 必端應一氣之所召. 土曷中, 而方曷偏. 較軒轅之紀, 尙在星虛, 丁癸之躔, 惟歲差之治, 隨黃道, 而占爲見成象之昭然.)"고 했는데 이것을 종합해보면서 필자는 아래와 같이 추측한다.

첫째, 만당시기晩唐時期에 이미 동제銅制 나반이 발명되었다. 그것은 바로 왕진택 선생이 고찰한 나반羅盤이다. "층위層位를 구분하지 않고 다만 정침과 봉침[正縫針]을 갖추어 24분의 방향을 가리키는 동나반[銅羅盤]은 틀림없이 감여나반[堪輿羅盤]의 원형에 속할 것이다.(不分層位, 僅俱正縫針位之二十四分向之銅羅盤, 亦必屬堪輿羅盤之祖型.)"

둘째, 자편각磁偏角의 발현이다. 자나반磁羅盤의 발명은 감여가堪輿家와 관계가 특히 밀접하고 자편각磁偏角, 자나반磁羅盤에 관한 기록도 최초로 감여풍수서堪輿風水書 속에 나타났다.

셋째, 나반羅盤은 항해보다 감여堪輿에 훨씬 더 일찍 응용되었었다.

4. 송대—풍수의 정성기鼎盛期

중국 문화의 발전에 따라 풍수는 한나라 때는 형태를 갖추게 되고, 당나라 때는 성숙되고 송나라 때는 정성기鼎盛期를 맞아 황실에서 백성까지 보편적으로 풍수에 대해 굳은 믿음을 갖고 있었다.

저명한 송나라 황실원림皇室園林인 간옥艮嶽은 바로 감여풍수술사堪輿風水術士의 건의에 따라 건조된 것이었다. 전해지는 바에 의하면, 송 철종원

부 3년(1100년)에 유혼강劉混康[25](모산도사茅山道士)이 진언했다. "동경東京의 동북쪽 귀퉁이에 엽감여葉堪輿는 형세를 조금 높이면 아들을 많이 낳을 좋은 조짐이 있게 됩니다.(東京東北隅也, 葉堪輿, 倘形勢加以少高, 當有多男之祥.)" 여기에 다시 모산도사茅山道士 이야기가 나온 것을 보면 당시 풍수와 도교가 뒤엉켜 있었음을 알 수 있다. 같은 해 정월에 즉위한 송휘종宋徽宗이 모산도사의 말을 곧이곧대로 믿었다. 그것은 송대 장호張淏의 『간옥기艮嶽記』에서 입증되었다. "휘종徽宗이 등극한지 얼마 되지 않아 황제 자리를 이을 황손[황사皇嗣]이 많지 않았을 때 어떤 방사가 말하기를, '경성 동북 귀퉁이에 땅이 화합하는 감여가 있지만 형形의 세력이 조금 떨어져 약간 더하고 높인다면 황손들이 불어날 것이다.'라고 하였다. 황제가 공인들에게 명령을 내려 산등성이와 언덕을 북돋우니 예전보다는 조금 덧보탰다. 일이 끝났을 때 과연 아들을 여럿 낳는 감응이 있었는가?(徽宗登極之初, 皇嗣未廣, 有方士言: '京城東北隅, 地協堪輿, 但形勢稍下, 倘少增高之, 則皇嗣繁衍矣.' 上遂命工培其岡阜, 使稍加於舊, 已而果有多男之應.)" 간옥艮嶽이라는 이름도 그곳이 도시의 간위방향艮位方向에 있어서 붙여진 것이다. 간위艮位의 높이를 향상시킨 조치는 앞에서 설명했듯이 간위艮位가 귀문鬼門이라는 설과 관계가 있었을 것이다. 그래서 이 방위에서 "막았어야 했다".

25) 劉混康(1036~1108): 북송 모산파 25대 종사. 신종때부터 궁중을 출입했고 휘종은 천녕만수궁을 지어주고 보진관묘선생 이라는 호를 하사했다.
모산파: 중국 도교 종파의 하나. 모산상청파(茅山上淸派)·상청파라고도 하였다. 양대(梁代)의 도홍경(陶弘景)에 의해서 대성되었으나 그 기원은 진대(晉代)의 위화존(魏華存)이나 양희(楊羲)·허목(許穆)으로 거슬러 올라간다. 도홍경 이후는 왕원지(王遠知)·반사정(潘師正)을 거쳐, 성당(盛唐)시대의 사마승정(司馬承禎)·이함광(李含光)·오균(吳筠)으로 계승되고, 또 송대(宋代) 이후에도 주자영(朱自英)·유혼강(劉混康) 등이 나와 당·송의 황실과 연결되어 세력을 폈다. 이 파는 천사도(天師道)와 함께 가장 전통있는 종파였으며 '존상(存想)'을 중요시하고 '청고출세(淸高出世)'를 특징으로 하였다. 그 사상을 나타내는 대표적 저작으로는 도홍경의 『진고(眞誥)』, 사마승정의 『좌망론(坐忘論)』, 『천은자(天隱子)』 등이 있다.

송대 제왕이 풍수를 신봉했다는 다른 증거는 하남河南 공현鞏縣의 릉묘陵墓다. 묘장墓葬은 전부 오음성리풍수설五音姓利風水說에 따라 건조되었고 또한 관어장貫魚葬이라는 소목장제昭穆葬制로 (당시 이 제도는 河北, 河南 일대에서 성행되었다) 하였다. 예컨대 『송회요집고宋會要輯稿』의 기록에 이러한 내용이 나와 있다. "건흥 원년(1022년) 2월 22일에 재신 정에게 산릉(眞宗永定陵) 만드는 일을 말하라고 명하였다. … 지금 한 행의 학설을 사용하라(乾興元年 (1022年)二月二十二日, 命宰臣丁謂爲山陵 (眞宗永定陵) … 今請用一行之說)"하고, "진종眞宗 경덕 3년(1006년) 5월 25일 안행사按行使 유승규劉承珪가 사천감사司天監史의 서장序狀을 얻어 말하기를, '명덕황태후 원릉園陵은 원덕황태후릉元德皇太后陵의 서쪽에 안장하여야 합니다만 …, 그 땅의 서쪽은 약간 높고 지세가 평탄하지 않습니다. 안행사按行使 일행이 지리경地理經을 살펴보니 땅이 높고 평탄하지 않으면 풍수를 가로막으므로 평탄한 곳에 해야 합니다. 바로 영희릉(永熙陵; 太宗陵)에 옥지玉地가 있어 관어貫魚의 형形과 같으므로 이곳에 따르게 하십시오. … (眞宗景德三年 (1006年)五月二十五日按行使劉承珪言得司天監史序狀: (明德皇太后) 園陵宜在元德皇太后陵西安葬 … 其地西稍高, 地勢不平, 按一行地理經: 地有龐不平, 擁塞風水宜平治之, 正在永熙陵 (太宗陵)玉地, 如貫魚之形, 從之 …)", 오늘날에도 하남 공현鞏縣의 송릉宋陵은 여전히 북쪽은 높고 남쪽은 낮은 독특한 형태를 가지고 있다.

황제가 그리하다 보니 상류층은 더욱 당연하다는 듯 풍수길지風水吉地를 앞다투어 차지해 더 많은 부귀를 얻으려 했다. 륙유陸遊의 『노학암필기老學庵筆記』 권10에 이러한 기록이 있다. 채경蔡京은 부친의 묘지에 관하여 풍수술사風水術士에게 조언을 요청했기에 풍수사風水師는 그 고개가 낙타처럼 보이니까 낙타는 짐을 지고서야 갈 수 있듯 낙타봉처럼 보이는 곳에 탑을 세워야 한다고 했다. 결국 채경 부친의 묘지는 전당강

錢塘江을 수水로, 진망산秦望山을 안案으로 하는 최적의 자리에 자리 잡게 되었다. 그리고 『제동야어齊東野語』에 이러한 소개도 나와 있다. 북송에서 항주杭州로 철수했을 때 장수 양화왕楊和王이 지은 사택궁전私宅宮殿이 웅장하고 화려했지만 한 상택술사相宅術士가 그 형태가 구黿(거북)와 같아서 물이 있어야 길吉하고 아니면 흉凶하다고 하자 양화왕楊和王은 바로 거금을 들여 비밀리에 인부들을 동원해 밤낮없이 작업한 끝에 호수를 사저로 끌어들였다고 한다. 다른 예를 들면 당송 이후에 복주福州의 부창산浮倉山은 '군계일학'처럼 우뚝 섰고, 원산遠山에 둘러싸인 뛰어난 지리지형으로 감여가堪輿家들로부터 풍수길지로 분묘墳墓건조에 최적의 '구역區域'이라는 평가를 받았다. 그래서인지 송대 사인詞人 황승黃昇의 묘도 그 산의 북쪽 언덕에 만들어졌다.

일반인들이 풍수를 신봉했다는 예는 일일이 다 열거할 수 없을 정도다. 가장 대표적인 것은 "음덕을 보려고 장지葬地를 고른다"는 것과 이에 따른 천장遷葬 풍습이었다. 시내암施耐庵의 명저인 『수호전水滸傳』에서 묘사한 송나라의 4대 반란인물(宋江, 田虎, 方臘, 王慶) 중의 하나인 왕경王慶은 바로 풍수음덕설風水蔭德說의 산물이다. 『수호전』 제1 백령1회百零一回에 의하면, "… 그 왕경은 원래 동경東京 개봉부開封府 중의 한 부배군副排軍이었다. 그의 부친 왕획王砉은 동경 대부호大富豪로 관아에 뇌물을 제공하며 재판을 조종함으로써 남의 재산을 갈취했다. … 그는 한 풍수사의 말을 믿고 귀한 아들을 낳게 해준다는 묘지를 탐냈다. 왕획과 풍수사가 그 묘지의 원 주인이던 이웃을 모함해서 그 땅을 빼앗았다. … "왕획은 그 묘지를 차지한 후 부모를 매장하더니 아내가 임신했다. 열 달이 되던 어느 날에 왕획은 호랑이가 집에 들어와 정방正房 서쪽에 쪼그리고 앉아 있다가 갑자기 달려온 사수獅獸에게 물려갔다는 꿈을 꾸었다. 깨어보니 아내가 왕경王慶을 낳았다는 것이었다.

그리고 『이견지지夷堅支志』 경권庚卷 제3의 기록에 의하면 북송 때 부傅씨성을 가진 수재秀才가 부친을 여읜 후 강산현江山縣 풍수선생 축평사祝評事에게 복장卜葬해달라고 해서 축평사가 "이 부근에 있는 한 산은 방숙房宿이 혈穴에 뻗어가고 앙숙昻宿은 물을 지키고 위로는 천성天星과 일치하는 참된 묘지라 놓치지 않도록 빨리 사야 한다"고 알려주자 부수재傅秀才는 그 땅을 사서 부친을 매장할 때 축평사도 동행해 무덤을 가리키며 말하기를 "임오년에 귀한 아들을 얻고 벼슬은 시종侍從까지 할 수 있고 후대자손들은 계속 벼슬을 할 것이다"라고 했다. 임오년에 이르러 부수재는 예언대로 아들을 낳아 즙楫이라는 이름을 지어주었다. 송 휘종 건중정국建中靖國 원년(1101年) 즙楫은 중서사인中書舍人 룡도각龍圖閣 시제侍制까지 벼슬을 했었다. 부즙傅楫이 죽은 후 또 어떤 풍수선생이 그의 가족들에게 말하기를 "선조의 무덤으로는 재상을 만들어낼 수 있었는데 아쉽게도 혈穴이 너무 낮다."라고 했기에 가족들이 묘혈墓穴을 높은 데로 천장遷葬했다. 나중에 부씨네의 한 손자가 임안臨安에 가려고 강산현江山縣을 경유하는 김에 복장卜葬을 해주었던 축선생祝先生을 방문하려고 했지만 축평사祝評事는 이미 작고해서 그의 가족들이 부傅씨네의 손자를 맞이해주었다. 이야기하다가 부씨네의 조묘祖墓를 나중에 옮겼느냐는 물음에 부씨네의 손자는 사실대로 나중에 한 술사術士의 말을 믿고 다시 천장했다고 대답하자 축祝씨네는 다시 나중에 가족 중에 투옥된 사람이 있었는지를 물으면서 당시 축평사祝評事가 복장卜葬한 기록을 꺼내 보여 주었다. 그 기록에는 아래와 같이 적혀 있었다. "부수재傅秀才가 그곳에 무덤을 만들면 임오년에 귀한 아들을 보게 되지만 무덤을 높은 데로 이전하면 가족 중에 수형자受刑者가 생기게 된다." 그리고 나서 부씨네에 속히 무덤을 제자리로 도로 옮겨놓으라고 권했다. 그래서 부傅씨네의 손자가 급히 귀가하여 무덤을 원래 있던 곳으로 다시 옮졌다. 이 이야기를 통해 풍수에 대한 부씨네의 확고한 신앙信仰과 감여고수堪輿高手인 축평사의 실력을 알 수 있다. 그밖에 송나라 방작方勺이 지은 『박택편泊宅編』 하下권 중에 이러한 기록이 나와 있다. "전휼錢遹은 무주婺州 포강浦江의 농사꾼 자식이었다. 어려서부터 힘써 공부하여 큰 집을 살펴주는 점에서 최상의 등급이었다. 운명이 찬란하여 삶을 사는 데 전혀 지장이 없었다. 포강의 집이 깊은 산골에 있어 여러 산들이 에워싸고 있고 물이 띠처럼 두르고 있었다. 음양가가 말하기를 '법(風水局勢)은 부귀하면서 후손을 얻을 수 있고 또 그 집을 지나치게 크게 가질 수 있으며 수 만무(畝)에 이르는 밭을 살 수 있다. … (錢遹婺州浦江農家子, 少力學舉省殿榜皆占上等, 雖曆華要不妨治生; 浦江宅在深村, 衆山環繞一水縈帶, 陰陽家云: 法當富貴而得後又侈大其宅, 買田至數萬畝 ….)"

상술한 기록들을 보면 풍수에 관한 이야기들은 대부분 남방지역에 발생했다. 이는 남방의 특수한 지리, 인문, 기후 등과 관계가 있다. 『고금도서집성古今圖書集成』에 수록된 감여명류열전堪輿名流列傳을 보면 당시 저명한 풍수사風水師로서는, 당구선唐九仙, 진희이陳希夷, 호왜선胡矮仙, 장자미張子微, 사자일謝子逸, 채신흥蔡神興, 유칠완劉七碗, 구공량丘公亮 등 40여 명이나 있었는데 그 중 대다수는 남방출신이었다. 만약 상술된 것은 '야사野史'라 신빙성이 부족하다 싶으면 『송사宋史 · 장후전張煦傳』에 기록된 "장후는 운명이 서쪽의 높은 문벌에 있어 자주磁州를 맡아 다스렸다. 장후는 술수에 밝아 집을 살피는 일에 뛰어나 당시에 그 뛰어남이 알려졌다.(煦曆西上閤門, 使知磁州, 煦明術數, 善相宅, 時稱其妙)"라는 것은 틀림없는 정사다.

일대一代의 이학종사理學宗師이던 주희朱熹도 풍수에 확신을 갖고 있었다. 주희의 원적原籍은 복건무원福建婺源이었다. 북송대 그의 부친인 주송朱松이 복건의 지방관리로서 건주建州 (현 建甌) 정화政和의 현위縣尉 직을 맡고 있었다. 한 때 건양建陽에서 지냈었고 고정考亭의 계곡과 산이 깊고 고요해서 풍수에서 볼 때 거주지로서 좋은 곳이라고 판단되어 나중에 그곳에서 여생을 보낼 계획을 세웠고 후에 호적도 건양으로 옮겼다. 이 결정은 주희朱熹의 일생에 중대한 영향을 미쳤다. 주송朱松이 세상을 뜬 후 14세이던 주희朱熹가 모친 추씨祝氏를 따라 숭안崇安에 이주했다. 주희가 40세가 되던 해 모친이 숭안崇安에서 사망하자 집을 건양으로 옮겨 가기 위해 주희는 건양에서 모친의 묘지를 선택하고 이듬해 모친의 장례식을 하면서 부친 주송의 유골도 그곳에 이장했다. 62세가 되던 해 건구建甌에 살고 있던 장자 주숙朱塾이 사망하자 주희는 바로 장주漳州 지주知州직을 그만두고 건양에 돌아와 고정考亭에서 땅을 사 주택을 지었고 아들 주숙朱塾의 시신을 건양建陽 영구營口의 대동산大同山에 매장했다. 전해지는 바에 의하면 주희가 용龍이 후당後塘에 산다는 꿈을 꿔서 후당後塘이야말로 자신의 귀장지歸葬地라고 생각해서 아내가 사망 후 주희가 아내의 시신을 건양建陽 황갱黃坑 후당後塘의 대림곡大林穀에 안장하고 자신도 사망하면 아내와 합장해줄 것을 당부했다. 그 묘는 지금도 그곳에 있다.

위의 실천 이외에 주희는 '풍수'에 관한 논술도 했다. 『주자전서朱子全書』 중에 복거卜居와 산릉의상山陵議狀 등의 조목이 들어 있다. 그중 산릉의상에서는 풍수장지風水葬地에 관한 설명들을 많이 소개했다. 비록 그도 오음성리설에 반대했지만 택장擇葬(선택 매장)을 반대하지 않았다. 아울러 강서江西, 복건福建지역의 풍수성행風水盛行에 대해, "신이 가만히 보건대 요즘의 지리학은 강서에서 나와 복건이 가장 성행합니다.(臣竊見近年地理之學出於江西, 福建尤盛.)"라고 한 것을 보면 그가 풍수에 대해 많은 연구를 하였다는 것을 알 수 있다. 『주자어류집략朱子語類輯略』

1권에 실린 기도형승冀都形勝에 대한 의론은 주희도 풍수에 매우 정통했다는 것을 보여준 증거다. "기도冀都(현재의 북경)의 도읍[冀都]은 천지 중간 풍수가 좋은 곳으로 산의 맥이 구름 가운데에서 나와 구름이 있는 곳에서 그친다. 높은 산등성이 있는 곳에는 산등성이부터 서쪽에 있는 물은 서쪽으로 흘러서 용문龍門, 서하西河로 흘러들어간다. 산등성이부터 동쪽에 있는 물은 동쪽으로 흘러 바다로 들어간다. 앞으로는 황하黃河의 한 줄기가 띠를 두르고, 오른쪽 경계에는 화산華山이 우뚝 솟아 호랑이[虎]가 된다. 화산에서 동쪽으로 오면 숭산嵩山이 있는데 이것이 전안前案이 된다. 이것을 지나쳐 가면 태산泰山이 있는데, 왼쪽에 우뚝 솟아 있어 용龍이 된다. 회수의 남쪽[淮南]에 여러 산들은 두 번째의 안案이 되고 양자 강 남쪽[江南]의 여러 산과 다섯 개의 산줄기[五嶺]는 또 서너 번째의 안案이 된다.(冀都是天地中間好個風水, 山脈從雲中發來, 雲中止. 高脊處, 自脊以西之水, 則西流入於龍門, 西河. 自脊以東之水, 則東流入於海. 前面一條黃河環繞, 右畔是華山, 聳立爲虎. 自華山東來爲嵩山, 是爲前案. 遂過去爲泰山, 聳於左是爲龍. 淮南諸山是第二重案, 江南諸山及五嶺, 又爲第三, 四重案.)" 후에 풍수술사風水術士들이 주희의 이 논술을 지언至言으로 신봉했다.

송宋대 풍수 중에서 가장 의미가 있었던 사건으로서는 당연히 한漢대에서 시작되었고 당唐대에서 갈라진 형세설形勢說과 이기방위설理氣方位說이 있다. 그때부터 풍수의 정식적인 유파이자 체계적인 저명한 강서파江西派와 복건파福建派가 출범했다. 『청암총록青岩叢錄』, 『해여총고陔余叢考』 등 서적들에는 똑같이 이 양대 유파의 풍수활동 및 이론을 개술概述했다. "하나는 강서江西의 법으로 공주贛州의 양균송楊筠松으로부터 시작하여 증문적曾文迪, 뢰대유賴大有, 사자일배謝子逸輩로 이어지는 무리들로 그들의 학설은 형세를 위주로 하여 그것이 일어나는 근원과 그것이 머무르는 곳으로 방향과 위치를 정하고 용龍, 혈穴, 사砂, 수水가 서로 짝하는 곳을 주로 가리키는 것이다. 다른 하나는 옥우屋宇의 법으로 민중閩中에서 시작하여 송나라의 왕급王伋에 이르러 크게 유행하였다. 그들의 학설은 성星과 괘卦를 위주로 하며, 양의 산[陽山]은 양의 향向, 음의 산[陰山]은 음의 향으로 하고, 5성과 8괘를 취하여 살고 제압하는[生克] 이치를 정하는 것이다.(一曰江西之法, 肇於贛州楊筠松, 曾文迪, 賴大有, 謝子逸輩, 其爲說主於形勢, 原其所起, 卽其所止, 以定向位, 專指龍, 穴, 砂, 水之相配; 一曰屋宇之法, 始於閩中, 至宋王伋乃大行, 其爲說主於星卦, 陽山陽向, 陰山陰向, 純取五星八卦, 以定生剋之理.)" 강서파江西派의 시조인 양균송楊筠松은 앞장에서 이미 소개되었다. 옥우법屋宇法은 바로 복건파福建派다. '옥우屋宇'라는 명칭 및 원리는 다음과 같다. 이 유파의 이론적 연원은 당대唐代의 『택경宅經』으로 거슬러 올라간다. 일부 전문가의 고증에 의하면 왕급王伋 즉 왕조경王趙卿은 남송시대의 사람으로 추정된다. 전해지는 바에 의하면 그가 나반羅盤에 관한 연구를 했으며 아울러 나반의 사용법을 시로 지었다. "허수[虛]와 위수[危] 사이에 바늘이 놓여있음이 분명하니 남쪽 장수[張]의 각도의 세 곱이다.(虛危之間針路明, 南方張度上三乘.)" 그는 자침편각磁針偏角을 일찍 깨달은 감여가堪輿家였기도 한다.

강서파江西派와 복건파福建派의 후계에 관해서는 강서파가 더 널리 전해지고 있다는 것이 보편적인 견해이고 복건파는 단지 절중浙中에만 맥이 이어져 사용자도 드물다. 이러한 점은 『고금도서집성古今圖書集成 · 감여부堪輿部』에 편집 · 수록된 풍수서목風水書目에서 그 증거를 확인할 수 있다. 예컨대 송대의 풍수서적으로 수록된 것 중에 아래와 같은 것이 있다. 료우廖瑀의 『십육장법十六葬法』과 전설에 대해서, 료우廖瑀(감贛[江西]성'의 별칭)는 우도인雩都人이다. 십오 세에 이미 오경五經에 능통하여 건염建炎시대(송나라 초기)에 뛰어난 재능으로 특별추천을 받았으나 낙제했다. 그래서 감여堪輿로 전환하여 공부를 하고 김정산金精山의 길지吉地를 찾았다고 전해진다. 호왜선胡矮仙의 『지보경至寶經』(본명은 미상, 감여혈도堪輿穴道에 능통한 것으로 전해지고 있으며 저서 중에 『삼십육혈도三十六穴圖』도 있다), 사화경謝和卿의 『신보경神寶經』(사화경謝和卿, 자字 각재玨齋, 별명은 옥원자玉元子다), 유견도劉見道의 『천보경天寶經』(별명 연칙淵則, 자字 숙운叔雲, 역시 우도雩都 출신), 손백강孫百剛의 『경림국보경璚林國寶經』(명名 의신毅臣, 호號 눌재訥齋, 영도寧都 출신). 그리고 뢰태소賴太素의 명의로 된 『최관편催官篇』, 유당경劉唐卿의 명의로 된 『낭금囊金』, 채원정蔡元定의 명의로 된 『발미론發微論』 등이 있다. 필자는 이들 책의 내용을 비교적 자세仔細하게 고찰해보니 그중 대다수는 형법원리形法原理를 논술하는 것이고 작자들도 대부분 양균송楊筠松의 후계자로 자처했지만 그런데 왕급王伋과 연계한 내용이 매우 드문 것을 확인했다. 그밖에 『박산편博山篇』이라는 풍수책의 작자는 오대五代시대의 인물로 전해진 황소응黃妙應이지만 『고대풍수술주평古代風水術注評』[26]의 고증[27]에 따르면 황소응은 송대의 인물인데다 당시 '조선사曹仙師'라고 불리우는 저명한 풍수사였을 가능성이 매우 크다고 한다. 그 책에는 개론槪論, 상지相地, 논룡論龍, 혈穴, 사수砂水, 양택陽宅, 평지平地 등이 포함되어 있으며 주로 형세설形勢說을 다루어서 형법形法의 대표적인 작품이라고 할 수 있다.

이상 풍수서적을 통해 송대의 강서파와 복건파는 이미 나름대로 체계화되고 또한 풍수이론도 매우 풍부했음을 알 수 있다. 동시에 송대의 풍수서적들은 혼잡과 혼란을 거듭한 끝에 용어도 풍수의 경전저작인 『장서』나 『택경』 또는 『관씨지리지몽』보다 훨씬 투박했다. 결론적으로

26) 王王德編著, 『古代風水術注評』, 北京師範大學出版社, 1992, 92~117쪽.

27) 王中民, 『中國善本書提要』, 上海古籍出版社, 1979.

이렇게 요약할 수 있을 것이다. 한편으로는 송대의 풍수활동 및 이론은 당시에 성행되어 사람들의 마음속으로 깊이 파고들었다. 다른 한편으로는 풍수이론은 그릇된 길로 더 깊이 빠져들기 시작해 민간에서는 심지어 미신 색채까지 입혔다. 구체적인 형태는 광적인 천장풍조遷葬風潮 그리고 그로 인해 일어난 여러 가지의 분규들 등이었다.

현재 우리가 작자와 저서 년대를 고증할 수 있는 다른 대표적인 풍수경전은 『영원총록塋原總錄』이다.

그 책의 원대 각본은 아직 남아 있고 책의 작자에 관해서는 『중국선본서제요中國善本書提要』에서 아래와 같이 설명했다. "고증해보니 이 책에 관한 저서기록이 발견되지 않았으나 단 『문연각서목文淵閣書目』 15권에 (관련 내용이) 실려 있고 '1부, 1책, 궐闕.'이라는 주석이 달려 있어서 그 책을 가리키는 것 같다. 책 앞쪽에 사천감司天監 양유덕楊惟德의 『상표上表』가 있어서 송대 양유덕의 저작으로 판단된다. 양유덕의 저서가 꽤나 많았다. 경우년간景祐年間에 『건상신서乾象新書』, 강정년간康定年間에 『숭문만년력崇文萬年曆』이 있었고 이 책은 경력원년慶曆元年(1041年) 전에 작성되었다. 전서全書는 모두 11권이 있었으나 오늘날에 1권부터 5권까지만 남아 있다. 『진서표進書表』 뒤에는 교정관리의 이름이 찍혀 있다. 첫째 줄에는 '비서승궐사어서해서신진 □□(秘閣承闕寫禦書楷書臣陳□□)', 두번째 줄에는 '어서지후신성□□(禦書祇候臣成□□)', 세 번째 줄에는 '어서지후신마□□(禦書祇候臣馬□□)', 네 번째 줄에는 '어서지후신비□□(禦書祇候臣費□□)', 다섯 번째 줄에는 '유림랑녕사천록대랑충한림천문원신주□□(儒林郎寧司天錄台郎充翰林天文院臣周□□)' … 라고 적혀 있다. 이후 부분에 파본이 있는 것 같다." 그래서 양유덕이 이 책을 지었음을 알 수 있다. 그리고 상술한 설명을 보면서 또 다른 측면으로는 당시 풍수서적의 지위가 역시 매우 높았고 아울러 사천감司天監 내에 풍수 전문연구자가 있었음을 알 수 있다. 예를 들면, 양유덕楊惟德은 대중상부大中祥符 3년 (1010年) 쯤에 사천감 보장정保章正을 맡았다. 일반적인 관측으로는 양유덕은 송대초의 천문학자로 성점星占에 정통하며 『태일복응집요太一福應集要』, 『칠요신기경七曜神氣經』, 『건상신서乾象新書』 등 술수術數에 관한 많은 서적을 써낸 인물이다. 감여堪輿에 능통한 것도 당연지사라도 생각한다.

『영원총록塋原總錄』 전서全書는 총 10권으로 되어 있었지만 북경도서관에 있는 장서藏書는 원대元代 각본刻本의 잔본殘本이다. 그 불완전한 목록을 통해서나마 알 수 있듯이 『영원총록』은 장법풍수葬法風水를 전문으로 다루는 종합적인 서적이며, 이론은 주로 음양을 중심으로 하는 이기법理氣法이고 내용은 금기사항과 부진符鎭 그리고 둔갑遁甲 등과 같은 매우 잡다한 것들이다.

예를 들면, 금기禁忌와 해제解除를 소개하는 부분에는 "장례지내면서 묘墓를 만드는데, 산천과 땅의 신을 범해서 꾸미거나 다치게 하는 것은 금기禁忌이다. 장례를 마치면 날을 잡아 예물을 들고 가서 감사드린다. 일례로 풀을 베고 단壇을 설치하여 예를 드리는 일 같은 것이다. 단상을 만들어 후토后土를 설위하고, 다음 오방五方의 오제五帝를 설위한다. 그리고 그 다음 12원신十二元神을 설위하고, 단의 동남쪽에는 세월주歲月主를 설위하고, 단의 서남쪽에는 정부고리正符蒿里를 설위하고, 길의 입구에는 유당장幽堂長을 설위하고, 서남쪽 담 아래에는 명로천맥冥路阡陌을 설위하는데, 성姓 앞에서 운명을 점쳐서 원을 취하고 조위曹位□□ 그 앞에 놓고, 색은 본음本音이 있는 곳에 따라 각각 색을 칠한 자리를 마련하여, 차[茶], 주[酒], 과일[果], 반찬[饌]과 지전[錢], 비단[綵] 등의 기물棄物을 놓고, 후토后土에 희생[牲]을 올린다. … (凡葬造墓有犯山川地祇觸傷禁忌, 葬事畢日宜須擇日往物謝之, 一如斬草設壇其禮. 壇上設后

土位, 次設五方五帝位, 又次設十二元神位, 壇東南設歲月主者位, 壇西南設正符簒里位, 延道口設幽堂長位, 西南垣下設冥路降陌位, 於姓上步取元曹位口口在其上色隨本音之處各有座彩茶酒果饌錢綠棄物, 后土以牲 ….)"라는 설명이 있다. 책에서는 송대宋代까지 행해지던 8가지의 장법葬法을 정리했다. "옛날 장례지내는 논의에서 땅에 묻는 법에 8가지가 있다. 첫 번째는 천맥평원법阡陌平原法이니, 동쪽을 따라 서쪽으로 40보 가서 갑건甲建을 부르고 20보 가서 을제乙除를 부르고, 서쪽을 따라 동쪽으로 향해 10보 가서 임건壬建을 부르고, 20보가서 계제癸除를 부르니 모두 네 번 바라보면서 10간十幹과 12지十二祇를 차례대로 행하여 한 바퀴 돌면 다시 시작한다. (두 번째는 누락됨) 세 번째는 장葬이니 산과 산등성이의 허리에 … 를 이른다. 곽씨가 말한 '산에 장례를 지내는데 굴을 쓰는 것'이다. 네 번째는 돌장突葬이다. 산에 불쑥 솟은 입구와 막힌 기가 있어 갑자기 와서 평지에 사는 사람 또는 평지를 향해 형을 불룩 나오게 일으키는 것이다. (다섯 번째는 누락됨) 여섯 번째는 口口장葬이니 땅 위가 좁아 시름이 그치지 않는 것이고, 일곱 번째는 와마장臥馬葬이니 구묘舊墓는 한 구덩이 땅에 별도의 무덤에 영역이나 명당이 없다. … 여덟 번째는 소목장昭穆葬이니, 관어貫魚라고도 하는데, 먼저 무덤에 들여앉힐 때 왼쪽 소昭, 오른쪽 목穆의 순서로 하면서 뒤에 죽은 사람을 묻을 때에는 두루미에 꿴 물고기[貫魚]처럼 이어지게 하는 것이다.(古葬之論其法有入地亦有八焉. 一者阡陌平原法, 將口冗白丘陵坑坎或溝澗道路起步作法, 如東向西四十步呼甲建, 二十步呼乙除, 如西向東十步呼壬建, 二十步呼癸除, 皆四望以十幹與十二祇直次弟順行, 周而復始. (二缺). 三者口葬, 謂在山岡腹脅中 … 郭氏云葬山用窟. 四者突葬, 謂山有隆口甕氣, 突然而來, 欲向平地住者或平地有突形而起者. (五缺). 六者口口葬, 謂地上窄, 秋不得已者 … 七者臥馬葬, 謂舊墓是一冗之地, 別

無塋域亦無明堂 … 八者昭穆葬, 亦名貫魚, 先入塋下冗卽左昭右穆, 後有死□者連如貫魚.)" (주. □는 결여 글자) 비록 결여된 부분이 있지만 그래도 당시의 장법葬法들을 엿볼 수 있다.

풍수서적들은 타인의 명의로 된 것이 대부분이다. 반면에 저자도 확실하고 집필 년대도 알 수 있는 『영원총록塋原總錄』은 오늘날에 풍수를 연구하는 데 큰 도움이 되고 있다. 특히 지남침指南針과 자편각磁偏角에 관한 기술로 인하여 앞서 소개한 『관씨지리지몽管氏地理指蒙』과 『구천현녀청낭해각경九天玄女靑囊海角經』의 뒤를 이어 나반羅盤을 거론하는 감여서堪輿書가 되었다. 이것으로 나반羅盤이 송나라 시대에 이미 광범위하게 운용되었음을 알 수 있다. 이를 근거로 왕기형 선생은 지남침指南針(후에 羅盤-羅經이라 한다)의 발명은 풍수술사風水術士의 공로라고 주장하고 있다. 늘 후세인들의 입에 오르내리고 있는 심괄沈括의 『몽계필담夢溪筆談』[28]에 기재된 지남침指南針을 쓰는 '방가方家'들은 실은 감여풍수가堪輿風水家였다.

송대 풍수의 다른 발전은 '영건營建' 풍수 즉 건축 및 가구 등 구조물의 크기 등이 음양오행의 법칙에 맞는지를 중요시하는 것이었다. 남송 진원정陳元靚의 『사림광기事林廣記』 중에서 이에 대해 이렇게 소개했다. "『음양서陰陽書』에서 말하기를 1은 백白, 2는 흑黑, 3은 녹綠, 4는 벽碧, 5는 황黃, 6은 백白, 7은 적赤, 8은 백白, 9는 자紫이니 모두 별의 이름이다. 백성白星만이 가장 길하니 (그것을) 쓰는 법은 장丈이나 척尺으로 따지지 않고

28) 夢溪筆談: 송(宋)나라의 학자 · 정치가인 심괄(沈括)의 저서(著書). 26권. 보필담(補筆談) 2권, 속필담(續筆談) 1권. 국립중앙도서관 소장. 심괄은 유능한 정치가였을 뿐만 아니라, 박학하여 문학 · 예술 · 역사 · 행정(行政) 분야는 물론, 수학 · 물리 · 동식물 · 약학(藥學) · 기술(技術) · 천문학(天文學) 등 자연과학의 모든 분야에 걸쳐 일가견(一家見)을 가지고 있었다. 그의 이러한 연구 결과를 만년에 집대성한 것이 이 책인데, 송나라 과학사(科學史) 연구의 중요한 자료로서 후세에 공헌한 바 크며, 오늘날에도 그 가치를 인정받고 있다.

촌寸으로 기준을 삼는다. 1촌과 6촌, 8촌이 길하니 세밀하게도 노반척魯班尺과 맞아떨어진다. 이것을 다시 정교하게 계산해야 한다면 그것에 3을 곱하여 백白이 되면 대길大吉하게 되는데, 세속에서는 압백壓白이라 부르는 것으로 그 자는 1촌, 1척만을 사용한다.(『陰陽書』云, 一白二黑三綠, 四五黃六白七赤八白九紫, 皆星之名也. 唯有白星最吉, 用之法, 不論丈尺, 但以寸爲准, 一寸六八寸乃吉, 細合魯班尺, 更須巧算, 參之以白, 乃爲大吉, 俗呼之壓白, 其尺只用一寸一尺.)" 그래서 송시대에 이미 음양원리를 바탕으로 하는 '압백壓白' 방법 및 노반척魯班尺을 운용했음을 알 수 있다. 『사림광기事林廣記』에는 노반척魯班尺의 구체적인 용법을 설명하는 구결口訣까지 실려 있다.

1촌은 백성과 재와 합하고, 6촌은 백과 합하고 의와 합한다.
1척 6촌은 백과 재와 합하고, 2척 1촌은 백과 의와 합한다.
2척 8촌은 백과 합하여 길하고, 3척 6촌은 백과 의와 합한다.
5척 6촌은 백과 합하여 길하고, 7척 1촌은 백과 합하여 길하다.
7척 8촌은 백과 의와 합하고, 8척8촌은 백과 합하여 길하다.
1장 1촌은 백과 재와 합하고, 미루어 위로 가더라도 계산은 한 가지이다.

一寸合白星與財, 六寸合白又合義
一尺六寸合白財, 二尺一寸合白義
二尺八寸合白吉, 三尺六寸合白義
五尺六寸合白吉, 七尺一寸合白吉
七尺八寸合白義, 八尺八寸合白吉
一丈一寸合白財, 推而上之算一同

5. 원대—풍수의 쇠퇴기

원대元代는 중국역사이나 풍수역사상 독특한 시대로 풍수에 관한 전설과 기록도 송대宋代보다 현저히 줄었다. 관청에서는 '감지어甚至於' 풍수금지령風水禁止令까지 내렸었다. 『신원사新元史 · 예지禮志』의 기록에 의하면 원태정泰定 2년(1325年)에 정부 당국에서 음양상지사설陰陽相地邪說에 대해 다음과 같은 금지령을 내렸다. "태정 2년 산동 도렴방사 허사경許師敬이 족장제族葬制에서 음양상지사설陰陽相地邪說을 금지하는 것을 반포하기를 청하였다. 이때 동지밀주사 양중익楊仲益이 「주제국민족장소목도周制國民族葬昭穆圖」를 편찬하여 사용하고 있었는데, 허사경이 그의 말이 옳다고 여겨 세상에 반포하여 시행하도록 주청한 것이다.(泰定二年, 山東道廉訪使許師敬, 請頒族葬制, 禁用陰陽相地邪說, 時同知密州事楊仲益撰用周制國民族葬昭穆圖, 師敬韙其言, 奏請頒行天下焉.)" 시기는 원대元代 중기였다.

『노반경魯班經』 최초의 장본藏本인 천일각본天一閣本 및 그 후의 여러 판본들을 통하여 원대풍수元代風水의 대략적인 상황을 엿볼 수 있다. 천일각본天一閣本인 『노반영조정식魯班營造正式』의 내용은 비교적 소박하고 예사롭다. 송원대宋元代의 공법을 보다 많이 다루며 삽화는 평면에 표시되는 평면입체도로 되어 있다. 곽호생郭湖生 선생은 그 책의 출간시기를 원말명초로 추측했다. 그 책에서는 풍수 및 부진符鎭에 관한 내용을 다루지 않았다. 천일각본보다 늦게 출간된 명대판明代版『노반경魯班經』에는 아래와 같은 내용들이 추가되었다. 각 공정의 길일양진吉日良辰, 문門의 크기, 건축 구조물 및 가구의 크기와 제작요점製作要點, 잡귀를 쫓고 재앙을 물리쳐준다는 부적과 주문 그리고 주술용으로 쓰는 물건 등 음양풍수의 내용. 그래서 원대元代의 풍수는 성행되지 않았고 억

압받았거나 풍수적 역사의 쇠미衰微 시기時期기라고 추정할 수 있다. 풍수의 이러한 쇠퇴는 원대 풍수서적의 출간이 턱없이 적었다는 점으로도 입증된다.

현재까지 이미 발견된 원대元代의 풍수서목은 대체로 아래와 같이 몇 개의 종류로 구분할 수 있다. 주진형朱震亨의 『풍수문답風水問答』, 『신간음양보감극택통서新刊陰陽寶鑑克擇通書』, 『음양비용삼원절요陰陽備用三元節要』, 영건營建에 관한 『노반영조정식魯班營造正式』, 그리고 원대元代 유병충劉秉忠의 저작으로 전해진 『옥척경玉尺經』 등이 있다

유병충劉秉忠은 원대 저명한 정치가 겸 도시계획가로 원대의 대부분의 경도京都를 직접 기획한 것을 보면 그가 풍수감여설風水堪輿說에도 정통했으리라고 추측할 수 있다. 하지만 『옥척경玉尺經』은 확실히 유병충의 저술인지는 고증할 길이 없다. 『옥척경』의 내용은 『박산편博山篇』과 대동소이하지만 이기설理氣說의 내용이 조금 추가되었다. 전서全書에는 심세편審勢篇 제1, 심기편審氣篇 제2, 심룡편審龍篇 제3, 심혈편審穴篇 제4 , 심사편審砂篇 제5, 그리고 심향審向, 납음納音, 소수消水 등의 내용들이 포함되어 있다.

『신간음양보감극택통서新刊陰陽寶鑑克擇通書』와 『신간음양정이론新刊陰陽正理論』은 주로 양택 내용을 다루었다. 그리고 『신간음양보감극택통서』에는 주택 외에 창고倉庫, 전탑殿塔, 궁관宮觀, 신묘神廟, 사단社壇 등도 거론했지만 대체로 건조내용뿐이다. 예컨대 주택을 논할 때 특히 문과 길 등의 처리문제에 대해서 중점적으로 기술했다. 그 밖에 특별히 '구천현녀장문법九天玄女裝門法'에 이렇게 소개했다. "현녀척으로 재면 매 척은 9촌에 그친다. 재財, 병病, 이離, 의義, 관官, 겁劫, 해害, 본本 8위位로 나뉘어 있다. 자의 길이가 제각각이지만 본문本門과 재문財門이 서로 맞닿아 있으면 가장 길하고, 의문義門은 사관寺觀이나 재실[齋舍] 같은 의義가

모이는 곳에만 설치할 수 있고 관문官門은 관청에만 설치할 수 있다. 나머지 민속民俗에서는 본문本門과 재문財門만 설치하되 양자가 근접해야 가장 길하다. 자로 재는 법은 각각 장인이 전하는 바에 따른다.(以玄女尺算之, 每尺止得九寸有零, 卻分財, 病, 離, 義, 官, 劫, 害, 本八位, 其尺寸長短不齊, 惟本門與財門相接最吉, 義門惟寺觀齋舍義聚之所可裝, 官門惟官府可裝, 其餘民俗只裝本門與財門, 相接最吉, 大抵尺法各隨匠人所傳.)" 총론에서 "문을 설치하는 법은 재문, 의문, 관문, 본문을 설치하는 데 사용하는 자의 치수를 사용하여야 길하거나 이롭지 않음이 없다. 『황천문로천기결黃泉門路天機訣』에서 '경정庚丁 곤坤의 향은 황천黃泉이고, 을병乙丙은 모름지기 물을 막는 것이 우선이고, 갑계甲癸의 향은 간艮을 찾아보고, 신임辛壬 수로水路는 아마도 건에 해당한다. … (裝門法凡裝財義官本門依用尺寸無不吉利, 黃泉門路天機訣云. '庚丁坤向是黃泉, 乙丙須防翼水先, 甲癸向中覓見艮, 辛壬水路怕當乾 … ')"라고 한 것을 보면 그 책은 주로 기능공을 겨냥하는 작업 지침서라고 판단할 수 있다. 책에는 일부 부도附圖 (〈그림 7〉)도 실려 있다.

『음양비용삼원절요陰陽備用三元節要』는 왕리도王履道가 편찬한 것으로 표시되어 있고 주로 택원宅元, 혼원婚元, 영원塋元 등 세 개의 부분으로 나뉘어져 있다. 그 중의 택원宅元과 영원塋元은 바로 풍수의 양택과 음택이다. 택원 부분에는 구궁건택九宮建宅, 구궁명택九宮命宅, 팔괘유년八卦遊年, 십팔천설十八天設, 육로저향六路抵向, 팔택방위길흉八宅方位吉凶, 팔궁수八宮數, 팔괘이십사기교유입성八卦二十四氣交遊立成 등의 내용이 있고 그 이론은 확연히 『팔택주서八宅周書』의 범주에 속한다. 영원塋元의 부분은 오행五行, 구성九星, 사신四神, 오음五音 등을 기본원칙으로 하였다.

『신간음양정이론新刊陰陽正理論』 2권은 주로 양택중의 일부 건조금기 사항을 설명하면서 오음성리설五音姓利說을 추장推奬했다. "무릇 오음성五

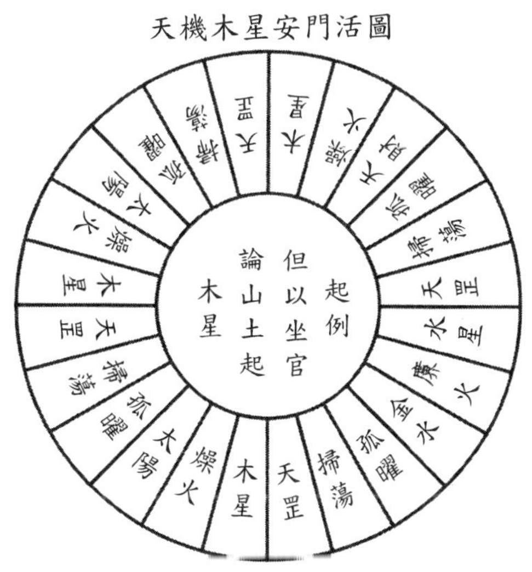

〈그림 7〉 원대 풍수서 중 장문도(裝門圖) (『신간음양보감극택통서(新刊陰陽寶鑑克擇通書)』)

音姓들이 거주하는 주택을 사舍한 후에 팔방八方을 수리하고 넓힌 후 각각의 방方에 길과 흉의 위치를 정하는데, 주의할 점은 길한 방향으로 수리하고 넓혀야 한다. 특히 흉한 규칙은 저지하고 최상의 법(五音姓利說)을 적용하여 주택을 수리해야 한다……그리해야 성자姓者(五音)들이 반드시 주택에 순조롭게 머물수 있어야 길하게 된다. 주택에 거주하는 남자는 팔방八方에 사길사흉四吉四凶이 있다는 것도 알아야 한다.(凡五姓所居宅舍後, 於八方修展各有凶吉之位, 應吉路而展修, 其凶則止, 此爲修宅之最上法也 … 須要順宅順姓者吉, 夫宅有八方而有四吉四凶.)" 상술한 여러 서적들의 내용을 종합해보면 원대의 풍수에는 건축 · 건조내용이 주류를 이루고 일부 금기禁忌, 해제解除 등의 내용이 첨부되었다는 결론을 얻을 수 있다.

6. 명나라 풍수의 부흥과 계승

주원장朱元璋이 중국에서 명대明代의 맹주가 된 후 한나라와 당나라의 옛 영광을 동경하며 한족문화의 부흥을 주요목표로 성보城堡, 도로道路, 교량橋樑, 묘우廟宇, 사당祠堂, 탑塔, 분묘墳墓, 장식용 구조물 그리고 황원가산花園假山 등에 관한 공사들을 대대적으로 전개해 약 500개 도시의 성벽들을 모두 개조했고 아울러 대운하의 정비를 통해 전 구간의 수심을 늘렸다. 당시의 철학영역에서 성행되던 것이 이른바 신이학新理學이었다. 비록 여전히 공맹사상의 계승자로 자처하고 있었지만 철학체계는 불교선종과 도교『참동계參同契』의 기초 위에 형성되었다. 결국 겉포장은 유교이고 알맹이는 불교와 도교이어서 삼교의 삼위일체가 되었다. 당시 오행五行, 음양팔괘陰陽八卦 등의 이론들이 이미 매우 풍부하고 완비되어 명실상부한 중국사상문화의 핵심이었다. 당시의 사회에는 하층의 서민계층에서는 공자에 대한 존경보다 보살菩薩이나 신선神仙을 훨씬 더 신봉했다. 뿐만 아니라 사환仕宦계급에서도 문묘文廟의 사전祀典에 참여하는 것보다 불사도관佛寺道觀을 더 즐겨 참배했다. 한 마디로 요약하면 사회 전반적인 정신세계의 지주는 보살과 신선이었고 게다가 점치기, 관상, 기과起課(古代方士六壬術), 부계扶乩(道教의 占卜), 탁자拆字(글자로 점을 침) 등 같은 수없이 많은 형형색색의 미신신앙들도 공존했었다. 그런 환경 속에 오행기설五行氣說, 음양팔괘, 태극 등을 이론의 기초 및 골자로 하는 풍수도 물 만난 물고기처럼 민간인들 속으로 파고들어갔다.

예를 들면, 당시의 저명한 인물인 위원魏源은 감여 신봉자였다. 그는 강소江蘇에서 벼슬을 하다가 진강鎭江에서 '길지吉地'를 찾자 엄청난 대가를 감수하고 호남에 안장된지 오래된 부모의 유골을 천리 밖에서 그 '길지吉地'로 천장했다. 그리고 저명한 철학자이던 왕양명王陽明도 풍수원칙에 따라 직접 자신의 묘지를 선택했다. 현지인들이 그곳을 '선하팔두仙蝦八門'라고 불렀다. 명대 문인들의 필기筆記, 사료史料 중에 풍수지사風水地師를 기술한 기록들이 대량으로 들어 있다. 예컨대 사조제謝肇淛의 『오잡조五雜組·인부1人部一』에 "하루는 재실에 있는데, 약속 없이 모인 참석한 손님 20여 명 중 어떤 이는 문학, 어떤 이는 포의布衣, 어떤 이는 연사椽史였고, 자랑貲郎, 단청丹靑, 지사地師 등이었다.(一日, 至余齋中, 坐客不期而集者二十餘人, 或文學, 或布衣, 或椽史, 貲郎, 丹青, 地師.)"라는 내용이 있는데 이것을 보면 당시 지사地師들의 사회적 지위는 문학자나 화가들과 동일했음을 알 수 있다. 이지李贄의 『초담집初潭集·사우師友·학도學道』 중에도 "이 비둘기가 지리사보다 낫다(此鳩勝地理師.)"라는 표현이 쓰여 있다. 주국정朱國楨의 『용당소품涌幢小品』에는 실린 풍수전설에 관한 대량의 이야기 속에 일반 서민도 나타났고 벼슬아치도 등장했다. 이렇게 많은 사실과 전설에 대해서 주국정은 "풍수를 만날 수는 있어도 구할 수는 없다 하니, 옳도다!(風水可遇不可求, 尙矣!)"라는 감탄을 금할 수 없었다. 이후李詡는 『계암노인만필戒庵老人漫筆』 제6권 「논감여論堪輿」 편에서 공청空靑 선생의 『풍수론風水論』 중에서 밝힌 "陽宅三十六吉祥相"의 부분을 인용하여 그 기준을 유가예의와 달리 표현했다. "집에 있으면서 의리義理를 숭상하는 것이 첫째이고, 자손이 경작하고 공부하는 것이 두 번째이고, 검소하고 부지런한 것이 세 번째고, … 규방이 엄숙한 것이 열두 번째이고, 스승을 받들고 의원을 중시하는 것이 열세 번째이고, … 참는 것에 능한 것이 서른다섯 번째이고, 항상 청렴을 두려워하고 법도를 두려워하고 음덕을 두려워하는 것이 서른네 번째이다.(居家尙義理, 一也; 子孫耕讀, 二也; 儉勤, 三也 … 閨門嚴肅, 十二也; 尊師重醫, 十三也; … 能忍, 三十五也. 常畏淸議, 畏法度, 畏陰騭, 三十六也.)"

유교집안의 가서家書와 같이 보이는 이 내용은 풍수에 대한 유리儒理의 영향이 어느 정도였는지를 충분히 보여 주었다. 풍수에서 다루는 최고 영역은 아무래도 제왕풍수가 아닐 수 없다.

첫째는 경성京城의 선택選擇이다. 전해지는 바에 의하면, 명대의 남경성지南京城址(성터)는 바로 유기劉基가[29] 음양원리에 따라 선택한 것이라고 한다. 둘째는 황릉皇陵이다. 당시에 주로 황릉皇陵 릉역陵域의 선택에 중점을 뒀다. 릉역陵域 선택과정은 몇 단계로 되어 있었다. 우선 황제皇帝의 지시에 따라 한 대신大臣이 흠천감欽天監관리 및 풍수술사를 인솔하여 선정한 몇 군데의 '길은吉垠(길지)'을 설명 글까지 덧붙인 후 어람御覽하도록 진상進上한다. 그 후 황제 본인이 능묘陵墓 참배 차 현장을 직접 찾아가 상세히 심사하고서 그 중 특별히 뛰어난 곳을 선택하여 자기의 '수릉壽陵'으로 하는 것이었다. 손승택孫承澤이 지은 『춘명몽여록春明夢餘錄』의 기록에 의하면 명明 성조成祖의 장릉長陵은 강서江西 풍수사이던 료균경廖均卿 등이 골라준 것이라고 한다. 장릉은 13릉 릉역 전체에서 가장 중요한 부분이라는 점을 감안하면 명나라 시대 풍수의 역할이 어느 정도였는지를 상상할 수 있다.

이 모든 것들이 청대清代에 이르러 더욱 더 범람하여 재앙으로 발전할 정도였다. 필기나 야사 속에도 풍수에 관한 내용들이 헤아릴 수도 없이 많이 기록되었다. 예컨대 저인획褚人獲의 『견호사집堅瓠四集』에는 풍

---

29) 劉基: 원나라 말기 절강(浙江) 청전(青田) 사람. 우언(寓言) 작가. 자는 백온(伯溫)이고, 유호(劉濠)의 증손이다. 원나라 순제(順帝) 원통(元統) 원년(1333) 진사가 되고, 고안현승(高安縣丞)과 강절유학부제거(江浙儒學副提擧)를 지냈다. 홍무(洪武) 4년(1371) 역법(曆法) 제정과 군정체제 건립에 공헌한 뒤 홍문관학사(弘文館學士)로 치사(致仕)했다. 나중에 호유용(胡惟庸)의 참소를 받자 울분 끝에 죽었다. 일설에는 그에게 독살당했다고도 한다. 시호는 문성(文成)이다. 경사(經史)에 정통했고, 상위(象緯)에 밝았으며, 시문에도 뛰어나 송렴과 함께 일대문종(一代文宗)으로 손꼽혔다. 저서에 『성의백문집(誠意伯文集)』과 『복부집(覆瓿集)』, 『이미공집(犁眉公集)』, 우언체 산문집 『욱리자(郁離子)』가 있다.

수를 전문으로 다루는 장절章節까지 들어 있다. 설복성薛福成의 『용암필기庸盦筆記』 3권 「일문軼聞 · 귀신묵호길양鬼神默護吉壤」의 조목에도 풍수를 거론했다. "… 그러므로 조금이라도 힘 있는 집안에서는 부지런히 길한 땅을 찾는다.("… 故凡稍有力之家, 咸汲汲焉尋覓吉壤.)"고 하였고, 동시에 풍수가 좋은 덕행과 서로 결합한다는 것을 말하였다. 同時也認爲風水應與良好的德行相結合: "… 그런데 지리가에 자못 학식이 있는 자가 있어 때때로 '음지가 좋은 것은 심지가 좋은 것만 못하다'고 읊조리고 … '사람이 길한 땅을 얻는 것은 반드시 그 덕이 그곳에 있을 수 있게 하는 것이다'고 읊조린다.(… 而地理家稍有學識者, 亦往往誦陰地好, 不如心地好 … 凡人之獲吉壤, 必其德足以居之.)" 그 책에는 당시 '검기鈐記'라고 불리우는 풍수유파도 언급되었다. "지리가에 '영기鈐記라 불리는 자가 있어 매우 길한 땅을 얻고도 침묵한다는 평가를 받는 옛날 지관[地師]의 말을 모았다고 한다. 이러한 설은 당 · 송 이전에 나온 듯한데, 이 업에 종사하는 사람은 전해지는 상相을 베껴서 익혀 오늘날까지도 바뀌지 않고 전해진다.(地理家有所謂鈐記者, 大抵集古地師之言, 謂得非常吉壤而默識之, 其說似出於唐宋以前, 攻此業者轉相鈔習, 流傳至今不替.)"고 한다. 이러한 유파는 강남일대江南一帶에서 많이 활동했고 주 업무는 길지선택吉地選擇이었다. "영기가 등록한 무석無錫과 금궤金匱 두 현 경내의 매우 길한 땅은 12곳이나 되어, 어떤 곳은 왕 · 후 · 장 · 상王侯將相을 배출하고 어떤 곳은 왕 · 후 · 장 · 상을 장사지내는데 홍산鴻山의 태백묘가 첫째를 차지한다. … 오당산吳塘山의 끝은 태호太湖와 맞닿아 있고 두 봉우리가 우뚝 솟은 형이 뛰어난 곳[形勝之地]으로 오당문吳塘門으로 불리운다. 영기는 이곳을 다음과 같이 말한다. '오당의 동쪽, 오당 서쪽, 옥토끼[玉兎]가 금계金雞와 마주하니 대대로 자줏빛 옷[紫衣]을 내는구나.'(鈐記所登無錫金匱兩縣境內非常吉壤有二十餘處, 或出王侯將

相或葬王侯將相而以鴻山泰伯墓居第一, … 吳塘山濱臨太湖, 兩峰夾峙, 爲吾錫形勝之地, 謂之吳塘門, 鈐記有云: '吳塘東, 吳塘西, 玉兎對金雞, 代代出紫衣.')" 그래서인지 남송南宋 명신名臣이던 문간공文簡公이 이곳에 매장된 후로부터 그의 자손후대들이 모두 급제하여 조정에 들어가 벼슬길에 올랐다. 청대淸代에는 관방설립적官方設立的이던 사천감司天監의 풍수에 대한 고찰은 제도화가 되었다. 당시 황실의 중대공사들을 모두 사천감에서 주관하였다. 『대청회전大淸會典』의 기록에 의하면 사천감에서 공사과정을 관리 감독할 때 보통 "풍수를 살펴 헤아리고, … 음양을 살피고 방향을 정하고 길일을 골라 착공하는 그 법도를 지극히 중시한다(相度風水 … 相陰陽, 定方向, 諏吉興工, 典至重也)"고 한다.

청대의 다른 특이한 현상은 일부 유명 소설 중에도 광범위하게 풍수를 거론한 것이다. 이는 당시 현실생활 중에 풍수가 이미 일종의 보편적인 민속이 되었다는 설명이다.

예를 들면, 『금병매사화金甁梅詞話』 중의 제62회에 이러한 내용이 실려 있다. 이병아李甁兒가 죽은 후 서문경西門慶은 '음양선생陰陽先生'을 모셔와 장일葬日을 선택해달라고 하자 "그 서선생徐先生은 등잔불을 가까이하고 청낭靑囊을 풀고 만년력통서萬年曆通書를 꺼내 보면서 성씨 및 생시팔자를 물어보고서 점을 쳤다. '故 錦衣西門夫人 李氏의 喪에 관해서 元祐辛未正月十五日午時에 生, 政和丁酉九月十七日丑時 卒. 오늘은 丙子日, 月令으로는 戊戌이라 天地往亡日을 犯했다. 중상重喪(장례식을 성대하게 함)할 때, 살煞이 일장一丈의 높이로 서남西南쪽으로 가다 태세살충영참太歲煞 沖迎斬의 국局을 만나게 된다. 친정집 식구를 피하고 통곡하면 안 되지만 소복차림인 경우는 괜찮다. 입관할 때 용龍, 범, 닭, 뱀띠인 낯선 사람이 있어서는 안 되지만 친족은 무방하다' … 서문경西門慶은 서선생에게 첫 삽을 떠 안장할 날짜를 정해달라고 하자 서선생이 '영감님 시신을 집에 얼마나 놓아두실 건가요?'라고 물었다. 서문경은 울면서 말하기를, '시체가 식기 전에 내보낼 수 없어서 35일간 놓아두어야 하지 않겠어요?'라고 했다. 서선생은 '35일이면 안장할 만한 날이 없어요. 28일간이면 괜찮아요. 다시 말하면 시월十月 초파일初八日 정유시丁酉時에 첫 삽을 떠 십이일十二日 신申, 축丑, 사시巳時에 안장安葬하면 여섯 식구의 띠를 모두 범하지 않아요.' 묘사된 것은 송대宋代에 있었던 이야기지만 풍수에 대한 작자의 지식을 유감없이 보여 주었고 풍수와 명리의 결합을 재조명했다.

꼭 언급해야 할 다른 소설은 『기로등歧路燈』이다. 그 책은 총 108회, 60여 만 자로 되어 있고 18세기 중국 봉건사회 보통백성들의 생활상을 묘사하는 1부의 백과전서라고 할 수 있다. 저자는 청대의 이녹원李綠園, 자는 공당孔堂, 호는 녹원綠園, 하남河南 여주汝州 보풍현寶豐縣 출신, 강희 46년(1707年)에 출생, 건륭 55년(1790年)에 사망, 조설근曹雪芹보다 16년 일찍 태어난 인물로 거의 18세기와 시말을 같이했다. 필자는 『기로등』이 문학사에서 『홍루몽紅樓夢』이나 『유림외사儒林外史』와 명성이 서로 맞먹을 정도였다고 생각한다. 『기로등』에는 당시의 사회를 전면적이고 깊이 있게 파헤쳤다. 책에 기술된 내용은 하남 당시의 성도省都이던 상부현祥符縣(현 개봉시開封市)에서 벌어졌던 일이었다. 주인공은 담소문譚紹聞이라는 젊은이고 아버지를 여읜 후 어머니의 익애溺愛를 받아 응석받이로 성장한 그는 같은 또래의 비행 친구들에게 이끌려 술 마시고 노름질하며 빈둥빈둥 놀기만 하다가 가산을 모두 탕진했다는 이야기다. 그 밖에 책 속에 묘사된 200명 이상의 인물 중에 관료와 토호, 실세 관리, 실권이 없는 관리, 아첨꾼, 문지기, 어역衙役, 상가商賈, 시장 상인, 도박꾼, 돌팔이, 관상쟁이, 연예인演藝人, 인신 매매업자, 위선자, 남산골샌님, 풍수사風水師, 떠돌이 술사術士, 명문 귀공자, 부잣집 아들, 시장 잡배

등 온갖 종류의 사람들이 다 포함되어 있다. 특히 풍수활동들에 대한 비중 있는 묘사는 해학적이면서도 생동감이 넘쳤지만 풍자하는 의미도 담고 있다. 모두가 알다시피 하남河南은 송대 이래로 이학理學으로 유명한 지역이었고 이학과 풍수의 관계도 참으로 미묘하다. 비록 이학에서는 주관적으로는 풍수를 반대했지만 객관적으로는 오히려 풍수의 유행을 촉진했다. 작자 이녹원李綠園은 반대자로서 풍수의 사기성을 파헤치려던 것이 주목적이었으나 오히려 청대 북방 등 지구에 유행되던 풍수의 대체적인 상황 그리고 당시 풍수에 대한 대다수 지식인들의 인식을 소개해준 격이 되었다.

많은 비판이 있었는데도 불구하고 풍수가 여전히 발전했다. 하지만 발전의 끝은 역시 쇠퇴 몰락의 시작이 되어 풍수 중의 미신성분이 점점 짙어지기만 했다. 그럼 당시 풍수의 실상은 도대체 어땠을까?

명대 황제와 일부 상류층 인사들의 총애에 힘을 입어 풍수설은 어느 정도로 '규범화'되었다. 정부주도로 편찬한 대형 총서인 『영락대전永樂大典』, 『사고전서四庫全書』, 『고금도서집성古今圖書集成』 등에는 예외 없이 풍수문헌을 수록하고 또한 곽박의 명의로 된 『장경葬經』, 황제의 명의로 된 『택경』, 양균송의 명의로 된 『감룡경撼龍經』, 『의룡경疑龍經』, 『청낭오어青囊奧語』 등을 모두 풍수의 경전으로 삼았다. 그런데 민간의 혼란스러운 국면을 틈타 명청시대에 각종 풍수서적들이 잇따라 세상에 나왔다. 그 종류를 보면 대체로 두 개의 유형이 있었다.

첫 번째 유형은 총서의 형태로 주로 앞에서 거론된 사람들의 풍수이론을 모아놓은 채 나타난 것이다. 비교적 전형적인 것은 명明 숭정崇禎 년간에 나온 각본刻本 『선택총서選擇叢書』(5集에 29卷), 전인前人들이 지은 풍수서 100여 종류가 수록된 『인자수지人子須知』(서유지徐維志와 서유사徐維事 공저, 39권), 서시가徐試可가 보전한 고릉강顧陵岡의 『천기회요天機會

要』(35권으로 되어 있고 이기理氣를 중점으로 정침일반正針一盤만 다루었다. 후인後人으로부터 지적을 많이 받았지만 형세부분形勢部分에 관한 기술은 간단명료하다).

두 번째 유형은 단행본으로 종류가 잡다해서 일일이 설명하기가 어렵다. 민국 31년(1942年) 8월에 출판된 전문선錢文選의 『전씨소장감여서제요錢氏所藏堪輿書提要』에서는 당시 유행되던 많은 풍수 서적들에 대해 분류 작업하여 7개의 부류 즉 만두巒頭, 이기理氣, 수룡水龍, 택경宅經, 나반羅盤, 선택選擇, 겸기鉗記로 나눴다. 그래서 명청시대에 전해지던 풍수서적들이 얼마나 되었는지 윤곽이 대체로 나타났다. 그런데 양택을 다루는 『상택경찬相宅經纂』, 『양택회심집陽宅會心集』, 『양택십서陽宅十書』, 『노반경魯班經』 등처럼 『전씨소장감여서제요錢氏所藏堪輿書提要』에 수록된 서적도 있다.

그밖에 명청시대의 남방 각 지역의 지방지地方誌와 씨족종보氏族宗譜에도 모두 풍수활동과 풍수도형들이 대량으로 실려 있다. 특히 일부 지방지에는 풍수에 대한 신봉과 풍수의 중요한 인물에 대한 존경과 숭배는 이미 신격화되었을 정도였다. 예컨대 안휘安徽 무호蕪湖 구지방지舊地方誌 중의 「고묘古墓」 조목에는 당대의 사학자, 천문학자, 수학자, 음양학자이던 이순풍李淳風에 대해서 특필했다. "당나라 태사 이순풍의 묘는 강가에서 반 리밖에 떨어져 있지 않았다. 명나라 홍무洪武 초 읍령邑令 이행소李行素가 강을 건너는데 관 하나가 강물을 따라 하류로 내려가고 있었다. 살펴보니 관 위에 새긴 글자에 '당나라 이순풍이 홍무의 홍수에 충沖해서 무호蕪湖의 이지현李知縣에서 나를 실어 강동으로 건너게 해주시오.' 라고 적혀 있었다. 마침내 그것을 실어서 강 건너편 높은 언덕 위에 이르렀는데 아무리 힘을 써도 관이 움직이지 않자 이곳에 묻었다.(唐太史令李淳風, 墓在江濱半里許. 明洪武初, 邑令李行素渡江, 一棺沿江流下,

視之, 上鐫字云: '唐朝李淳風, 洪武水來沖, 蕪湖李知縣, 載我過江東.' 遂載之, 至江岸高埠處, 力擧不能動, 乃葬焉.)" 그런데 『구당서舊唐書 · 이순풍李淳風傳』을 확인해보니 이순풍은 평생 경성京城 장안長安에서만 벼슬살이를 했고 무호蕪湖와는 전혀 관계가 없던 사람이라, 그의 관棺도 명明 홍무 년 간에 양자강楊子江 수계水系인 무호蕪湖까지 휩쓸려 내려갔을 리가 없어서 이는 분명히 명시대 사람들의 풍수에 대한 광적인 신앙과 풍수 인물에 대한 절대적 숭배에서 비롯된 것이다. 무호의 옛 풍습으로 매년 각지에서 온 맹인 점쟁이들이 정기적으로 소위 이순풍 묘앞에 모여 단배하는 것은 풍수와 점복의 친연관계를 보여주는 사례다.

4장
풍수의 이론과 쓰임새

내용이 풍부하고 다양한 감여풍수에는 음양택陰陽宅**을 고찰하는 데 쓰이는 '택법**宅法**', 장일을 추산하는 데 이용되는 '과법**課法**' 등이 포함되어 있다. 그런데 모든 지도원칙들이 한결같이 중국 사상중의 '기**氣**'와 연계되어 있고 기**氣**는 음양오행**陰陽五行 **및 사시**四時**와 하나의 유기적 통일체가 되었다. 기**氣**가 순하고 모이는 것은 건조**建造**의 최적 조건이다.**

1. 전통풍수이론 요약

명청시대에 이르러 풍수의 이론 및 유파가 난립되어 잡다해지면서 일부 계파는 심지어 서로 상대방(자신들의 계파)을 비난하기도 했다. 총체적으로 양대 유파 즉 강서파江西派에서 유래된 형세체계形勢體系와 복건파福建派에서 유래된 이기체계理氣體系로 나뉘어져 있다. 형세形勢와 이기理氣를 논할 때도 각각 양택陽宅과 음택陰宅에 치우쳐 관점이 다르다. 대체적으로는 양택과 음택은 형세와 이기에 있어서의 큰 원칙들이 거의 일치하지만 양택인 경우 산천지세가 확인된 후 택형포국宅形佈局의 세부적인 사항과 영건營建 등의 내용도 추가된다(그렇게 된 것을 '택법

宅法'이라고 부른다). 상술한 형세形勢, 이기理氣, 택법宅法 이외에도 풍수에 전문적으로 건조建造와 하관下棺時日의 시일時日을 추산推算하는 '과법課法'이나 '과학課學' 또는 일학日學이라고 불리는 파派도 있다. 과법파課法派 내부에 또 8개의 유파 즉 조명造命, 두수斗首, 천성天星, 기문奇門, 육임六壬 등으로 나뉘어 있지만 그 중 조명파造命派와 두수파斗首派가 두드러진다. 조명파에서는 년年, 월月, 일日, 시時 즉 사주四柱의 보령부산법補龍扶山法으로 당사자의 길일吉日을 추산하여 길함을 추구하고 흉함을 피할 것을 주장하고 있다. 천성天星 중의 칠정七政(日, 月, 金, 木, 水, 火, 土 七星)과 사여四餘(氣, 索, 羅, 計 四星)의 운행궤도 그리고 그것들이 이르는 방위와 시간으로 일을 진행할 때의 길흉화복을 판단한다. 과학課學은 기타 풍수원리에 비하면 비교적 독립적인 반면에 명리命理나 황도黃道 등의 설設과의 관계가 오히려 더욱 밀접하다. 여기서는 더 이상의 상세한 내용을 논하지 않기로 한다.

형세와 이기 그리고 택법의 기본원칙은 똑같이 '취기聚氣'다. '기氣'는 중국의 모든 사상의 영혼이 되었다. 고대 철인들 중 노장老莊(노자와 장자) 때부터 기설氣說을 대대적으로 논했다. 『장자莊子 · 외편外篇』 중의 "人之生, 氣之聚也"라는 주장은 '취기'설의 원천이 되었다. 선진 제자諸子들은 형체가 고정된 '물질物質'들은 모두 '기氣'에서 유래되었다고 생각했다. 예를 들면 『회남자淮南子』에서는 "도道는 허곽虛廓에서 시작되는데, 허곽은 우주를 낳고, 우주는 기를 낳는다. 기에는 일정한 제약이 있다.(道始於虛廓, 虛廓生宇宙, 宇宙生氣, 氣有涯根.)"고 했으며, 『관자管子』에서는 "기가 있으면 살고, 기가 없으면 죽으니 살아있는 것은 그 기氣 때문이다.(有氣則生, 無氣則死, 生者以其氣.)"라고 했다. 그 후 중국의 모든 학파 중에 형이상形而上이든 형이하形而下든 예외 없이 '기氣'설을 주장했다. 도가道家에서는 '기'를 중요시하고, 도교道敎家에서는 '기'의 단

련을 목표로 하고, 전통한의학傳統漢醫學에서는 '기氣'를 총칙으로 하며 인간의 질병들은 사기邪氣로 인한 것이라고 주장하고 있다. 방술方術인 경우 상술相術에서는 '기氣'를 기준으로 하며 왕자王者에게 '왕기王氣'를 갖추어야 하고, 기공氣功에서는 '기'를 더욱 더 중시한다. 그리고 예술인 회화, 시가, 문장에서도 '기운氣韻'이나 '기세氣勢'를 심미審美의 최고最高 평가 기준으로 하고 있다. 그런데 풍수에서는 '천기天氣', '지기地氣', '음기陰氣', '양기陽氣', '풍기風氣', '수기水氣' 등과 같이 짝을 이루는 범주를 만들고 기氣를 음양, 오행, 사시四時 등과 하나의 유기적 통일체로 묶어놓아 건조의 모든 활동들에 기순氣順 및 기취氣聚(기가 순하고 모임)를 최고로 삼고 있다. '기氣'에 대한 풍수의 이러한 유별난 중시는 풍수 자체를 현묘한 것처럼 치켜세웠다.

현대인의 시각으로 볼 때 '기氣'는 현대과학 중의 '장場'과 같은 존재다. 영국인 학자 조셉 니담은 '기'에 대한 설명을 할 때 기는 수증기와 같은 유형의 기체氣體 등일 수도 있고, 현대인들이 알고 있는 에테르 파波나 방사선放射線 등과 같은 깊고 미묘한 유도력誘導力일 수도 있다고 주장했다. 풍수 중의 '기'는 주로 후자를 가리킨다. 깊고 오묘한 그런 것을 일반인一般人이 느껴보지 못해서 신비함과 심오함이 더해져 풍수가 그래서 이해할 수 없는 현묘한 학설이 되었다. 그 중의 '이기파理氣派'가 특히 그렇다.

계속해서 형세形勢와 이기理氣 그리고 택법宅法 등 세 개의 측면을 통해서 풍수의 구체적인 이론을 소개하겠다.

1) 형세설(만두)

일명 형법形法은 강서파江西派인 형세설形勢設에서는 주로 음, 양택의 주위환경의 선악을 고찰하여 부지 주변의 산세수향山勢水向, 도로道路, 지질地質 등의 상황을 조사한다. 그 이론의 요점이 다섯 자인 용龍, 혈穴, 사砂, 수水, 향向으로 요약된 저명한 『지리오결地理五訣』이다. 풍수술사들이 이 다섯 자에 관한 학문들을 풍수이론의 입문내용으로 하고 있다. 그것은 실은 자연환경 요소를 용龍, 혈穴, 사砂, 수水 등 4대요소로 귀납歸納한 것이다. 이 네 요소 각자의 조건 및 상호 간의 관계에 따라 음陰, 양택陽宅의 위치位置와 좌향坐向을 결정해야 해서 이 4개의 요소에 대한 고찰과 답사는 풍수형법활동의 첫 단계이자 가장 중요한 단계이기도 하다. 그래서 풍수지사가 직접 여러 큰 산천들을 두루 다녀 소위 '학보學步(즉 현장 실습)'와 토질 및 물 사정을 두루 탐사해야 한다. 이러한 현장답사는 풍수에서도 가장 훌륭한 작업의 하나로 매우 의미가 있는 일이다. 이것으로부터 어느 정도 시사를 받아서 오늘날 건축물을 설계하기 전에 지형을 고찰하여 건축물과 환경의 조화를 고려해야 한다. 풍수에서는 이러한 현장답사의 활동들을 멱룡覓龍, 찰사察砂, 관수觀水, 점혈點穴, 정향定向 등으로 귀납했다.

(1) 멱룡覓龍: 이것은 형세설의 관건이라고 할 수 있다. 이른바 "지리의 도道에서 가장 먼저 용龍을 중시하는데, 용龍은 땅의 기氣이다.(地理之道, 首重龍, 龍者, 地之氣也.")[1] "지맥地脈의 운행과 그침, 일어나고 엎드림을 용이라 한다. … 그러나 용은 형形이 있지만 지맥은 형이 없다. 형이 없는 것은 본래부터 그 형이 없었던 것은 아니다. 지금 용이 조祖를 발할 때 중기[간幹]로부터 가지[지枝]로 가서 어떤 경우는 성체星體와 결합하고, 어떤 경우는 만세巒勢, 천장穿帳, 소과巢窠, 개문開門, 입면立面을 이룬다. … (以地脈之行止起伏, 名曰龍 … 然龍有形者也, 地脈無形者也, 而無形者又未始不有其形, 今夫龍之發祖由幹而後枝, 或結星體, 或成巒勢,

1) 清 · 『地理五訣』「風水論」.

穿帳, 巢窠, 開門, 立面 …).”[2] 룡龍 자체도 수룡水龍과 산룡山龍으로 나뉘어져 있다. “산은 봉우리의 형形을 보고 바다는 물의 세勢를 살핀다. 산용의 맺은 혈穴은 바람 맞는 것을 꺼려하고, 바다용龍의 맺은 혈穴은 물을 얻는 것을 기뻐한다.(山看巒形, 洋察水勢. 山龍之結穴忌被風吹, 洋龍之結穴喜于得水).”[3] “산은 거대한 형세로 내달리는 모습으로 있는데, 왼쪽과 오른쪽의 둘레를 에워싸 바람이 불어오지 못하게 하면 맥이 있게 된다.(山以大勢奔馳, 左右環抱, 風不能吹, 乃爲有脈.)”[4]

양택에 있어서는 향촌과 도시의 용龍에 대한 판정기준이 같지 않다. “시골 마을[鄕村]의 땅에는 반드시 용이 있어야 한다. 만약 용맥龍脈이 없다면 다만 국세局勢에서 원元을 얻어 운運을 타는 것이니 이 또한 발복할 수 있다. … 도都와 성·부·주·현(省府州縣)의 읍에는 반드시 왕성한 용龍과 멀리까지 이어지는 맥脈이 있어 넓게 펴져 있다. 그 백성이 집에서 사는데 구분되어 의지하지만 또한 나머지 기氣에 올라 접할 수 있다.(鄕村之地必須有龍, 若無龍脈, 只就局勢得元乘運, 亦可發福 … 都省府州縣邑, 必有旺龍遠脈, 鋪張廣布, 其民居廛舍, 依附分別, 亦得乘接餘氣.)”[5]

형법 중에는 전문으로 ‘수水’를 다루는 이론이 따로 있어서 여기서 논하는 멱룡覓龍은 주로 산룡山龍을 찾는 것이다. 주요 내용은 아래와 같다.

첫 번째는 조산祖山을 확인하고 산세山勢의 기복起伏과 평탄에 의거해 기맥氣脈을 판단함으로써 음양陰陽을 구분하고 생사를 선별한다. 조산祖山이란 산맥山脈이 시작한 곳을 가리킨다. 풍수에서는 중국의 산맥들은

2) 淸 · 華亭姚瞻旂輯, 『陰陽二宅全書』 卷一.

3) 淸 · 華亭姚瞻旂輯, 『陰陽二宅全書』 卷一.

4) 淸 · 華亭姚瞻旂輯, 『陰陽二宅全書』 卷一.

5) 『陽宅集成』 卷一 「論陽基之龍」.

곤륜산昆侖山을 시원始源으로 하고 있고(昆侖山은 中國神話 중에서 하나의 중심축이기도 하다)곤륜산을 이은 세 용맥龍脈이 중국으로 뻗어 있다고 주장한다. 용맥龍脈을 고찰할 때 우선 그 지역의 군산群山이 곤륜산과의 관계 즉 판단할 산룡이 곤륜산을 이은 세 용맥龍脈 중의 지룡支龍인지를 고찰해야 한다. 세 용맥龍脈은 곤륜산에서 기원起源한 3대 산줄기를 가리키며 황하黃河와 장강長江을 분계선으로 하여 산들의 맥脈을 북간北幹과 중간中幹 그리고 남간南幹으로 구분했다.

북간계北干係는 청해青海, 감숙甘肅, 산서山西, 하북河北 및 동북삼성을 꿰뚫은 황하 이북의 산들이다. 산맥은 서북고원을 시원始源으로 하고 있다. 주맥산척의 서수계西水系는 용문서하龍門西河에 흘러들어가고 선척山脊의 동수계東水系는 유기幽冀에 들어갔다가 중국의 동해東海에 귀속되어간다. 주맥主脈은 서쪽의 한 산맥인 호구봉학壺口奉嶽의 지맥은 분진汾晉들판을 둘러싸고 있다. 남쪽으로 뻗어나가는 것은 석성析城의 왕옥산王屋山, 서쪽으로 꺾인 것은 부수산富首山이다. 다른 지맥支脈 중의 하나는 항산恒山, 또 하나의 지맥은 태행산太行山이다. 태행산 중에서 가장 긴 지맥은 연산산맥燕山山脈이다.

중간계는 황하黃河와 장강長江 사이에 위치하고 사천四川, 협서陝西, 하남河南, 호북湖北, 안휘安徽, 산동山東 등의 성을 꿰뚫은 산들을 가리킨다. 주산맥은 촉한蜀漢을 시원始源으로 하고 있다. 지맥 중의 하나는 장안長安을 거쳐서 관중關中까지 이어졌다. 다른 지맥 중의 하나는 함곡函谷을 지나 태산泰山에서 끝을 맺었다. 또 하나의 지맥은 반총한수蟠塚漢水의 북쪽에서 시원始源하여 양주揚州에서 끝을 맺었다.

남간계南干係는 장강 이남에 위치하고 운남雲南, 귀주貴州, 광서廣西, 호남湖南, 강서江西, 광동廣東, 복건福建, 절강浙江, 강소江蘇 등의 성을 꿰뚫은 산들을 가리킨다. 주맥은 민산岷山을 시원始源으로 하고 있다. 강江 량안

兩岸을 끼고 있는 민산岷山의 좌측 지맥은 강북까지 뻗었다가 여러 개의 분계分系로 나뉘었다. 오른쪽 지맥支脈은 호남 민광閩廣으로 퍼져나갔다가 동쪽의 량절兩浙에서 끝을 맺었다. 그 중의 한 지맥이 계령桂嶺을 거쳐 상원湘源을 포위하며 북상하다 원균袁筠을 경유하여 로부蘆阜에서 끝을 맺었다. 또 하나의 지맥은 남쪽에서 동쪽으로 뻗어와 팽려彭蠡들판을 포위했다가 흡歙의 황산黃山을 지나 남경南京에서 끝을 맺었다. 또 천목산天目山에서 시원始源한 한 갈래가 절강浙江에서 끝을 맺었다. 그 밖에 오령五嶺에서 시원始源한 남간계의 강서산맥江西山脈은 남쪽에서 북쪽으로 뻗어 있다. 민광閩廣의 산맥은 북쪽에서 남쪽으로 뻗어 있다. 다른 한 갈래는 절강浙江들판에 뻗어나가 북쪽으로는 회계會稽까지 이어졌고 남쪽으로는 령남산계嶺南山系가 들어 있는 민월閩粵까지 이어졌다.

『삼재도회三才圖會』[6]에 실린 상술된 대간계大干係들의 상세한 지도는 형법 중의 조산맥祖山脈 이론에 관한 권위(〈그림 1〉)가 되었다. 대상 산맥이 속하는 조간祖幹을 밝혀낸 후 그 산 자체의 체계를 고찰해야 한다. 형법에서는 산척山脊이 기복起伏하는 윤곽선은 맥의 외형이고, 맥을 살필 때 우선 곡굴기복否曲屈起伏하는지를 대체적으로 보고서는 산척山脊이 갈라지거나 합쳐지는 곳에 륜輪[7]과 훈暈[8]이 있는지를 살펴봐야 한다. 훈이

6) 三才圖會: 중국 명(明) 나라 때에 왕기(王圻)가 저술한 일종의 백과사전. 모두 1백6권으로 이루어져 있는데, 여러 서적의 도보(圖譜)를 모으고 사물을 그 그림에 따라 천지인(天地人)의 삼재(三才)로 나누어 설명하고 있음. 천문(天文) · 지리(地理) · 인물(人物) · 시령(時令) · 궁실(宮室) · 기용(器用) · 신체(身體) · 의복(衣服) · 인 사(人事) · 의제(儀制) · 진보(珍寶) · 문사(文史) · 조수(鳥獸) · 초목(草木) 등 14부문으로 분류하고 있다.

7) 輪: 오륜(五輪)의 준말로, 눈을 5개 부위로 나눈 것을 합해서 이른 말이며, 육륜(肉輪) · 혈륜(血輪) · 기륜(氣輪) · 풍륜(風輪) · 수륜(水輪)을 말하는 용어임.

8) 暈: 해와 달의 둘레를 둥글게 둘러싼 희미한 무지개 같은 것. 풍수적 의미는 혈이 맺힌 자리에는 暈이 맺혀 있고, 혈이 맺힌 곳을 중심으로 안정된 기를 보호하는 지반이며 암석이 훈의 외곽을 받치고 있다. 즉 氣가 脈 밖에 있는 것이 아니고 脈을 따라 氣가 山의 등뼈 중간으로 행하는 것이다. (맥을... 이러한 곳에 安棺納骨하고 暈이 지극한 곳이면 貴한 子孫이 나고, 어진 子孫이 출생하고, 財物이 發하고....)

〈그림 1〉 중국 풍수 중 중국 3대 간룡도(幹龍圖), 『삼재도회(三才圖會)』

있으면 생기도 있어서 길하고 그렇지 않으면 흉하다. 음양을 구분하는 것은 바로 산의 향배向背(앞과 뒤)를 고찰하는 것이다. 풍수의 이러한 심리에 태胎, 식息, 화생뇌化生腦, 태극훈太極暈 등과 같은 잡다한 용어들도 섞여 있는데 이렇게 인체 및 팔괘설 중의 용어를 가차한 것은 실은 그 이론을 신비화하려는 의도다.

두 번째는 지간枝幹을 구분하고 산세에 따라 동물로 비유하며 길흉쇠왕吉凶衰旺을 단정하는 것이다.

산에 있어서는 산맥의 주룡主龍은 마치 나무와 같고 본줄기는 '간幹'이고 방지는 '지枝'다. 물에 있어서는 넓은 수면은 간룡幹龍이고 지류는 지枝다. 『신추경神樞經』에서는 "간幹의 용이 운행할 때는 나는 것 같음이 옳고, 지枝의 용이 운행할 때는 둥글게 돈다.(幹龍行度, 宜如飛, 枝龍行度,

秀如環.)"라고 주장한 것을 보면 '간幹'과 '지枝'의 심리기준이 서로 다름을 알 수 있다.

'세勢'에 관한 풍수의 표현이 매우 많다. 예컨대 "1,000척은 세勢가 되고, 100척은 형形이 된다. 세는 큰 곳에 있고, 형은 작은 곳에 있다(千尺爲勢, 百尺爲形, 勢居乎粗, 形在乎細)" 또한 "좌·우·전·후를 4세라 한다. 산·수·응안山水應案을 3형이라 한다.(左右前後兮謂之四勢, 山水應案兮謂之三形)"[9] 이라는 것을 보면 '세'라는 것은 군산群山의 기복형상起伏形狀으로 일종의 원경(원관遠觀)의 사의효과寫意效果다. '형形'이라는 것은 한 산의 구체적인 상태로 근경(근관近觀)의 사실경상寫實景象이다. 소위 "세勢가 있은 다음에 형形이 있다.(有勢然後有形)", "3형形을 알려하거든 4세勢局를 먼저 살펴야 한다.(欲認三形, 先觀四勢)"라는 말은 정체整體에서 국세局勢(국부局部)까지 진행한다는 중국인들의 보편적인 사유방식을 정확히 반영한 것이다.

'세勢'를 관찰하는 방법으로서는 저명한 "심룡선분구세尋龍先分九勢"설과 '변오세辨五勢'설 이외에 산山과 수水를 결합하여 '세'를 판단하는 방법도 있다. 예컨대 『음양이택전서陰陽二宅全書』에서 홍조거사洪藻居士의 말을 인용했다. "세勢는 용龍자의 첫 번째 중요한 법이니 한결같이 그 수세水勢를 살펴야 한다. 두 큰 물 사이에서 나오는 용은 한 쪽 편만 큰 물을 받는 용보다 뛰어나고, 한 쪽 편만으로 큰 물을 받는 용은 몸이 붙어 양쪽 편의 물을 받는 용보다 뛰어나다. … 물을 맞이하는 용은 물을 거스리는 용보다 뛰어나다.(勢者, 龍字第一要法也, 一審其水勢. 兩大水夾出之龍, 勝於一邊受大水之龍; 一邊受大水之龍, 又勝於受貼身兩邊水之龍 … 迎水之龍, 勝於逆水之龍.)"

---

9) 『管氏地理指蒙』「四勢三形第八十五」.

'형形'을 고찰하는 중요한 방법 중의 하나인 '갈형喝形'은 바로 직관(직접)적인 관측을 통하여 산을 사자獅子, 코끼리, 거북, 뱀, 용龍, 봉황鳳凰 등으로 비유하는 것이다. 아울러 이렇게 비유된 동물이 상징하는 길흉을 인간의 길흉쇠왕吉凶衰旺과 서로 대응시키는 것은 실實은 만물유영관萬物有靈觀의 잔재로 보인다.

그리고 오성설五星說, 구성설九星說 등처럼 산형山形에 특정적인 상징을 부여하여 길흉을 판단하는 방법들도 있다.(〈그림 2〉).

세 번째 종류는 분합향배分合向背를 고찰하여 주객정종主客正從을 구분하고 주용主龍의 사방에는 장막帳幕(용龍을 에워싸 주는 산山들)이 있는지를 살펴보는 것이다.

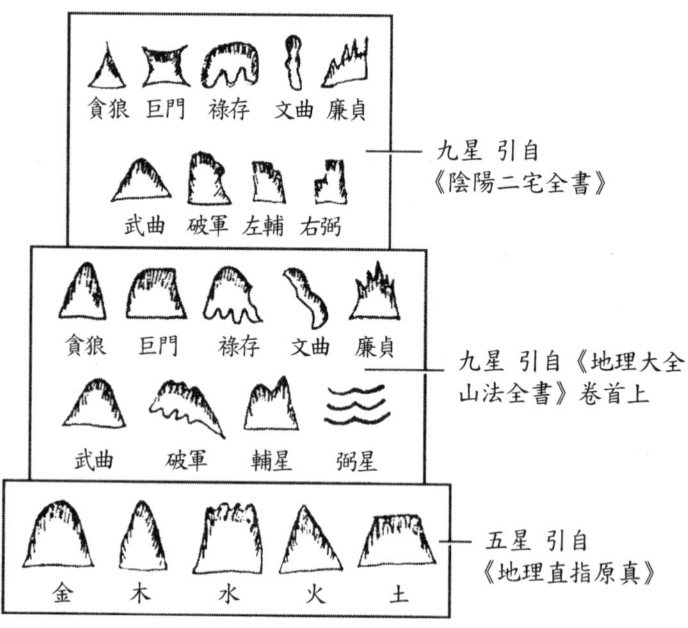

〈그림 2〉 산형(山形)에 따른 구성 · 오성도

장막이란 용을 경호하는 사砂로서 주용主龍이 위치하는 산의 전후좌우에 있는 작은 산들을 가리킨다. 형법形法에서 장막이 없는 주용이 외롭다고 주장한다. 그래서 '진용眞龍'이 되려면 황제가 출행할 때처럼 가운데에 있고 앞쪽에는 영접 자, 뒷쪽에는 전송 자, 양옆에는 경호원과 가마꾼이 있어야 한다.

(2) 사砂에 대한 고찰: 사砂의 의미는 장막帳幕과 거의 같지만 보다 더 정확하게 습득할 수 있게 하나의 독립과제로 다룬다. 보통 사砂를 살펴볼 때 우선 성체星體를 식별해야 한다. 즉 사산형砂山形에 부회附會된 오행속성五行屬性이나 오성五星, 구성九星 등으로 길흉을 판단해야 한다. 풍수서적 중에 실린 모든 각양각색의 사체도형砂體圖形들을 보통 모두 기억해야 한다.(〈그림 3〉). 대체적인 규칙은 이렇다. 뾰족하고 둥글고 반듯한 모양 등 귀중품처럼 보이면 길하고 반대로 비뚤어지고 깨진 모양 등 흉

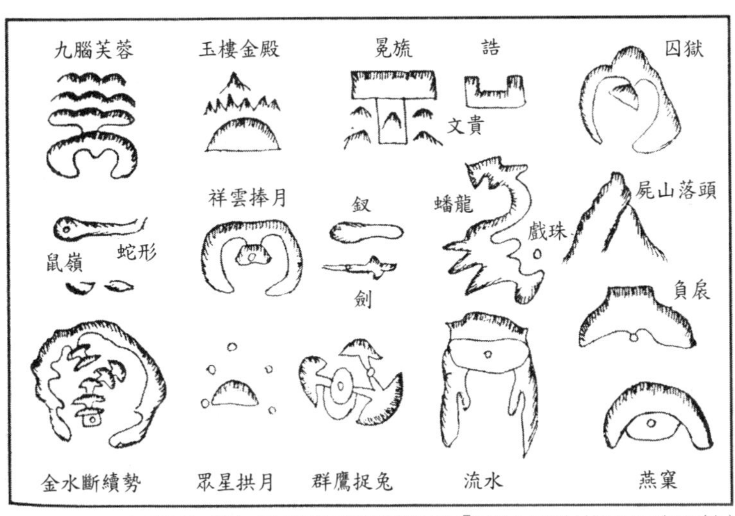

〈그림 3〉 풍수 중 사체도형(砂體圖形) (『음양이택전서(陰陽二宅全書)』)

악해보이면 흉하다. 물론 실제로는 상황에 따라 방법方法과 각도角度가 다를 수 도 있다. 예컨대 황소응黃妙應의 『박산편博山篇』에서는 사砂의 전前, 후後, 좌左, 우右 위치에 따라 사를 시사侍砂, 위사衛砂, 앙사迎砂, 조사朝砂로 나눠 사砂와 주용主龍 사이의 '주종' 관계를 나타냈다. 이는 전적으로 중국 종법사상[10]이 풍수에서 반영된 것이다.

양택陽宅에 대해서는 형가形家들이 사砂를 살펴볼 때 좌우左右측의 호사護砂를 유심히 중요시하고 또한 바람이 오는 방향에 따라 상사上砂와 하사下砂로 나눈다. 만약 바람이 우右측에서 오면 우右측에 있는 사砂는 상사上砂고 반대의 경우는 하사下砂다. 『양택회심집陽宅會心集』 권券 상上의 「음택총론陽宅總論」 중에서는 남동南東지역의 지리환경과 기후풍향氣候風向 등의 특징에 따라 그 지역인 경우 특히 상사上砂가 길고 높고 커야 한다고 강조했다. 즉, "기를 모으고 바람을 막아 결혈結穴하는 것은 전적으로 이러한 구조에 달려 있다.(蓋收氣擋風落頭結構全賴乎此)" 하사는 1리 안에 비록 전혀 없어서도 안 되지만 낮고 평탄해야 하고 높거나 크거나 구부러지거나 또는 환상環狀이 된 것을 피해야 한다. 1리밖에 있는 것에 대해서는 아무런 금기가 없다. 풍수구결風水口訣 중의 "청룡은 높고 커야 하고, 백호는 머리를 들 수 없다.(青龍要高大, 白虎不能抬頭)"라는 것은 바로 이러한 원인과 이치에서 비롯된 것이다. 과학적인 시각으로 볼 때 이러한 구결口訣의 목적은 실은 바람을 피하고 소통시키고 회전시키는 것이라 일리가 있다.(〈그림 4〉).

10) 종법사상: 종법이란 부계(父系)·부권(父權)·부치(父治)의 씨족제도를 뜻한다. 씨족은 혈통으로 유대관계를 맺는 사회조직을 뜻하는데, 족장은 그 종족의 주사(主祀)이며 정치적인 우두머리이다. 따라서 정교합일(政敎合一)의 부락을 이루기 때문에 하늘을 존경하는 일과 가족의 관념이 서로 결합되어, 정치조직의 뿌리는 하늘을 존경하는 것에 기초를 두면서 정치적 우두머리인 족장이 하늘의 부탁을 받아 부락민을 책임지는 상태가 자연스럽게 형성되었다.

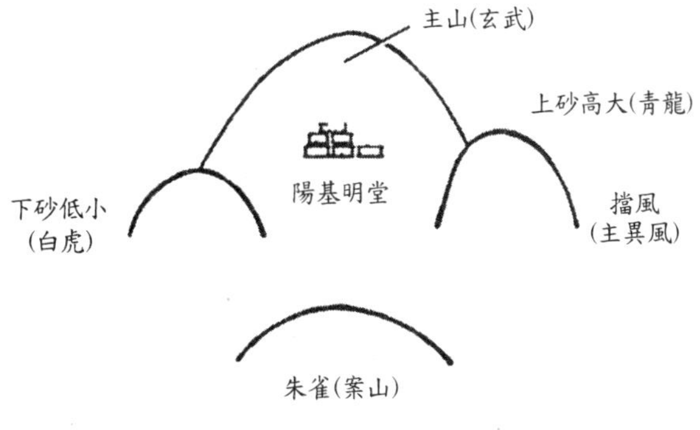

〈그림 4〉 상사(上砂)와 하사(下砂) 관계도

(3) 관수觀水: 산山과 물의 관계는 서로 갈라놓을 수 없을 정도로 밀접하다. 앞서 설명했듯 수용水龍과 산용山龍의 고찰방법이 달라서 관수법觀水法을 따로 논할 필요가 있다. 관수觀水는 형법形法에서 지형地形을 고찰할 때 꼭 있어야 하는 중요한 절차 중의 하나다.

관수觀水를 어떻게 해야 하는가? "入山首觀水口(山에 들어서면 우선 水口부터 살펴보라.)" 『관씨지리지몽管氏地理指蒙』에 이미 '수구水口'에 관한 이론이 나와 있다. 명대明代에 이르러 수구설水口設이 이미 매우 성행盛行하게 되었고 또한 풍수형법風水形法의 한 중요한 이론적 기초가 되었다. 청대淸代에 이르러 풍수술사들이 이에 더욱 정통精通했고 수구水口에 관한 이론理論도 하나로 정리되었다. 예컨대 『지리대전地理大全』, 『지리오결地理五訣』, 『입지안도설入地眼圖說』, 『음양이택전서陰陽二宅全書』 등에서는 수구水口의 개념과 역할에 관한 논술은 거의 일치했다. 『입지안도설入地眼圖說』 7권 「수구水口」 조목에는 아래와 같은 기술이 나와 있다. "탁장자托長者가 말하기를 '산에 들어가면 먼저 수구水口를 찾아야 한다. … 물이 오는 곳을 천문天門이라 하는데 만약 오는데도 원류源流를 보지 못하면 천문이 열렸다고 한다. 물이 가는 곳을 지호地戶라 하는데, 물이 가는 것을 보지 못하는 것을 지호가 닫혔다고 한다. 저 물은 본래 재물을 주관하는데, 천문이 열리면 재물이 오고 지호가 닫히면 재물의 쓰임이 마르지 않는다.'(托長者曰: 入山尋水口, … 凡水來處謂之天門, 若來不見源流謂之天門開; 水去處謂之地戶, 不見水去謂之地戶閉.夫水本主財, 門開則財來, 戶閉財用不竭.')" 이로써 수구水口는 원래 물이 들어가는 곳과 물이 나오는 곳 즉 두 종류로 나뉘었음을 알 수 있다. 이러한 두 종류의 수구水口에 대한 요구要求가 현저히 다르다. 전자는 활짝 열려 있어야 하고 후자는 갇혀 있어야 한다. 즉 소위 "물의 근원은 조포유정朝抱有情의 수라야 좋고, 직접 내뿜거나 빗장 걸리듯 막혀있는 것은 좋지 않다. 수구에서 떠나갈 때 빗장 걸듯 막혀있는 것이 긴밀해야 하니 바로 가서 거둬들일 수 없는 것이 가장 두렵다.(源宜朝抱有情, 不宜直射關閉; 去口宜關閉緊密, 最怕直去無收)"는 것이다. 수구水口에 대한 이러한 인식은 중국 향촌鄕村의 구조를 결정 지어주는 관건이 되었다. 그런데 풍수에서는 '물'을 재원으로 비유하는 것은 실은 중국인들의 일종의 특유의 습관이기도 한다. 예컨대 씀씀이를 설명하는 말 중에 돈을 물쓰듯 평평 쓴다는 말이 있다.

이어서는 수역을 관찰하는 것이다. 소위 수역水域이란 물의 형국形局을 가리킨다. 우선 대체적인 형국을 살펴본다. "마을에 들어서면 우선 수역水域이 어느 쪽에 속하는지를 살펴본다. 물에 둘러싸인 쪽에서 길지를 찾을 수 있지만 그 반대편은 안 된다." 이것은 바로 고대인의 '예汭'위位 관점이다. 이어서 구체적인 물 흐름의 방향과 형태를 자세히 살펴봐야 한다. 이 경우에도 사형砂形을 고찰할 때와 마찬가지로 풍수술사風水術士들이 꼭 기억해두어야 하는 여러 가지의 구체적인 도형들(〈그림 5〉)이 있다. 그 밖에 대체로 공통적인 규칙들도 있는데 예컨대 물이 서쪽에서 동쪽으로 흐르는 것이 바람직하고 수로가 만곡彎曲해야 하지만 비

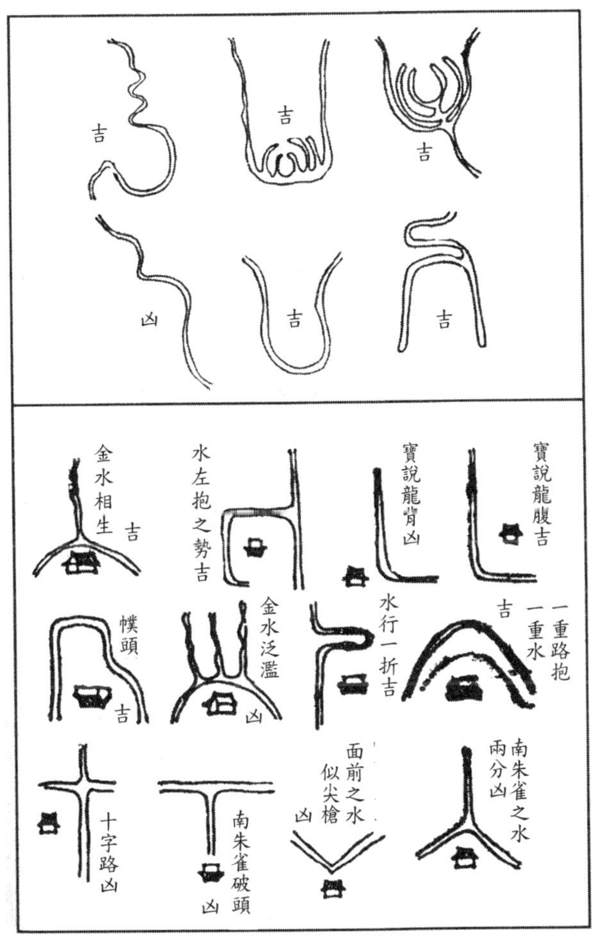

〈그림 5〉 풍수 중 수룡형상(水龍形狀) 및 건축관계도(『水龍經』)

스듬히 튀는 물은 금물이다. 소위 "네모지거나 둥근 것이 반듯하여 맑게 엉기고 둥글게 모인 형形이고, 삐뚫어지거나 기울어 새는 문제점이 없다면 수법水法이 70-80% 정도는 좋은 것이다(若方圓平正有澄凝團聚之形, 無歪斜傾泄之患, 則水法便是七八分好了)"[11] 등이다.

11) 清・熊起磻,『堪輿洩祕』.

(4) 점혈點穴: 음택陰宅의 혈穴은 관곽棺槨이 묻히는 곳을 가리키고 양택陽宅의 혈穴은 주택住宅이 위치하는 택지라 양기陽基라고도 불린다. 그래서 점혈點穴이란 관곽棺槨이 묻히는 곳과 양기陽基의 범위範圍를 결정하는 일이다.

만약 멱룡覓龍, 찰사察砂, 관수觀水는 풍수의 필수적인 절차라면 점혈點穴은 이러한 절차들의 목적이자 가장 어려운 작업이라고 할 수 있다. 이를 반영하듯 속담에도 심룡尋龍은 쉽지만 점혈은 어렵다는 말이 있다. '혈'은 풍수설風水說의 또 하나의 신비로움이다. 혈穴에 대한 요구에 있어서는 양기陽基와 음택陰宅의 기준이 전혀 다르다. 『양택집성陽宅集成』 1권의 「성사부星砂賦」를 인용했다. "음지陰地는 감기는 것으로 기를 껴안고, 양기陽基는 크고 관대함으로 아름다움을 다스린다.(陰地以緊拱奇, 陽基以寬平美.)" 이와 유사한 주장들이 이밖에도 많이 있다. 예컨대 "음지는 한 선을 요구하고, 양기는 한 조각을 요구한다(陰地求一線, 陽基求一片)", "음지의 용은 모름지기 맑고淸, 순수하고純, 감겨서 모여[緊奏] 기맥이 모인 것을 권장하고, 양기의 용은 트이고[闊], 크고[大], 열리고[開], 밝아[陽] 기세가 크고 높은 것을 좋아한다.(陰地之龍務須淸, 純, 緊奏, 氣脈團結. 陽基之龍, 喜其闊, 大, 開, 陽, 氣勢宏敞)"[12], 등등이 있는데 그림으로는 〈그림 6〉과 같이 표시할 수 있다. 그밖에 양기陰宅에 대한 진일보進一步한 논술도 있다. 양택陽宅은 "지세가 넓고 평평하고 국면이 넓고 커서 앞은 부술 수 없고, 앉으면 반듯하여 침산枕山과 금수襟水이거나 왼쪽이 산이고 오른쪽이 물인 경우가 좋다.(喜地勢寬平, 局面闊大, 前不破碎, 坐得方正, 枕山襟水, 或左山右水)."[13] 게다가 늘 이것을 명당과 함께 논하기도 한다. "양택陽宅의 혈장穴場은 널리 펼쳐진 양탄자나 자리 같

12) 姚瞻旂, 『陰陽二宅全書』.

13) 淸 · 林枚, 『陽宅會心集』.卷上「陽宅總論」, 嘉慶十六年致和堂藏板.

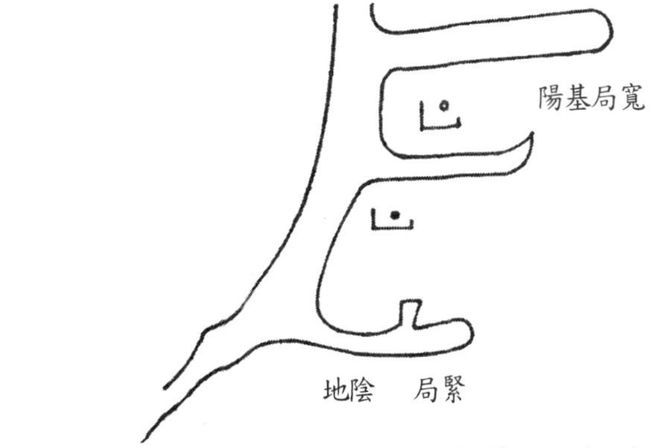

〈그림 6〉 음지(陰地), 양택혈장(陽宅穴場)의 구별도(『陰陽二宅全書』)

아야 좋고, 명당은 널리 펼쳐지면서 크게 모이는 것 같아야 좋다. 안산案山은 멀리 펼쳐져야 좋고 분합分合은 넓어야 좋다. 널리 펼쳐진다면 혈장穴場이 넓어지고 넓게 모여 있다면 모든 하천을 담을 수 있다. 안산案山이 멀리 있으면 토우土牛(혈장穴場)가 순후하고 분합이 넓으면 주변의 물이 몸을 감싸지 못한다.(陽宅之穴場, 宜鋪氈展席, 明堂宜寬暢大聚, 案山宜遠, 分合宜寬, 蓋鋪展則穴場闊大, 寬聚則容納百川, 案山遠則土牛唇厚, 分合寬則界水不纏身.)"[14] 음陰, 양기陽基에 대한 이러한 요구는 실제 '환경용량環境容量'에 대한 고려에서 비롯된 것이다. 왜냐하면 음혈陰穴은 망자 혼자만 위한 자리고 양기陽基는 여러 생자를 위한 곳인 만큼 널찍해야 한다.

혈위에 대해서는 "용수龍首를 지켜야 하고 용미龍尾를 피해야 한다.(龍首當鎭, 龍尾當避)"고 해서 옛날 중국의 산간촌락(마을의 집단주택)건축과 공동묘지들은 산기슭의 가장자리에 있는 경우가 드물고 대부분 산 중턱이나 산기슭에 가까운 곳의 중심부中心部에 위치하고 있다.

상술한 4대 내용 중에 종종 망기望氣, 상수嘗水, 변토석辨土石 등의 방법

14) 同書, 『陽宅會心集』. 卷上 「陽宅總論」, 嘉慶十六年致和堂藏板.

도 같이 포함되어 있다. 이 모든 고찰이 끝나면 정향定向할 수 있다. 정향定向하는 데 대부분 이기방법理氣方法에 의거한다. 그래서 실제 응용할 때 형법形法에 대량의 이기수법理氣手法도 섞여 있다. 모두 나반羅盤을 운용하고 음양陰陽, 오행五行, 정향定向 등을 매우 중시한다. 『지리오결地理五訣』 등과 같이 형법을 위주로 하는 서적에는 예외 없이 명확히 지리 풍수 입문 방법을 아래와 같이 설명했다. "처음 배울 때 억지로 오행을 외어서 정오행, 삼합오행, 향상오행, 쌍산오행 등을 또렷하게 외우고 생生, 왕旺, 묘墓, 양養의 사국四局과 수구水口 등의 사대四大를 분명하게 구분하고, … 다시 나반의 여러 방위를 충분히 익혀서 용의 형상을 알아 생·왕·사·절(生旺死絶)이 용의 이기이고 생·왕·사·절이 혈의 음양 진기임을 알아야 한다. 사砂의 귀천으로 위를 얻고 잃음, 물의 길흉 … (初學時强記五行, 將正五行, 三合五行, 向上五行, 雙山五行, 一一記淸, 辨明四局中生旺墓養, 四大水口 … 再將羅盤層層熟記, 知龍之形象, 生旺死絶, 龍之理氣; 生旺死絶, 穴之陰陽眞氣. 砂之貴賤得失位, 水之吉凶 ….),"[15] "매번 도착하는 땅마다 용龍의 생·왕·사·절을 보고, 수구가 나반 상의 천간天干인지 지지地支인지를 본다. … (每到一地看龍之生旺死絶, 水日在某字上或是天干, 或是地支, …)."[16] 이것은 나반으로 지형을 살펴보고 방위 위치를 선정해야 한다는 뜻이다. 그리고 『음양이택전서陰陽二宅全書』, 『음양집요陽宅集要』 등의 서적에서는 수구水口를 살펴볼 때 "오고가는 수구에서 거두고 버리는 데 마땅함을 얻어야 하고 모두 향상되어야 한다. 지금 수법水法이라 말하는 것은 어떤 경우에는 삼합三合을 쓰고, 어떤 경우에는 애성挨星을 쓰고, 어떤 경우에는 납갑納甲을 쓰고, 어떤 경우에는 음이냐 양이냐를 따져 쓰고, 어떤 경우에는 대원공大元空

15) 『地理五訣』.

16) 『陰陽二宅全書』.

을 쓰고, 어떤 경우에는 소원공小元空을 쓰고, 어떤 경우에는 쌍산오행雙山五行을 쓰고, 어떤 경우에는 사경오행四經五行을 쓰고, 어떤 경우에는 우주오행宇宙五行을 쓰고, 어떤 경우에는 향상오행向上五行을 쓴다. … (來去之口, 收放得宜, 全在於向上, 今之言水法者, 或用三合, 或用挨星, 或用納甲, 或用淨陰淨陽, 或用大元空, 或用小元空, 或用雙山五行, 或用四經五行, 或用宇宙五行, 或用向上五行, …)"[17]고 주장한 것은 형세설形勢說에 대한 이기파理氣派의 영향을 보여주는 동시에 우리에게 이기파적理氣派的인 유파流派가 많지만 한결같이 지리를 관찰하는 상술된 형세설形勢說의 오결五訣을 필수절차로 전개한다는 내용도 내비쳤다.

2) 이기理氣

주로 복건파福建派의 학설을 계승하여 "땅의 길은 산과 내이니 원래 형태와 자취를 볼 수 있고, 하늘의 기는 기후氣喉이니 형태와 자취를 볼 수 없다. 그러므로 나경羅經(羅盤)으로 측정하여 그 위치를 정하고 그 기를 살펴야 한다. … 산등성이와 산봉우리를 조사하고, 용을 살펴 기를 정하고, 땅의 형류形類를 살피고, 사수의 길흉을 살핀다. … (地徑是山川, 原有形跡之可見; 天紀是氣喉, 未有形跡之可窺. 故必羅經測之, 定其位而察其氣 … 閱岡巒而審龍定氣, 驗地中之形類, 鑒砂水之吉凶.)"[18]라고 주장한 것을 보면 이법理法이 산천형기를 고찰할 때 특히 나반羅盤의 이용을 중요시하고 택내宅內에서도 나반羅盤으로 우선 방위를 정하고 또한 『역易』의 원리에 따라 팔괘八卦, 십이지十二支, 천성天星, 오행五行을 원칙의 4대요소로 하였음을 알 수 있다.

---

17) 『陰陽二宅全書』.

18) 『天機素書』 轉引自 『羅經會要』.

나반羅盤은 음양이기陰陽二氣, 팔괘오행八卦五行의 원리, 하도낙서河圖洛書의 수, 천성괘상天星卦象의 형形을 집대성한 것으로 이기파理氣派에서 가장 즐겨 운용하는 필수도구(공구)일 뿐만 아니라 형법파形法派에도 없어서는 안 되는 강력한 감여 도구다. 나반羅盤의 역사 연원에 대해 앞 장에서 다루었으니 여기에서는 그 이론의 요점과 용도만 간단히 소개하겠다.

감여堪輿에 쓰이는 나침반은 비록 매우 잡다하지만 기본 구조는 24산二十四山을 기초로 하는 '천반天盤', '지반地盤', '인반人盤'이라는 삼반三盤 즉 중침中針, 정침正針, 봉침縫針이라는 삼침三針이다. 나반의 기본기능은 주로 방향측정과 방향선정이다. 보통 나반의 반면에 층수가 2~3층에서 40~50층까지 다양하지만 그 중 가장 중요한 층은 아래와 같다.(〈그림 7〉).

① 천지층天池層: 보통 나침반의 한 가운데에 위치하고 그 위에는 자침磁針이 설치되어 있다.

② 후천팔괘층後天八卦層: 선천팔괘先天八卦를 이용하는 경우도 있는데, 이 층은 4정4유四正四維로 된 8개의 방위를 표시해준다. 풍수에서는 이것으로 음양을 구분한다.

③ 지반층地盤層: 지반地盤이라고도 불리우고 지구地球 자극자오선磁極子午線을 기준으로 하는 24산二十四山이다. 24산은 12지지十二地支, 십천간十天干 중의 8천간八天干(즉 甲, 乙, 丙, 丁, 庚, 辛, 壬, 葵, 통틀어 八干이라고 불린다) 그리고 팔괘八卦 중 사방위四方位를 나타내는 4괘四卦 (즉 乾, 坤, 艮, 巽, 통틀어 四維라고 불린다)로 구성되어 있다. 천지 중의 자침磁針이 이 층의 정남正南인 오위午位를 가리키고 있어서 '정침正針'이라고 불린다. 방향을 가리키는 역할을 해서 "격정래용格定來龍" 즉 산향측정山向測定,

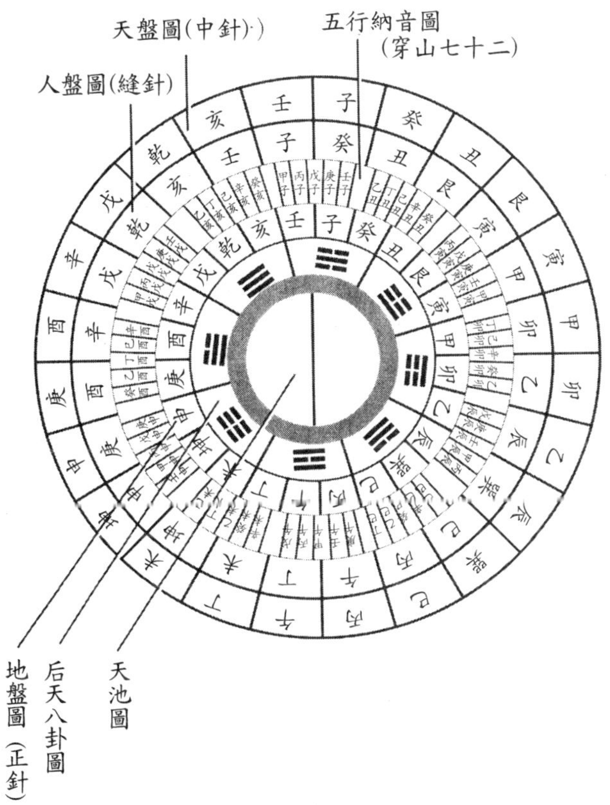

〈그림 7〉 나반기본광가(框架)도

수향水向 변별, 건축물의 방위결정에 쓰인다.

④ 오행납음층五行納音層: 천산72穿山七十二라고도 불리며 지층설치와 어우러져 늘 택주宅主의 '명괘命卦'를 확정하는 방위결정에 쓰인다.

⑤ 인반층人盤層: 24산二十四山을 지반과 시계 반대방향으로 반 칸씩 엇갈리게 하는 것이고 봉침縫針이라고도 불린다. 이 침에 표시된 방향은 자침이 정한 정남북향正南北向 (地理 子午線)에 근접해서 실내 기물의 방위를 결정하는 데 쓰인다.

⑥ 천반층天盤層: 24산二十四山을 지반과 시계 방향으로 반 칸씩 엇갈리

게 하는 것이고 중침中針이라고도 불린다.

삼반三盤의 삼침三針이 각각 반 칸씩 즉 7.5°씩 엇갈려 있다. 하지만 봉침과 중침의 변위變位에 대한 설명은 각기 다르다. 일부 풍수 서적에서는 상술한 설명과 상반되게 인반층人盤層의 24산二十四山을 지반과 시계방향으로 반 칸씩 엇갈리게 하고 천반층天盤層의 24산二十四山을 지반과 시계 반대방향으로 반 칸씩 엇갈리게 한다는 설명을 보면 이것은 지자극地磁極의 이동과 각파各派마다 추숭推崇하는 각기 다른 학설과 관계가 있을 것이라는 추측을 할 수 있다. 예컨대 전설에 의하면 당대唐代의 구연한丘延翰은 24산二十四山의 배열방식을 할 때 지자地磁 남북극南北極을 기준으로 해서 자침磁針이 오위午位를 가리키는 '정침正針'의 방위에 따라 배열했다고 한다. 그런데 양균송楊筠松은 자편각의 존재를 감안해서 나침반에 변위變位 방위층方位層을 추가했다. 그는 자편각磁偏角이 북쪽에서 동쪽으로 7.5도 기울어 있다는 판단에 따라 추가 방위층을 왼쪽(시계 반대방향으로)으로 반 칸씩 돌려놓았다. 그것을 '인반人盤' 즉 '봉침縫針'이라고 불렀다. 반면에 뢰문준賴文俊은 자편각磁偏角이 북쪽에서 서쪽으로 7.5도 기울어 있다는 판단에 따라 이 방위층을 오른쪽(시계 방향으로)으로 반 칸씩 돌려놓았다. 그것을 '천반天盤' 즉 '중침中針'이라고 불렀다. 하지만 이러한 것들은 단지 전설에 불과하다.

이법理法의 이론은 매우 난잡하다. 하지만 전형적인 것은 아래와 같이 몇 종류가 있다.

① 『팔택주서八宅周書』. 팔택명경八宅明鏡이라고도 불리는 이것은 '대유년大遊年' 변효變爻의 방식으로 '택宅'과 '명주命主(主人의 命數)'의 배속길흉配屬吉凶을 추도推導하는 이론이다. 구체적인 방법은 이렇다. 주택의 방위

에 '후천팔괘後天八卦'의 특성을 부여하고 각 방위方位의 수자數字를 「낙서洛書」의 수에 따라 배열한다.(〈그림 8〉).

팔괘八卦에서는 다시 '음양陰陽의 기氣'에 따라 각종 주택들을 두 개의 조로 나눈다.

乾, 兌, 艮, 坤—西四宅
離, 震, 巽, 坎—東四宅

주택을 배치할 때 우선 주택의 좌향坐向에 의거해 그곳의 팔괘속성을 추도推導한다. 예컨대 '자산오향子山午向'이라고 불리는 좌북향남의 주택인 경우 우선 '야마도간野馬跳澗' 등의 구결口訣에 따라 이러한 종류의 주택이 팔괘八卦 중의 '감坎'에 속해 있음을 확인하면 '감택坎宅'이라고 불리는 동사택東四宅에 속한 것이라 택주宅主도 동사명東四命에 속하는

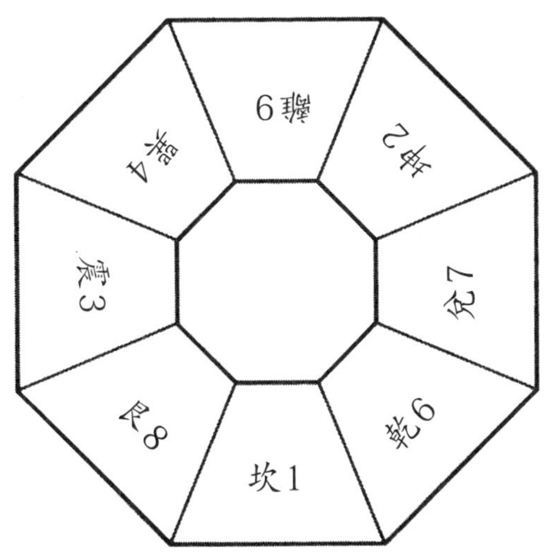

〈그림 8〉 『팔택주서(八宅周書)』 중 팔괘방위와 수자관계도

사람이어야 한다는 결론을 내릴 수 있다. 택주宅主 본명의 팔괘속성八卦屬性은 당사자의 출생년월出生年月에 따라 추산하는데 대부분 삼원법三元法을 이용한다. 그래서 풍수에서는 때때로 이렇게 택주명리宅主命理와 주택을 종합해 다루는 작법作法을 삼원지리법三元地理法이라고도 부른다. 육십갑자六十甲子를 일원一元으로 하며 삼원三元은 상원上元, 중원中元, 하원下元으로 나뉜다. 보통 풍수에서는 이 방법에 따라 만들어진 수표數表에서 택宅 주인의 팔괘속성八卦屬性과 소속된 조별組別을 확인하고 주택의 속성에 따라 '변효變爻'의 대유년법大遊年法으로[19] 주택住宅 및 각 방위方位의 '구성九星', 류포流布를 추단推斷해낸다. 마지막으로 그 류포流布에 따라 주택내부住宅內部 각 방위의 길흉을 추단하여 주택의 평면배치 내지 공간분포를 결정한다. 준칙은 이렇다. 길위吉位를 문門, 침대 그리고 큰 방이 있는 곳으로 하고 흉위凶位를 화장실 그리고 작은 방이 있는 곳으로 한다.

② 삼합택법三合宅法. 이 법은 중국 철학중의 삼합원리를 기초로 하고 있다. 삼합택법三合宅法에서는 이 책 2장에서 거론되었던 '삼합三合'원리를 거의 백퍼센트 답습했다. '삼합三合'이란 즉.

申, 子, 辰—三合'水'局

寅, 午, 戌—三合'火'局

巳, 酉, 丑—三合'金'局

亥, 卯, 未—三合'木'局

이것으로 주택의 생生, 묘墓, 왕적계단旺的階段을 판단함으로써 주택의 길흉을 판단한다.

---

19) 參見何曉昕 · 罗隽編著,『風水探源』, 東南大學出版社, 1990.

③ 자원비백紫元飛白. 명대초에 나타났다던 이 법은 마찬가지로 사람의 명운을 택宅의 괘위卦位에 맞춰 길흉을 추도推導한다. 그 내용이 회삽晦澀해서 여기서는 논술을 생략하겠다.

요컨대 이기파理氣派에서는 늘 주택풍수住宅風水(또는 음택陰宅)를 명리命理와 결합시켜 대량의 허무하거나 미신 같은 내용을 혼합시켰지만 이것은 오히려 인人, 천天, 지地, 건축지간建築之間의 관계에 대한 중국인들의 탐구를 반영해주었다. 중국문화에서는 언제나 개개인을 경시하는 반면에 단체효과를 중요시했다. 그런데 풍수 분야에서는 사람을 주체로 하고 건축물은 언제나 사람에게 길리吉利와 번창을 가져다줄 수 있게 지어진다. 건축의 배치는 단지 일종의 수단에 불과하고 사람의 길흉화복이야말로 최종의 목적이다. 필자는 사람을 중심으로 하는 건축의 관점은 오늘날의 건축계에 계시를 줄 수 있다고 생각한다.

그밖에 기묘한 추리들도 있다. 예를 들면 순수히 『팔택주서八宅周書』의 원리에 따라 도출된 감택문坎宅門의 최적 방위는 남이나 동남이라는 결론은 중국의 지형과 일종의 동구관계同構關係를 반영하며 중국의 기후에도 부합되어 거주자에게 충분한 일조와 산들바람을 제공하는 동시에 추위도 막아줄 수 있다. 그래서 이법 같은 '허무虛無'원리의 뒤에 찬란한 정수 즉 누적된 대량의 경험과 통계에서 얻어낸 결론들도 있다.

3) 택법

택법은 택외형세宅外形勢와 택내포국宅內佈局으로 나뉘어져 있다. 택외형세宅外形勢의 작업법과 절차는 상술한 형법形法과 거의 일치하지만 좀 특별한 것은 대략적인 지세地勢를 확인한 후에 주택주변의 작은 환경들을 보다 더 중요시하는 것이다. 예컨대 『양택십서陽宅十書』와 『양택집성

陽宅集成』에는 모두 길흉판단으로 쓰이는 대량의 지형도식(〈그림 9〉)들이 실려 있다. 심미審美, 습속習俗 등에 서 유래된 이러한 길흉기준들이 다양하다. 경험이 있는 일부 거주자들은 심지어 풍수사에게 의뢰하지 않

陽宅外形吉凶圖說

吉宅	吉宅	吉宅	吉宅	凶宅	吉宅
曰 斷	曰 斷	曰 斷	曰 斷	曰 斷	曰 斷
中央高大號闍丘修宅安墳在上頭人口貲財多富貴二千食祿任公候	仰目之地出賢人庶人居之又不貧子孫印綬封官職光顯門庭共九卿	辰巳不足卻為良居之家豪大吉昌若是安莊終有利子孫興旺足牛羊	昔日周公相此居丑寅空缺聚貲家豪富貴長保守不遇仙人怎得知	右短左長不堪居生財不旺人口虛住宅必定子愚先有田蠶後也無	此宅左短右邊長子居之大吉昌家內蠶田豐稽富只因次得少兒郎

池 長波 吉宅 坵陵高	河水 水 吉宅 高 高	慢下 吉宅 崗	大地	水字八	砂尖
曰 斷	曰 斷	曰 斷	曰 斷	曰 斷	曰 斷
後高有陵前近池西北瞻仰顯高危天賜富貴倉糧足輩輩兒孫著紫衣	西來有水向東流東顯長河九曲溝後高緜遠兒孫勝禾穀田蠶歲歲收	前有丘陵後有崗西邊穩抱水朝陽東行漫下過一里此宅安居甚是強	若有此塘當面前伐代癆疾不堪言一塘便斷一人喪何能不與外人傳	門前水分八字岡寶盎田園離鄉土淫亂其家不用媒定出長小離房祖	門前若見此尖砂投軍做賊夜行家出人眼疾忤逆有兄弟分居餓死爺

〈그림 9〉『양택십서(陽宅十書)』 중 풍수지형과 주택길흉도

고 책만 보아도 자신의 집터를 선택할 수 있다. 택내포국宅內佈局은 주로 주택의 영건營建, 평면平面 내지 공간배치 등을 다루는데 그 단계는 주로 아래와 같다.

첫 단계는 정향定向이고, '향법向法'으로 주택의 좌향을 결정한다. 아래와 같은 절차가 있다.

① '측량'. '집터' 및 '부지 (주택과 마당이 들어서는 곳)를 일일이 측정한 결과를 큰 종이에 평면약도平面略圖(比例는 보통1. 100)로 그린 후 그림 전체를 팔괘구궁八卦九宮으로 나누고 24방위를 명시함으로써 각 방위와 각 방房을 대응시켜 길흉을 추단推斷할 수 있게 한다. ② 자연지형自然地形, 지모地貌, 물 흐름의 방향方向, 기후특징 등에 근거하여 대략적인 좌향을 결정한다. ③ 나반羅盤으로 정확한 방위를 측정한다.

이어서 주택의 평면배치, 문의 방위 그리고 공간구조를 추도할 수 있다. 이러한 두 번째 단계의 작업들은 풍수의 유파에 따라서 방법도 천차만별이다. 『팔택주서八宅周書』 원리에 의거하는 경우도 있고 주택외형의 오행속성五行屬性에 따르는 경우도 있다. 예컨대 『양택집성陽宅集成』에서는 이렇게 주장했다. "옥형屋形이라는 것은 집의 형상이니 어떤 경우는 오성五星의 체體와 결합하고, 어떤 경우는 구성九星의 식式과 결합하는데, 앞, 뒤, 좌, 우에 따라 길과 흉의 형세가 달라지므로 일일이 다 열거할 수 없다.(屋形者, 屋之形象也, 或結五星之體, 或結九星之式, 前後左右, 吉凶形勢, 難以枚擧.)"고 하거나, "형形은 옥형屋形이고 궁宮은 좌산坐山인데 모두 오행이 있다. 예컨대 감坎, 산山은 물[水]에 속하여 불[火]을 만난 형옥에서는 궁이 형形을 제압하고, 토土를 만난 형옥에서는 궁이 형을 제압한다. 옥屋은 사람이 되고 궁은 재財가 된다.(形是屋形, 宮是

坐山, 皆有五行. 如坎山屬水, 遇火形屋, 爲宮尅形; 遇土形屋, 爲形尅宮. 凡屋爲人, 宮爲財.)" 각종 주택형태의 속성에 대해서도 상세한 규정을 만들었다. 예컨대 낮고 평탄한 주택을 수형水形으로; 우뚝 선 주택을 목형木形으로; 가운데가 높고 양옆이 낮은 주택을 화형火形으로; 전후에 두 사랑채가 딸린 주택을 금형金形으로; 위에는 추조推照가 있고 아래에는 엄심掩心이 있는 것을 토체土體로 한다. 담장이 기복起伏하고, 하당下堂이 두 사랑채의 처마와 높이가 같으면 수체水體로; 두 사랑채가 매우 길고 정방正房의 앞이 깊숙하면 화목체火木體로; 상하上下 정방正房이 '품品' 자처럼 생기면 금체金體로 하는 등등이다. 다시 말하면 주택외형의 상징에 따라 부회附會하여 추리하는 것이다. 일부 풍수서적에서는 아예 주택의 각종세부적인 것에 대해서도 구체적인 규정을 만들었다. 예를 들면 거실은 활짝 열려 있어서는 안 되고 거실 앞을 주홍색 페인트로 칠해서는 안 되고, 기둥 수는 짝수보다 홀수가 바람직하고, 집 뒤쪽에서나 문 앞에서 세로로 뻗어 있는 용마루나 담장 또는 도로나 골목길을 보게 되면 검劍(즉 창살이나 직충살)이 되어 흉하고 도로 근처에 고층빌딩을 피해야 하는 등등이다. 필자의 고찰에 의하면 이러한 설說들은 보통 소재지역의 민속에 따라서 달라졌거나 상응된 수정을 한 것들이 대부분이다. 그리고 『양택회심집陽宅會心集』이나 『상택경찬相宅經纂』 등의 서적에서 나열된 각양각색의 주택 평면도들을(〈그림 10〉, 〈그림 11〉, 〈그림 12〉, 〈그림 13〉, 〈그림 14〉) 통하여 피흉추길법避凶趨吉法을 설명했다. 실은 그 평면도들은 남방 대부분 지역들의 주택평면을 정리하여 그려낸 것이다. 또 일부 풍수서적들에서는 주택 내의 각종 요소에 대한 정리를 양택삼요陽宅三要나 양택육사陽宅六事라고 부른다. 삼요三要란 주主, 문門, 부뚜막이라는 주택의 주된 요소를 가리키고 육사六事란 문門, 부뚜막, 우물, 길, 화장실, 맷돌 같은 주된 요소다. 특히 거의 모든 풍수유파들이

陽宅作用圖式補山

林筠谷著

凡山谷陽基局面緊小上砂有力鋪陽不大而下砂略近朝山高壓者只宜做一進

一進圖式

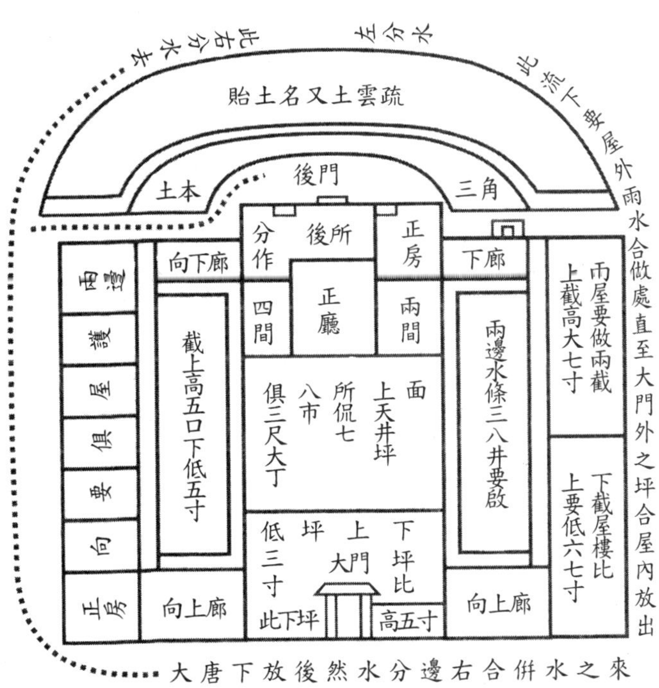

護屋墓地上截與正所一樣高下故基地此上截更低幾寸此門外犬坪此門內平低九寸

如順局與尖勢散漫者則作一唐以聚水方放去以邊大水逆局者則不要塘

〈그림 10〉『양택회심집(陽宅會心集)』 중 주택평면도

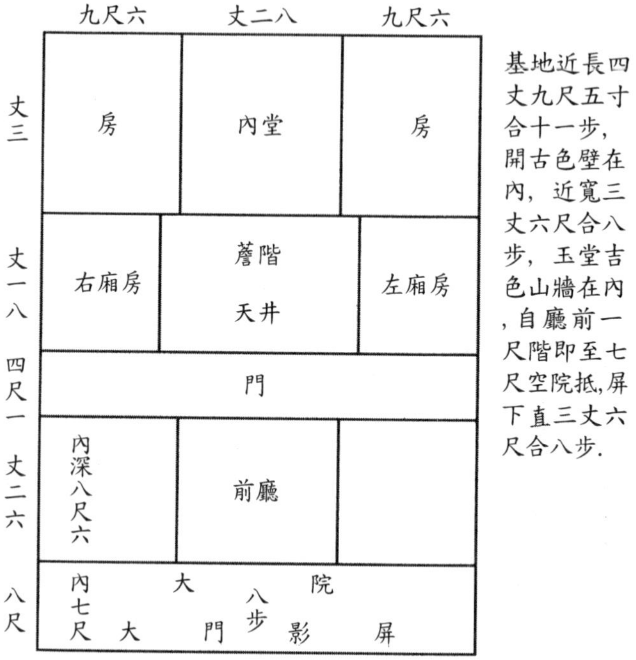

九尺六 丈二八 九尺六

丈三	房	內堂	房
丈一八	右廂房	簷階 天井	左廂房
四尺一	門		
丈二六	內深八尺六	前廳	
八尺	內七尺 大門	大院 八步	影屏

基地近長四丈九尺五寸合十一步, 開古色壁在內, 近寬三丈六尺合八步, 玉堂吉色山牆在內, 自廳前一尺階即至七尺空院抵, 屏下直三丈六尺合八步.

三間兩棟內外屏風

〈그림 11〉『상택경찬(相宅經纂)』 중 주택평면도

주택의 천창, 대청을 지극히 중시하는데다 '방수지법放水之法'이라고 불리는 천창의 배수처리에 대해서 많은 상세한 규정들을 만들었다. 〈그림 14〉와 〈그림 15〉는 그러한 예다.

요컨대 주택을 소개한 풍수서적들은 매우 강한 실질적인 해법적 작용을 주고 쉽게 구입하게 만든다. 이러한 기법을 아는 거주자들은 지침서에 따라 자체 작업도 할 수 있으므로 관련된 서적들도 가장 많이 유행되었다. 예컨대 『상택경찬相宅經纂』, 『양택집성陽宅集成』, 『양택십서陽宅十書』, 『양택촬요陽宅撮要』, 『양택회심집陽宅會心集』 등의 책들은 유행범위가 모두 매우 넓고 책속의 내용도 대동소이하다. 물론 한결같이 신비함을 유지하기 위해서 책 속에는 사람을 미혹시키는 내용도 실었다.

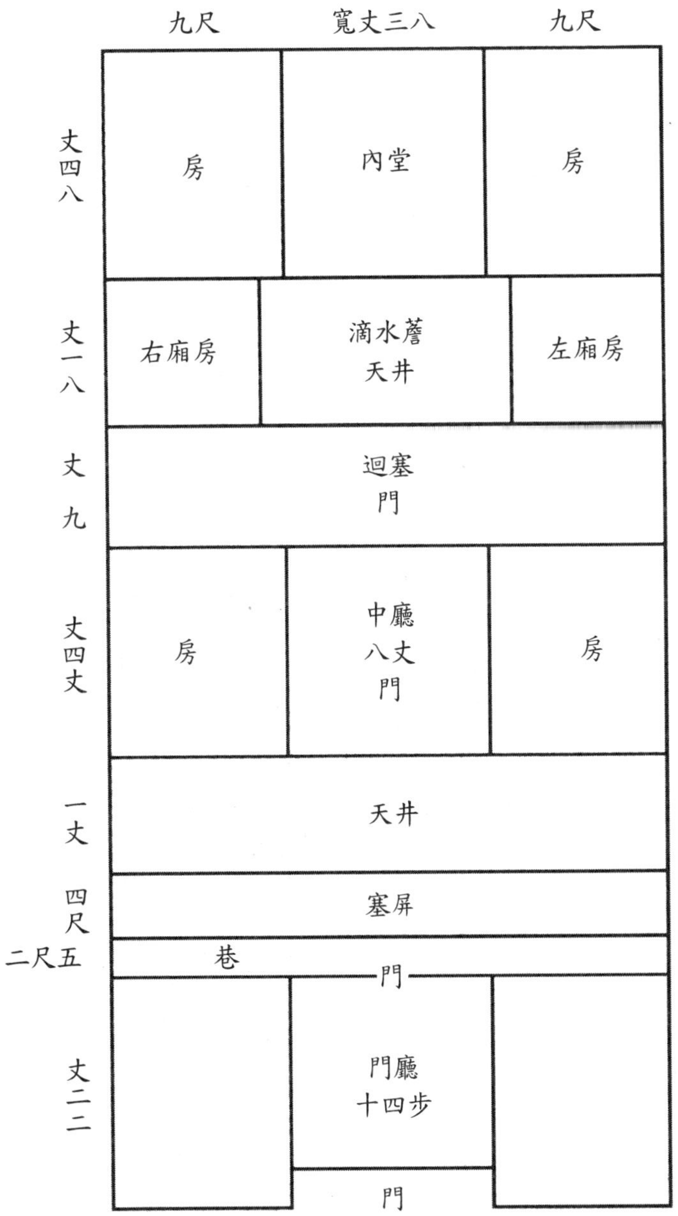

九尺 寬丈三八 九尺

丈四八
房 內堂 房

丈一八
右廂房 滴水簷 天井 左廂房

丈九
迴塞 門

丈四丈
房 中廳 八丈 門 房

一丈
天井

四尺
塞屛

二尺五
巷
門

丈二三
門廳 十四步
門

〈그림 12〉 삼간양동내곽(三間兩棟內廓)

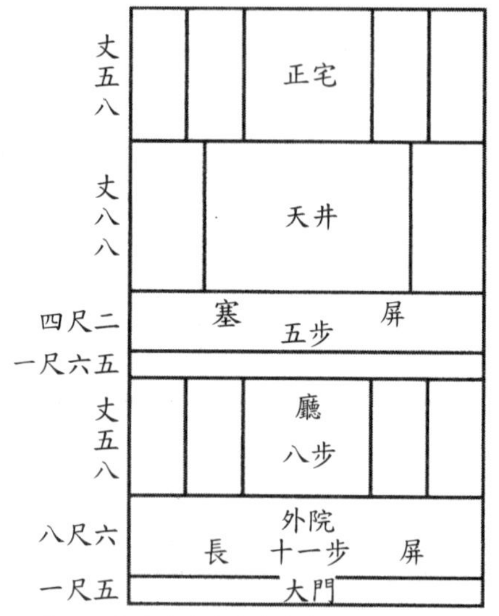

〈그림 13〉 오간이진내병외원병(五間二進內屏外院屏)

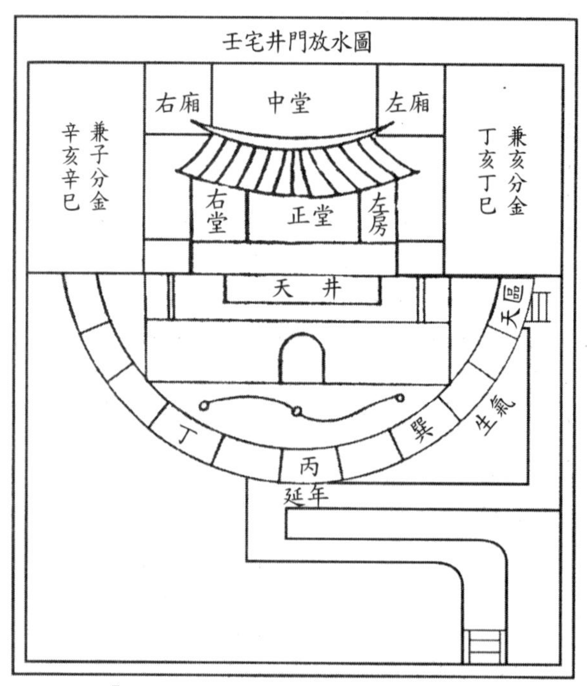

〈그림 14〉『상택경찬(相宅經纂)』

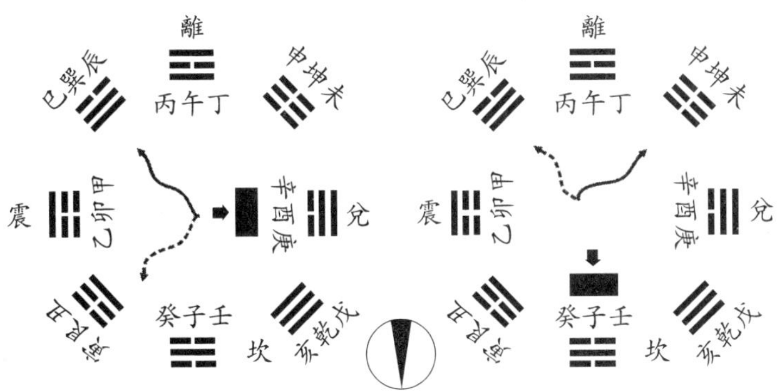

屋坐西向東排水圖　　屋坐北向南排水圖

〈그림 15〉『양택비지(陽宅祕旨)』 풍수서 중 방수법(放水法)

상술한 택법원리 이외에 택내포국宅內佈局 중에 주택의 영건營建이라는 중요한 과제가 포함되어 있다. 이것은 건축물 그리고 실내 가구와 물건 등의 크기와 비례에 대한 특수규정 및 응용이다. 흔한 수법은 주로 『노반경魯班經』 그리고 '촌백寸白', '척백尺白' 등 특수척법特殊尺法에 의거한 것으로 모두 목공업의 전용공법이다. 지면 제한으로 여기서 일일이 다루지 않겠다. 자세한 내용에 대해서는 기타 관련 서적[20]을 참고하시기를 바란다.

2. 전통풍수의 응용실례

중국에서 민중들부터 제왕까지 풍수를 믿는 바람에 풍수의 영향을 받은 건물들이 많이 생겨났다. 이어서 제왕과 민간인 순서로 이 문제를 설명하겠다.

---

20) 參閱程建軍,『「壓白」尺法初探』,『華中建築』, 1980年 第二期.

역대 제왕들은 대부분 풍수를 중시했고 풍수의 영향을 받은 황실 건축물들은 주로 두 개의 방면에서 발로되었다.

우선 도성을 보자. 예로부터 건국했을 때마다 먼저 지리의 형세가 좋은 곳부터 찾는 것이 예사로 되었다.

한나라 장안長安. 위수渭水의 남쪽에 위치하며 진나라의 함양咸陽과 멀리서 마주보고 있다. 원래는 진나라의 이궁離宮이었고 한나라 때는 명장 소하蕭何가 먼저 미앙궁未央宮을 세웠다. 나중에 다른 각 궁들도 하나하나씩 세워졌다. 전해진 바에 의하면 한나라 장안의 남측은 남두南斗와 같고 북측北側은 북두北斗와 같아서 『주례周禮 · 고공기考工記』의 "장인영국匠人營國, 방구리方九裏(장인들이 한 변의 길이가 9리里가 된 정사각형의 도성都城을 건설함)"라는 제도에 어긋났고 두성鬥城이라는 이름을 갖게 되었다.(〈그림 16〉). 송대 조언위趙彦衛의 『운록만초雲麓漫鈔』 2권에서 이에 대해 아래와 같이 추가 기술을 했다. "한漢나라의 도성은 너비가 각 15리이고, 둘레는 65리로 열두 개의 문, 8가와 9맥으로 되어 있다. 성

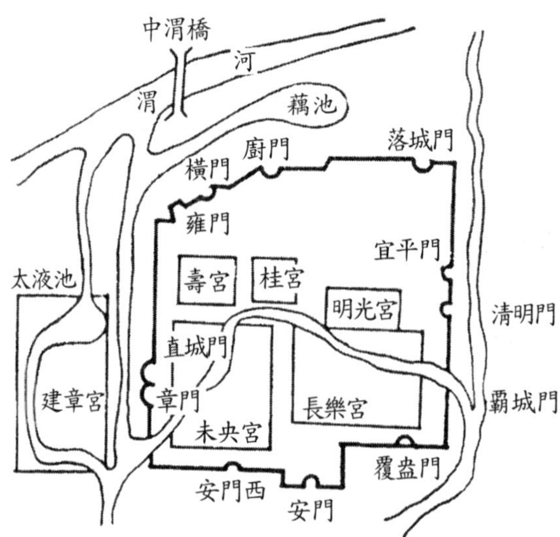

〈그림 16〉 한나라 장안의 평면도

의 남북은 굽어 있어 남두南斗, 북두北斗의 모습을 띄고 있으며 미앙궁未央宮이 그 가운데 있다.(漢都城縱廣各十五里, 周六十五里, 十二門, 八街九陌, 城之南北曲折有南斗, 北斗之象, 未央宮在其中.)" 미앙궁에 관해서는 『수경주水經注 · 위수渭水』에서 이렇게 기술했다. "고조高祖가 관동關東에 있으면서 소하蕭何에게 명하여 미앙궁을 만들었는데, 소하는 용수산龍首山을 절개하여 건축했다. 산의 길이는 60여 리이고 산의 머리는 위수渭水와 붙어 있고 산의 꼬리는 번천樊川에 이른다. 산 머리의 높이는 20장, 꼬리는 점점 낮아져 높이가 5~6장이고, 흙은 단단하면서 색은 붉다. … 북쪽에는 현무궐玄武闕, 곧 북궐北闕이 있고, 동쪽에는 창룡궐蒼龍闕이 있는데, 창합閶闔문, 지거止車문 등 여러 문이 있다.(高祖在關東, 令蕭何成未央宮, 何斬龍首山而營之. 山長六十餘裏, 頭臨渭水, 尾達樊川, 頭高二十丈, 尾漸下, 高五六丈, 土色堅而赤 … 北有玄武闕, 卽北闕也. 東有蒼龍闕, 闕內有閶闔止車諸門.)" 이것을 보면 소하蕭何[21]는 부지를 선택할 때 적어도 두 단계를 거쳤음을 알 수 있다.

① 산세를 살펴보고 지룡수원地龍首原을 골랐다, ② 땅의 토질을 고찰하고 색상이 강한 적토赤土임을 확인했다.

상술한 풍수원리에 비춰볼 때 이것은 바로 풍수에서 땅을 심사하는 기본수법이다. 그때부터 이 용수원龍首原의 땅은 중국문화의 중요한 소재이고 수數 왕조의 제도帝都가 되었다. 한 나라가 이곳에서 소망消亡되어 폐허가 되었지만 몇 년 후 다른 제왕의 마음에 들어 자리를 약간 옮겨

21) 蕭何: 전한 사수(泗水) 패현(沛縣) 사람. 처음에 패주이연(沛主吏掾)이 되었다. 유방(劉邦)을 따라 입관(入關)하여 혼자 진상부(秦相府)의 율령과 도서를 수장하여 천하의 요충지와 지세, 군현(郡縣)의 호구(戶口)를 소상하게 알게 되었다. 유방이 한중(漢中)에서 왕이 되자 승상에 올랐다. 또 한신(韓信)을 천거해 대장으로 삼았다. 초한(楚漢)이 서로 대치할 때 관중(關中)을 지키면서 양식과 군병의 보급을 확보하여 군수품이 부족하지 않도록 했다.

다시 그 폐허 위에서 새로운 황조도성을 세웠다. 그래서 이 커다란 용수원은 현대인으로부터 과거를 보관하는 보물창고라는 평을 받고 있다.

소하蕭何가 부지를 선택하는 데 풍수의 영향을 받았다는 증거를 뒷받침할 만한 기록이 없어서 견강부회한 것이 아니냐는 의문을 제기할 수 있겠지만 소하가 미앙궁을 영조하는 구체적인 방법은 확실히 풍수 염승사상의 직접적인 결과다. 『사기史記 · 고조본기高祖本紀』에서는 소승상蕭丞相이 미앙궁을 건설할 때 동관東闕, 북관北闕만을 만드는 원인을 분석할 때 『정의正義』를 인용했다. "『괄지지括地志』에서는 '미앙궁은 옹주雍州 장안현長安縣 서북쪽으로 10리 떨어진 장안 옛 성 안에 있다'고 하였고, 안사고顔師古는 '미앙전은 남향이지만 상서上書하고, 주사奏事하고 알현謁見하는 무리들이 모두 북궐로 출두하고, 공차사마公車司馬도 또한 북에 있어 북궐이 정문이 되고 동문, 동궐에서 서, 남 두 방면으로는 문과 궐이 없다. 소하가 애초에 미앙궁을 세울 때 염승厭勝의 술을 썼다는 것은 이치에 합당하다'고 하였다.(『括地志』云. '未央宮在雍州長安縣, 西北十里, 長安故城中.' 顔師古云: '未央殿雖南鄕 (南向), 而上書奏事謁見之徒皆詣北闕, 公車司馬亦在北焉, 是則以北闕爲正門, 而又有東門, 東闕, 至於西, 南二面無門闕也, 蕭何初立未央宮以厭勝之術, 理宜然.')" 『관중기關中記』에서는 더욱 구체적具體的으로 각各 궐闕의 이름을 개소介紹했다. "동쪽에는 창룡궐이 있고 북쪽에는 현무궐이 있는데, 현무는 이른바 북궐이다. 『색은索隱』에서 말하기를 '동궐은 창룡이라 이름짓고, 북궐은 현무라 이름지었다. 서와 남 두 궐이 없는 것은 소하가 염승의 법을 썼기 때문에 세우지 않았다.(東有蒼龍闕, 北有玄武闕, 玄武所謂北闕. 『索隱』曰: '東闕名蒼龍, 北闕名玄武, 無西, 南二闕者, 蓋蕭何以厭勝之法, 故不立.')" 아쉽게도 현재까지는 아직도 소하蕭何는 어떻게 염승厭勝을 했는지 그리고 염승厭勝할 때 왜 서西, 남南 두 궐闕을 안 세우는 방법을 썼는

지에 관한 기록을 발견하지 못했다. 그런데 한나라 장안성長安城 배치에 대한 풍수적 영향을 미루어 짐작해 보면 알 수 있다. 왜냐하면 미앙궁은 한나라 장안성長安城의 관건이고 그 궁 정문의 결정은 기타 여러 궁의 배치에 결정적인 영향을 미쳤기 때문이다.

명나라는 북경北京을 수도로 했다. 하준수何俊壽 선생의 고찰에 의하면 명대 북경성北京城의 건조는 기본적으로 음양오행팔괘원리陰陽五行八卦原理에 의거하여 이루어져 풍수와 대단히 복잡하게 얽혀 있다. 이것은 주로 아래와 같이 발로되었다.

① 내외성內外城의 위치 및 형태: 외성外城은 남쪽에 위치해 선천팔괘先天八卦의 건괘乾卦에 속하며 하늘이고 양陽이다. 내성內城은 북쪽에 위치하여 선천팔괘先天八卦 중의 곤괘坤卦에 속하며 땅이고 음陰이다. 건조할 당시에 이러한 원리에 의거依據하여, 외성外城은 납작한 원형으로 약간 널찍했지만 반대로 내성內城은 정방형正方形으로 약간 좁았다.(〈그림 17〉).

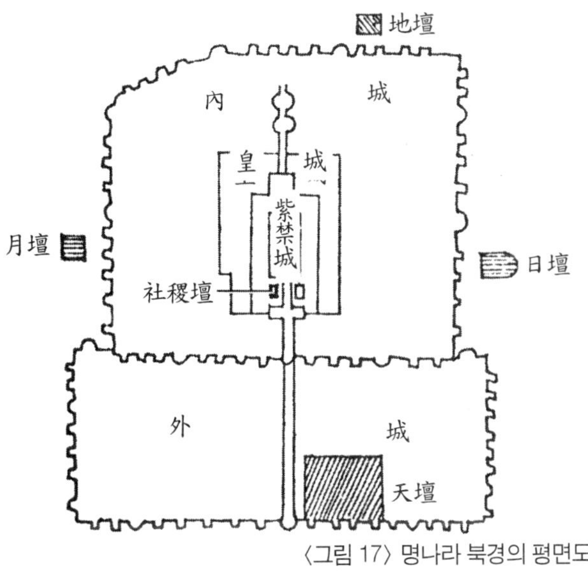

〈그림 17〉 명나라 북경의 평면도

이것은 천원지방天圓地方을 상징한다. 외성의 동남쪽 모퉁이는 구불구불하게 튀어나와 있지만 반대로 내성의 서북쪽 모퉁이는 우묵하게 들어가 있었다. 동남쪽은 태괘방위兌卦方位고 태위택兌爲澤 괘卦이다. 서북쪽은 간괘방위艮卦方位고 간위산艮爲山 괘卦다 라고 상술한 구조는 "하늘과 땅이 자리잡고 산과 못이 기를 통한다.(天地定位, 山澤通氣)"를 상징象徵한다.

② 도시의 중축선中軸線: 낙서수리洛書數理에 따라 설정했다. 남쪽에 있는 영정문永定門에서 북쪽에 있는 고루鼓樓까지의 길이가 마침내 50리가 된 것은 낙서洛書에 세로로 나열된 세 개의 가운데 숫자인 9, 5, 1의 합과 공교롭게 일치했다.

③ 성문城門의 설치와 건조도 음양원리에 딱 들어맞았다. 외성外城에는 총 7개의 문門이 있고 칠七은 소양少陽의 수다. 내성內城에는 9개의 문門이 있고 구九는 노양老陽의 수이다. 내부內部에는 칠七을 쓰고 외부外部에는 구九를 쓰는 것은 내부와 외부의 주종관계를 상징한다. 그밖에 내성內城의 성문배치에도 음양원리에 부합되었다. 예컨대 내성內城의 남쪽에 3개의 문을 냈다. 왜냐하면 남쪽은 양陽이자 홀수고 반대로 북쪽은 음陰이자 짝수이기 때문에 북쪽에는 2개의 문만 만들었다. 건축 구조에서는 내성內城의 주성문主城門인 정양문正陽門의 높이는 구척구촌九尺九寸이 되었다. 색채에 있어서도 하도원리河圖原理와 일치했다 예컨대 천안문은 좌자향오坐子向午고 자子는 일一이고 오午는 구九라서 그래서 구사九四로 색깔을 맞춰 즉 홍자색紅紫色을 녹색에 배합했다.

④ 제사祭祀 건축물의 배치: 주로 천天, 지地, 일日, 월月, 사직단社稷壇이 있다. 천단天壇은 하늘에 제사를 지내는 의식을 행하기 위해 만든 제단이라 남쪽인 외성外城의 안쪽에 있다. 지단地壇은 땅을 맡은 귀신에게 제사지내기 위하여 만든 제단이라 북쪽인 내성內城의 바깥쪽에 있다. "천원지방天圓地方"을 이루어야 하기 때문에 천단의 구도는 원형圓形이고 지

단地壇은 방형方形이다. 같은 이치로 월단月壇은 동쪽, 일단日壇은 서쪽, 사직단은 가운데에 있으며 모두 방형이다.

북경 이야기가 나오면 유명한 북경 사합원四合院(〈그림 18〉)이 생각난다. 모두가 알다시피 사합원의 역사는 서주西周에 벌써 초기 형태가 갖추어져 있을 정도로 유구하다. 예컨대 협서陝西 기산岐山 봉추촌鳳雛村 서주유지평면西周遺址平面(〈그림 19〉)은 최초의 사합원이다. 서주촌西周村 유지평면遺址平面과 북경 사합원의 가장 뚜렷한 차이점은 대문의 위치에 있다. 전자의 대문은 사합원의 중축선中軸線 상에 있고 후자의 문은 동남 코너 쪽으로 치우쳐 있다. 알고 보면 이러한 변천도 풍수의 영향을 받은 결과다. 왜냐하면 보통 좌북향남坐北向南한 사합원四合院을 풍수의 이론에 비춰볼 때 "자산오향子山午向"이며 '감坎'택에 속해 문의 최적 위치는 손방巽方인 동남쪽이다. 〈그림 18〉과 〈그림 19〉를 비교해보면 문門 위치의 이러한 변경의 절묘함을 느낄 수 있을 것이다.

명나라는 남경으로 정도했다. 남경南京에 대한 풍수의 영향은 주로 부지 선택에서 나타났다. 전해진 바에 의하면 주원장朱元璋이 수도를 정할 때 일부 인사들이 일제히 남경이 "용반호거龍盤虎踞(용호가 서리고 걸터앉은 모양)" 같은 세를 갖춰 풍수가 좋은 곳이라면 남경 정도를 진언했다. 풍국용馮國用이 이렇게 추천했다. "금릉金陵은 용이 받치고 호가 웅크리고 있는 제왕의 도읍으로 먼저 선정해서 근본(수도)으로 삼아야 합니다.(金陵龍盤虎踞, 帝王之都, 先拔之以爲根本.)" 당도當塗(지명)의 유사儒士이던 도안陶安도 이렇게 진언했다. "금릉은 옛날 제왕의 도읍으로 용이 받치고 호가 웅크리는 지세로 장강(양자강)의 위험으로부터 벗어나고, 수도로 선정한다면 그 지형地形의 뛰어남에 승리(전쟁)하여 사방을 내려다보면서 군림한다면 어느 나라를 정복하지 못하겠습니까?(金陵古帝之都, 龍盤虎踞, 限以長江之險, 若取而有之, 據其形勝, 以臨四方,

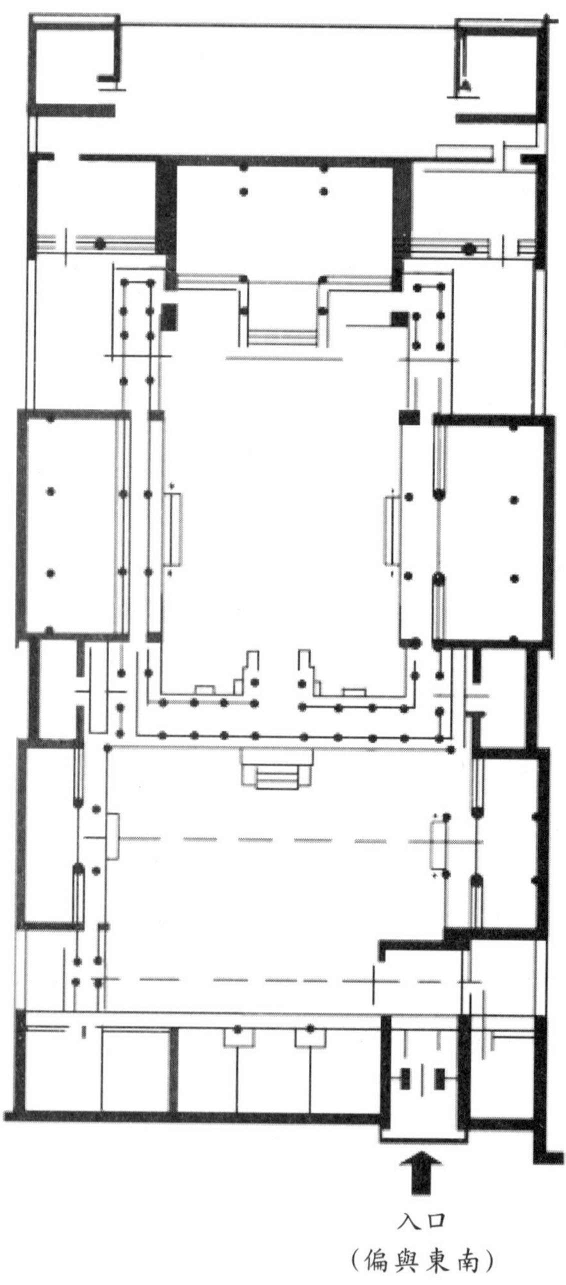

〈그림 18〉 북경사합원(四合院) 평면도

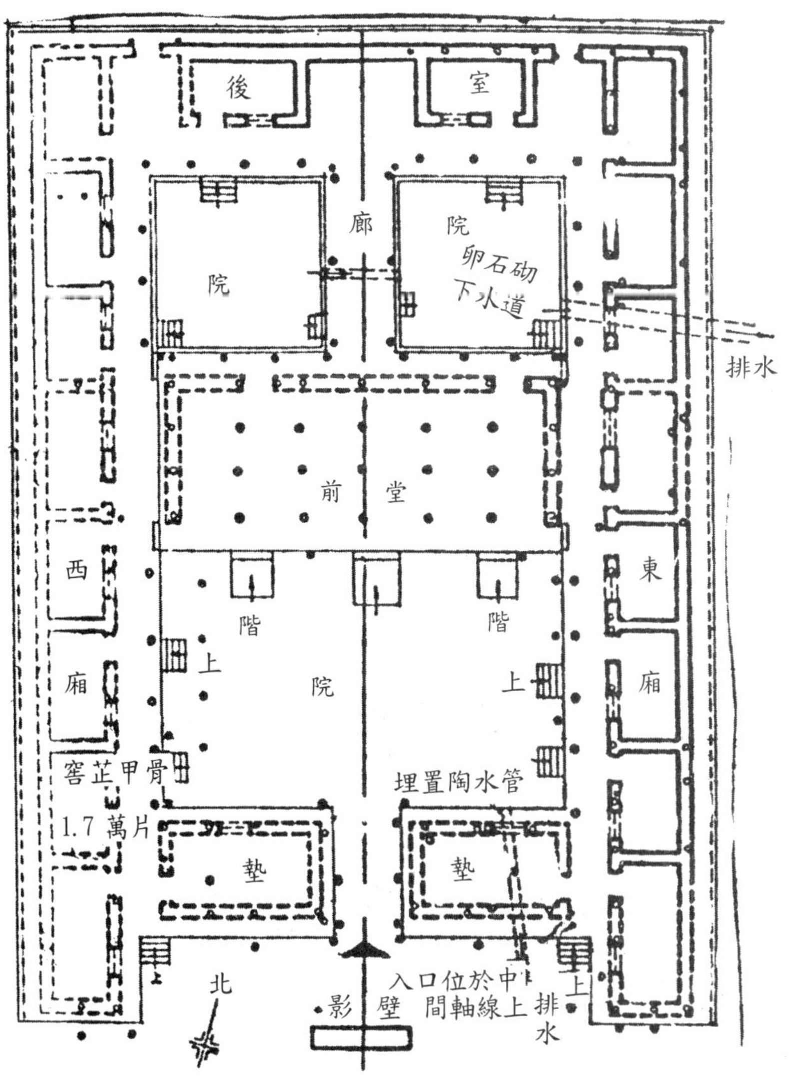

〈그림 19〉 협서(陝西) 기산(岐山) 봉추촌(鳳雛村) 서주유지(西周遺址) 평면도(최초의 사합원)

何向不克.)" 유기劉基도 남경 정도를 극구 주장한 것은 모두 주원장의 남경 정도定都 결정에 결정적인 요인이 되었다.

청나라는 심양瀋陽을 청나라 제2의 수도로 정했다. 청대 무동림繆東霖이 『배도잡술陪都雜述』에 이렇게 기록했다. "성 중심의 묘는 태극太極이 된다. 종루鐘樓와 고루鼓樓는 양의兩儀가 된다. 네 탑은 네 방향, 즉 동 · 서 · 남 · 북이 되고, 8문은 8괘를 상징한다. 성곽이 둥근 것은 천天을 상징하고, 땅이 모난 것은 지地를 상징한다. 각루角樓와 적루敵樓가 각기 3층으로 모두 합한 36은 천강성天罡星을 상징하고, 내지內池의 72는 지살성地煞星을 상징한다. 각루와 적루 각 12는 사계절을 상징하고, 성문城門, 옹성甕城의 각 3은 24절기를 상징한다.(城中心廟爲太極, 鐘鼓樓象徵兩儀, 四塔象四向 (東, 西, 南, 北), 八門象八卦, 郭圓象天, 地方象地, 角樓, 敵樓各三層, 共計三十六天罡星;內池七十二象地煞星, 角樓, 敵樓各十二象四季, 城門, 甕城各三象二十四氣."(〈그림 20〉). 이 기술은 심

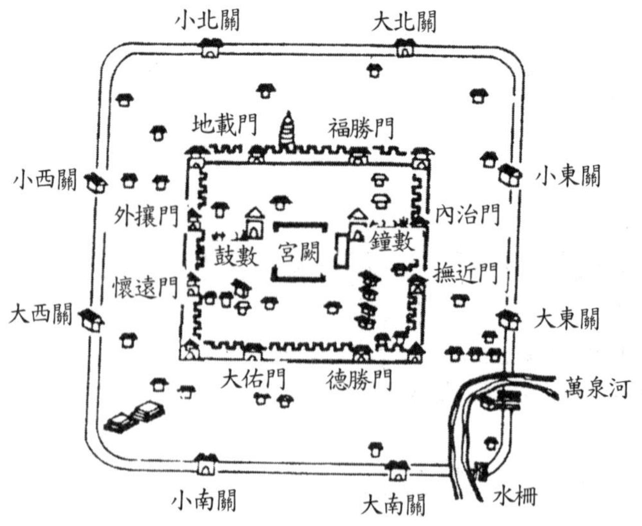

〈그림 20〉 『배경잡술(陪京雜述)』의 심양(瀋陽)

양瀋陽 도시의 구조가 역리풍수易理風水의 깊은 영향을 받았음을 보여준 것이다.

제왕릉묘帝王陵墓에 있어서는 풍수가 더 많이 중시되어 응용되었다.

진시황秦始皇— 중국의 초대 황제로서 즉위하던 날부터 술사들을 동원해 각 지역에서 길지吉地를 찾도록 했다.

당대 개국제왕 이세민李世民의 릉묘도 풍수의 형승기준形勝基準에 맞게끔 산을 등지고 강을 끼고 있다, 릉묘陵墓가 의지하는 뒷산인 구준산九峻山의 주봉主峰이 우뚝 솟아 있고 양옆이 약간 낮고 기복첩장起伏疊嶂을 한 것은 바로 풍수의 이른바 삼대산三臺山의 징조다. 그 후부터 당대의 여러 제왕들의 릉묘들은 모두 천연산구天然山丘를 이용하여 산을 골라 묘혈墓穴을 만들었다. 당 고종 이치李治와 측천무후則天武后의 합장묘인 건릉乾陵이 특히 두드러졌다. 건릉은 건현乾縣 북양산北梁山 위에 위치하며 봉우리가 3개로 최고봉인 북봉에 묘혈墓穴이 있고 남쪽에 있는 두 봉우리는 서로 마주보고 있다. 앞쪽은 대지臺地가 층층이 쌓인 관중평원이고 산 뒤쪽에는 첩첩이 우뚝 솟은 산봉우리들이 있고 서쪽은 황소구黃巢溝(개울)를 끼고 있다. 전방에도 서로 마주보고 있는 동서 두 봉우리가 있어서 마치 풍수 중의 좌청룡, 우백호 같기도 하고 릉의 관문 같기도 하다.(〈그림 21〉). 『중수섬서건주지重修陝西乾州志』 1권의 기록에서 건릉乾陵이라는 이름에 대해서 "땅이 있는 곳이 장안의 서북쪽 변두리이므로 건乾이라 이름지었다.(以地處長安之西北隅, 故名乾"라고 설명했다. 다시 말하면 이름도 후천 팔괘방위에서 유래된 것이다.

위진육조魏晉六朝 때부터 제왕릉묘의 지리풍수에 대해서 더욱 신경을 쓰기 시작했다. 기준은 이렇다. 산봉山峰을 등지고 평원이 바라보이고 삼면이 산으로 둘러싸인 좁고 긴 곳은 상급上級의 땅이다. 고고발굴에 의하면 육조제왕六朝帝王들의 릉묘지세陵墓地勢는 모두 이러한 기준에 부

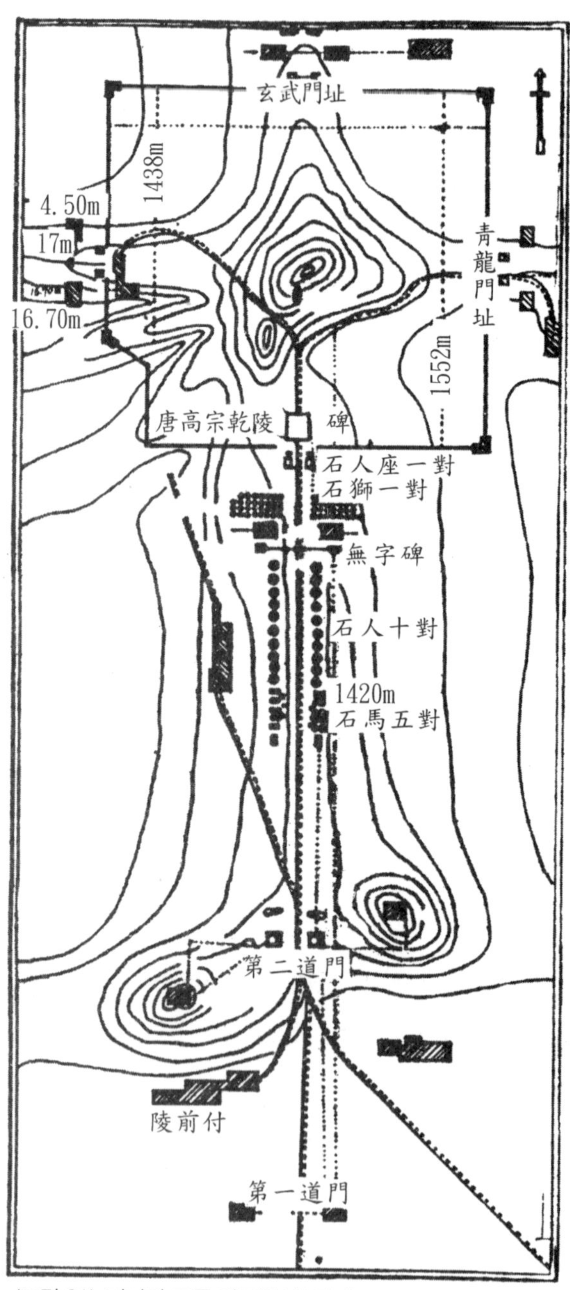

〈그림 21〉 당나라 고종 건릉(乾陵) 평면도

합되었고 즉 산기슭이나 산 중턱을 등지고 평원을 바라보고 있다. 묘지의 방향은 남방南方만 고집하는 것이 아니라 산세에 따라 향위向位를 정했다.

송대의 제릉은 풍수원리에 따라 부지선택을 했을 뿐만 아니라 구조와 구성에 있어서도 풍수의 '오음성리五音姓利'설에 의거하여 '관어지장貫魚之葬'을 채택했다. 당시의 국성國姓이던 '조趙'는 각음角音에 속해 '오음성리五音姓利'설로 추산하면 길한 방향은 동남이고 흉한 방향은 서북이다. 풍수설에 따라 또 이러한 설명을 덧붙였다. 길吉한 방향에 높은 산과 흐르는 물이 있어야 해서 조趙씨네의 릉묘陵墓는 "동남쪽의 지세地勢가 높고 서북쪽의 지세地勢는 낮다 (東南地穹, 西北地重)"에 따라야 한다. 북송의 각 능陵의 지세를 보면 동남쪽이 높고 반대로 서북쪽은 낮고 능대陵臺의 지세地勢가 가장 낮은 곳에 위치한다. 이것은 중국 고건축물의 부지가 산의 남쪽에서 북쪽으로 점차 높아지며 주된 건축물이 최고의 위치에 있다는 전통을 깨뜨린 것이다. 남송 조언위趙彥衛는 『운록만초雲麓漫鈔』 9권에서 묘술描述(그림을 그려 설명 했다)로 언급을 했다. "영안永安의 여러 능은 모두 동남쪽이 높고, 서북쪽이 낮다. 동남쪽에는 산이 있고 서북쪽에는 산이 없으니 각음角音의 이로움이 이와 같다.(永安諸陵, 皆東南地穹, 西北地重, 東南有山, 西北無山, 角音所利如此 ….)" 그래서 나중에 소흥紹興에 세워진 남송시대의 릉묘陵墓도 이러한 설에 따른 것이라고 추정할 수 있다.

전통을 깨뜨린 것이 하나 더 있다. 송대 각 능들의 남북축선이 모두 정북正北에서 서쪽으로 약 6도 가량 치우쳤고 숭산嵩山을 바라보고 낙수洛水를 등지고 있다.(그런데 중국 역대 제능묘들은 모두 산을 등지고 물을 바라보는 규정을 따랐다). 그 하궁下宮(왕릉의 부속건축물)도 임방壬方에 자리 잡았고 서쪽으로 치우친 영유永裕, 영봉永奉을 제외하고는 기타 릉역들은 모두 사실주봉少室主峰을 정면으로 향하고 있다. 각 릉역의 내부는 당시 하남 등 북방지역에서 유행되던 소목지법昭穆之法 즉 관어지법貫魚之法으로 했다. 구체적인 방법은 아래의 각 도표와 같다.(〈그림 22〉, 〈표 1〉, 〈표 2〉) 『송회요집고宋會要輯稿』 예禮31에 기재된 "진종眞宗 경덕景德 원년(1004년) 3월 15일 황태후(태종명덕황후)가 만안궁萬安宮의 자덕전滋德殿에서 돌아가셨다. … (5월) 25일 안행사 유승규劉承珪가 사천감사司天監史의 서장序狀에 원릉은 원덕황태후릉元德皇太后陵 서쪽에 안장해야 한다고 말하였다. … 기타 남신문南神門 밖에서 영희릉(태종릉)까지 가는데 121보이고, 동신문東神門 밖에서 원덕릉永熙陵 원덕황태후릉 서쪽 신문 밖 경계까지 15보를 침범해 있다. … 바로 영희릉 임지壬地가 관어貫魚의 상을 따른다.(眞宗景德元年 (1004年)三月十五日, 皇太后 (太宗明德皇后)崩于萬安宮之滋德殿 … (五月)二十五日按行使劉承珪言, 以司天

(昭穆之法與穿魚之狀極似, 故又稱之爲貫魚葬)

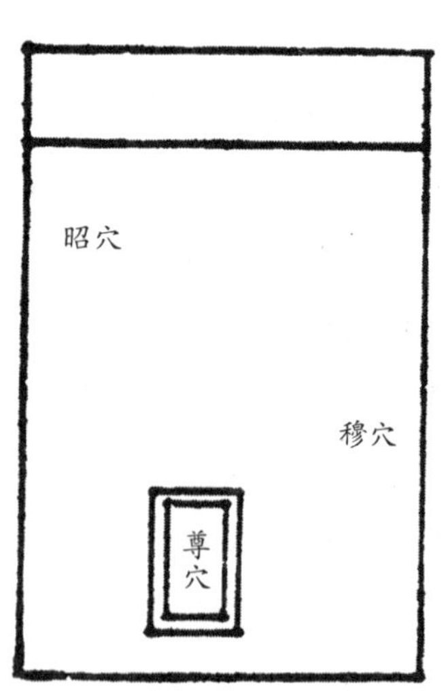

昭穆葬圖

〈그림 22〉 관어(貫魚) 소목법(昭穆法)도

〈표 1〉『지리신서(地理新書)』 각성관어장도해(角姓貫魚葬圖解)

巽	巳	丙	午	丁	未	坤
辰		祖穴				申
乙						庚
卯			地心			酉
甲						辛
寅				穴		戌
艮	丑	癸	子	壬	亥	乾

〈표 2〉 각성(角姓) 궁성택지(宮姓擇地) 설명

相陰陽宅書	張忠賢葬錄	王洙等地理新書
宮·角兩姓宜用艮家·丙穴	祖墓位在最南, 角姓宜丙	角姓祖穴位在丙
角商二姓宜用乾家·壬穴	父墳位在祖墳西北, 角姓宜壬	角姓昭穴位在壬(即祖穴西北)
角姓宜葬壬·癸·子·亥出公卿, 丙巳午出令長 角姓木行, 未丑葬其地, 絕世大凶	二叔墳位·祖墳西北·父墳東北·三叔墳位·祖墳北方·三叔墳西方 角姓宜子, 四叔墳位祖墳, 三叔墳西北	角姓穆穴位在甲(邦祖穴東北, 昭穴東南) 角姓「附穴」位在祖穴正北偏西, 不得過於子地據. 喬道用『添語』

監史序狀, 園陵宜在元德皇太后陵西安葬, … 其他南神門外去永熙陵 (太宗陵)地百二十一步. 東神門外去元德陵 (元德皇太后陵) 西於神門外封地侵卻十五步. … 正在永熙陵壬地, 如貫魚之狀從之.)"라는 내용의 관어지법貫魚之法은 송나라 능역 전체가 아닌 동일 장지葬地에만 이용되었다

는 추측을 할 수 있다.(〈그림 23〉). 상술된 기록은 사천감司天監이 알고 지내는 풍수에 정통한 인사를 동원하여 황릉皇陵의 부지선택과 영건營建에 참여했음을 보여 주었다.

풍수원리에 따라 부지선택과 영건營建을 한 다른 저명한 제왕릉묘는 바로 30릉이다. 그 중 능역 전체의 관건이 된 장릉長陵 부지는 강서풍수江西風水의 풍수명사風水名師인 료균경廖均卿에 의하여 선정되었다고 한다.

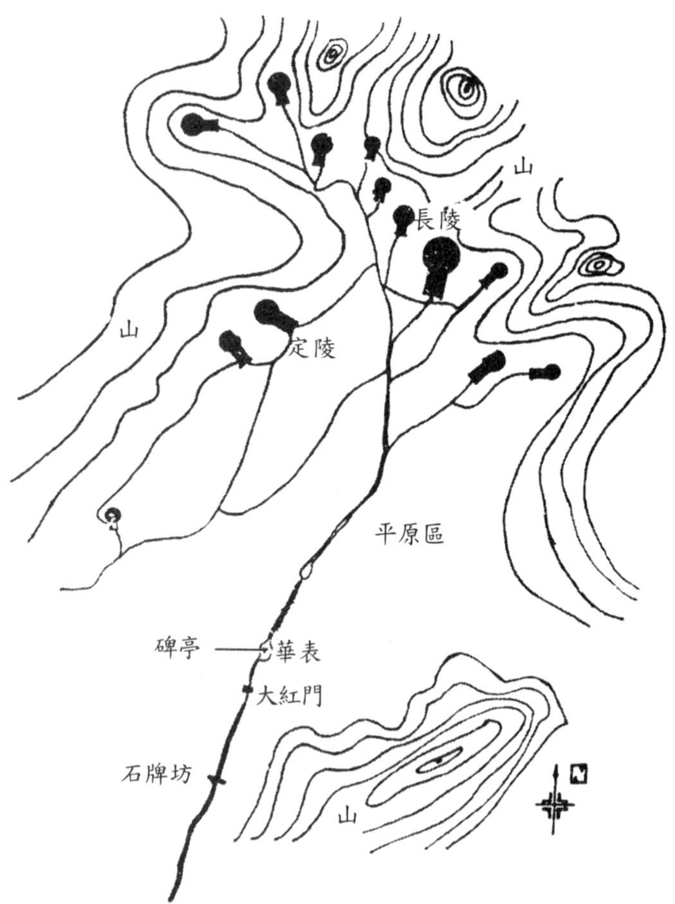

〈그림 23〉 십삼릉(十三陵) 조망도

전해지는 바에 의하면 처음에 골라낸 여러 군데가 황제 주체朱棣의[22] 마음에 들지 않아서 마지막으로 창평현昌平縣 경내에 있는 천수산天壽山을 선정하여 릉을 천수산의 남록南麓에 영조하기로 했다. 천수산맥天壽山脈은 태행산太行山의 지맥으로서 동쪽 거용居庸, 군도軍都에서 굽이굽이 이곳까지 뻗어왔다 급히 남쪽으로 꺾여 있다. 전방 왼쪽에는 망산蟒山, 오른쪽에는 호욕虎峪이 있어서 좌청룡, 우백호라는 풍수설에 꼭 부합되었다. 정면으로는 커다란 평원이 바라보이고 동쪽과 남쪽에 있는 두 물줄기가 종하宗河로 합류하여 감돌며 동쪽으로 흘러간다. 그 후 즉 명 인종 이후의 12기의 제릉들도 모두 천수산天壽山을 둘러서 세워져 13능이라는 이름도 붙여졌다

13능은 부지선택뿐만 아니라 각 능의 건조세칙까지도 풍수원리를 따랐다. 예컨대 명 광종光宗의 경릉慶陵은 원래 목종穆宗 소릉昭陵의 형제形

22) 永樂帝(1360~1424): 중국 명(明), 재위기간 1402년~1424년, 본명 휘 주체, 별칭 묘호 태종(太宗), 태조 홍무제(洪武帝:주원장)의 넷째 아들이며 묘호 태종(太宗)이다. 후에 성조(成祖)로 개칭하였으며, 연호에 따라 영락제(永樂帝)라 일컬어졌다. 처음에는 연왕(燕王)으로 베이징[北京]에 봉해졌으나, 홍무제가 죽은 뒤 적손(嫡孫)인 건문제(建文帝)가 즉위하여 삭봉책(削封策)을 취하자 1399년에 거병(擧兵)하였다. 건문제의 황제군과 연왕의 군대는 3년의 격전을 벌렸다. 황제군은 연왕의 군대에 비해 훨씬 많은 병력이었지만 이를 지휘할 경험있는 장수가 부족하였다. 이는 건문제의 할아버지인 주원장에 의해 역전의 노장들이 모두 숙청되었기 때문이었다. 연왕의 군대는 파죽지세로 공격하여 수도 난징[南京]을 함락하였다. 건문제는 황궁에 불을 지르고 달아났으며 승려으로 변장하여 은거하였다는 설이 전해진다. 난징을 함락하여 황제의 제위에 오른 연왕이 주원장의 4째아들 주체(朱棣)이며 그가 영락제(永樂帝)이다.(이를 정란(靖難)의 변이라고 한다). 즉위한 지 4년이 지난 1406년부터 자금성 건설의 대역사가 시작되었다. 만리장성 이후의 최대의 역사로 불리는 자금성의 건설에는 총 15년간 백만 명의 인원이 동원되었다. 현존하는 세계 최대의 궁궐인 자금성은 정전인 태화전을 중심으로 남북을 축으로 건물이 배치되어 있으며 남문인 정문의 이름이 천안문이다. 영락제는 자금성이 완성된 1421년 북평으로 천도하여 북경으로 고쳐 부르고, 자금성에 머물기 시작했다. 800여 개의 건물과 10m의 높은 성벽, 50m 너비의 거대한 해자로 구성된 거대한 궁궐 자금성에는 1억만 개의 벽돌, 2억만 개의 기왓장이 사용되었다고 한다. 때로는 200톤에 이르는 돌이 수십 킬로 떨어진 채석장에서 운반되었으며 사천지방에서 자란 나무가 기둥으로 쓰이기 위해 4년에 걸쳐 운반되기도 하였다. 자금성 바닥에는 걸을 때 경쾌한 발소리를 내는 특별한 벽돌이 깔려 있다. 이 벽돌의 효과는 음향만이 아니었다. 땅 밑에서 뚫고 올라올지 모를 침입자를 막기 위해 40여 장의 벽돌을 겹쳐 쌓았다. 성 안에는 후원을 제외하고는 나무가 전혀 없다. 암살자가 나무에 숨을 수 있기 때문이다.

制와 크기를 본뜨려다가 지질조건의 제한에다 (중간에 계곡이 있어서) 당시 대학사大學士이던 류일경劉一爆이 시찰한 후 상주上奏했다. "왕릉을 건조하는 새로운 제도는 원래 소릉昭陵과 비교하여 정했는데, 지금 형形과 세勢를 서로 재보니 헌릉獻陵을 참작하는 것이 옳을 듯합니다. 대개 용사龍砂가 앞에 구불구불하면서 띠를 두르면 형形을 중시하는 풍수가들은 지극히 존귀한 묘처로 여겨 한 자, 한 마디[寸]도 깎아내지 않습니다. 헌릉도 역시 용사가 둘러싸인 향전享殿과 릉의 은문恩門은 바로 이것과 합치합니다.(新寢營建規制, 原題比照昭陵, 今相度形勢, 似又宜參酌獻陵. 蓋以龍砂蜿蜒環抱在前, 形家以爲至尊至貴之砂, 不可剝削尺寸 (즉 지형地形과 지모地貌를 바꿔서는 절대로 안 됨). 獻陵亦以龍砂繞享殿, 陵恩門, 正與此合.)"[23] 그래서 경릉慶陵 구조를 변경하여 다시 인종仁宗 헌릉獻陵의 방식에 따라서 설계하게 되었다. 릉역 전후 두 부분인 보성寶城, 방성方城山, 명루구明樓區와 형전구享殿區를 분리시켜 석교石橋로 그 사이를 이었다.

왕실 건축물뿐만 아니라 풍수는 민간에도 유행되어 중국 전통건축물들에 큰 영향을 미쳤다. 그래서 향촌에든 도시에든 어디에든 풍수의 흔적이 남아 있다.

중국 향촌의 기본구성과 모습에 대한 풍수의 영향은 적어도 아래와 같은 몇몇 면(형체와 모양)에서 발견할 수 있다.

① 중국의 촌락들이 모두 같은 패턴을 지니고 있다. 산山을 등지고 삼면이 물로 둘러싸여 있거나 또는 삼면이 산山으로 둘러싸이고 한 면이 흘러가는 물을 끼고 있다.(〈그림 24〉).

---

23)『明貴熹宗實錄』卷七.

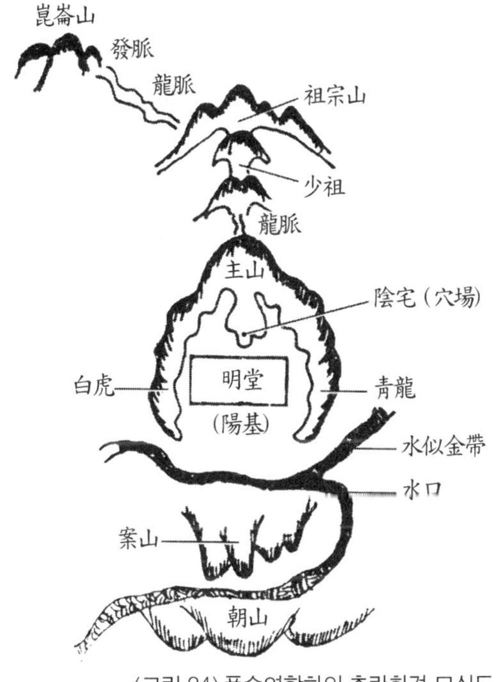

〈그림 24〉풍수영향하의 촌락환경 모식도

② 대다수 촌락들에 모두 '입구入口'처럼 보이는 수계가 있고 게다가 그것은 보통 동남손위東南巽位에 위치한다.(〈그림 25〉, 〈그림 26〉)).

③ 문탑文塔이나 규루奎樓 등 같은 특수용도의 건축물이 들어서 있다. 이러한 건축물은 형체가 크고 흔히 마을 주변의 언덕, 산봉우리에 세워져 보편적으로 낮고 평탄한 시골에서 주변이 풍부한 윤곽선으로 이루어졌다. 이와 동시에 흔히 '수구水口'에 맞춰서 세워진 이러한 건축물들은 매우 풍부한 민족적인 특징도 지니고 있어서 중국 전통촌락의 특유하고 신비스러운 외부 분위기를 조성하기도 한다.

④ 마을 주변에 특정 수종樹種으로 된 독특한 녹화지대가 형성되어 있다. 풍수신앙 관계로 중국 향촌에서 녹화수종에 대해서 늘 독특한 처

〈그림 25〉『하씨종보(夏氏宗譜)』에서 모사(복건[福建])

리를 하거나 금기를 규정한다. 예를 들면, 동쪽에는 복숭아나무나 버들나무, 서쪽에는 치자나무나 느릅나무, 남쪽에는 매화나 대추나무, 북쪽에는 배나무나 살구나무 등을 심는다. 특히 회화나무, 대추나무, 감나무, 느티나무, 대나무 등을 많이 선호하는 것은 한편으로는 그 나무들의 발음 때문이고 다른 한편으로는 이 나무들이 소기후小氣候 및 환경의 개선에 대한 요구에 들어맞기 때문이다.

⑤ 방위 및 주택단지 조성방식의 예는 다음과 같다. 중국 촌거村居에서는 보통 좌북향남坐北向南을 선호하지만 정남북正南北방위 (즉 天子位)는 매우 보기가 드물고 항상 약간 한쪽으로 치우친다. 그 밖에 주택 집단은 풍수설과 종법제도의 종합적인 영향을 받아서 보통 기타 주택들의 방위에 어긋나거나 기타 주택들의 집터보다 높게 하려고 하지 않는다. 때문에 향촌의 주택 집단은 저절로 정연한 모습을 갖추고 있다. 그리고 일부 주택 집단들 사이의 위치와 문향門向은 전적으로 풍수에 의하

〈그림 26〉 환남휴령고림수구원(晥南休寧古林水口園)
(『휴령고림황씨중수족보(休寧古林黃氏重修族譜)』)

여 결정되었다.

⑥ 중국 향촌의 외부에 있는 또 하나의 특수한 건축물 모임– 공동묘지는 모두 최상의 환경에 있다.(〈그림 27〉).

그밖에 풍수는 중국 민간 전통주택의 영건營建에서도 결정적인 역할을 했다. 예컨대 중국의 환皖(항주, 안휘성), 절浙(난징, 절강성), 소蘇(강소성), 민閩(복건성), 월粵(장사, 광동성) 등의 지역에서는 모두 당시 광

〈그림 27〉 의공묘도(儀公墓圖)

범위하게 쓰이던 노반척魯班尺, 문광척門光尺, '촌백寸白', '척백尺白' 등 척법尺法(측량법)으로 주택의 건조를 결정했다.

풍수는 일부 도시의 형성과 변모에 추진제 역할을 했다, 예를 들면 아래와 같다.

(1) 귀양貴陽. 그 도시는 운귀고원雲貴高原의 동쪽이자 귀주성貴州省의 동부 언덕에 위치하는 전형적인 산성山城이다. 춘추시대에는 장가국牂牁國의 영토였고 전국말기에는 차란국且蘭國이었다. 진대 건흥원년(313年)에 야랑군夜郎郡을 신설하여 거주민을 유치했다. 원대에 성곽이 축조되어 순완성順元城이라고 불렀다. 명대 홍무 15년(1382年)에 원대 순완성이 재개발되어 귀양貴陽도시의 초기모습(내성內城이라고 불렀다)을 갖추게 되었다. 명대 륭경隆慶3년(1569年)에 외성도 건설되어 귀양貴陽으로 명명되었다. 그 이름의 유래에 대한 설명이 이렇다. "주, 군이 물의 남쪽[양]에 있는 경우는 산에서는 북쪽[음]이고, 물의 북쪽에 있는 경우는 산에서는 남쪽이다. 여양汝陽은 물(여수)의 북쪽이고, 곽양霍陽, 형양衡陽은 (곽산과 형산으로 불리우는)산의 남쪽이다. 귀주貴州는 본래 귀산貴山 때문에 이름이 지어졌는데, 산이 성의 북쪽 2리 밖에 있고, 군은 그 남쪽에 세웠으므로 귀양貴陽이라 하였다.(凡州郡從水之陽者, 於山爲陰, 從水之陰者, 於山爲陽, 若地感所稱蒙明, 汝陽者, 居水北也, 霍陽衡陽者居山南也, 貴州本以貴山得名, 山在城北二里, 而郡治建於其南, 故曰貴陽.)"[24]

귀양貴陽은 산들로 둘러싸이는 지세라 "호랑이 다섯, 사자 셋, 봉황 하나(五虎三獅一鳳凰)"라는 미칭美稱을 얻었다. 풍수사들이 볼 때는 그

24)『貴州通志』.

도시의 '용맥龍脈'은 산맥의 방향과 같이 북에서 남으로 이어진다. 봉황산鳳凰山을 조산祖山으로 하고 조산의 맥에서 이루어져 내려온 봉우리인 '귀산貴山'은 소조산少祖山이다. 귀산貴山에서 다시 갈라져 무봉巫峰, 상실相室, 동산東山 등으로 이어진 것이라 귀양貴陽의 지형은 풍수원리에 맞는다. 귀양시貴陽市 내에 현존한 유명 건축물의 하나인 갑수루甲秀樓는 바로 풍수설의 산물이다. 구락실邱樂實의 「봉송탐옹강동공조치정서奉送耽翁江東公祖致政序」의 기록은 이렇다. "(전각은) 단순하게 장식은 덜어내고, 자라 머리 모양의 바위를 세워 위로는 문무천신文武天神을 닮게 하고, 돌로 된 제방으로 보완하고, 멋진 부[雄賦]를 지어 산천에 없는 풍수를 보충하고 서남쪽을 막아 다시 건곤을 만드니 보는 사람들이 그것을 훌륭하다고 여겼다.(捐絮飾, 建鼇磯, 肖文武天神於上, 殆又副以石堤, 垂以雄賦, 以補山川未有之風水, 以關西南再造乾坤, 觀者偉之.)" 대중승大中丞 강공조江公祖의 거사비去思碑에는 이렇게 기재되었다. "… 甃鼇磯, 辟風氣而富水貴山之雄振 … " 곽자장郭子章의 『검기黔記』의 기록은 이렇다. "무후의 사당이 왼쪽이고, 거북 머리 모양의 바위가 있다. 만력萬曆 26년 강동 지역을 순무하면서 점쳐서 남하의 중류에 건축하였다. 손(巽: 동남) 방위에 제방을 쌓아 물을 가두어 풍수를 다스리고 그 위에 정자를 지었다. (… 武侯祠左, 又有鼇頭磯, 萬曆二十六年巡撫江東之巡按應朝卿, 卜築於南河中流, 巽堤瀦水, 以培風水, 建亭其上 ….)" 『귀주통지貴州通志 · 금석지金石志』의 기록은 이렇다. "귀양성의 남쪽에 물줄기가 둘로 나뉘는데, 그 위에다 내봉각來鳳閣을 쌓았다. 앞의 물은 서북쪽에서 와서 성을 감싸고 동남쪽을 유지하기 위해 거슬러서 내봉각으로 제방을 삼은 세월이 또한 오래다. 물가 언덕에는 예전에 사당기[祀記]가 있어 한나라 무후武侯의 사당으로 북쪽을 향한다고 되어 있는데, 형을 보는 풍수가[形家]는 '물을 거슬러 그 기를 막고자 전각이 우뚝하니, 전각을 남동쪽에 쌓아 풍수가 모이는 것을 북돋았다'고 하였다.(… 貴陽城南, 一水中分, 峙其上者, 爲來鳳閣, 前水來自西北環城市, 巽維, 逆之以閣之堤, 歲且久矣. 傍水阜, 舊有祠記, 漢武侯, 北向, 形家言. 逆水以提其氣, 閣巍然, 閣峙於巽方, 風水之聚爲培 ….)" 이러한 기록들에 거론된 손위巽位에 위치하고 풍수를 보강해주는 동일한 건축물은 『강희통지康熙通志』에 의하면 바로 갑수루甲秀樓다. "자라 머리 모양의 물가가 성의 남쪽에 있다. 그 위에 갑수루甲秀樓를 지어 풍수를 북돋았다. … 천계天啓 원년에 도적들에게 훼손되어 총독 주섭원朱燮元이 다시 세우면서 이름을 고쳐 내풍각來風閣이라 하였는데 다시 허물어졌다. 청나라 강희康熙 28년 순무사 전문田雯이 다시 세웠다. … (鼇頭磯在府城南, … 甃石築堤, 建甲秀樓於上, 以培風水 … 天啓元年毁於賊, 總督朱燮元重建, 更名來風閣, 複毁, 淸康熙二十八年巡撫田雯重建 ….)"

(2) 천주泉州. 동남 연해의 유명한 도시이자 이학理學과 불교가 창성했던 지역이기도 했다. 명대에 역경의 연구 중심지였던데다 해변 도시의 특수한 기후관계로 천주泉州는 '풍風', '수水'와의 관계가 유난히 밀접했다. "『천주부지泉州府志』 4권에 "천군泉郡은 바람의 영향을 받는 나라이다. … 천군의 기후를 알고자하면 바다부터 말해야 한다. 사계절 중 한여름과 초가을에 남풍이 있고 나머지 계절에는 동북풍이어서 봄과 겨울 두 계절에는 반드시 기후가 매우 온난하여진다. … 바람이란 것은 바다의 기운이 출렁거리기 때문이니 점서에서 말하는 '바닷가는 바람이 많이 분다'는 것이 이것이다.(泉郡負海之國 … 欲知泉郡之氣候者, 又當以海爲言, 夫四時之中惟盛夏及秋初始有南風, 其餘則皆東北風, 以春冬二候必天時極其和暖 … 蓋風者海氣之所鼓蕩也, 占云濱海多風是矣.)"라는 기록을 보면 그 지역에서 풍수설이 크게 유행되었음을 알 수 있다.

전해진 바에 의하면 곽박의 『장경葬經』이 천주泉州지역에서 그 위력을 발휘하면서 장지葬地 선택을 특히 중시했다. 심지어 묘지를 차지하기 위해 법정소송을 하는 경우도 있는가 하면 길지吉地를 찾느라 장례식을 몇 달을 미룬 경우도 있었을 정도로 풍수가 그 성시城市의 전반에 매우 중요한 영향을 미쳤다. 구체적인 사례는 첫째, 도시의 평면도형은 잉어모양이다. 잉어가 용문龍門을 뛰어넘는다는 상징으로 급제를 시사한다.(〈그림 28〉). 성벽의 형태로 잉어를 상징하는 이러한 방식은 복건성福建省 일대에는 매우 흔하다. 예컨대 용암시龍岩市(〈그림 29〉)도 잉어도시라는 별명을 지니고 있다. 이러한 고대 도시지도를 통해서 복주福州나 정주汀

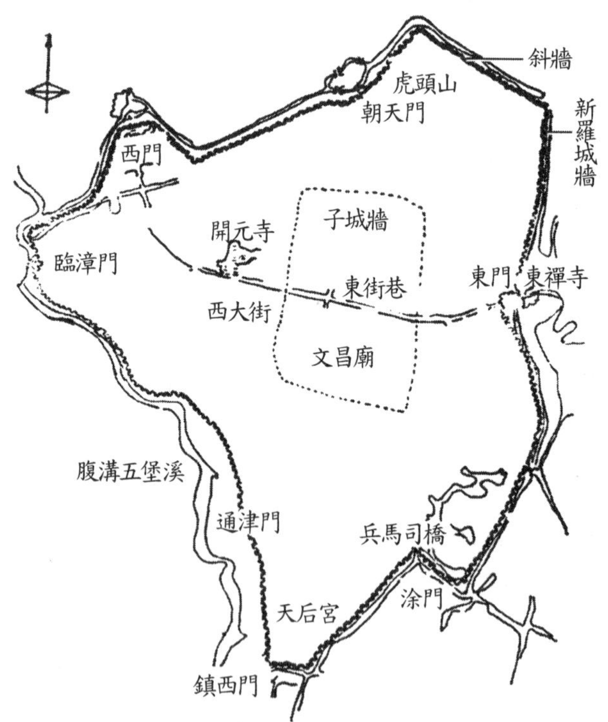

〈그림 28〉 고천주성장(古泉州城牆) 형상도.
신라(新羅)성장 형사이어(形似鯉魚) 천주시문관회(市文管會)에서

〈그림 29〉 복건 용암(龍岩)시 성장형상도, 역사이어(亦似鯉魚), 동북방유료장(且東北方有斜牆)에서 인용

州와 마찬가지로 북동쪽에 비스듬히 뻗은(평면적으로) 성벽이 있었음을 알 수 있다. 〈그림 28〉과 〈그림 29〉 그리고 〈그림 30〉, 〈그림 31〉을 비교하면 복건성福建省 일부 도시들의 독특한 형태를 발견할 수 있다. 그런 형태로 만든 목적은 북동쪽 간위귀문艮位鬼門의 살기煞氣를 막기 위해서라고 하는데, 『택경宅經』 중의 귀문설이 복건지역에서 유행되었다. 이러한 방법은 심지어 멀리 있는 일본의 도시모습에도 직접적인 영향을

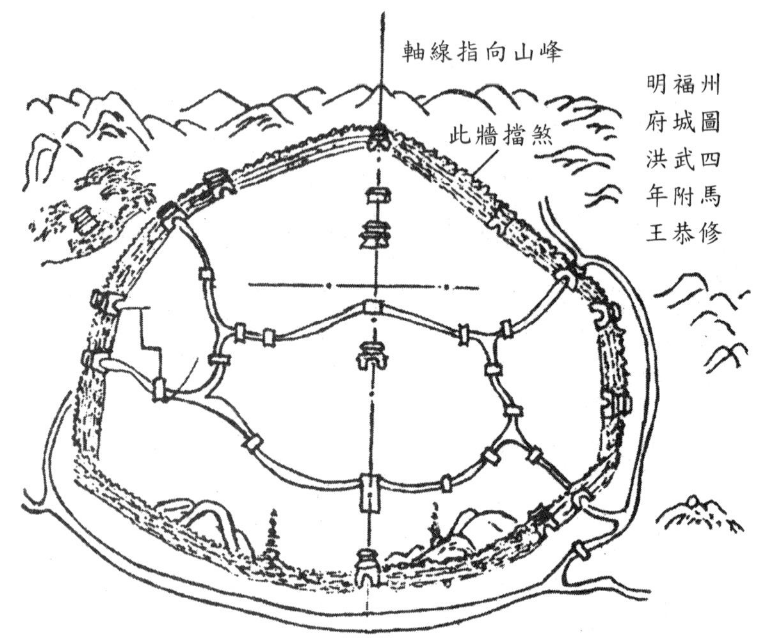

〈그림 30〉 복주부福州府 평면도(『용성고고榕城考古』)

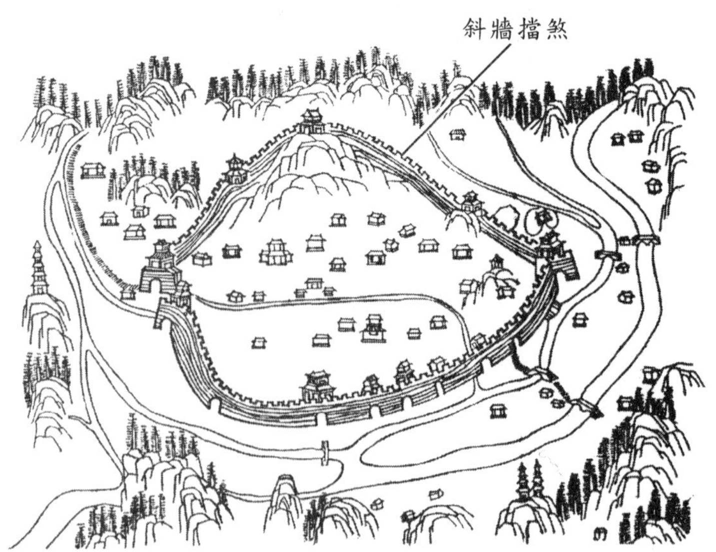

〈그림 31〉 복건 정주부(汀州府)도

미쳤다. 둘째, 외부공간의 구조인 저명한 3대수구三大水口(〈그림 32〉)이다. 셋째, 내부의 구조는 "삼대산三臺山, 팔괘수八卦水"다. 그런데 성시城市 전체의 배수시스템은 북쪽에서 동쪽으로 흘러가는 것은 실은 지형에 의한 것인데도 풍수사들은 그것을 동남쪽에서 흘러나가는 팔괘배수八卦排水 시스템이라고 주장한다.

그 밖에 천주泉州의 민택건조民宅建造도 대부분 풍수원리에 맞추었다. 예컨대 유난히 북동北東쪽을 기피하는 경향이 있어서 일부 민택民宅은 심지어 서쪽을 선택할지언정 기꺼이 북동쪽을 포기했을 정도다(풍수에서 북동쪽이 귀방鬼方이라고 하지만 실제원인實際原因은 북동풍北東風을 피하기 위해서다). 그리고 재산을 숨기기 위해 천주민택泉州民宅의 뒤쪽 담장에 보통 문을 내지 않고 또한 대부분 문간에 암실을 만들었다. 넷째, 양대 종교건축물에 대한 풍수 작업이다. 그 중의 하나인 저명한 불

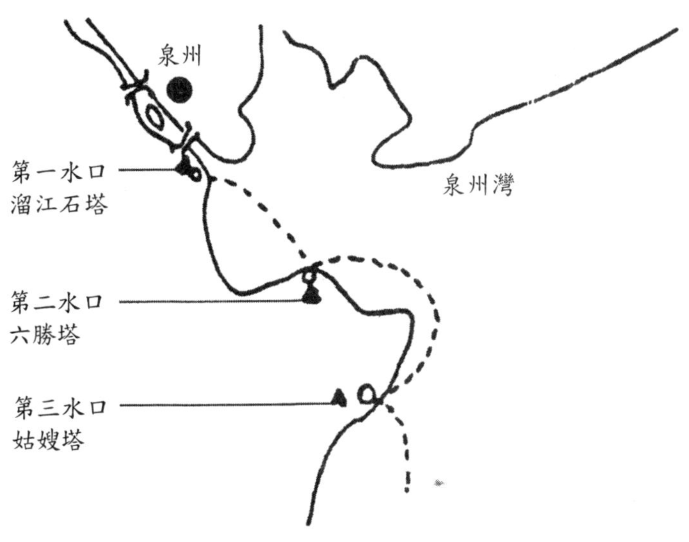

〈그림 32〉 복건 천주부수구(泉汀州府 水口)도

교사원佛敎寺院 개원사開元寺[25]에 가본 섬세한 관광객들이 아마도 이러한 점을 발견했을 것이다. 즉 개원사開元寺의 대문과 뒤쪽에 있는 정전正殿과 평행하지 않고 대문이 약간 기울어 있다는 것이다.(〈그림 33〉). 현지 거주민의 소개에 의하면 이것은 풍수의 영향 때문이라고 한다. 사원 내에 있었던 쌍탑雙塔의 건조도 풍수와 관계가 있었다고 한다. 두 번째 대형 종교 건축물은 이슬람교 건물 집합체인 청정사淸淨寺[26]이다. 사원 안에 세워진 석비石碑에 그 사원의 건조에 관한 기록이 새겨져 있다. "… 거리에 접한 문은 남쪽에서 들어오게 되어 있다. 겹겹이 쌓은 돌은 세바퀴를 둘러서 하늘의 구름을 본뜬 것과 좌우의 벽 각 여섯 개가 합쳐져 9문을 좇아 꾸민 듯하다. 9라는 수는 창공의 9천九天을 뜻한다. 안쪽 원의 꼭대기는 하늘 위의 보름달을 본떴다. 대 아래에는 문 두 개가 마주 서있어 가운데 방향 … 가운데 원은 태극太極을 상징하고 좌우의 두 문은 양의兩儀를 상징하고, 서쪽의 네 문은 4상四象을 상징하고, 남쪽 여덟 문은 8괘八卦를 상징한다.(… 臨街之門從南入, 砌石三圜以象天雲, 左右壁各六合若九門追琢, 皆九九數取蒼穹九天之義. 內環頂象天, 上爲望月. 臺下兩門相峙, 而中方 … 中圜象太極, 左右二門象兩儀, 西四門象四象, 南八門象八卦, …)." 이것은 음양팔괘陰陽八卦, 천간지지天干地支 등 풍수설이 외래종교에도 예외 없이 영향을 미쳐 그 결과는 종교건축물에서 유감없이 나타난 경우다.

전해진 바에 의하면 천주시泉州市의 풍수는 명대 홍무 년 간에 파괴되

25) 開元寺(Kaiyuansi): 중국 당(唐) 개원 26年(A.D.738) 현종(玄宗)의 칙명(勅命)에 의하여 주요도시 각지에 세워졌던 국영사(國營寺)이다. 기존(旣存)의 용흥사(龍興寺)나 대운사(大雲寺) 등을 개명한 경우도 있으나 대부분은 대규모의 사찰이 새로 세워졌다. 송대(宋代) 이후로는 개명된 경우도 있고, 건축물은 모두 개축되었으나 옛 모습을 지닌 큰 사찰도 적지 않게 남아있다(⇒역현(易縣), 정정(正定), 천주(泉州), 소주(蘇州), 정현(正縣)).

26) 천주의 청정사(淸淨寺)와 같은 이슬람의 예배사(모스크, 중국에서는 청진사(淸眞寺)라고 한다)도 세워 중국인 사이에서도 다소 이슬람으로의 개종자도 있었던 것 같다.

었었다고 한다. 당시 명태조가 동쪽에 왕기王氣(정성공鄭成功을 가리킴)가 있다는 이야기를 듣고서는 그것을 없애려고 해서 강하후江夏侯 주덕흥周德興에게 연해 일대에서 거의 20개의 군사성보軍事城堡같은 시설을 만들도록 하였다. 결국 대량의 묘지를 훼손하고 경치가 좋은 자리를 강점했다. 이것은 물론 군사적인 필요로 좋은 지형을 선택해야 한 결과라고

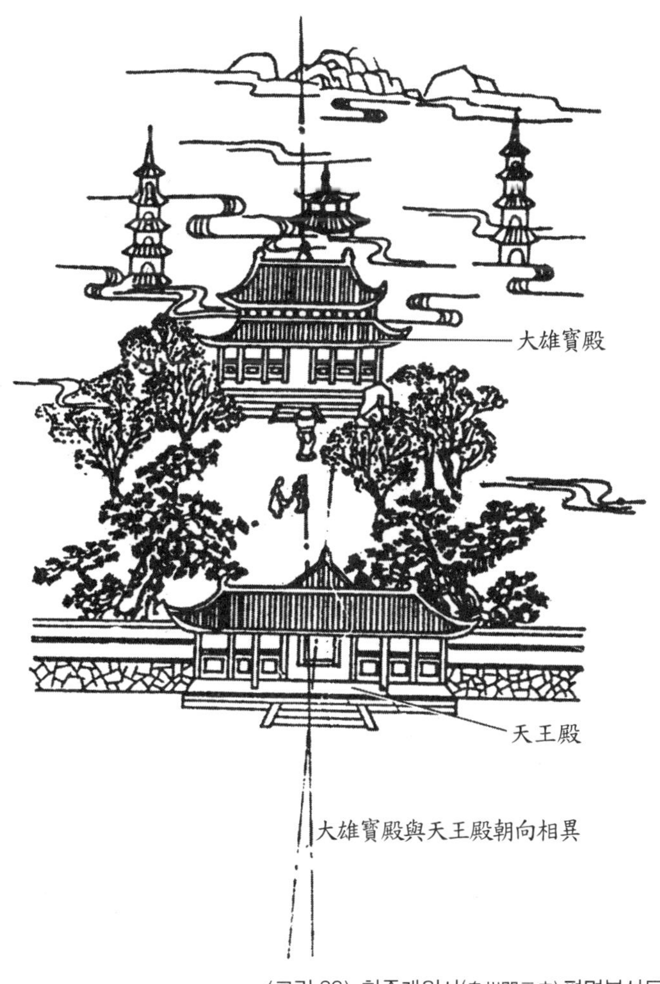

〈그림 33〉 천주개원사(泉州開元寺) 평면분석도

도 할 수 있겠지만, 다른 목적은 의도적으로 천주泉州의 풍수를 파괴시키려던 의도도 깔려 있었다.

천주泉州에서 일어났던 일을 통하여 복건지역의 도시에서 건축물에 대해 풍수작업을 했다는 것을 알 수 있다. 예컨대 건구建甌에는 풍수를 필요로 조성된 대량의 풍수림風水林은 풍수가 도시녹화도 촉진시켰다는 증명이다.

(3) 동려진桐廬鎭. 절강성의 명진名鎭(유명한 읍)이다. 그곳의 지형은 "삼산일수요三山一水繞(삼면이 산으로 둘러싸이고 한 면이 흘러가는 물을 끼고 있다)"로 되어 있다.(〈그림 34〉). 왼쪽에는 동군산桐君山, 오른쪽에는 배문산排門山, 뒤쪽에는 등을 지고 있는 좌산坐山, 앞쪽에는 돌아서 흘러가는 부춘강富春江이 있다. 풍수사들이 이것을 금수도金水道라고 부르는 것을 보면 이 읍은 기묘한 지세를 갖추고 있음을 알 수 있다. 하지만 풍수의 기준으로 볼 때 동군산桐君山은 여전히 덜 높아서 탑을 세워 보완하고 또한 동군산桐君山에 있는 천월계天目溪를 수구로 해야 한다. 그런데

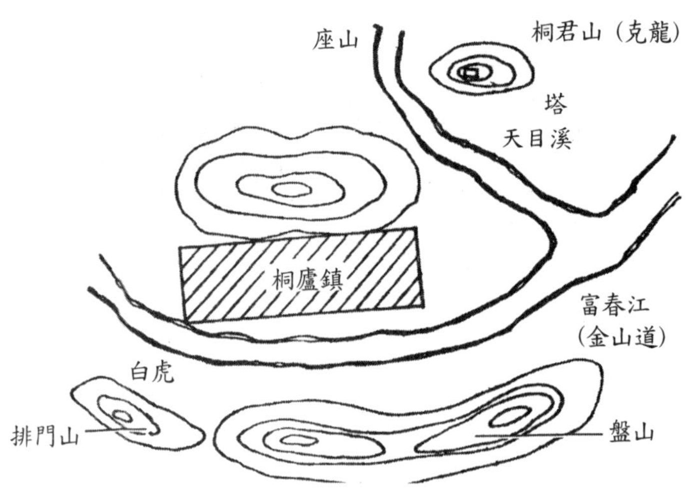

〈그림 34〉 절강동려진(浙江桐廬鎭) 평면도

동군산桐君山은 동려桐廬로 되돌아가는 형태라 당시의 전설에 의하면 동려진桐廬鎭의 이러한 풍수구조 때문에 타지에서 벼슬을 하던 동려진 출신자는 결국 한결같이 귀향하고 말았다고 한다. 동려진과 마주하고 조산朝山이 된 첩첩이 이어고 기복을 이루는 구릉丘陵들은 반산盤山이라고 불리운다. 반산盤山 뒤에 멀리 있는 구불구불하게 이어지는 고산高山에 주용맥主龍脈이 들어서 있어서 일부 풍수사들은 그곳의 '기氣'가 매우 강하다고 주장한다. 그래서 반산盤山 중간 부위는 음기陰基의 최고 위치이고 반산의 좌우 양측은 양기陽氣라고 할 수 있다.(〈그림 35〉).

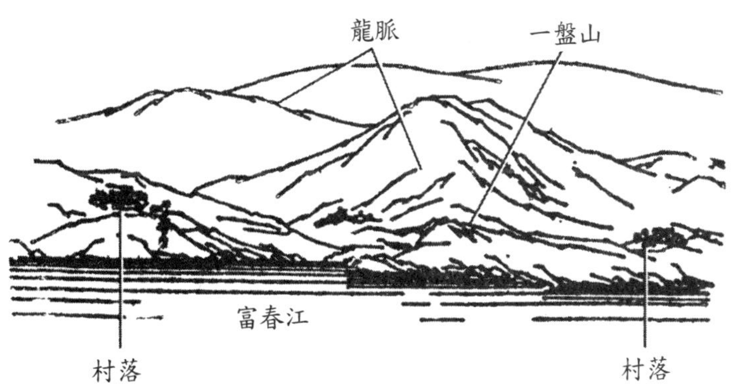

〈그림 35〉 동려진(桐廬鎭) 반산(盤山) 음양(陰陽) 기본위치도

5장

풍수의 영향과 수난

> 풍수의 발전 과정은 그리 순탄하지 않았다. 많은 문인학사들은 풍수를 맹비난하며 철두철미한 미신이라고 낙인찍었지만 풍수는 시종 일관으로 중국의 중요한 민속으로 자리매김했을 뿐만 아니라 중국문화의 영향력이 성장됨에 따라 세계 각지로 진출하기도 했다.

1. 역대 문인학자의 풍수에 대한 비판

중국의 각종 문화 중에서 풍수는 제일 먼저 받은 비난을 받아와서 어떤 의미에서 볼 때는 풍수의 발전사는 풍수에 대한 비판사이기도 했다. 그래서 풍수에 대한 역대의 비판을 통해서도 풍수를 보다 더 확실하게 이해하는 데 도움이 될 수 있었다.

중국 역사상에서 가장 먼저 풍수를 부정적으로 본 사람은 공자였다. 비록 지금까지 공자가 직접 복택卜宅과 상택相宅을 부정했다는 관련 문헌 기록이 발견되지 않았지만 "未知生, 焉知死(삶에 대해서 알지 못하면서 어떻게 죽음에 대해서 알 수 있겠는가?)"라는 공자의 무신론 사상은 복택상택卜宅相宅 같은 초기 풍수활동을 사실상 부정한 것이다. 하지만 납

득되지 않는 것은 이 책의 1장에서 설명했듯이 공자의 다른 주장들 그리고 공자가 부모의 묘지를 만들었다는 실제 행동은 객관적으로 풍수의 발전을 촉진해주기도 했다. 이는 설령 성인일지라도 대자연의 신비함 앞에서는 갈등과 선택을 피할 수 없다는 설명이다.

공자 이후에 선진제자 중에서 오로지 장자莊子 한 명만이 풍수의 사상과 작업을 두루 판단했다.

장자는 아내의 죽음에 대해서 유난히 태연했다. 오히려 물고기를 방생하며 노래하는 행위는 도저히 이해할 수 없는 일이었다. 그런데 장자는 자신이 사후에 후장厚葬할지의 여부에 대한 그의 저명한 입장발표는 상당히 익살스러우면서도 음택풍수陰宅風水를 단적으로 부정했다. 예컨대 이러한 내용이 있었다. "장자가 죽으려 하자 제자들이 후하게 장례를 치르고자 하였다. (그것을 들은) 장자가 '나는 하늘과 땅을 관·곽棺槨으로 삼고, 해와 달을 연벽連璧으로 삼고, 별을 주기珠璣로 삼고, 만물을 재송齎送으로 삼는다. 나의 장례에 어찌 갖추지 않은 것이 있겠는가? 어째서 여기에 더 보태려는가?'라고 하니 제자가 '우리는 까마귀와 소리개가 선생님을 먹을 것이 두렵습니다'고 하니, 장자는 '땅 위에서는 까마귀와 소리개의 먹이가 되고, 땅 속에서는 땅강아지와 개미들의 먹이가 될 것인데, 저기서 빼앗아 여기에 주어 불공평하게 하려는가?'라고 하였다.(莊子將死, 弟子欲厚葬之. 莊子曰: '吾以天地爲棺槨, 以日月爲連璧, 星辰爲珠璣, 萬物爲齎送. 吾葬具豈不備邪? 何以加此?' 弟子曰: '吾恐烏鳶之食夫子也.' 莊子曰: '在上爲烏鳶食, 在下爲螻蟻食, 奪彼與此, 何其偏也!'.)"[1] 즉 장자는 제자들이 까마귀가 선생님의 시체를 먹어치울까 봐 걱정해주는 호의를 비평하면서 제자들에게 너희들이 까마귀에게 나의 시신을 먹지

---

1)『莊子·雜篇·列禦寇』.

못하게 하면 결국 개미들에게 나의 시신을 먹게 한 셈이 되는데 결국 개미에게만 잘해주는 것이 아니냐고 되물었다. 장자의 이 같은 주장은 음택풍수 중의 후장행위厚葬行爲를 일축한 셈이다. 그런데 장자의 이러한 겸손하면서도 멋진 언행은 사후를 똑같이 자연에 맡겨야 한다는 도가사상에서 비롯된 것이지 결코 의도적으로 음택풍수를 겨냥해 부정한 것이 아니었다.

역사상에 최초로 명확하고 조리가 있게 감여堪輿를 힐난한 사람은 동한東漢 저명한 소위 이단사상가이던 왕충王充이었다. 그는 본인의 역작인 『논형論衡』에서 「박장薄葬」, 「사위四諱」, 「란시調時」, 「기일譏日」, 「복서卜筮」, 「변숭辨祟」, 「난세難歲」, 「힐술詰術」, 「해제解除」 등의 편을 통하여 당시 유행한 풍수설이나 감여금기堪輿禁忌의 폐해를 겨냥해 중요한 견해를 밝혔다.

「박장薄葬」 편에서 그는 유가후장儒家厚葬과 묵가박장墨家薄葬의 비교를 통하여 이렇게 주장했다. "이미 죽은 다음에는 무함巫咸[2]처럼 점 잘치고 편작扁鵲처럼 잘 고치더라도 끝내 다시 살아날 수 없다. 왜 그런가? 죽음이란 기가 끊기는 것임을 안다면 끝내 더 보탤 일이 없는 것이다. 죽은 자를 위해 조치하는 일에 이익이 없는데, 후장과는 무슨 차이가 있겠는가? … 박장薄葬 한 가지만이 옳다.(既死之後, 雖審如巫咸, 良如扁鵲, 終不復生. 何則? 知死氣絶, 終無補益. 治死無益, 厚葬何差乎? … 可一薄葬矣.)" 즉 죽은 사람은 이미 숨이 끊어져 설령 무함巫咸 같은 신무神巫(용한 무당)나 편작扁鵲 같은 명의名醫를 부르더라도 부활시킬 수 없는 바에야 쓸 모가 없는 후장厚葬을 하느니 차라리 박장薄葬을 하는 것이

2) 巫咸: 고대 중국의 황제(黃帝) 때 무당. 그는 하늘과 땅을 오르내릴 수 있었다고 함.
適撞乘鶴晉 高刺上天咸(형당승학진 고자상천함; 멀기는 학을 탄 주(周)나라의 진 왕자와 부딪치고, 높기는 하늘을 오르는 무함을 찌르네.)〈오세재(吳世才) 극암(戟巖)〉

났다는 이야기다.

「사위四諱」 편에서 그는 주로 한 대에 유행한 네 가지의 금기禁忌를 반박했다. 그 중 서쪽으로 증축된 건물 즉 소위 서익택西益宅에 대한 양택풍수陽宅風水의 금기禁忌도 포함되어 있었다. 왕충王充은 이에 이렇게 반박했다. “집의 4면은 모두 땅이다. 3면을 흉하다고 하지 않으면서 집의 서쪽에 증축한 것[益西面]만을 상서롭지 못하다고 하는 것은 어째서인가? 서쪽 면에 증축한 집은 땅[地體]에 어떤 손상을 주고, 택신宅神에게 어떤 해로움을 주는가? … 그런데 택신宅神이 번거롭고 어지러운 것을 싫어한다면 4면에 집을 증축하는 것도 모두 상서롭지 못할 것이다.(夫宅之四面皆地也, 三面不謂之凶, 益西面獨謂不祥, 何哉? 西益宅何傷於地體, 何害於宅神 … 而以宅神惡煩擾, 則四 [面]益宅, 皆當不祥.)” 즉 주택주변이 모두 토지인데 왜 유독 서쪽으로 증축되면 흉해지는가? 만약 서쪽이 흉하다면 사면이 모두 똑같이 흉해진다. 분석을 통하여 왕충王充이 내린 결론은 한漢대에 이러한 미신이 유행되는 결정적인 원인은 전적으로 유가예의儒家禮義의 탓이다. 왜냐하면 당시의 습속(풍속)으로 서쪽은 집안 어른의 방위라 만약 이쪽에 건물을 지으면 예의에 어긋난 것으로 간주되었기 때문이다.

「란시讕時」 편과 「난세難歲」 편에서는 그는 한漢대에 유행되던 ‘태세太歲’ 미신을 비난했다. 사실을 열거하여 세신歲神과 월신月神으로부터 영향을 받는 곳에 죽은 사람이 생긴다는 관점을 반박했다. “세월歲月의 신을 따져서 논하겠다. 세歲라는 것은 태세太歲인데, 하늘의 가장자리 자子의 방위에 있다. 집을 짓는 사람은 중국이라는 한 주州의 내에 있다. 가령 양주는 동남쪽에 있는데, 추연鄒衍의 말처럼 천하가 한 주州이고 또 동남쪽에 있다면 세는 유酉에서 나쁜 영향을 주어[食], 서강西羌의 땅에 나쁜 영향을 주어야 하는데, 어째서 동남쪽의 땅에서 나쁜 재앙[凶禍]을 받겠는가? 가령 세歲가 백성들의 사이에 있고 서택西宅이 유酉의 땅이라면 공사를 일으킨 집에도 또한 유酉 땅이 있는데, 어째서 가까운 집의 유酉 땅에 나쁜 영향을 주는 것이 아니라 다른 집에 나쁜 영향을 끼치겠는가! 나쁜 영향을 끼치는 것이 누구인지 살펴봐야 하지 않겠는가?(審論歲月之神, 歲則太歲也, 在天邊際, 立於子位. 起室者在中國一州之內, 假令揚州在東南, 使如鄒衍之言, 天下爲一州, 又在東南, 歲食於酉, 食西羌之地, 東南之地安得凶禍? 假令歲在人民之間, 西宅爲酉地, 則起功之家, 宅中亦有酉地, 何以不近食其宅中之酉地, 而反食佗家乎! 且食之者審誰也?)" 이어서 왕충은 유행되고 있던 오행五行을 원리로 하는 피흉추길避凶趨吉 방법도 비웃었다. "한 조각의 쇠붙이[金], 한 덩어리 숯의 불[火]로 흉과 허물[凶咎]을 제거하고 세歲의 재앙을 물리친다는 것은 어떤 말인가!(以一刃之金, 一炭之火, 厭除凶咎, 卻歲之殃, 如何也!)."

「난세難歲」 편에서는 유가儒家 및 추연鄒衍 등의 지리 관점觀點을 반박하면서 태세설법太歲說法이 허무한 것이라고 역설했다. 예컨대 "유학자들이 천하 구주를 동서남북으로 땅의 넓이와 거리를 다 표현할 수 있어 구주의 안은 5천리로 3하三河의 땅 안에 있다고 논하였다. 주공周公이 집을 점치던 일을 『서경』에서는 '왕께서 오시어 상제의 뜻을 이어 스스로 천하의 중앙에서 정사를 행하셔야 합니다)'[3)]라고 하였는데, 낙雒은 토의 중앙이다. 추연은 구주九州 안에서도 5천리가 합쳐져서 한 주가 되어 동(동남)쪽에 있는 것으로 적현주赤縣州로 불린다고 논하였다. 구주가 아홉이 있으니 9 곱하기 9는 81로 81주이다. 이 말은 지극히 허황되다. 땅의 형形은 살피기 어렵고 가령 살필 수 있다 하더라도 또한 어렵다. 천하의 구주는 유자儒者들의 의론처럼 낙읍雒邑 이남에서 3하 북쪽의 예주

3) 『주서周書 · 소고召誥』 참조.

豫州, 형주荊州, 기주冀州의 한 부분으로 태세太歲가 있을 뿐이다. 옹주[雍]와 양주[梁]의 사이에 청주[青], 곤주[袞], 서주[徐], 양주[揚]의 땅이 있다면 어떻게 태세太歲가 있을 수 있겠는가? 가령 추연鄒衍의 논의대로라면 천하의 구주가 동남쪽에 있어 자子·오午와는 직선이 안 되는데 어떻게 태세가 있을 수 있겠는가? 만약 태세가 천지의 끝에 있지 않고 민간에 분산되어 있다면 한 집안의 택宅마다 태세가 있어 비록 남북으로 옮기는 것이 아니더라도 저촉을 받는다. 가령 동쪽으로부터 서쪽으로 옮기면 서쪽 안에 태세가 있고, 동택으로부터 서택으로 이사하면 서택에 태세가 있게 된다. 어떨 때는 사람의 동서, 어떨 때는 사람의 남북에 있다고 한다면 길을 가다가 동서남북 어디든 사람들을 마주칠 것이니 태세의 위치가 무수히 많을 것이므로 세상의 옮겨 다니는 사람들은 모두 흉할 것이니 이사하려는 사람들이 어떻게 살필 수 있겠는가?(儒者論天下九州, 以爲東西南北 盡地之長, 九州之內五千里, 竟三河土中. 周公卜宅, 經曰: '天來紹上帝, 自服於土中.' 雒則土之中也. 鄒衍論之, 以爲九州之內五千里, 竟合爲一州, 在東(東南)位, 名曰赤縣州. 自有九州者九焉, 九九八十一, 凡八十一州. 此言殆虛. 地形難審, 假令有之, 亦一難也. 使天下九州如儒者之議, 直雒邑以南, 對三河以北, 豫州, 荊州, 冀州之部有太歲耳. 雍, 梁之間, 青, 袞, 徐, 揚之地, 安得有太歲? 使如鄒衍之論, 則天下九州在東南位, 不直子午, 安得有太歲? 如太歲不在天地極, 分散在民間, 則一家之宅, 輒有太歲, 雖不南北徙, 猶抵觸之. 假令從東里徙西里, 西里有太歲; 從東宅徙西宅, 西宅有太歲. 或在人之東西, 或在人之南北, 猶行途上, 東西南北皆逢觸人. 太歲位數千萬億, 天下之民, 徙者皆凶, 为移徙者何以審之?)"라고 했다. 그래서 왕충은 사람들이 태세太歲를 신앙信仰시 하는 까닭은 전적으로 "화를 요행으로 모면하려는 심리" 때문이라고 판단해서 "시비를 가려내어 세상을 깨우치겠다"는 목적에서

붓을 들고 대서특필했다. 「기일譏日」에서는 당시 유행되던 『장력葬曆』 그리고 주택 건축시 반드시 택일를 해야 하는 관습을 반박했다. 왕충은 먼저 『장력葬曆』 중에 소개된 장례식의 시일 선택법에 비판을 하였다. "장葬이라는 것은 관을 묻는 것이고, 염斂은 시체를 감싸는 것이다. 맨 처음 시체를 감싸서 관에 넣고, 조금 후에 묘에 관을 묻으니 묘墓와 관棺은 어떻게 구별되는가? 염斂과 장葬은 어떻게 다른가? 관에 염하여 넣는 것은 흉을 피하기 위함이고, 묘에 (관을 묻어) 장사지내는 것은 길吉을 구하기 위함이다.(夫, 葬, 藏棺也; 斂, 藏屍也. 初死藏屍於棺, 少久藏棺於墓, 墓與棺何別? 斂與葬何異? 斂於棺不避凶, 葬於墓獨求吉.)" 이것은 『장력葬曆』에 있는 모순된 내용과 하자를 들춰 『장력』을 맹렬하게 논박한 내용이다. 반박은 이렇게 했다. 왜 입관할 때는 택일해서 피흉하지 않고 유독 하관할 때만 택일해야 하겠는가? 그래서 『장력』은 믿을 수 없다는 것이다. 길일吉日을 선택해 주택을 기공해야 하는 주장에 대해서도 왕충王充은 사람이 거주하는 주택을 건축하는 데 건축 날짜를 선택할 필요가 있는가? 만약 인체가 가려진 상태에서 재액을 당한다면, 혹은 수레나 배를 타거나 모자를 쓸 때도 택일을 해야 한다. 주택을 지을 때 땅을 파서 재액을 당한다면 도랑을 파거나 밭을 갈거나 김을 맬 때도 택일을 해야 되지 않겠는가?

「힐술詰術」 편에서는 '오음성리설五音姓利說'에 따라 방위를 선택하는 미신을 왕충은 3개의 방면方面을 통해 논박했다.

첫째, '갑을지신甲乙之神'설을 이렇게 반박했다. 주택적 방식은 갑을지신의 통제를 받는다면 상고시대의 사람들이 살던 동굴에 갑을지신이 없었는가? 왜 관사官舍, 향촌鄕村의 정자, 시장 거리의 가게 등 '공공公共' 건축물들이 갑을지신의 통제를 받지 않고 유독 민택民宅만이 통제를 받느냐 등의 질문을 통하여 갑을지신이 허망한 것임을 설명했다.

둘째, '오음성리설五音姓利說'을 이렇게 반박했다. 사람의 성씨 유래에는 여러 가지의 배경이 있었고 특징, 의의, 형상, 차용借用, 유사類似 관계로 생긴 것과 시기時期, 사정事情, 관직官職 때문에 탄생된 것 등이 있지만 그런데 오음五音에 의하여 만들어진 것이 아니라고 주장했다.

셋째, '문향門向'의 중요설을 이렇게 반박했다. 문향門向에 길흉이 있다면 대청이나 복도의 방위에도 길흉이 있어야 한다. 그런데 왜 문향만 중요하고 다른 방위는 괜찮으냐고 질의하면서 "문門으로 땅을 막는 것은 사당[堂廡]을 짓는 것만 못하다. 아침저녁으로 있어야 할 곳은 사당이지 문이 아니다. 길과 흉을 도모하는 사람은 모두 당堂으로 해야 맞다. 문門이 사람들이 출입하는 것이라면 호戶 또한 그래야 한다.(門之掩地, 不如堂廡, 朝夕所處, 於堂不於門. 圖吉凶者, 宜皆以堂. 如門人所出入, 則戶亦然.)"라고 주장했다.

요컨대 「힐술詰術」 편은 조리가 분명하고 논리적으로 하나하나씩 질의를 전개했다. 『논형論衡』 가운데서도 풍수설에 대한 반박이 가장 인상적이고 효과적인 부분이다.

『도택술圖宅術』도 이때부터 점차 수그러들었다.

진대晉代에 혜강嵇康[4]이 지은 『난택무길흉섭생론難宅無吉凶攝生論』과 『답

4) 嵇康(223~262): 삼국 시대 위(魏)나라 초군(譙郡) 질현(銍縣) 사람. 죽림칠현(竹林七賢)의 한 사람이다. 자는 숙야(叔夜)다. 선조는 해씨(奚氏)고, 회계(會稽) 상우(上虞) 사람인데, 원한을 피해 이주했다. 위나라 장락정주(長樂亭主)를 아내로 삼았는데, 조조(曹操)의 증손녀였다. 제왕(齊王) 조방(曹芳) 정시(正始) 연간에 낭중(郎中)으로 옮겼다가 중산대부(中散大夫)로 승진하여 세칭 '혜중산(嵇中散)'으로 불린다. 나중에 은둔하여 벼슬을 하지 않았고, 완적(阮籍) 등과 교유했다. 부정을 용서하지 않는 성격과 노장(老莊)을 숭상하며 반유교적 사상으로 당시 권력층의 미움을 받았다. "탕왕과 무왕을 비난하고 주공과 공자를 가볍게 본다.(非湯武而薄周孔)"고 말하면서 "명교를 넘어서 자연에 맡기라.(越名教而任自然)"고 주장했다. 산도(山濤)의 추천을 거절하고 관료가 되려고 하지 않았다. 음률(音律)에 정통했고, 고슬(鼓瑟)을 잘 연주했다. 친구 여안(呂安)이 무고를 당하자 이를 변론

석난택무길흉섭생론答釋難宅無吉凶攝生論』에서 풍수의 길흉의 관점을 반박하면서 천신지기天神地祇가 아득히 멀리 있고 길흉도 밝혀지지 않는다고 주장했다는 이야기가 있었다. 이러한 주장은 실은 풍수에 대한 부정이기도 하다.

풍수에 대한 려재呂才[5]의 논박은 정사나 야사에는 모두 기록이 나와 있다. 『신당서본전新唐書本傳』에는 "황제는 음양가에서 전해오는 책들에 오류와 거짓, 천박함과 추함이 많아 세상에서 더욱 꺼리는 것을 근심으로 여겼다. 그래서 재사才士와 학문이 뛰어난 사람[宿學老師]에게 중복되는 것은 없애고 거짓된 것은 버리게 하여 쓸 만한 책 53편과 예전의 책 47편과 합쳐서 100편을 만들어 세상에 펴냈다. 재사는 유학의 의론들을 견지하면서 속되지 않게 하고 경전의 옳음을 근거로 하여 여러 술術을 증험하고, 여러 학파들이 함께 책망하는 것과 세상에서 서로 느끼는 화와 복은 끝내 깨닫지 못했다.(帝病陰陽家所傳書多謬僞淺惡, 世益拘畏, 命才與宿學老師刪落煩訛, 掇可用者爲五十三篇, 合舊書四十七,

하다가 종회(鍾會)의 음모에 빠져 사마소(司馬昭)에게 살해당했다.
시를 잘 지었고, 문장도 뛰어났다. 「양생론(養生論)」과 「여산거원절교서(與山巨源絶交書)」 등 수많은 철학적, 정치적 논문과 서간문을 남겼다. 또 거문고의 명수로 「금부(琴賦)」가 있는 것 이외에도, 시인으로서는 당시 주류를 이루어가던 5언시가 아니라 『시경(詩經)』 이래의 4언시를 애호하여 철학적 사색을 노래하는 것으로 일관하여 완적과 함께 이름이 높았다. 저서에 『고사전(高士傳)』과 『성무애악론(聲無哀樂論)』, 『석사론(釋私論)』, 『혜강집(嵇康集)』 등이 있다.

5) 呂才(600~665): 당나라 초기 박주(博州) 청평(淸平) 사람. 음양(陰陽)과 방기(方伎), 여지(輿地), 역사에 정통했고, 음률에 특히 밝았다. 정관(貞觀) 3년(629) 불려 홍문관(弘文館)에 있으면서 악사(樂事)에 관한 논의에 참여했다. 황제가 주무제(周武帝)의 『삼국상경(三局象經)』을 읽고 뜻을 이해할 수 없어 문의하자 물러나 하루 만에 풀이하고는 그림으로 갖추어 아뢰니, 이때부터 이름이 알려졌다. 또 일찍이 「진왕파진악(秦王破陳樂)」의 음률을 조율했고, 「백설(白雪)」 등의 악곡을 수정했다. 태상박사(太常博士)로 옮겨 황명으로 음양가(陰陽家)의 책을 산정(刪定)하여 천하에 반포했다. 또 「방역도(方域圖)」와 교비기전진도(敎飛騎戰陣圖)를 만들어 여러 차례 황제의 뜻을 흡족하게 하여 태상승(太常丞)에 발탁되었다. 고종(高宗) 영휘(永徽) 초에 『문사박요(文思博要)』와 『성씨록(姓氏錄)』을 편찬했다. 용삭(龍朔) 연간에 태자사경대부(太子司更大夫)가 되었다. 저서에 『수기(隋記)』 등이 있다.

凡百篇, 詔頒天下. 才於持議儒而不俚, 以經誼推處其驗術, 諸家共訶短之, 又擧世相惑以禍福, 終莫悟云.)"라는 내용이 실려 있다.

려재呂才는 상술한 고서들을 정리하면서 『서택경敍宅經』과 『서장서敍葬書』 등 두 편이 포함된 저명한 풍수 반대저작 『오행록명장서론五行祿命葬書論』을 써냄으로써 '무신론無神論'자로 등극했다.

『서택경敍宅經』에서는 한대漢代 왕충王充이 극구 반대했던 '오음성리설五音姓利說'에 대해 다시 비난의 포문을 열었다. 려재呂才의 이 글은 왕충王充『힐술詰術』 편의 속편이라고 할 수 있다. 려재呂才의 관점으로 은주殷周 시대에 시작되던 복택 같은 민속들은 단지 거주하기에 적합한지 길흉이 어떤지만 점치는 작업으로 비교적 간략했다. 그런데 나중에 주술사에 의해 첨가된 '오성지설五姓之說'에 대해서는 려재呂才는 전혀 근거가 없고 이치에 맞지 않는다고 평가 절하했다. "경전에 근거해 보면 본래 이러한 학설은 없고, 여러 음양서를 보아도 이러한 말이 없으니, 다만 항간에서 입으로 전해진 것일 뿐 끝내 그 출처가 없는 것들이다.(驗於經典, 本無斯說, 諸陰陽書, 亦無此語, 直是野俗口傳, 竟無所出之處.)" 이어서 려재呂才는 많은 사실을 예로 들어 '오성지설五姓之說'의 불합리성을 지적했다. "『감여경堪輿經』을 보면, 황제가 천로天老에게 말한 것에 오성五姓이란 말이 있다. 또한 황제 때에는 희姬, 강姜 등의 몇 개의 성姓만 있었고 후대에 이르러 족성을 받은 경우[賜族]가 많아졌다. 관管, 채蔡, 성郕, 곽霍, 노魯, 위衛, 모毛, 담聃, 고郜, 옹雍, 조曹, 등滕, 필畢, 원原, 풍酆, 순郇 등의 성은 희성姬姓의 자손이고, 공孔, 은殷, 손宋, 화華, 향向, 소蕭, 박亳, 황보皇甫 등의 성은 자성子姓인 묘苗의 후예들이다. 나머지 여러 나라들도 이 예를 따른다. 도읍이나 관직에 따라 여러 갈래로 나뉘니 이 여러 성들을 누가 관직으로 도읍에 속하게 하였는지를 알 수 없다. 『춘추春秋』를 살펴보면 진陳, 위衛, 진秦나라는 수족水族으로 같고, 제齊, 정鄭, 송宋나라는 화성火姓으로 같으니 어떤 경우는 조상을 따르고, 어떤 경우는 속해있는 별자리와 연결되어 있고, 어떤 경우는 살고 있는 곳을 취하였으니 또한 궁 · 상 · 각 · 치식의 오음배열이 아니라 서로 뒤엉켜 연결되어 있다. 이러하다면 진실[事]은 옛날 역사에서 찾을 수 없고, 의리는 어지럽혀져 있다고 할 수 있다. … (唯『堪輿經』, 黃帝對於天老, 乃有五姓之言. 且黃帝之時, 不過姬, 姜數姓, 暨於後代, 賜族者多. 至如管, 蔡, 郕, 霍, 魯, 衛, 聃, 郜, 雍, 曹, 滕, 畢, 原, 豊, 郇, 竝是姬姓子孫; 孔, 殷, 宋, 華, 向, 蕭, 亳, 皇甫, 並是子姓苗裔. 自餘諸國, 准例皆然. 因邑因官, 分枝分葉, 未知此等諸姓, 是誰配屬? 又檢『春秋』, 自陳, 衛及秦並同水性, 齊, 鄭及宋皆爲火姓, 或承所出之祖, 或繫所屬之星, 或取所居之地, 亦非宮, 商, 角, 徵, 羽共相管攝. 此則事不稽古, 義理乖僻者也 ….)" 이러한 비판批判 방식도 왕충王充의 『힐술詰術』 편篇과 흡사하다.

『서장서敍葬書』에서는 당나라 때 나돌던 여러 종류의 '장서葬書'에 대해서 세밀하고도 깊이 분석하여 논술했다. 려재呂才는 먼저 상고上古 및 삼대장법三代葬法에 대한 기술을 통하여 고대의 장법葬法은 실제 "이것은 죽은 사람을 삼가 보내는 예에 갖추어진 것이지 길하거나 흉하다는 의미는 없다.(斯乃備於愼終之禮, 曾無吉凶之義)"라고 주장해 그 당시 나타났던 음양가陰陽家의 장법을 전반적으로 부정하면서 "혹 편리한 기일을 가려준다든지 또는 묫자리의 멀고 가까움을 헤아려 준다든지 하는(或選年月便利, 或量墓田遠近)", "뜻은 점치는 사람이 재물로 이익을 얻는 것(旨是巫者利其貨賄)"으로 터무니가 없는 소리라고 주장했다. 그리고 나서 6개의 방면方面으로 나누어 구체적인 예증과 사실을 통하여 장서葬書가 지극히 황당무계한 설說이라고 설명했다.

(1) 『좌전左傳』을 통해 알 수 있듯이 고인古人들은 (시일이 아닌) 계급

에 따라 다른 시일에 매장을 했다. 소위 “왕은 7일간 빈소를 차리고, 7개월 만에 장사지낸다. 제후는 5일간 빈소를 차리고 5개월만에 장사지낸다. 대부는 어느 정도 시일이 지나서 장사지낸다. 사士나 일반 백성은 달을 넘길 따름이다. 이것은 귀천이 서로 같지 않은 예에서도 수數가 다른 것이다. … 법이 이미 정해져 있으니 어길 수 없다. … 이것은 장사지내는 데 정해진 기일이 있다는 것이지 기일을 선택한다는 것이 아니다.(王者七日而殯, 七月而葬; 諸侯五日而殯, 五月而葬; 大夫經時而葬, 士及庶人逾月而已. 此則貴賤不同, 禮亦異數 … 法旣一定, 不得違之 … 此則葬有定期, 不擇年月.)”라는 것은 ‘고대에서는 선택해서 매장埋葬하던 것이 아니었다’라는 첫 번째 예증例證이다.

(2) 당나라 때의 풍수가들이 “기해 일에 장사를 지내면 가장 흉하다.(己亥之日 用葬最凶)”라고 주장했지만 려재呂才는 춘추시대에 “이 날 장사지낸 기록이 20여 건이나 있다(此日葬者凡廿餘件)”고 하였다. 그러나 재액이 결코 발생하지 않았음을 고찰한 것이 고인古人들이 매장하는 데 시일을 선택하지 않았다는 두 번째 예증이다.

(3) 『춘추春秋』에 정자산鄭子産과 태숙太叔이 정간鄭簡을 매장했다는 이야기가 기재되어 있다. 『장서葬書』의 규정대로는 정간鄭簡의 시신이 건간이시乾艮二時에 하관해야 했지만 건간이시乾艮二時는 마침 밤중이라 비현실적이어서 자산子産이 『장서葬書』에 따르지 않고 오시午時에 하관 작업을 했다. 이 사실은 고인古人들이 매장하는 데 시일을 선택하지 않았다는 세 번째 예증이라고 려재呂才는 설명했다.

(4) 려재呂才는 『효경孝經』과 『주역周易』 중의 “날이 갈수록 더욱 삼가

하면 은택이 끝없이 미치지만 진실로 그 덕이 굳지 않으면 후손이 없게 된다.(日愼一日, 則澤及於無疆, 苟德不建, 則而人無後.)"라는 명언을 인용하여 『장서葬書』에서 주장한 "부와 귀, 관직과 품계는 모두 장사를 잘 모셔야 이룰 수 있는 것이고, 오래도록 살 것인지 일찍 죽을 것인지는 묏자리에 달려 있다.(富貴官品, 皆由安葬所致; 年壽延促, 亦由墳隴所招.)"라는 법칙을 부정하며 고인古人들이 매장하는 데 시일을 선택하지 않았다는 이것이 네 번째 예증이라고 설명했다.

(5) 고인古人들의 씨족 집단안장 등 실례實例를 '오음성리五音姓利' 매장법을 힐난했다. "예전에 장사지내는 것은 나라의 북쪽에 있었고, 그 구역도 정해진 장소였는데 성묘姓墓의 뜻에 따를 수 있었겠는가? 조씨趙氏가 장사지낸 곳은 구원九原으로 여러 곳에 흩어져 있고, 한나라의 산과 언덕은 여러 곳에 흩어져 있다. … 이러하다면 오성의 뜻은 원나라에서 옛 근거를 찾아야 한다.(古之葬者, 並在國都之北, 域兆既有常所, 何取姓墓之義? 趙氏之葬, 並在九原, 漢之山陵, 散在諸處 … 此則五姓之義, 大元稽古.)" 이것이 다섯 번째 예증이다.

(6) 자산子產, 유하혜柳下惠 등의 순탄하지 않던 벼슬살이를 예로 들어 설명했다. "신하의 명성과 지위에서 나아가고 물러감이 어찌 일정하겠는가? 처음에는 천하였으나 나중에 고귀해지는가 하면, 시작은 컸으나 말년에는 그렇지 않게 되기도 한다.(人臣名位, 進退何常, 亦有初賤而後貴, 亦有始泰而終否.)" 그래서 복을 가져다주는 무덤이 아니라고 해서 해골을 계속 옮겨야 하는 천이遷葬를 할 필요가 없다. 게다가 고인古人들의 장묘제도를 보면 "무덤이 일단 조성되면 개조하지 않았다.(冢墓既成, 曾不革易)" 이것이 후대에게 영향을 미치지 않았던 것은 "벼슬이 높

아지는 것은 사람에게 달려 있지 묫자리를 잘 썼기 때문에 된 것은 아니다.(官爵弘之在人, 不由安葬所致)"라는 견해를 밝혔다. 이것은 려재呂才가 열거한 여섯 번째의 예증이다.

마지막으로 려재呂才는 상영롱相塋隴, 희관작希官爵, 택일시擇日時, 도재리圖財利 등은 모두 주술사들의 미친 짓이며 미풍양속을 더럽히는 '장서葬書'에서 비롯된 것이라 믿어서는 안 된다는 결론을 내렸다.

요컨대 려재呂才는 주로 『역경易經』, 『시경詩經』, 『상서尙書』, 『좌전左傳』, 『춘추春秋』, 『예기禮記』 등 같은 경문經文 속의 '예禮'에 관한 내용 그리고 상고시대와 선진시대에 풍수를 불신하던 전형적인 사람과 사례를 근거로 풍수 중의 '오성지설五姓之說' 및 택장擇葬의 믿음성을 부정했다. 하지만 려재呂才는 단지 '예제禮制'의 관점에서만 다루다 보니 어느 정도 한계에 다다랐다. '예禮'는 유가儒家 정통적正統的 한 지주支柱라 려재의 이러한 관점과 반박수법을 후세 유자儒者들이 많이 본받았다.

송대에 이르러 풍수를 가장 맹렬하게 반대하던 사람은 북송北宋 사학자 사마광司馬光[6]이었다. 주로 그가 쓴 두 편의 격문에 나온 풍수 반대 논단들을 보면 사마광이 본인의 경험담으로 분명하게 풍수를 반대하던 최초의 사람이었다고 할 수 있다.

그 중의 하나는 사실상 진문奏文이던 『산릉택지찰자山陵擇地札子』다. 송

6) 司馬光(1019~1086): 중국 북송(北宋) 때의 학자. 온공(溫公)이라 칭하여진다. 『자치통감』(資治通鑑)의 편자. 이 책은 천자의 정치에 도움을 주기 위해 19년의 세월을 들여, 전국시대에서부터 편년체(編年體)로 편찬한 것으로, '대의명분', 즉 군신(君臣)의 의(義)를 명확히 한 것이다. 그는 한대(漢代)의 양웅(楊雄)을 가장 숭배하고, 그의 주석서인 『태현주』(太玄註), 『법언주』(法言註), 양웅의 『태현』(太玄)을 본뜬 그의 저서 『잠허』(潛虛)에서 상수학(象數學)을 중심으로 한 천인상관(天人相關)의 철학을 남겼다. 그 가운데에서 '귀천빈부(貴賤貧富)'는 '천분(天分)'이고 '군명신충 부자자효(君明臣忠 父慈子孝)'는 '인분(人分)'이라고 하여, 이것을 거스르면 반드시 '천재'(天災)와 '인앙'(人殃)이 생긴다고 주장하였다. 이렇게 당시의 봉건제 질서를 '천명'(天命)이라 하고 이것을 근거로 하여, '천명'에 근거하지 않은 '변법'을 단행한 강남의 신흥지주파인 왕안석(1021~86)에 반대한 대지주파의 철학을 역설하였다.

인종仁宗 사후에 영종英宗과 황태후皇太后는 모두 대행황제大行皇帝[7]에게 따로 풍수길지風水吉地를 찾아주려고 하자 사마광司馬光은 이 글로 영종英宗에게 돌팔이들의 농락을 당하지 않도록 하라고 하려던 것이 저서의 목적이었다. 그러므로 "음양에 관한 책은 사람들을 얽매면서 많은 두려움을 준다. 장사지내는 일에서는 그 폐해가 더욱 심하다.(夫陰陽之書, 使人拘而多畏, 至於喪葬, 爲害尤甚.)"고 하였다. 임금에게 아뢰는 이 글에서 사마광司馬光은 두 개의 방면方面을 통하여 인종仁宗을 위해 다른 풍수길지風水吉地를 찾아야 한다는 풍수사들의 제안의 부당성을 열거했다. 첫째, 예제禮制의 관점에서 볼 때 장법葬法에 있어서는 장서葬書를 맹신해서는 안 되고 예제禮制를 지켜야 한다고 주장했다. 그러므로 "지금 장사지내는 큰 일은 선왕의 전례를 지켜야 한다. 장서葬書는 모두 속된 저자거리의 말에서 나온 것이고, 하늘을 받든다는 음양관은 모두 시중의 어리석은 사람들이다.(今山陵大事, 當守先王之典禮, 至於『葬書』, 出於世俗委巷之言, 司天陰陽官, 皆市井愚夫 …)"고 하였다. 둘째, 송대의 황제들이 모두 영안永安에 묻혔는데 만약 따로 길지吉地를 찾는다면 백성을 고생시키고 물자를 축낼 뿐만 아니라 제영帝靈을 불안 시키기도 한다고 지적했다. 그래서 "더구나 나라에서는 선조宣祖 이래 영안永安에서 100여 년을 장사지내어 관사와 창고 등이 이미 갖추어져 있는데, 이제 와서 다른 곳으로 옮긴다면 현읍의 관사를 바꾸는 제도를 새롭게 만들어야 할 뿐만 아니라, 대행황제大行皇帝의 신령이 조종祖宗을 돌보고 그리워하는 마음이 새로운 릉에서도 여전할지 알 수 없습니다.(況國家自宣祖以來葬於永安, 百有餘年, 官司儲峙, 素皆有備, 今改卜宅所, 不惟縣邑官司更須創置, 亦恐大行皇帝神靈眷戀祖宗, 未敢即安於新陵也.)"고 하였다.

7) 大行皇帝: 중국에서 천자(天子)가 붕어(崩御)하여 아직 시호를 봉하지 않았을 때의 칭호를 일컫는다.

『산릉택지찰자山陵擇地札子』는 제왕에게 상서上書하는 진문奏文이라 다소 완곡한 어투를 쓸 수밖에 없었지만 다른 격문檄文인 『장론葬論』은 거리낌 없이 쓴 것이다. 세인들은 사마광司馬光이 자신의 실천과 경험을 예로 들어 논박하는 논술에 탄복하지 않을 수 없었다.

사마광司馬光은 우선 자가自家의 "제조지장諸祖之葬(몇 세대의 장사葬事)"을 통하여 장설葬說의 믿음성을 부정했다. 사마광의 선조들은 가난 때문에 관곽棺槨을 쓸 수 없었다. 태위공太尉公부터는 비록 관곽을 사용하긴 했지만 금은 같은 부장품副葬品은 없었다. 나중에 일가친척들은 장사葬事가 대사大事라 음양사陰陽師를 불러야 한다고 주장했지만, 사마광의 형인 백강伯康은 그런 것을 전혀 믿지 않았지만 일가친척들의 요구를 뿌리칠 수도 없어서 대책의 묘안을 생각해냈다. 즉 일가친척들이 모셔온 '야부野夫(돌팔이)' 장생張生(사마광은 풍수사風水師를 매우 경멸했다)에게 권고와 협박을 병행해 그에게 자신의 말을 따라 겉으로는 『장서葬書』의 규정대로 해 일가 친척들의 미신적인 욕구를 만족시키는 척하며 장사를 치르도록 했다. 결국 장생張生은 시킨 대로 해서 『장서葬書』의 규정대로 해주지는 않았는데도 일가 친척들을 크게 만족시켰다. 결과는 가문의 몰락은커녕 도리어 "이제 내 형의 나이는 79세인데도 다른 경들처럼 벼슬살이 하고 있으며, 내 나이는 66세인데 시종의 자리에 붙어 있고, 우리 집안에서 벼슬살이 하는 이들은 모두 23인이 있다. 다른 사람들이 장서를 받들어 쓰는 것을 보더라도 우리 집안보다 낫지 않다.(今吾兄年七十九, 以列卿致仕, 吾年六十六, 忝備侍從, 宗族之從仕者二十有三人. 視他人之謹用『葬書』, 未必勝吾家也.)"가 되었다. 이어서 사마광은 아내의 장사葬事를 할 때도 "음양가에게 한 마디도 자문을 받지 않았지만 지금까지 별 일이 없었다(未嘗以一言詢陰陽家, 迄今無他故)"라는 사실을 통하여 『장서葬書』를 믿을 수 없다고 설명하고서 최종 결론을 내렸다. "장례용품을 후하게 쓰지 않아도 된다는 것을 알려면 우리 조상을 보면 되고, 장서들이 믿을 만한 것이 못 된다는 것을 알려면 우리 집안을 보면 된다.(欲知葬具之不必厚視吾祖; 欲知『葬書』之不足信, 視吾家.)" 고찰에 의하면 사마광이 『장론葬論』을 작성하던 시대는 송 신종神宗 때였다. 그 때 그는 신법新法을 반대하다가 파면되어 낙양洛陽에 거주하고 있었다. 사마광은 평생 사람됨이 청렴하고 빈틈없고 책임감이 넘쳤다. 사학에 크게 기여했다. 그런데 그는 석노철학釋老哲學을 황당무계하여 믿음성이 없는 것이라며 반대하던 인물로서 당연히 풍수의 폐단도 꿰뚫어 봤다.

그 밖에 송대의 다른 지식인인 나대경羅大經[8]과 시인 양만리楊萬里[9]는 더욱 "악을 없애려면 그 뿌리부터 잘라 없애야 한다"는 태세로 반박의 예봉을 풍수의 전설적인 비조鼻祖인 곽박郭璞에게 겨눴다.

나대경羅大經은 『학림옥로鶴林玉露』에서 단도직입적으로 "본해승기本骸

---

8) 羅大經: 남송 길주(吉州) 여릉(廬陵, 지금의 江西省 吉安市) 사람. 자는 경륜(景綸)이다. 영종(寧宗) 가정(嘉定) 연간에 태학생이 되었다. 이종(理宗) 보경(寶慶) 2년(1226)에 진사(進士)가 되고, 일찍이 용주(容州)의 법조연(法曹掾)과 무주군사추관(撫州軍事推官)을 역임했다. 일에 연루되어 탄핵을 받아 파직되었다. 저서로는 필기(筆記)인 『학림옥로(鶴林玉露)』 16권이 있다. 내용은 독서하면서 터득한 지식을 기술한 것이다. 피폐한 정치를 질책하고 인물을 평가하며 시문을 평론하는 데 있어 종종 독보적인 견해가 있으며, 언어는 간단하면서도 의미는 풍부하다. 그러나 견문을 기록하고 자료를 인용하는 데 있어 가끔 착오와 사실무근인 곳도 있다.

9) 楊萬里(1127~1206): 남송 길주(吉州) 길수(吉水) 사람. 자는 정수(廷秀)고, 호는 성재(誠齋)다. 고종(高宗) 소흥(紹興) 24년(1154) 진사가 되고, 영릉령(零陵令)에 올랐다. 장준(張浚)이 정심성의(正心誠意)의 학문으로 권면하자 서방(書房) 이름을 '성재(誠齋)'라 했다. 효종(孝宗) 초에 봉신지현(奉新知縣)이 되고, 천거를 받아 국자감박사(國子監博士)에 올랐다. 태상박사(太常博士)와 광동제점형옥(廣東提點刑獄)을 역임했고, 태자시독(太子侍讀)으로 승진했다. 시를 잘 지어 스스로 성재체(誠齋體)를 이루었고, 우무(尤袤), 범성대(范成大), 육유(陸游)와 함께 남송사대가(南宋四大家)로 불린다. 각지의 지방장관을 역임하면서 관직을 전전할 때마다 시집 한 권씩을 엮었다. 그가 낸 시집은 『강호집(江湖集)』에서 『퇴휴집(退休集)』까지 모두 9부로, 시의 총 편수가 무려 4,000여 편을 헤아리는데, 다작으로는 친구 육유에 버금가는 양이었다. 시는 속어를 섞어 썼으며, 경쾌한 필치와 기발한 발상에 의한 자유 활달한 점을 특색으로 한다. 또한 고전의 주석인 『성재역전(誠齋易傳)』이란 저작도 남겼는데, 성실한 인품을 갖춘 학자였다. 저서에 『성재집(誠齋集)』이 전한다.

乘氣, 유체수음遺體受蔭"이라는 곽박郭璞의 이론이 엉터리라고 지적하고 또한 왕돈王敦에게 살해당한 곽박郭璞 본인도 결국 자신의 화복을 보장받지 못했다는 역사적 사실를 통하여 풍수의 모순을 설명했다. "곽박郭璞이 말하기를 '본해本骸는 기氣를 타고, 유체遺體는 음蔭을 받는다'고 하였는데, 이 설은 끊어져 이어지지 않는다. 저 구리산의 서쪽이 무너지는데 신령스런 종이 동쪽에서 호응하고, 나무[木]가 산에서 생기는데 밤[栗]은 방에서 싹을 틔운다고 한다. 이것이 곧 살아있는 기의 감응이라 한다. 그러나 이제 말라버린 뼈는 썩고 썩어서 아픔과 가려움을 느끼지 못한다. 날이 가고 달이 가면 썩은 흙이 되어 넓디넓은 공간을 떠도는 티끌이 되는데 어떻게 살아있는 사람과 서로 감응하여 화나 복을 불러올 수 있겠는가? 이것은 결단코 말도 안 되는 주장이다. 세상 사람들이 곽박郭璞의 설에 현혹되어 길한 땅[吉地]을 찾아 헤매다 만족한 곳을 얻을 수 없어 수십 년 동안 부모 장례를 지내는 사람이 있다. 이미 장례를 치렀지만 길하지 못하다고 하여 한 번 파헤치는 것에 그치지 않고 세 번 파고, 네 번 파는 데 이른다. 땅을 사면서 송사에 휘말려 관을 땅에 묻지도 못하고 집안이 망한 경우도 있고, 형제가 여럿인데 각각 다른 풍수설을 가지고 피붙이 간에 원수가 되는 경우도 있다. … (郭璞謂「本骸乘氣, 遺體受蔭」. 此說殊不通. 夫銅山西崩, 靈鐘東應, 木生於山, 栗牙於室, 此乃活氣相感也. 今枯骨朽腐, 不知痛癢, 積日累月, 化爲朽壤, 蕩蕩遊尖矣, 豈能與生者相感, 以致禍福乎? 此決無之理也. 世人之惑璞之說, 有貪求吉地未能愜意, 至十數年不葬其親者; 有既葬以爲不吉, 一掘未已, 至掘三掘四者;有因買地致訟, 棺未入土, 而家蕭條者; 有兄弟數人惑於各房風水之說, 至於骨肉化爲仇雔者 …)"[10]

10) 羅大經, 『鶴林玉露』. 丙编類 卷六.

윗글에서 나대경羅大經은 당시 풍수의 해독을 매우 철저하게 폭로했다. 그런데 나대경羅大經은 풍수를 반대했지만 천명天命은 믿었다. "또한 사람의 삶에서 못 살거나 잘 사는 것, 귀하거나 천한 것, 일찍 죽거나 오래 사는 것, 똑똑하거나 어리석은 것은 품성으로 부여 받아 나뉘어져 각기 정해진 것이 있는 것을 천명天命이라 하여 고칠 수 없는 것이다. …(且人之生也, 貧富貴賤, 夭壽賢愚, 稟性賦分, 各自有定, 謂之天命, 不可改也 …)"[11] 이를 과학적인 관점에서 볼 때 오십보백보라고 하지 않을 수 없다. 그런데 일부 구체적인 풍수 내용에 대한 나대경羅大經의 질의 자체도 그야말로 기특한 일이었다. 예컨대 그는 "오늘날 술수가는 분묘가 석모산席帽山에 있다면 자손이 반드시 시종관侍從官이 될 것이라고 하는데, 시종들이 머리에 눌러 썼기 때문일 것이다. 그러나 당나라 때의 석모席帽는 거자擧子들이 썼으므로 석모는 언제라도 몸을 떠날 수 있다는 말이 된다. 송나라 수도인 대량大樑은 지세地勢가 평탄하고 넓어서 바람이 불 때마다 먼지가 얼굴을 덮었으므로 시종은 말을 타면서 석모를 눌러 써서 먼지를 막았다. 우주가 탄생된 이후에 이 산이 있는데 당나라 때에는 귀하던 것이 지금에는 천해졌겠는가?(今之術者, 吉墳墓若有席帽山, 則子孫必爲侍從官, 蓋以侍從重戴故也. 然唐時席帽, 乃擧子所戴, 故有'席帽何時得離'之句. 至宋朝都大樑, 地勢平曠, 每風起則塵沙撲面, 故侍從跨馬, 許重戴以障塵. 夫自有宇宙, 則有此山, 何賤於唐而貴於今耶?)"라는 말을 통해 풍수의 규정은 습속(풍속)에 따라 달라진 것을 보면 풍수는 일부 사람들이 상황에 따라 날조한 것이라 길흉의 징조가 없다고 역설했다.

양만리楊萬里도 곽박郭璞이 자신의 목숨도 보전하지 못했다는 실례를

11) 同書,『鶴林玉露』. 丙编類 卷六.

통해 풍수를 믿을 수 없는 것이라고 설명했다. 왜냐하면 동진東晉 초에 왕돈王敦[12]은 반란을 계획하고 있어 곽박郭璞에게 복서卜筮를 시켰지만 곽박郭璞으로부터 필패必敗라는 답을 듣게 되자 격분해 그를 살해했다. 이에 양만리楊萬里가 말했다. "곽박郭璞이 풍수에 정통하였다면 훌륭히 길지吉地를 선택하여 자신이 복을 받고 자손에게도 이로움을 주었어야 하지만, 곽박 자신은 형벌을 피하지 못하고 자손도 마침내 쇠퇴하였으니 자신의 설을 이미 그의 몸에서 증험하지 못하였다.(郭璞精於風水, 宜妙選吉地, 以福其身, 以利其子孫, 然璞身不免於刑戮, 而子孫卒以衰微, 則是已說已不驗於其身矣)."[13] 이 글은 역설적으로 모순적인 결과로 나타난 풍수설을 강력하게 논박한 내용이다. 이 사실은 나중에 풍수설을 반대하는 인사들에게 주목받고 인용되었다.

그밖에 북송北宋의 다른 저명한 이학자理學者이던 정이程頤[14]도 풍수에

12) 王敦(266~324): 동진(東晉) 낭야(琅邪) 임기(臨沂) 사람. 자는 처중(處仲)이고, 왕도(王導)의 종형(從兄)이자 진무제(晉武帝)의 사위다. 양주자사(揚州刺史)를 지냈다. 낭야왕(琅邪王) 사마예(司馬睿, 元帝)가 처음에 강동(江東)을 지켰는데, 위명(威名)을 떨치지는 않았지만 왕도와 함께 그를 도왔다. 두도(杜弢)의 반란을 진압하고 진동대장군(鎭東大將軍)에 올랐다. 서진이 망하고 동진이 들어설 무렵 동진 정권을 지지한 덕에 정남대장군(征南大將軍)과 형주목(荊州牧)에 올라 병권(兵權)을 장악했다. 원제가 왕씨의 세력을 제거하려고 들자 영창(永昌) 원년(322) 무창(武昌)의 난을 일으켰다. 건강(建康)을 공격하여 습협(習協)과 주의(周顗), 대연(戴淵) 등을 살해했다. 스스로 승상(丞相)이 되어 무창으로 돌아와 주둔하면서 멀리서 조정(朝廷)을 조정했다. 명제(明帝) 태녕(太寧) 2년(324) 왕도 등이 그가 중병에 걸린 것을 이용해 군사를 일으켜 토벌했다. 왕함(王含)과 전봉(錢鳳) 등에게 군대를 건강으로 진군시키라고 명했는데, 얼마 뒤 병사(病死)했고, 군대도 흩어졌다.

13) 『鶴林玉露』.

14) 程頤(1033~1107): 북송 중기 낙양(洛陽) 사람. 자는 정숙(正叔)이고, 호는 이천(伊川)이며, 시호는 정공(正公)이다. 이천백(伊川伯)에 봉해져 이천선생(伊川先生)으로 불려진다. 형 정호(程顥)와 함께 주돈이(周敦頤)에게 배웠고, 형과 함께 이정자(二程子)라 불리며 정주학(程朱學)의 창시자로 알려졌다. 젊은 나이에 재능으로 호원(胡瑗)의 인정을 받았고, 태학학직(太學學職)에 올랐다. 영종(英宗) 치평(治平)과 신종(神宗) 원풍(元豐) 연간에 대신들이 여러 차례 천거했지만 나가지 않았다. 철종(哲宗) 초에 사마광(司馬光), 여공저(呂公著)의 추천으로 숭정전설서(崇政殿說書)가 되고, 나중에 외직으로 나가 서경국자감(西京國子監)을 관리했다. 소성(紹聖) 연간에 정치가 뜻에 맞지 않아 삭적(削籍)된 뒤 부주편관(涪州編管)으로 나갔다. 휘종(徽宗)이 즉위하자 협주(峽州)

부정적인 평가를 했다. 다만 그는 풍수 중의 '택지지방위擇地之方位'와 '결일지길흉決日之吉凶' 그리고 음덕만 추구하려는 행위를 반박했지만 택장擇葬을 반대하지 않았다. 그는 "땅의 아름다움은 그 신령이 평안하고 그 자손이 번성하는 데에 있다. … 조부와 자손은 기가 같으므로 조상이 편하면 자손이 편하고, 조상이 위태로우면 자손이 위태로운 것이 또한 그 이치이다.(地之美者, 則其神靈安, 其子孫盛 … 父子祖孫同氣, 彼安則此安, 彼危則此危, 亦其理也.)"[15]라고 했다. 이러한 까닭에 풍수의 일부 내용들을 반대하던 정이程頤도 풍수사風水師들의 추숭追崇을 받았다. 특히 정이의 "장법오환葬法五患"이라는 주장은 더욱 후세 풍수사風水師들에게 운용되어 영향력을 발휘했다. 그래서 아예 정이程頤의 관점을 풍수의 다른 한 유파라고 하는 것이 더 적절한 것 같다.

원대元代는 풍수의 저조기低潮期라고 할 수 있지만 사회 전반적으로는 피화추길避禍趨吉이라는 대중적 심리가 깔려 있어서 『장서葬書』가 여전히 민간에 유행되고 있었다. 그 때 풍수장설風水葬說을 반대하던 학자로서는 조방趙汸과 사응방謝應芳 등도 있었다. 조방趙汸은 『원사元史』 편찬에 참여했던 원말기와 명초기 때의 학자로서 반풍수의 주요 저작인 문답형식으로 된 『장서문대葬書問對』에서 『장서葬書』에 대해 분석과 비판을 했다. 조방趙汸은 『장서葬書』의 작자가 곽박郭璞인지에 대해 의문을 제기하고서 『장서葬書』 중의 양대 내용을 중점적으로 비평했다.

(1) 방위설方位說에 대해 논박했다. "방위의 설은 본래 지리의 이치에

로 옮겼고, 얼마 뒤 복관했다. 숭녕(崇寧) 연간에 치사(致仕)했다. 학문의 방법으로 경(敬)을 중시하여 거경궁리(居敬窮理)에 힘썼다. 오랜 동안 낙양(洛陽)에서 강학(講學)했기 때문에 그의 학문은 낙학(洛學)이라 불렸다. 저서에 『역전(易傳)』 4권과 『춘추전(春秋傳)』 등이 있다. 학설은 형의 학설과 함께 『이정전서(二程全書)』에 수록되었다. 전기는 주희(朱熹)가 지은 『이락연원록(伊落淵源錄)』에 실려 있다.

15) 程頤 「葬說」.

서 구한 것이 아니다. 하물며 생각나는 대로 선택하여 참된 형법을 얻지 못하고 대충 그 설에 보탠 것이라면 허중虛中, 자평子平의 술이 6축六畜에서 미루어 소와 말을 논하고 사람을 논하는 것과 어떻게 다르겠느냐?(夫方位之說, 本非所以求地理, 況乎隨意所擇, 不得形法之眞, 而概以其說加之, 則亦何異以虛中, 子平之術而推六畜以論牛馬者而論人耶?)."

(2) 형세론形勢說에 대해 논박을 했다. "세勢와 형形은 이치는 분명하나 일이 어려워 대롱을 통해 표범을 보려는 사람이나 매번 지도를 펼쳐놓고 천리마를 찾으려는 사람과 같아서 빼어난 음양을 놓치게 된다. … 필히 그 미세한 차이점을 찾아낼 수 없다.(夫勢與形, 理顯而事難, 以管窺豹者, 每見一般. 按圖索驥者, 多失於驪黃牝牡 … 未必能造其微也.)" 출세한 일부 이름난 경대가卿大家 등에 대해서 세인들이 조분祖墳의 영험靈驗 덕분이라고 생각했지만 그는 결코 그것으로 의한 것이 아니라 덕을 쌓아놓은 결과라고 주장했다.

이러한 "덕이 있는 사람이 그 자리에 있게 된다(有德者居之)"라는 생각에서 '성현聖賢'의 글을 읽는 사대부들이 풍수로의 출세방법을 감히 따르지 못하지만 (벼슬)생각을 버리지 못하는 특이한 심리상태다. 예컨대 송대의 예사부倪思父가 "사는 곳 좋은 것이 배가 부른 것만 못하고, 묫자리 좋은 것이 마음이 편안한 것만 못하다.(住場好, 不如肚腸好, 墳地好, 不如心地好.)"라고 한 말은 "선을 쌓으면 남겨진 좋은 일이 있다.(積善有餘慶)"라는 중국 고대사상의 반영이다. 분명한 것은 그들이 풍수설을 반대하는 데 철저하지 못하고 무기력했다. 그저 포도를 못 먹으면 그 포도가 시다고 하듯이 풍수를 비판했던 것 같다.

사응방謝應芳도 원대의 한 저명한 사상가로서 주로 『변혹편辨惑編』에서 풍수를 반대하는 입장을 밝혔다. 『사고전서제요四庫全書提要』의 기록에 의하면 모두 4권으로 된 『변혹편辨惑編』은 주로 고인사적古人事蹟 및 선유先儒의 논점을 인용하여 오지일대吳地一帶에서 귀신을 믿던 현상에 대해 일일이 분석하고 변정辨正했다. 내용은 15개의 방면으로 나뉘어 있다. "첫 번째는 죽음과 삶[死生], 두 번째는 역병과 질병[疫病], 세 번째는 귀신鬼神, 네 번째는 제사祭祀, 다섯 번째는 음사淫祀, 여섯 번째는 요괴妖怪, 일곱 번째는 무당과 박수[巫覡], 여덟 번째는 점[卜筮], 아홉 번째는 응급처치[治表], 열 번째는 묫자리 가림[擇葬], 열한 번째는 관상법[擇葬], 열두 번째는 녹명錄命, 열세 번째는 방위方位, 열네 번째는 시일時日, 열다섯 번째는 이단異端이다.(一曰死生; 二曰疫病; 三曰鬼神; 四曰祭祀; 五曰淫祀; 六曰妖怪; 七曰巫覡; 八曰卜筮; 九曰治表; 十曰擇葬; 十一曰相法; 十二曰錄命; 十三曰方位; 十四曰時日; 十五曰異端.)." 그리고 부가된 부분 8편 등. 그 중의 택장擇葬, 방위方位, 시일時日 등의 편은 풍수를 겨냥한 부분이다. 사응방謝應芳은 이들 편에서 려재呂才, 사마광司馬光, 정이程頤 등의 관점을 인용했다. 그런데 사응방이 풍수를 비판하는 데 비교적 큰 한계가 있었다는 것은 『고대풍수술주평古代風水術注評』[16]에 설명되어 있다. "그는 정주이학程朱理學을 고수하고 봉건 예교를 옹호해서 상장喪葬의 존귀질서를 주장한 것은 결국은 일부 미신의 수렁에서 빠져나왔다 다시 다른 미신의 수렁으로 빠져든 격이 되었다."

명대의 풍수는 부흥기를 맞이하고 있었지만, 일부 지식인들이 풍수를 가장 신랄하게 공격하던 시대였다. 예를 들면 호한胡翰, 주진형朱震亨, 장거정張居正, 랑영郎瑛, 항교項喬 등은 모두 풍수 중의 미신 부분을 부정하고 반박했다.

호한胡翰,[17] 자는 중신仲申, 원 말기 명 초기 때의 인물로 주진형朱震亨의

16) 王王德編著, 『古代風水術注評』, 北京師範大學出版社, 1992.

17) 胡翰(1307~1381): 원말명초(元末明初) 때 절강(浙江) 금화(金華) 사람. 자는 중신(仲申)

『풍수문답風水問答』에 써준 서문에서 풍수를 논박했다. 주진형朱震亨도 명대 인물로 『풍수문답風水問答』에서 대화형식으로 풍수에 대한 질의를 제기했다. 현재 『풍수문답風水問答』이 이미 유실된 상태고 『고금도서집성古今圖書集成·감여부堪輿部』에 수록된 『풍수문답서風水問答序』만 남아 있다. 그것을 통해 풍수에 대한 호한胡翰과 주진형朱震亨의 관점과 기본견해를 엿볼 수 있다. 호한胡翰은 서문의 시작에서 단도직입적으로 한위漢魏 이후의 풍수를 부정했다. 그는 "한나라·위나라 이후로 지리를 말하는 사람들은 자주 형법形法의 말단에 빠져 이미 없어졌다. 『택경宅經』, 『장경葬經』 같은 책들에도 대부분 신비해지고 잃어버려 전해지지 않아 없어진 지 더욱 오래되었다.(漢魏以來言地理者, 往往溺於形法之末, 則旣失矣, 至其爲書, 若『宅經』, 『葬經』之屬, 又多秘而亡逸不傳, 則失之愈遠矣.)" 라고 하고 이어서 주진형朱震亨[18]의 "묫자리는 땅을 가리지 않는다.(葬不擇地)"라는 논증을 소개했다. 그 소개를 보면 풍수에 대한 주진형朱震亨의 반박 방식은 실은 원대의 조방趙汸과 마찬가지로 역시 고대 묘장법

또는 중자(仲子)고, 호는 장산(長山)이다. 오사도(吳師道)와 오래(吳萊)에게 고문(古文)을 배웠고, 허겸(許謙)에게 경학을 전수 받았다. 문명(文名)이 있었다. 원나라 말 남화산(南華山)에 은거하여 저술에 전념하다가 주원장(朱元璋)이 남화를 점령했을 때 불려 나갔다. 홍무(洪武) 초에 징소되어 『원사(元史)』 편찬에 참여했다. 천거를 받아 구주교수(衢州敎授)를 지냈다. 시문에 능해 송렴(宋濂), 왕위(王褘)와 이름을 나란히 했다. 저서에 『춘추집의(春秋集義)』와 『호중자집(胡仲子集)』, 『장산선생집(長山先生集)』 등이 있다.

18) 朱震亨(1281~1358): 원나라 의오(義烏) 사람. 자는 언수(彦修)고, 호는 단계(丹溪)다. 연우(延祐) 연간에 허겸(許謙)을 사사하여 고족제자(高足弟子)가 되었다. 이어 명의(名醫) 나지제(羅知悌)에게 배웠다. 맑게 수양하고 절개를 굳게 지키는 자세가 옛날 독행(篤行)한 선비 못지않아 많은 사람을 교화했다. 이학(理學)과 의학(醫學)의 결합을 주장했는데, 태극(太極)의 이치로써 보면 『주역』과 『예기』, 『통서(通書)』 등의 뜻이 모두 『내경(內經)』과 통한다고 했다. 나아가 의학의 원리로 수심(修心)에 치중하는 이학을 전개했다.
정주(程朱)의 이학을 원나라에 전하는 교량 역할을 했다. 후세 사람들이 양음파(養陰派)라 불렀고, 유종소(劉完素), 장종정(張從正), 이고(李杲)와 함께 '금원사가(金元四家)'로 불렸다. 저서에 『격치여론(格致餘論)』과 『금궤구원(金匱鉤元)』, 『국방발휘(局方發揮)』, 『상한논변(傷寒論辨)』, 『외과정요발휘(外科精要發揮)』 등이 있다.

墓葬法에 대한 실례를 통하여 장지葬地선택의 불필요성을 설명한 것이었다. 이에 호한胡翰은 높이 평가하며 감탄을 금치 못했다. "그의 책이 200년 전에 나오지 않은 것이 애석하다.(惜其書不見於二百年之前.)" 동시에 본인의 사례를 통하여 주진형朱震亨의 『풍수문답風水問答』의 설득력에 힘을 실어주었다. 그는 10년 전에 선인先人을 안장할 때 비록 상영롱相塋壠 같은 풍수절차를 거치지 않았고 게다가 선유先儒가 주장한 대로 "토후수심土厚水深(土層이 두껍고 수면이 낮음)"이라는 곳으로, 지세가 높고 건조한 곳에 선인을 안장安葬해드리지 못한 데 대해 내내 아쉬움을 느꼈었지만, 『풍수문답風水問答』을 읽고 나서는 마음이 태연해지고 유감도 확 사라졌다고 하였다.

여기서 특히 강조해야 할 것은 호한胡翰이 주진형朱震亨의 관점을 설명할 때 한 말이다. 즉 "사람들의 삶에서 종족이 모여 살고, 궁실을 지어서 거주하는데 굽어진 면[曲面]을 살펴 세勢를 얻으면 길하고 얻지 못하면 흉하다고 생각하는데 그 이치는 분명하다. 죽어서는 조상의 신이 승천해 하늘에서 간여한다고 하지만, 장례를 지낸 사람은 마른 뼈일 뿐이고 세월이 오래 지나면 썩는 것도 멈추는데, 어째서 화복禍福과 귀천貴賤과 요수壽夭가 사람에게 나타날 수 있겠는가? 그러므로 장례에 땅을 가리지 않지만 사는 데 반드시 집을 살피는 것은 지나간 일을 예로 들어서 현재를 밝히는 일이니, 시경과 서경의 사이를 오가는 완고한 유학자의 말이다. 옛날 선왕이 모난 것과 바른 것을 따져서 위치를 잡고 나라와 들[野]을 몸소 다스렸으며 땅을 알맞게 쓰는 법[土宜之法]을 이용하여 백성의 집을 살폈고, 토규법[土圭之法]을 이용하여 땅에서 구하였으니 모두 도읍과 궁실을 짓기 위함이었다.(以爲人之生也, 含宗族以居, 爲宮室以處, 審曲面勢, 得吉, 不得則凶, 其理較然. 及其死也, 祖宗之神上參於天, 擧而葬者枯骨耳, 積歲之久, 並已朽矣. 安知禍福於人,

貴賤於人, 壽夭於人哉? 故葬不擇地, 而居必度室. 據往事以明方今, 出入詩書之間, 固儒者之言也. 昔者先王辯方正位, 體國經野, 土宜之法用之以相民宅, 土圭之法用之以求地中, 皆爲都邑宮室設也.)" 그래서 호胡와 주朱 두 사람은 비록 풍수를 강하게 반박했지만 그들이 반대한 것은 주로 음택풍수陰宅風水 중의 미신부문뿐이고 양택 중의 합리적인 부분에 대해서는 오히려 긍정했다. 예컨대 "거주할 곳을 반드시 측량해야 함(居必度室)"은 그런 예다. 이처럼 흙과 모래에서도 금을 골라내려고 하는 정신은 매우 기특했다.

비교적 맹렬하게 풍수를 반대하던 다른 인물은 명나라의 대신이었던 장거정張居正이[19]었다. 그는 호북湖北 강릉출신으로 가정嘉靖[20]의 진사였다. 그는 본인이 쓴 『장지론葬地論』에서 주로 풍수 중의 유체수음遺體受蔭(遺體로부터 음덕을 받음)설을 반대했다. 장거정張居正이 의거한 논거들은 명대 이전의 몇몇 반풍수反風水 인사들의 논거들과 마찬가지였다. 즉 이전의 많은 실례들을 들어 후대의 귀천번창은 묘장墓葬의 풍수작업과 전혀 연관관계가 없음을 증명한 것이었다. 예컨대 이러한 실례를 들어 설명했다. 원고遠古에 사람이 죽으면 상묘술相墓術을 전혀 쓰지 않고 시체를 물도랑에 버리면 그만이었고 상고上古의 성인聖人인 황제黃帝, 요堯, 주문왕周

19) 張居正(1525~1582): 명나라 호광(湖廣) 강릉(江陵) 사람. 자는 숙대(叔大)고, 호는 태악(太岳)이며, 시호는 문충(文忠)이다. 가정(嘉靖) 26년(1547) 진사가 되고, 편수(編修)에 올랐다. 엄숭(嚴嵩)과 서계(徐階)의 신임을 받았다. 우중윤(右中允)에 올라 국자사사업(國子司事業)을 관리했는데, 좨주(祭酒) 고공선(高拱善)과 막역하게 사귀었다. 서계가 엄숭을 대신해 수보(首輔)가 되자 심복이 되었다. 융경(隆慶) 원년(1567) 입각(入閣)했다. 만력제(萬曆帝)의 신임을 얻어 황제가 즉위한 직후부터 10년간 수보의 자리에 앉아 국정의 대부분을 독단적으로 처리했는데, 내외적으로 쇠퇴의 조짐을 보이던 명나라의 국세(國勢)를 만회했다. 전국적인 호구조사와 토지측량을 단행, 지주의 부정을 막아 농민의 부담을 줄이는 데 성과를 거두었지만, 사업이 완료되기 전에 죽었다. 저서에 『서경직해(書經直解)』 8권과 『장태악집(張太岳集)』 47권, 『태악잡저(太岳雜著)』, 『사서집주직해설약(四書集注直解說約)』, 『여계진해(女誡眞解)』, 『행실(行實)』, 『제감도설(帝鑑圖說)』등이 있다.

20) 嘉靖(1522~1566년): 명대 세종(世宗) 주후총(朱厚熜)의 연호.

文王 등까지도 풍수에 대한 고려를 하지 않았고 북방의 유목민족들과 남방의 오월인吳越人 그리고 서양인들은 화장火葬을 하던 것 등 결국 모두 그 후대들에게 영향을 준 일이 없었다. 특히 설득력이 강한 증거로 장거정張居正도 송대의 나대경羅大經, 양만리楊萬里가 하던 수법과 똑같이 곽박郭璞이 왕돈王敦에 의하여 살해당했다는 사실 그리고 증曾, 양楊 두 집안에서 모두 현귀顯貴한 후대가 안 나왔다는 사례 등을 통하여 풍수대사風水大師들은 자기 자신조차도 보전하지 못했거나 후손을 호강시키지 못했음을 설명하면서 나아가 유체수음설遺體受蔭說 같은 풍수관점들이 황당무계하다고 주장했다. 그밖에 장거정張居正은 풍수 중의 옳지 않은 많은 견해들을 반박했다. 하지만 장거정은 호한胡翰이나 주진형朱震亨의 관점과 마찬가지로 비록 장지설葬地說을 반대했지만 양택풍수陽宅風水 중의 과학적인 내용에는 긍정적인 태도를 취했다. 예를 들면 "도읍을 건설하고 집을 짓는 것은 살아있는 사람을 위한 계책일 뿐이다. 그러므로 반드시 형세에 의거하여 물과 샘[水泉]을 살피고, 향과 배[向, 背]를 가리고, 체화體和를 받아들인 다음이라야 살아있는 사람이 이익을 얻는다.(夫建邑築室, 爲生人計耳, 故必據形勢, 相水泉, 擇向背, 納體和, 而後生人蒙利.)"라고 한 것은 장거정張居正이 인간과 환경의 관계에 관한 양택풍수陽宅風水의 관점을 이미 비교적 깊이 관찰하고 이해했음을 보여준 것이다.

명대의 다른 유명한 고증학자인 랑영郎瑛[21]도 풍수 반대론자로서 장거정張居正과 마찬가지로 진한秦漢 이전 성철제왕聖哲帝王들이 택장擇葬을

---

21) 郎瑛(1487~1566): 명나라 절강(浙江) 인화(仁和) 사람. 자는 인보(仁寶)고, 호는 조천(藻泉)이다. 학자들은 초교선생(草橋先生)이라 불렀다. 책을 폭넓게 읽으면서 장서에도 관심이 많았다. 널리 문예를 모아 깊이 연구하여 필기(筆記)『칠수류고(七修類稿)』 51권과『속고(續稿)』 7권을 편찬했다. 수록된 고사는 사지(史志)에서 밝혀놓지 못한 것으로, 주원장(朱元璋)의「황릉비(皇陵碑)」와「주씨세덕비(朱氏世德碑)」는 극히 사료적인 가치가 풍부한 문장이다. 그밖에 문학사, 소설과 관련 있는 것도 문학 연구자의 중시를 받고 있다. 그 밖의 저서에『췌충록(萃忠錄)』과『청사곤월(靑史袞鉞)』 등이 있다.

하지 않았던 사실과 곽박郭璞 자신도 피살당했다는 이야기로 수음설受蔭說의 믿음성을 부정하고 이어서 본인이 실지로 경험했던 사실을 통해 설명했다. 예컨대 "내가 소씨의 집에 건너온지 오래 되었다. 공명公明 때에 이르러 명성이 생긴 집이다. 식구가 여러 명이지만 과거에 급제하지 못하였으나 두 아들을 낳았는데 모두 진사에 급제하였다. 공명이 말하기를, '우리 집의 장지葬地가 좋아서인가? 사이가 뜨지 않고도 아들에게 발복하였으니.(우리 집안 장지가) 좋지 않아서인가? 나는 일찍이 편안하고 배불리 살았는데, 지금 자손이 줄줄이 생기고 또 부와 귀가 많아지니 하늘이 이 두 아들을 낳게 한 것이 아니라면 땅의 이로움 때문에 얻었다는 것인가? 적어도 술수가에게 말하라 하면 반드시 소씨의 묘가 좋다고 할 것인데, 공명의 말이 도리어 어긋난 것이라면 반드시 귀착하는 곳이 있을 것이다.(吾杭邵氏之家舊矣, 至公明而有聲場屋, 徒有名而未第, 生二子, 俱登進士. 公明曰: "使吾家葬地善耶, 不當隔餘而發其子; 使不善耶, 吾嘗安飽." 今子孫繩繩, 又多富貴. 豈非天生二子, 因有以得其地利耶? 苟以術者言之, 必以邵氏之墓善矣, 是公明之言反爲謬戾者? 必有所歸也.) 이어서 자신의 집안을 예로 들어 풍수의 기준으로 볼 때, 선조의 장지葬地는 흉하기가 그지없지만 그런데 자신의 백부와 숙부 5명이 "구부어재俱富於財(모두 부유하다)"라 했다. 낭영郎瑛의 풍수를 반대하는 문구는 사마광司馬光이 쓴 글과 마찬가지로 명확하고 강력했다. 그런데 그도 원대의 조방趙汸, 사응방謝應芳 등처럼 여전히 '천명天命'이나 '천도天道'의 허무사상에서 벗어나지 못해 풍수를 비판하는 동시에 풍수의 신비함을 오히려 가중시키는 역효과를 초래해서 오히려 풍수의 맥을 이어가게 했다.

그밖에 명대의 반풍수反風水 인사 중에 항교項喬도 있었다. 항교項喬, 자는 천지遷之, 가정嘉靖 진사로 그가 저술한 『풍수변風水辨』이 역시 『고금도서집성古今圖書集成』에 수록되어 있다. 그도 주로 장지풍수葬地風水의 유체 수음설을 반대했지만 정이程頤와 주희朱熹 같은 대유적大儒的 풍수관점에 영향을 주지 못했다.

청나라 때 풍수의 피해가 날로 늘어나자 지식계층의 반박이 집단행동으로 이어졌다. 몇 개의 사례를 들어보겠다.

청대에 최초로 풍수에 반박의 포문을 연 사람은 명말청초의 걸출한 사상가인 황종의黃宗羲[22]였다. 그는 특별히 풍수 중의 미신을 성토하는 두 편의 글을 써냈다. 그 중의 한 편인 '칠괴七怪'에서는 풍수이론 변화의 세 단계에 초점을 맞춰 풍수를 비판했다. "장지葬地의 설은 … 지금까지 세 번 변했는데, 변할 때마다 더욱 저급해졌다. 『주관周官』의 법이 없어지자 형법形法을 말하는 사람들은 이미 변하였다. 다시 변해서 방위方位가 되었다. 형법은 이치가 두드러진 것이고 방위는 이치가 감추어진 것이다. 세 번째 변하여 삼원자법三元白法이 되었다. 방위는 일정해서 바뀌지 않는 것이지만, 삼원자법은 때에 따라 바뀌는 것이다. 그 법은 1은 백白, 2는 흑黑, 3은 벽碧, 4는 녹綠, 5는 황黃, 6은 백白, 7은 적赤, 8은 백白, 9는 자紫로 60년이 1원元이 되고, 3원은 180년이다. 그러나 태일백太一白은 20년을 1원으로 하고, 3원은 모두 360년이니 그 길흉은 어떤 곳을 따라야 하는가? 태일太一은 천성天星을 말하고 지금 천지天地를 말한다. 하늘의 별은 둥글게 돌아 쉼이 없으나 지리는 융합하여 응결되어 항상 됨이 있으니 같을 수 없다. … 이러한 까닭에 방위方位는 지리설 가운데 사설邪說이다. 삼원자법이라는 것은 사설 중의 사설이다.(葬地之說 … 今凡三變, 每變而愈下. 『周官』之法亡, 言形法者, 已爲變矣. 再變而爲方

22) 黃宗羲(1610~1695): 중국 명나라 말에서 청나라 초의 학자. 자는 태충(太沖). 호는 이주(梨州). 실증주의를 강조하였으며 왕부지 · 고염무와 함께 청나라 초기의 삼대사(三大師)로 불린다. 저서에 『명이대방록(明夷待訪錄)』, 『역학상수론(易學象數論)』, 『명유학안(明儒學案)』, 『송원학안(宋元學案)』 등이 있다.

位. 形法, 理之顯者也; 方位, 理之晦者也. 三變而爲三元白法. 方位, 一定不易者也. 三元白法, 隨時改換者也. 其法卽曆書所載一白, 二黑, 三碧, 四綠, 五黃, 六白, 七赤, 八白, 九紫, 六十年爲一元, 三元凡一百八十年[23] … 然太一白二十年爲一元, 三元計三百六十年[24] … 其吉凶何所適從乎? 太一言天星, 今以言天地. 天星周流不息, 地理融結有常, 不可同也. … 是故方位者, 地理中之邪說也. 三元白法者, 又邪說中之邪說也.)" 이것을 보면 황종의黃宗義가 풍수를 확고하게 반대했을 뿐만 아니라 풍수원리에 대한 연구도 많이 했음을 알 수 있다. 아니면 이토록 수준도 높고 전문성도 있는 비판적 글들을 써내지 못했을 것이다. 그런데 황종의의 다른 한 편의 글인 『독장서문대讀葬書問對』는 원대 조방趙汸의 저작인 『장서문대葬書問對』의 속편인 것처럼 역시 수음설受蔭說에 초점을 맞춰 그것이 풍수 중의 최대 미신이라고 지적했다. 그런데 황종의는 풍수의 다른 일부 논단들을 반대하지 않았다. 예를 들면, 그는 산맥에 '생기生氣'가 있다는 풍수 관점에 긍정적인 태도를 보여 주었다.

또 하나의 투사는 유수鈕琇[25]였다. 그는 주로 장설葬說에 이의를 제기해 『고승觚賸』 속편의 3권을 통해 장설에 '사혹四惑(네 개의 미혹)'이 있다고 하였다. 그 중 앞에서 거론된 풍수이론과 풍수술사 자체의 황당무계

---

23) 상원은 1인 백(白)에서 시작하고, 중원은 4인 녹(綠)에서 시작하고, 하원은 7인 적(赤)에서 시작하니 펼쳐서 해당되는 해[直年]를 구하고, 직년이 중궁(中宮)에 옮겨 들어가 여덟 방위로 순조롭게 날게 하는데 이것이 태일가(太一家) 조궁(釣宮) 직사(直事)이다(上元起一白, 中元起四綠, 下元起七赤, 遂布以求直年, 直年移入中宮, 順飛八方, 此即太一家釣宮直事也.)

24) 지금 3원은 2주이나 태일의 3원은 사방 1주이다(今三元兩周, 太一之三元方一周).

25) 鈕琇(미상~1704): 청나라 오강(吳江, 지금의 江蘇에 속함) 사람. 자는 옥초(玉樵)다. 박학다식하고 시문에 뛰어났다. 강희(康熙) 11년(1671) 공생(貢生)에 발탁되어 하남(河南) 항성(項城)과 광동(廣東) 고명(高明) 등의 지현(知縣)을 역임했는데, 고명에서 죽었다. 저서에 『임야당집(臨野堂集)』 13권과 문집 10권, 그리고 『시여(詩餘)』 2권과 『고잉(觚賸)』 등이 있다. 『고잉』 정 · 속편은 명말청초에 보고들은 것을 기록하고 있어 사료적 가치가 매우 높으며 그 가운데 고사 전설은 취할 만한 것이 많다.

함이다. ①"… 감여가堪輿家의 말을 믿는다면 암흑 속의 썩은 뼈(골骨)와 광대한 땅土에서 미련하게 구해야 하고, 부귀富貴는 안좌安坐에 해당하여야 온다고 하는 것이 하나의 큰 의혹[大惑]이다."(… 信堪輿家言, 求諸冥冥之朽骨, 茫茫之頑土, 謂富貴當安坐而致, 一大惑也)." ② "상묘의 책에서는 '앞에는 못[洿池]이 있고, 뒤에는 구릉이 있고, 동쪽으로는 흐르는 물이 있고, 서쪽으로는 긴 길이 있는 것을 정혈正穴이라 한다. 그러나 바위에서 사는 사람은 적은 크기의 웅덩이(못)와도 끊어져 있고, 못에서 사는 사람은 높은 언덕을 구할 수 없고, 산과수의 사이에 산다면 어찌 네 가지를 흡족하게 가질 수 있겠는가? 그런데도 반드시 이것이 정혈이라 하니 하나의 큰 의혹이다 (相墓之書曰: '前有洿池, 後有丘陵, 東有流水, 西有長道, 謂之正穴.' 然岩居者絶少圍瀦, 澤居者難求崇阜, 居在山水之間, 又安能恰兼四者有之? 而必曰此爲正穴, 一大惑也.)" 나머지 두 미혹된 설인 장설葬說 중의 수음설受蔭說에 대해 논박했다. 그도 풍수를 반대하던 선배들의 관점과 마찬가지로 우선 일부 구체적인 실례를 예로 들어 음덕을 받기 위해 다시 천장遷葬하는 황당한 행위는 미혹이라고 지적하고서는 이어서 곽박郭璞과 송대 다른 전설적인 풍수사인 장귀령張鬼靈이 각각 불행을 당한 사례를 들어 풍수술사風水術士의 사기극을 폭로했다. "옛날이나 지금이나 지사地師의 신으로 불려지는 사람은 진晉나라의 곽경순郭景純, 송宋나라의 장귀령張鬼靈이다. 그러나 곽경순은 목숨이 다하는 것을 스스로 알아서 형벌로부터 도망할 수 없었고, 귀령은 수명이 짧다는 것을 스스로 알아서 요절夭折을 피할 수 없었다. 하물며 그 술術에서 경순이나 귀령보다 못하면서, 다른 사람이 화禍를 피해 복福으로 가고, 흉凶을 피해서 길吉로 갈 수 있게 하는 것이 이치에 맞는 것인가?(古今稱地師之神者, 晉有郭景純, 宋有張鬼靈. 然景純自知命盡, 而不能逃於刑誅; 鬼靈自知數促, 而不能免於夭折. 況其術乃不如景純, 鬼靈,

而欲爲他人袪禍就福, 避凶趨吉, 有是理乎? 一大惑也.)" 경전을 인용하고 이치에 따라서 풍수의 황당함을 논박하고 상술한 일부 사상가들 이외에 서민들의 고통을 현장에서 절실하게 체험했던 각各 년대年代의 소설가들도 알게 모르게 풍수에 대한 질타에 동참했다. 그들은 붓으로 풍수이론의 황당무계함과 금품을 갈취하는 술사들의 수법을 적나라하게 묘사했다. 청대에 『유림외사儒林外史』를 지은 오경재吳敬梓[26)]와 『기로등歧路燈』을 쓴 이녹원李綠園[27)]은 가장 대표적인 풍수비판 문인이었다.

오경재吳敬梓의 저술 문장은 익살스럽고 생동감이 넘쳤다. 특히 신랄한 풍자로 시대의 병폐를 유감없이 지적해냈다. 그 중 세인들이 황당한 풍수에 빠진 데 대해 침통한 호소까지 했다. 그는 박식한 지형산遲衡山[28)]의 입을 빌려서 세인들에게 경종을 울렸다. "현귀하게 해준다는 말들을 믿어서는 안 된다." 이어서 곽박, 한신韓信, 유기劉基 등을 예로 들어 풍수전설의 황당함과 부당성을 설명했다. 아울러 설득력을 실어주기 위해 풍수를 독실하게 믿는 시이施二 선생의 사연을 들려주었다. 그 사람은 출

---

26) 吳敬梓(1701~1754) 중국 청나라의 문학자. 50세경에 과거제도를 둘러싼 비리를 통렬히 비판한 풍자소설 『유림외사(儒林外史)』를 완성했다. 아버지가 죽은 뒤 일족이 재산다툼을 하는 추악상을 보고 반 속적(反俗的)이 되어, 가난한 사람들에게 재산을 나눠주기도 했다.

27) 李綠園(1707~1790), 原名李海觀, 字孔堂, 號綠園, 亦號碧圃老人. 清代文學家, 長篇古典小說『歧路燈』的作者, 原籍洛陽市新安縣北冶鄉馬行溝, 生於寶豐宋寨(今平頂山市湛河區曹鎮鄉宋家寨).

28) 遲衡山: 遲衡山是古典文學小說『儒林外史』中的正面人物之一.『儒林外史』的諸位賢人中, 杜少卿是奇士豪傑, 虞育德是平凡中的真儒, 莊紹光是難以出世的"隱士", 遲衡山則是一位不折不扣的正人君子. 讀者在小說前三十回看到了太多的蠅營狗苟之流相互吹捧的畫面, 而直到第三十三回我們終於感受到了那種真性情的豪傑相見恨晚的一幕. 遲衡山"是正牌的在野的淳儒, 而且是個標准的業餘宰相", 他的社會責任感在諸位賢人中最爲強烈. 他沒有杜少卿的灑脫, 沒有虞育德的閑淡, 也沒有莊紹光的悠然, 他最大的特征就是"正", "正"得甚至於近乎"迂". 他認爲"而今讀書的朋友, 只不過講個舉業……放著經史上禮, 樂, 兵, 農的事, 全然不問", 顯然對社會政治文化環境極爲不滿. 如果說莊紹光的態度是我道不行就退而自省, 那麼遲衡山就是我道雖不行仍勉力行之. 小說中賢人們祭泰伯祠的盛大禮樂活動, 雖然以虞博士爲首, 但首倡, 策劃和執行的都是遲衡山. 他的言行無一不體現著他的"正".

세하기 위해 굳이 조분祖墳을 이전하려고 해서 일부러 풍수사를 상시 집에 두고 있었을 뿐만 아니라 집 밖에서도 수많은 풍수사를 사귀었다. 그러나 그 풍수사들이 제각기 다른 의견을 내놓는 바람에 시이施二 선생은 누구의 말을 따라야 할지 몰랐다. 결국 잔꾀를 가장 잘 부리는 풍수사에게 속아 넘어갔다. 그런데 안타깝게도 그는 이장移葬하다가 눈을 잃었다. 이것은 전적으로 우매함 때문에 일어난 비극이었지만 시이施二 선생은 실명의 원인을 모른 체 오히려 풍수사를 살아 있는 신선으로 모셨다. 우매함 때문에 음택풍수를 믿다가 피해를 받은 이 대표적인 사례는 오경재吳敬梓 스타일의 블랙 유머에 의하여 유난히 큰 충격을 주어 세인들에게 풍수 미신의 위해와 이러한 미신의 생존환경을 제공해주는 무지함을 다시 생각하게 했다. 그런데 오경재吳敬梓는 의분을 못 이겨 『유림외사儒林外史』 등장 인물인 두소경杜少卿의 입을 빌려서 마음속에서 가라앉히지 않는 분노를 직접 토로했다. "이러한 일에 대해서 조정에서 법을 하나 만들어야 한다. 천장遷葬하려는 사람이 주관 어문衙門에 가서 신청을 내어 풍수상의 문제점이 있음을 확인시켜주겠다는 약속을 해야 한다. 관이 물에 몇 척尺 잠겨 있는지 개미굴이 얼마나 큰지 등의 내용을 포함해야 한다. 만약 열어보고 사실로 확인되면 그만이고 만약 물이나 개미가 들어있다고 해놓고 확인결과 그렇지 않을 경우, 이장할 무덤 현장까지 동행한 망나니에게 이장하려는 놈을 자손이 조부를 모살했다는 패륜 죄로 능지처참의 형에 처하도록 해야 한다." 이 말은 오늘날에도 모종의 의미를 품고 있다.

이녹원李綠園은 이 책의 3장에서 상세히 소개된 인물로 『기로등歧路燈』을 통하여 풍수에 관한 많은 인물과 사건을 기술했다. 이 책에서는 청대 풍수에 관한 상세한 자료들을 제공하는 동시에 풍수 중의 미신 부분에 대한 저자의 증오함을 보여 주었다. 예컨대 61회를 보면 주인공 담소문譚紹聞은 소인배와 친하고 나쁜 친구를 사귀어 도박을 하는 바람에 재산을 거의 모조리 탕진하다시피 했다. 가업을 다시 일으키려고 했지만 뉘우치기는커녕 오히려 풍수사 호모胡某씨에게 조분祖墳의 천장遷葬을 청해 풍수로 음덕을 보려고 했다. 이 잘잘못이 뒤바뀐 일에 대해서 이녹원李綠園이 이렇게 기술했다. "어떤 시에는 담소문譚紹聞이 시와 글씨를 일삼지 않는 것을 조롱하였는데, 도박만을 좋아하여 귀하게 되지 못하고 복 받지 못한 것을 땅에 묻힌 조상만 원망하였고, 음양가의 말만 망령되이 듣고 길한 날[吉日]을 가리는 일을 하늘에서 구하고, 용혈龍穴을 가리는 일을 땅에서 구하였다. … 시에서는 '술사術士 호시胡柴의 말을 마구잡이로 듣고, 조상의 묘에서 오랜 뼈를 찾으며, 설령 조정에 나아가 금인과 자수 입은 고귀한 신분이 되기를 바라더라도, 지금 도박 빚은 어찌 처리할까?'(有詩單笑譚紹聞不事詩書, 單好賭博, 卻將不發貴不發福, 埋怨祖宗來. 妄聽陽陰家言, 選擇吉日, 求之於天, 選擇龍穴, 求之於地 … 詩云. 亂聽術士胡柴, 祖墓搜尋舊骨骸, 縱想來朝金紫貴, 現今賭債怎安排.)"

이 어리석은 주인공이 상술한 계획을 실현에 옮기기 직전에 작가 이녹원李綠園이 등장시킨 담소문譚紹聞의 부친의 친구였던 정숭숙程嵩叔 옹은 담소문에게 따끔하게 경고를 했다. 정숭숙程嵩叔 옹은 도리를 밝혀가며 그의 어리석은 행동을 지적했다. "길흉을 말하는 것에서 『주역周易』보다 상세한 것이 없는데, 그 책에서 길하다고 말하는 것은 대체로 두려워하고[공구恐懼] 공경하고 삼가는 것[경근敬謹] 일변도이고, 흉하다고 말하는 것은 끝까지 올라 거만한 것[항오亢傲]과 사악한 것으로 기운 것[경사傾邪] 일변도이다. 이 네 가지가 성인의 손을 거치면 길한 것이 되고 흉한 것으로 될 수 있다는 말인가? … (『서경書經』의) 「함유일덕咸有一德」에서 말하기를, '덕이 한결 같으면 움직임에 길하지 않음이 없고, 덕이 한결 같지 않으면 움직임에 흉하지 않음이 없을 것이다'고 하였다. 네가 오늘 매장된 조상을 옮기려 하는데 덕이 한결 같았는가? 아니면 한결같지 않았는가? … 『예기禮記』라는 책에서는 상을 당한 사람 반 정도는 몸이 피곤해 무너지고 주의가 산만해져 일마다 갖추지 않은 것이 없어야 하는데, 풍수 선생에게 묘를 봐달라고 하는 중요한 일을 기록하지 않았겠는가? 「단궁檀弓」에는 빠진 글이 있고, 「상대기喪大記」에는 궐문闕文이 없고, 「증자문曾子問」에는 궐문이 있다. 이 「문상問喪」, 「예운禮運」, 「간전間傳」, 「삼년간三年間」 4-5편과 상복喪服에도 2편[29]이 있어 부모의 상을 치루는[居喪] 일이라면 조금만치도 빠뜨린 것이 없는데 어째서 시신의 위치를 똑바로 정해 묻는 일[分金調向]을 제외시켰겠는가? 『주례周禮』의 춘관春官 직職에 총인塚人, 묘대부墓大夫가 있어 단지 소목昭穆의 좌우만을 따지지 않고 벼슬의 귀천도 구분한다고 한다. … 주공周公은 다재다능하여 낙양[洛]땅을 점쳐서 왕기王畿로 정하였는데, 단지 묫자리를 볼 줄 몰라 이 같은 특별한 기예를 원천강袁天綱, 이순풍李淳風, 곽경순郭景純 등 관직이 없는 자[布衣]들에게 맡겼겠는가?(言吉凶的莫詳於『周易』, 其間言吉的大約都在恐懼, 敬謹一邊, 言凶的多在亢傲, 傾邪一邊; 共經了四個聖人的手, 可有調向吉, 不調向凶的話嗎? … 『咸有一德』上說: '德惟一, 動罔不吉. 德二三, 動罔不凶." 你今日把令尊所葬之令祖又啓遷起來, 這是 '一', 還是 '二三'呢? … 一部『禮記』, 言喪者居半, 瑣碎零星, 事事無所不備. 怎的把請風水先生看墳這宗大事, 沒有記在上? 就是『檀弓』上有了闕文, 『喪大記』上也不該闕; 就是『曾子問』上有闕文, 這 『問喪』, 『禮運』, 『間傳』, 『三年間』四五篇, 喪服還有兩篇, 凡居喪之事, 絲毫不遺, 怎的把分金調向偏之闕了呢?" 『周禮』春官之職, 有塚人, 墓大夫, 也只說辨其昭穆之左右,

29) 2편은 「상복소기(喪服小記)」, 「상복사제(喪服四制)」이다.

分其爵秩之貴賤 … 想是老周公多才多藝, 會卜洛定王畿, 單單就是不會看墳, 留著這個出奇武藝兒, 讓能於袁天綱, 李淳風, 郭景純, 賴布衣們嗎?)"

이어서 음양가陰陽家의 택일擇日행위에 대해서도 반박했다. "매번 음양관이 민가에 상喪이 있는 것을 우연히 보게 되면 상喪에 사용하는 서식대로 써서 각 행의 마지막에 '대길리大吉利'3자를 쓰는데, 이것이 어찌 절세기문絶世奇文이 아니니겠는가! 일단 선택해서 말하면, 옛날 사람이 혼인하는 시기는 모두 2월에 있었다. 『하소정夏小正』에서는 '2월 아들은 관례하고 딸은 시집보낸다'고 하였고, 『주례』 지관매씨地官媒氏의 직에서는 '중춘中春의 달에 남녀를 만나게 한다'고 하였다. 『시경詩經』에서 혼인하는 기간을 살펴보면 모두 2월에 있다. 중춘은 음양이 화순하여 자연의 때[天時]에 순응하는 것이다. 상喪이 있으면 2월에 하지 않아도 되지만, 만약 아무런 이유 없이 중춘中春을 쓰지 않으면 오히려 죄를 받을 수 있다. 3대 이전의 혼인하는 길일을 말하기는 어렵지만 모두 2월에 있었는가? 집을 수리하고 짓는 일에서는 옛날 사람들은 10월을 많이 활용하였는데 농한기를 선택한 것이다. 하늘의 북방 현무玄武 7수안에 실성室星, 곧 이 별이 혼성[昏]에 있으면 방과 집을 수리하거나 지을 수 있기 때문에 영실성營室星이라 이름지었다. 『시경詩經』의 이른바 '정성이 하늘 가운데 온다(定之方中)'이다. 옛날 사람들이 집을 수리하거나 지으면서 흙을 파고 기둥을 세워 상량上樑하는 날이 언제인지 말하기는 어렵지만 모두 10월이란 말인가? 옛날 사람들의 장례 기간은 천자는 7개월이고, 제후는 5개월이고, 대부는 3개월이고, 사士는 달을 넘긴다[踰月]. 생각건대 옛날 사람들이 죽으려할 때 먼저 한 명의 음양 선생을 불러서 장례지낼 길일을 가려달라고 한 다음 죽을 날짜가 병 때문일 것인가를 헤아린다. 만약 그렇지 않다면 죽는 것이 앞뒤가 안 맞을 수 있고, 자손이 가난할 때 죽은 자가 명을 바꿀 수 없어 땅에 묻힌 조상만 원망하게 된다. 무릇 내가 말한 성인聖人의 경훈經訓에 함께 근본으로 하여 임금의 명령과 법전[令典]을 준수하고 성스러운 인물이 아니면 법을 만들 수 없게 하여 아래 사람이 배반하지 못하도록 한다. 그러나 공자가 따르던 것을 알지 못하는데, 후대 사람이 어찌 따르지 못할 것을 알겠는가? 더구나 임금의 제도를 반포한 것이 모든 사람이 사용하는 황서皇書라면 그 안의 혼인하고 장사지내는 것과 사인[士]들의 입학, 농부의 씨뿌리기, 공인의 집짓기, 상인들의 시장개설 등의 항목에는 좋은 날짜가 갖추어져 있다. 그러나 음양가는 별도로 강구하였다. 총괄적으로 말하면 이처럼 어지러운 방법은 성인의 가르침을 감히 어기는 것이며 왕의 법을 따르지 않는 것일 뿐이다.(每見陰陽官遇見人家有喪, 寫個喪式, 各行之下俱有'大吉利'三字, 豈不是天地間絶世奇文! 且印以選擇言之, 古人嫁娶之期盡在二月. 『夏小正』: '二月, 冠子, 嫁女' 『周禮』地官媒氏之職曰: '中春之月, 令會男女.' 『詩經』上嫁娶之期, 考之, 皆在二月. 蓋仲春陰陽和順, 順天時也. 其有喪者, 得以不用二月; 若無故而不用仲春者, 還要加之以罪. 難說三代以前嫁娶的吉日, 皆在二月麼? 至如修造一事, 古人多用十月, 取其爲農隙之時. 所以天上北方玄武七宿, 內中有個室星 一爲此星昏中, 可以修造房屋, 因此名爲營室星. 『詩經』所謂"定之方中"是也. 難說古人修造動土豎柱上樑好日子, 都在十月麼 ? 至於古人葬期, 天子七月, 諸侯五月, 大夫三月, 士逾月. 想是古人將死時, 先請下一個好陰陽先生, 揀定了下葬吉日, 然後商量好這易簀之期, 好去病故麼? 若不然死的不合板眼, 定怕子孫貧賤時, 埋怨祖宗死的不成化命. 凡我所說, 俱本聖人之經訓, 遵時王之令典, 敢非聖者無法, 爲下者不倍 但不知孔子從的, 後人卻如何從不的? 況且時王之制, 所頒的有要萬民使用的皇書, 內中嫁娶安葬, 以及爲士者入學, 爲農者栽種, 爲工者修造, 爲商者開市等項, 俱有現成好日

子. 陰陽家卻別有講究. 總而言之, 這些亂道, 直是敢悖聖訓, 不逆王法而已.)"

『기로등岐路燈』 중에서 정숭숙程嵩叔이 들려준 일련의 주장들은 당연히 모두 이녹원李綠園의 속마음이었다. 이녹원의 반풍수적反風水的 관점은 청나라 학자들의 관점이기도 했다. 이러한 관점은 중국 역대 학자들이 풍수를 반대하는 관점의 계승이기도 했다. 그들은 강한 어조로 비판 문을 쓰는 것을 말고는 별다른 방법이 없었다. 그래서 그들은 정취와 마음을 자신의 작은 휴식처인 중국 원림園林에 집중시켰다. 중국 원림 예술도 중국 문화의 보물이다. 오로지 학자들의 이 작은 영지領地에만 풍수의 흔적이 두절되어 중국 대지에 유일하게 풍수의 영향을 받지 않은 작은 천지天地가 되었다. 이것은 풍수의 영향권에 처해 있으면서 강력하게 풍수를 비판했다는 하나의 실물實物적인 예증이다. 이는 아마도 선인들이 뭔가를 만들어서 후세인들에게 내준 숙제일지도 모른다.

결과적으로 상술한 많은 인물들의 논점을 통하여 아래와 같은 결론을 내릴 수 있다. 당대 이전에는 세인들이 풍수설를 반대하는 초점을 오음성리설五音姓利說에 두었다. 전형적인 인물은 한 대의 왕충王充과 당대의 려재呂才 등이었다. 그런데 송나라 이래로 풍수를 반대하는 포문을 풍수장설風水葬說 중의 유체수음설遺體受蔭說과 그리고 이것으로 인한 천이풍습遷葬風習에 겨누었다. 대표적인 인물로서는 송대의 사마광司馬光, 정이程頤, 나대경羅大經, 양만리楊萬里, 원대의 조방趙汸, 사응방謝應芳, 명대의 장거정張居正, 호한胡翰, 주진형朱震亨, 랑영郎瑛, 항교項喬 그리고 청대의 황종의黃宗義, 유수鈕琇, 오경재吳敬梓, 이녹원李綠園 등이 있었다. 하지만 양택陽宅 중의 합리적인 내용에 대해서는 일부 사상가들이 그래도 충분히 긍정해 주었다. 예컨대 호한胡翰, 주진형朱震亨 그리고 장거정 등은 모두 양택 부지를 선택할 필요가 있다고 주장했다. 그래서 풍수의 발전과정은 앞서 기술된 것과 일치한다는 결론을 내릴 수 있다. 즉 당대 이전에는 오음성리설五音姓利說이 가장 성행되었고 송대부터는 유체수음설遺體受蔭說이 가장 심하게 인심을 미혹시켰다. 비록 역대 인사들의 반대와 비난도 있었지만 여전히 생존할 수 있었던 것은 물론 풍수의 강대한 위력과 무관하지 않았다. 한편 상술한 문인 학사들의 풍수에 대한 비난 방식은 대부분 유가의 경전經典, 성훈聖訓을 반풍수反風水의 주요 무기로 하는 데서 벗어나지 못해 역부족이 드러났다. 이유는 풍수가 현귀하게 해줄 수 있다는 유혹에 세인들이 '천도天道'를 방황하고 숙명론을 극복하려고 했기 때문이다. 그런데 유가의 경전에는 어떤 의미에서 많이 섞여 있는 숙명론의 내용은 풍수에 치명타를 주지 못했다. 그리고 풍수 중에 일부 미신내용 이외에 합리적인 부분도 포함되어 있어서 비록 탄생부터 계속 '성훈'의 규탄을 받았지만 그래도 완강하게 생존할 수 있었다.

2. 타 국가의 풍수발전

풍수는 찬란한 중국 전통문화의 일부분으로서 중국 문화의 광범위한 전파와 침투함에 따라서 함께 세계로 진출했다. 중국 문화의 영향을 깊고 광범위하게 받은 모든 국가들에서는 풍수도 똑같이 발전할 수 있었다. 이로서 풍수가 상당한 정도로 일본, 한국 그리고 동남아 각국 국민들의 주거의 내외환경을 좌우했을 뿐만 아니라 그 나라 민중의 사상과 생활 속으로 파고들어 갔다. 그리고 풍수는 서양학자와도 옷깃을 스치는 인연이 있었다. 그들은 신비하고 독특한 풍수를 주목하고 사고하여 상당한 연구 성과도 거뒀다.

1) 일본 및 한국, 기타 나라의 풍수실천

방위와 배치에 관한 중국의 풍수이론이 일본에 전파되기 전에는 일본에는 건축물의 방위와 배치에 관한 고정된 규칙이 없었다. 자연기후에 따른 경우와 지형에 따른 경우 그리고 일본의 특정적인 습속에 따른 경우 등 각양각색이었다. 예컨대 일본 초기 혈거穴居의 입구入口들은 동남방향으로 나 있었다. 왜냐하면 이 방향은 겨울철에는 북풍의 침습侵襲을 피할 수 있고 여름철에는 시원한 동남풍을 쐴 수 있기 때문이었다. 이러한 방식은 중국 초기의 거주 선택방식과 비슷했다. 그 후 서기 6세기에 일본에 전파된 중국 풍수가 처음에는 도시건설이나 사원 건축에 이용되었다가 나중에는 신령처럼 전 국민들의 신앙으로 자리 잡아 많은 가정들에서 사람들의 사상과 생활의 좌우명이 되었다. 예컨대 주택이나 분묘墳墓를 만들 때는 꼭 풍수의 방법과 규정을 따라야 했다.

초기에 중국에서 유입된 풍수설에는 음양개념陰陽槪念, 사신방위四神方位에 대한 존숭尊崇과 동북귀문東北鬼門에 대한 믿음 그리고 오행상생상극五行相生相剋의 사상개념 같은 일부 기본 원리들만 포함해서 그 시기의 일본 도시건설 및 사원의 건축이 풍수의 영향을 받고 있었다기 보다는 차라리 『주역周易』과 음양오행학설陰陽五行學說에 좌우되고 있었다고 하는 것이 더 적절하다. 음양오행학설은 풍수의 이론적 기초이면서 풍수 이론의 핵심이라 풍수이론 전체 및 일부 구체적인 방법도 점차 일본인들에게 받아들여져 계속 성장 · 확대되면서 나중에 가상학家相學으로 발전되었다.

이어서 우선 일본의 도시건설 및 사원의 건축 역사를 되돌아보자. 가장 먼저 이러한 중국 풍수사상을 운용하여 건축된 도시는 나라奈良의 전신인 평성경平城京[30](710~794)이었다. 도시의 배치 방식은 대체로 중국

30) 平城京: 나라 시대(710년~794년)의 대부분 기간(710년~740년, 745년~784년) 때 일본

당대의 장안성長安城을 본떴다. 그 도시는 나중에 전란 때문에 폐허가 되어 헤이안교平安京[31](794~1868, 현 쿄도市)로 천도했다. 평안경平安京의 건축 기획도 여전히 당나라의 장안성을 본보기로 했을 정도로 중국 풍수 사상을 운용해 지도를 받은 전형적인 사례라고 할 수 있다. 예컨대 사신방위四神方位 관념에 대한 운용은 완전히 풍수개념을 따라서 했다. 즉 좌청룡左青龍, 우백호右白虎, 전주작前朱雀, 후현무後玄武 형식의 지세관념을 도시의 4개의 방위에 응용해 그것으로 도시의 거리를 명명했다. 그리고 중국 풍수 중의 지형에 관한 선택기준도 도시 건설에 도입했다. 예컨대 북쪽에는 고산高山과 구릉丘陵, 동서쪽에는 시냇물, 남쪽에는 논이나 습지濕地 또는 소지沼池, 서쪽에는 큰길 등이 있도록 했다.[32]

주목할 만한 것은 중국풍수 중의 '동북귀문東北鬼門'에 관한 믿음은 헤이안교平安京의 도시구조에 비교적 큰 영향을 미쳤다는 것이다. 이러한 믿음에 대한 설명은 이 책의 3장에서도 상세히 언급한 바가 있다. 이 믿음으로 인하여 도시나 주택 건축물들 등의 동북방위東北方位를 재난이 많이 일어나는 '귀문鬼門'으로 간주했다. 그래서 재난을 피하려면 막아줄 구조물이 필요하다는 생각에서 평안경平安京의 동북쪽에 위치하는 기타에이산北睿山의 꼭대기에 저명한 천대종天臺宗 승원僧院을 세웠다.

풍수의 영향을 받은 다른 도시는 에도江戶(현 도쿄市)였다. 일부 전문가들의 고증考證[33]에 의하면, 에도江戶의 시가市街와 거리들은 도시 사방의 산들을 둘러싸도록 기획되었다. 그 도시의 사방에 주로 후지산富士山,

---

의 수도였던 곳이다. 이 중 헤이조 궁은 나라 시의 다른 장소와 함께 유네스코 세계유산에 등재되어있다. 당나라의 수도 장안을 모방하여 708년(와도 원년)부터 건설되기 시작하여 710년 천도하였다.

31) 平安京: 京都의 옛 이름(794년부터 1868년까지의 수도).

32) 參見 [英] 西蒙 · J · 蓋爾『建築的方位學』, 載『建築雜誌』第二十五期.

33) 參見 同書,『建築的方位學』, 載『建築雜誌』第二十五期.

츠쿠바산築波山, 다카오산高尾山 등이 있다. 그래서 에도江戶 시내의 일부 주요 시가들은 모두 그 산들로 뻗어 나가서 시내의 곳곳에서 산을 볼 수 있었다. 예컨대 하시모토로橋本路는 서남쪽으로 100km 떨어진 후지산富士山을 정면으로 향하고 있었다. 현재의 긴자銀座와 하시모토로橋本路를 잇는 거리는 북동쪽에 위치하는 츠쿠바산築波山을 정면으로 향하고 있다. 풍수격국風水格局에 의한 이러한 기획企劃은 도시와 주위의 지형地形이나 지모地貌를 조화롭게 함으로써 시민들로 하여금 시각적이거나 심리적으로 모두 대자연의 품에 살고 있는 느낌을 들게 하는 것이 주목적이었다. 그런데 애도성江戶城의 외형外形 격국格局에 대한 가장 두드러진 풍수의 영향은 '동북귀문東北鬼門'에 대한 믿음이었다. 예컨대 우에노上野 시노부가오카忍岡 토메이 산東睿山에 있는 칸에이지寬永寺[34]는 바로 에도성江戶城의 귀문鬼門을 지키기 위해 세운 것이다. 동시에 더 확실히 지키기 위해서 헤이안平安京교의 기타겐산北眷山의 방법을 따라서 츠쿠바산築波山의 귀문鬼門을 봉쇄하는 기원처祈願處로 삼았다. 결국 풍수가 도시 및 주변의 환경 그리고 건축물들과 맞물리게 하였다. 이로써 일본의 성시城市와 사원 건축물에 대한 풍수의 영향을 알 수 있다.

일본의 민속사를 살펴보면 재미있는 현상들을 발견할 수 있다. 요시노 히로코吉野裕子가 지은 『역경과 제사易經與祭祀』의 고증에도 나타났듯이 일본의 많은 제사활동들은 모두 『주역周易』 등 음양오행사상陰陽五行思想과 밀접하게 상관되는 관계로 이들 사상을 이론총칙理論總則으로 하는 중국 풍수 관념도 이러한 제사 건축물에 대해서 강한 영향을 미쳤다. 한두 가지의 예를 들어 설명하겠다.

34) 東叡山寬永寺: 정식명칭은 토메이잔 칸에이지(東叡山寬永寺) 천태종(關東) 지방 총 본산으로 토쿠가와 막부 역대 쇼군들의 묘가 있다. 텐카이 소우조가 1625년에 건립하였고, 에도시대에는 토쿠가와 가문의 두터운 지원을 받아 융성했다. 천황의 친필로 쓰여진 현액문과 토쿠가와 이에야스의 영묘 등이 중요문화재로 지정되어 있다.

첫째는 조신竈神과[35] 호좌戶座의 제사방위祭祀方位, 대상제大嘗祭(天皇 즉위 후의 첫 新嘗祭) 중의 호좌의 바위다. 일본 고대황거古代皇居(舊稱 內裏)의 내선사內膳司에서는 주로 3군데의 조신竈神인 기화忌火, 정화庭火, 평야平野에 제사를 올렸다. '호좌戶座'는 바로 이 조신竈神을 섬기는 동정남童貞男으로 연령대는 보통 7세에서 결혼 전까지다. 부뚜막은 흙으로 만들어져서 건조(건축)재료에서 볼 때는 토기土氣의 신이다. 하지만 부뚜막은 불을 때어 취사하는 데에 쓰이기 때문에 사용에 있어서는 '화火'신神에 속한다(體用區分이 있는 典型的인 사례). 중국에서도 조신竈神에 관한 전승이 많이 있는데, 일본의 조신신앙은 바로 중국의 이러한 신앙의 전승이라고 요시노 히로코吉野裕子 여사는 주장하고 있다.

35) 竈神: 조신은 말 그대로 부뚜막신이다. 부뚜막에 터를 잡고 있는 이 신은 가족의 모든 행동을 감시해서, 그 내용을 하늘에 보고하는 임무를 맡고 있다. 조신은 가족 중 누가 험담을 하고, 일을 게을리하는지, 또 무슨 잘못을 저지르는지 하나하나의 언동을 기록해서 보고서를 만든다. 그러면 하늘의 신이 그 보고서를 보고 가족 개개인에 대한 사후, 혹은 현세에서의 벌을 부과하는 것이다. 물론 선행도 보고한다. 조신이 보고를 잘하면 그 가족에게는 행운이 찾아온다. 조신은 사람들의 일거수 일투족을 세세하게 기록하기 때문에 서민들에게 가장 가까이 있는 신이다. 3세기경부터 이러한 조신의 성격이 형성된 것으로 보인다. 조신의 개념은 불[火]과 연관시켜 생겨난 것으로, 원시 시대에 불을 신성시했던 신앙에 근거를 둔 것으로 생각할 수 있다. 따라서 이 신의 유래는 불을 주재했다는, 삼황 중 하나인 축융(祝融)이라고 한다. 또 다른 설에는, 부뚜막(아궁이)을 발명했다는 황제(黃帝)가 첫 번째 조신이었다고도 한다. 중국인들이 부뚜막신을 귀중하게 여기는 것은 이 신이 가족의 건강과 장생, 번영을 좌우한다고 믿고 있기 때문이다. 부뚜막이 있는 곳은 부엌이다. 즉, 주부들이 일을 하는 곳이므로 주부와 조신과의 관계는 긴밀하지 않을 수 없다. 하지만 신에게 무례한 행동을 삼가야 하는 것은 물론, 부엌을 불결하게 해서도 안 된다는 등의 금기 사항도 적지 않다. 후세가 되면서 조신은 부엌에서 거실로 자리를 옮기게 된다. 거실 선반 위에 모셔져 있는 조신의 그림은 지금도 대만의 가정에서 쉽게 찾아볼 수 있다. 그리고 집에 모시고 있는 조신의 그림은 1년에 한 차례씩 엄숙하게 기도를 드린 후에 제물과 함께 불태웠다. 조신이 천계에 보고를 하러 가는 것이다. 이는 '송조(送竈)'라 불리는 의식으로 음력 12월 23일이나 그 다음날인 24일에 실시했다. 옛날에는 매월 말에 한 번씩 했기 때문에 어쩌면 부뚜막신도 귀찮았을지 모른다. 조신을 떠나보내는 가족의 자세도 매우 중요했다. 새끼돼지 통구이나 양고기구이 같은 공물들을 잔뜩 준비하고, 부엌을 특별히 깨끗하게 청소했다. 그리고 무슨 허물이 있더라도 하늘에 잘 보고해 달라는 의미로 그림 속 신의 입에 엿을 발랐다. 특정한 엿이 있는 것은 아니지만, 연말이 가까워지면 '조이(竈飴)'라고 이름 붙은 엿이 별도로 판매되기도 한다. 그리고 조신이 타고 올라갈 말을 위해 여물과 물도 준비했다.

호좌戶座는 7세에서 결혼 전까지의 동정남童貞男이라서 역학원리易學原理에 의하면 '간艮' 위에 속하는 소년이다. 그래서 상술한 조신竈神의 제사방위祭祀方位와 호좌의 방위는 음양오행팔괘陰陽五行八卦 원리原理에 따라 도출된 것을 알 수 있다. 따라서 아래와 같은 특징이 나타났다. 조신竈神의 제사방위祭祀方位는 늘 서북쪽에 위치하는 데 두 가지의 내용이 포함되어 있다. 세 조신竈神의 취사를 담당하던 내선사內膳司는 황거皇居의 서북방위西北方位(〈그림 1〉)에 위치했다. 국왕이 되임 후 어원御苑의 어

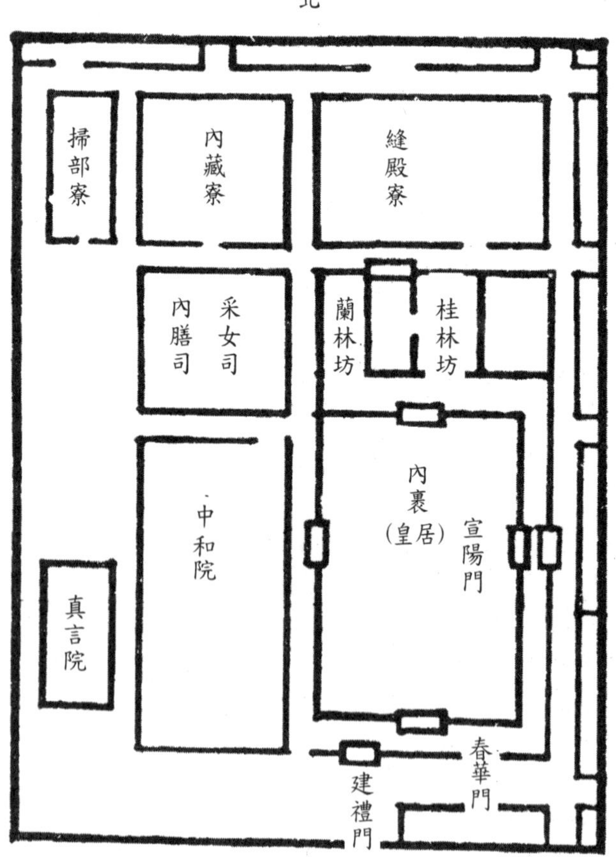

〈그림 1〉 내선사와 황거의 관계도, 황거 서북방에 내선사 위치

소御所를 이전할 경우 조신竈神도 똑같이 이전되지만 그 제사방위祭祀方位는 여전히 새 어소御所의 서북방에 위치했고 호좌戶座의 공진貢進도 역시 서북방위西北方位(〈그림 2〉)에 있었다. 요시노 히로코吉野裕子가 책에서 밝힌 고찰결과에 의하면, "천평년天平年 유월六月 칙명勅命에 의하면 여제女帝, 후기後妃를 공양하는 호좌戶座는 평성경平城京 서북방향西北方向에 위치했던 비전국備前國과 비備중국中國의 거주자 가운데서 선발되어야 했다. 이 제도는 줄곧 후세까지 전승되었다." 그래서 한 측면에서 이러한 풍수격국風水格局들은 도시 전체의 구조에 영향을 미쳤음을 설명했다. 예컨대 세 조신의 취사를 담당하던 내선사內膳司가 황거皇居의 서북西北에 위치하던 것은 바로 그런 실례다.

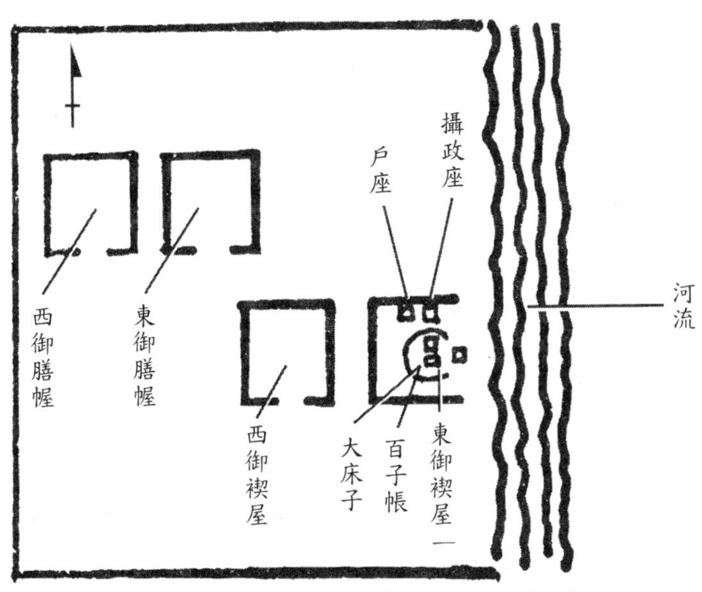

〈그림 2〉 호좌위치도, 호좌재동어설옥의 서북방

둘째는 이세신궁伊勢神宮(〈그림 3〉)이다. 이세신궁[36]은 일본에에서 제사를 지내는 유명한 궁전의 하나로 황조천조대신皇祖天照大神 즉 태양신太陽神에 제사를 올리는 데 이용되었다. 구조는 주로 양대 부분인 내궁內宮과 외궁外宮으로 이뤄지고 내궁은 또 정궁正宮(즉 天照大神鎭座의 正殿)과 황제궁荒祭宮으로 구성되어 있다. 외궁은 정궁과 다가궁多賀宮으로 이뤄져 있다. 이들 궁전의 구성과 배치 내지 건조建造는 모두 음양오행 원리에 합치되었다. 예컨대 내궁은 양陽—화火를, 외궁은 음陰—수水를 상징하며 양의 내궁은 양陽—화火—리괘離卦—오午를 상징하는 정궁과 음陰—수水—감괘坎卦—자子를 상징하는 황제궁荒祭宮으로 나뉘어 있다. 음陰의 외궁은 음陰—수水—감괘坎卦—자子를 상징하는 정궁正宮과 양陽—화

36) 이세신궁: 미에(三重)현 이세(伊勢)시에 있는 황대신궁(皇大神宮)과 풍수대신궁(豊受大神宮)의 총칭. 전자를 내궁(內宮), 후자를 외궁(外宮)이라고 하며, 양궁을 합쳐서 이세대신궁, 대신궁, 이소대신궁 등으로 불렀는데, 현재에는 신궁을 정식의 명칭으로 하고, 일반적으로 이세신궁이라 부르고 있다. 내궁은 천조좌황대어신(天照坐皇大御神), 그 신체(神體)로서 팔지경(八咫鏡)을 기리며, 천수역남명(天手力男命)과 경경저존(瓊瓊杵尊)의 어머니인 만번 풍추진희명(豊秋津姫命)을 합사하고, 별궁 10사, 섭사 27, 말사 16, 소관사 30 등을 지니고 있다. 『일본서기』에 의하면 숭신(崇神)천황 때 그때까지 황거안에서 제사지냈던 팔지경(八咫鏡)은 그 신위를 두려워해서 대화(大和)의 입봉읍(笠縫邑)으로 옮겼는데, 다음의 수인(垂仁)천황대에 황녀 왜희명(倭姫命)을 대신(大神)으로해서 진좌에 어울리는 토지를 구하게 시켰다. 왜희명은 근강(近江), 미농(美濃) 등을 순력한 후, 이세국(伊勢國)의 오십령(五十鈴)강위에 이르러 거기에 궁을 세운 것이 내궁(內宮)의 기원이라고 한다. 한편 외궁(外宮)은 『지유기(止由氣) 궁의식장(宮儀式帳)』(『연력의식장』) 등에 의하면 웅략(雄略)천황 대신으로 황대(皇大)신궁의 신찬을 공진하는 신으로서 풍수대어신(豊受大御神)을 단파국(丹波國), 여사군(與謝郡), 비소진나정원(比沼眞奈井原)에서 맞이해서 산전원(山田原)의 궁에 제사지낸 것에서 유래한다고 한다. 외궁은 내궁의 북서쪽 약4km의 지역에 있으며 어반신(御伴神)의 세 신을 합사하고, 별궁 4사, 섭사 16, 말사 8, 소관사 4를 합쳐서 세워져 있다. 대화조정의 조신을 기리는 이세신궁이 대화에서 떨어진 이세(伊勢)에 있는 이유는 바다 위로 떠오르는 태양을 제사지내기에 적합한 토지라는 견해나, 대화조정의 동국진출의 거점이 여기에 있다고 하는 견해 등 각종 추측이 있는데 확실하지는 않다. 신궁의 신전은 일반적으로 신명조(神明造)라고 하는 평입절처고상식(平入切妻高床式)의 전사로 출운대사의 대사조와 함께 신전 건축 중 가장 오래된 형태를 전한다고 한다. 이 고식의 전사는 천무(天武)천황 때에 20년마다 다시 세우도록 정해져, 지통(持統)천황 때에 제1회의 식년 천궁이 행하여진 이후, 1973년의 천궁까지 60회에 이르고 있다. 한편 천궁(遷宮)으로 인해서 신궁의 신전에는 인접하는 두 개의 용지가 있으며, 교대로 한편의 부지에 신전이 세워졌다.

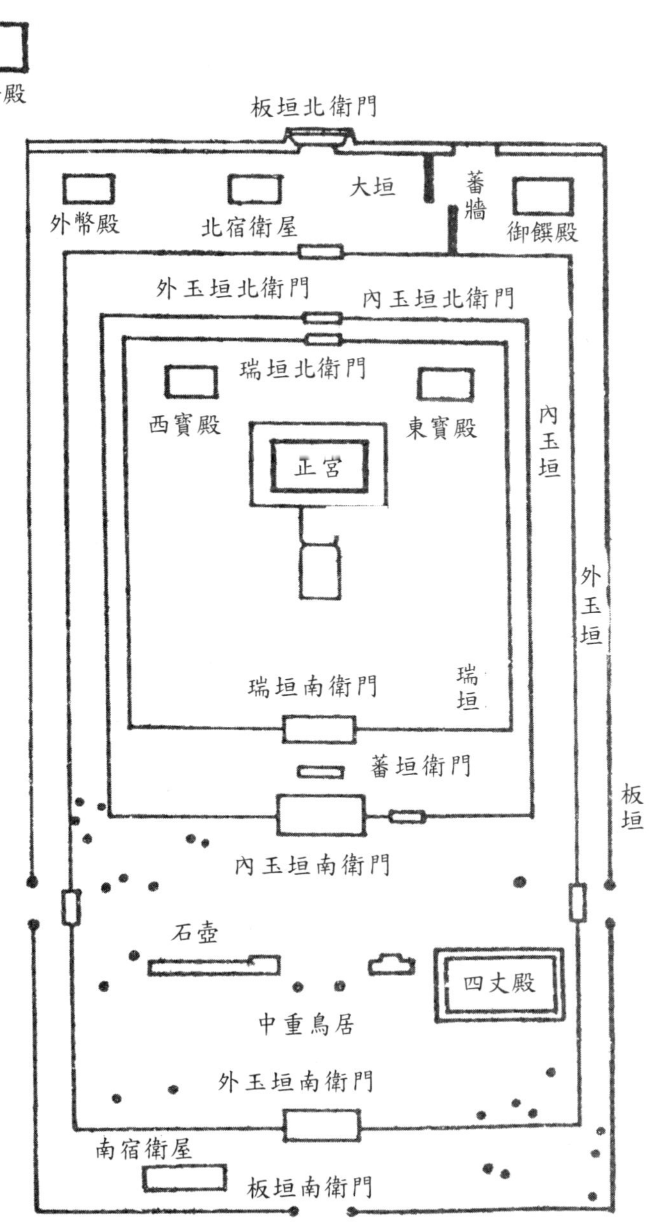

〈그림 3〉 황제관화 안의 궁정전의 위치관계도(요시노히로코, 『역경과 제사(易經與祭祀)』)

火—리괘離卦—오午를 상징하는 다가궁多賀宮으로 나뉘어져 있다. 이러한 원리의 건축물의 배치에 대한 영향은 이렇다. 전반적으로는 내궁內宮은 양陽이라서 남쪽의 높고 건조한 곳에 위치한다. 외궁外宮은 음陰이라서 북쪽의 낮고 습한 곳에 자리를 잡고 있다. 그리고 내궁內宮 내부도 마찬가지로 내궁內宮의 정전正殿은 남쪽의 높은 곳, 황제궁荒祭宮은 북쪽의 낮고 습한 곳에 위치하고 있다. 외궁外宮 내부에서는 정전正殿은 북쪽, 다가궁多賀宮은 남쪽의 높은 지대에 자리를 차지하고 있다.(〈그림 4〉).

이러한 방위관계 외에 수자적數字的 관계를 통하여 천지 우주를 상징한 경우도 있었다. 요시노 히로코吉野裕子는 본인의『역경과 제사易經與祭祀』중에서 이에 대해 상세한 해석을 했다. "이세신궁伊勢神宮의 내궁정궁內宮正宮과 황제궁荒祭宮을 연접連接하는 것은 하나의 돌계단, … 나무그늘 밑에 뻗어 있는 돌길이라고도 비유할 수 있을 것 같은 이 돌계단은 55단으로 되어 있고, 그 비탈길의 가장 낮은 곳인 협곡의 밑바닥에 과거에 가느다란 물줄기가 있었다고 한다. 이곳은 지금 물이 없는 암거暗渠(속도랑)가 되었다. 거기서 55단이 된 계단을 오르면 황제궁荒祭宮에

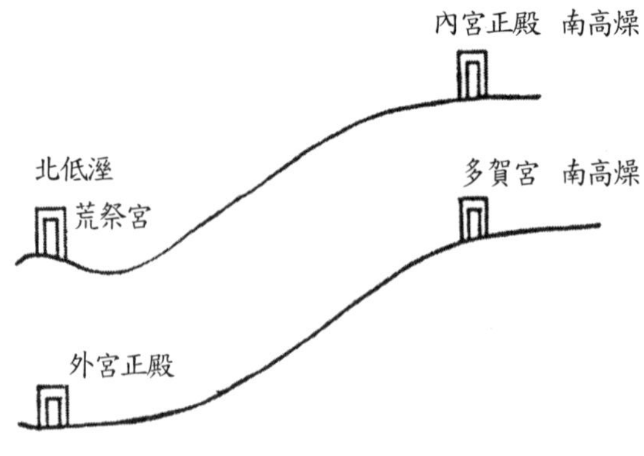

〈그림 4〉 이세신궁(伊勢神宮) 공간분석

도착한다. 그래서 정궁正宮과 황제궁荒祭宮은 계단 단수의 차가 40단이다. 이 세 가지의 수자數字가 의미심장하다. 즉 15는 생수生數(五行相生의 數)인 1부터 5까지를 더하는 수이고, 40은 성수成數(五行生成의 數)인 6부터 10까지를 더하는 수이고, 55는 생수生數와 성수의 합으로 천지天地의 수數다. 만약 이들 수자數字를 두궁의 상황에 응용하면 바로 아래와 같은 상징이 되지 않겠는가? 협곡의 밑바닥보다 15단 높은 곳에 있는 황제궁荒祭宮은 생수生數를 상징하는 것 같고 40단의 낙차로 봉사하는 정궁正宮은 성수成數를 상징하고 두 궁을 연접하는 돌계단의 단수인 55는 우주천지宇宙天地를 상징하는 수數다. 그래서 황제궁荒祭宮은 생수生數로 우주의 체體, 근원根源, 유幽를 표시하고 정궁正宮은 성수成數로 우주의 용用, 현상現象, 현顯을 표시하고 … 단수가 55단이 된 돌계단은 우주, 천지의 상징으로 해석된다. 그리고 55단 돌계단 중에 내궁에서부터 아래로 세면 40번째의 단인 '불유석不幽石(디디면 안 되는 돌)'의 구열龜裂은 '천天' 자 모양이라고 한다. 중국 풍수와 마찬가지로 제옥祭屋(제사용 건물)의 구조에 역시 아래와 같이 음양오행陰陽五行 원리를 응용했다. 예컨대 천조대신天照大神을 리괘離卦, 화火의 상징으로 해서 그 제옥구조祭屋構造도 화火를 상징하는 구조로 했고 외궁은 내궁과 균형을 이루어야 하는 것을 감안해서 그곳의 제옥祭屋에 대해 수水를 상징하게 하는 조치를 했다. 그밖에 이들 궁전 구조에 있어서 중국의 '삼합지리三合之理' 즉 소위 '삼합구상三合構相'(〈그림 5〉)을 취했다. 내궁은 '오午' 즉 화火의 삼합三合의 구상이고 외궁은 '자子' 즉 물의 삼합의 구상이다.

계속해서 일본의 묘지와 주택 풍수(家相)를 보자. 그 시대에는 중국 풍수의 일본에 대한 영향은 음양오행의 큰 규칙에 그치지 않고 많은 세부적인 것들까지 깊이 파고들었다. 일부 학자들의 고찰에 의하면 일본의 가상家相은 늦어도 헤이안平安시대부터 시작된 것이 확실하다고 한다. 그런데 계속 에도江戶 중기까지는 가상家相의 일본 현지화가 아직 최종 형성形成이 이뤄지지 않았다. 그 시대에 출판된 일부 가상家相 관련 서적으로 예컨대 『가상감어록家相鑒於錄』 등을 통해서는 일본 가상家相의 전

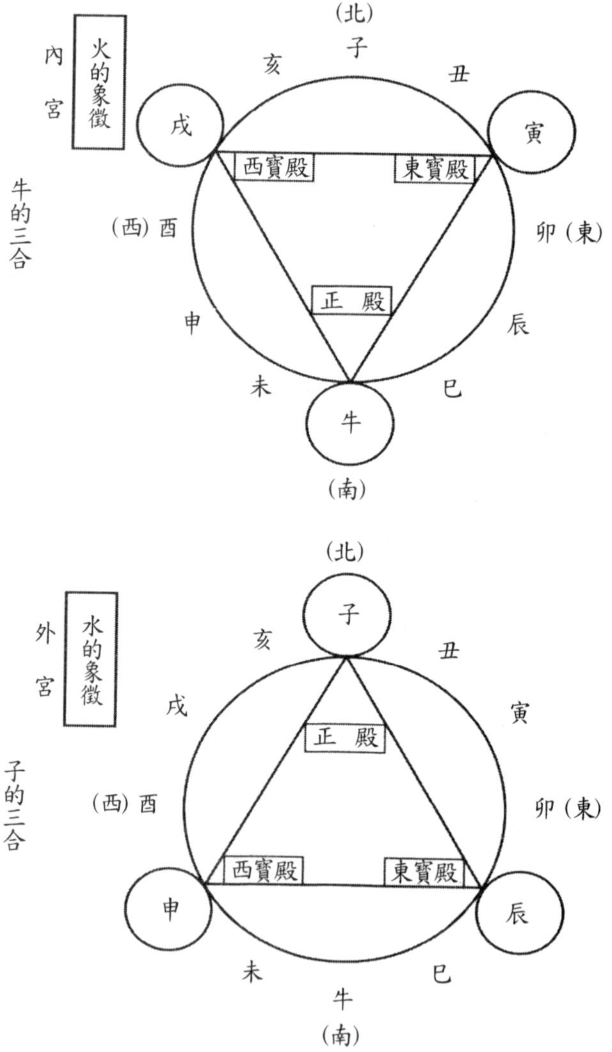

〈그림 5〉 이세신자(伊勢神字) 구조상의 삼합구기(三合構機)도

신은 중국의 '택법宅法'을 모델로 했고, 후세의 일본가상학日本家相學은 기본적으로 에도江戶시기의 가상을 기초로 했음을 알 수 있다.

현대 일본학자들이 가상학家相學에 대한 상세한 연구들을 이미 많이 했다. 예컨대 와다나베 요시오渡邊欣雄, 스즈키 마사오鈴木雅夫, 미야라 도미다케宮良當壯, 이시다 히데토미石田秀富, 노자키 미츠히코野崎充彦, 쇼도구 쇼우시松同史 등의 학자들은 모두 제각기 일본의 민속 및 인류학적 시각에서 풍수에 대해 조사와 탐구를 했다. 1992 년에 출판된 계간지인 『자연과 문화自然과 文化』에는 특별히 풍수사상 연구라는 특집을 만들었다. 그 중 쇼도구 쇼우시松同史 선생의 논문 「큐수의 풍수지리 유적九州的風水地理遺跡」에는 일본 규슈 지방의 풍수에 대한 상세한 고찰을 통하여 일부 대형 건축물과 묘지墓地로 예컨대 대제부정청大宰府政廳, 관세음사觀世音寺, 대재부묘지大宰府墓地, 헤이안시대의 영빈관迎賓館이던 '홍청관鴻聽館', 조창숙궁朝倉竹宮, 우미팔번궁宇美八幡宮, 우좌팔번궁宇佐八幡宮 등의 풍수를 중점적으로 조사 · 연구하여 풍수의 일본 대형건출물에 대한 영향을 재조명했다. 그리고 규수 지방의 두 고분인 부가고분釜家古墳과 궁지합고분宮地合古墳의 풍수에 대해서도 조사와 연구를 했다.

그밖에 다른 학자인 와다나베 요시오渡邊欣雄 선생은 풍수의 사상과 중국 풍수에 대해서 연구했을 뿐만 아니라 일본 오키나와 지역의 주택과 묘지의 풍수에 대해서도 대대적인 조사를 하고 『주택건축별책住宅建築別册』 제40과 41호에 두 번에 걸쳐 「오키나와의 묘지풍수沖繩의 墓地風水」와 「오키나와의 옥부풍수沖繩의 屋敷風水」라는 논문을 두 편 발표했다. 논문에서는 일본 풍수의 대략적인 상황을 소개했다. 그 중 주택 지형과 형태에 관한 판단 그리고 주택방위에 관한 판단 등은 모두 중국 풍수와 매우 밀접한 관계가 있고 영조營造과정에서도 중국의 노반척魯班尺 등과 유사한 척법尺法을 사용했던 것으로 나타났다.(〈그림 6〉). 주목할 만한 것은 귀문鬼門이라는 관념도 일본에 널리 받아들여져 많은 주택 건물들의 귀문방향鬼門方向이 비워졌다. 예컨대 유명한 교토어소京都御所의 동북쪽이 비어 있었다. 요컨대 현대 일본 학술계에서는 풍수 연구를 매우 활발하게 하고 있고 성과도 놀라운 정도다.

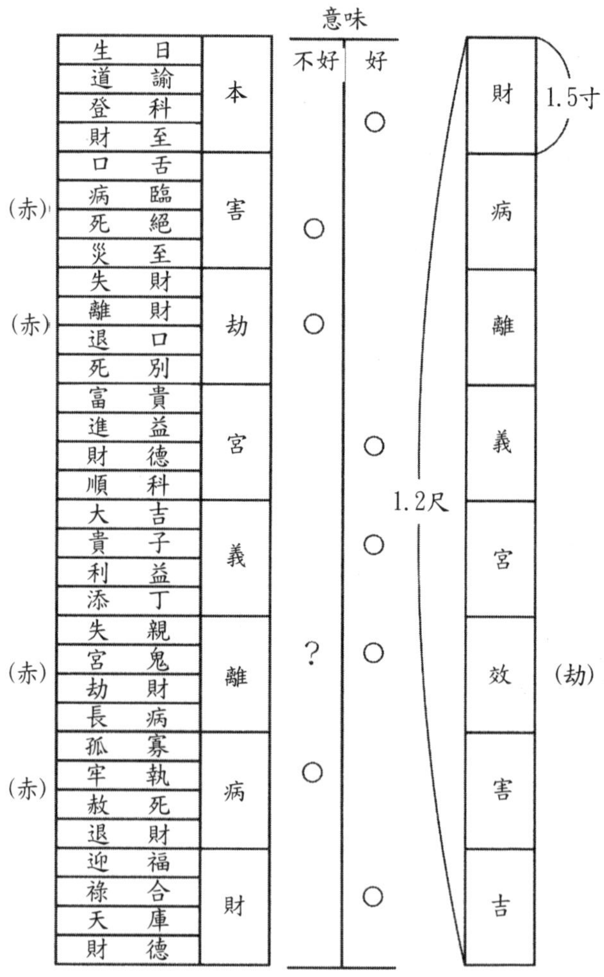

〈그림 6〉 일본 사용(使用)의 노반척(魯班尺)(와다나베 요시오, 「冲繩的墓地風水」)

2) 한국의 풍수[37)]

풍수는 한국에서도 도시에서부터 전파되기 시작했다. 예컨대 조선 왕조 시대의 일부 도시들은 모두 이상적인 풍수지리 도형(〈그림 7〉)을 갖추고 있다. 게다가 서울, 신라, 평양, 개성, 등 도시들은 모두 풍수와 관련된 전설이 이 있다.

고도古都 한양성漢陽城(현 서울): 전해진 바에 의하면 이성계李成桂가 즉위했을 때(1392년) 한양으로 천도하기로 했는데 궁궐의 방위를 결정하는 문제에 있어서 국사國師이던 무학대사無學自超(1327~1405)와 개국공신이던 정도전鄭道傳(1342~1398)의 의견이 맞부딪쳤다. 무학無學은 인왕산仁旺山을 진산鎭山으로, 남산南山과 북악北嶽을 청룡靑龍, 백호白虎로 하는 유자묘향酉坐卯向(동쪽을 향함)으로 해야 한다고 주장했지만 반대로 정도전은 조선이 고대 이래로 군주의 궁궐들이 어김없이 남향이었고 동향은 없었다는 이유를 들어 반박했다. 결국 정도전의 의견이 받아들여져 궁궐의 방위가 임좌병향壬坐丙向(남南쪽을 향向함)으로 정해졌다. 당시 무학은 200년 뒤에 자신이 판단한 정확성이 입증될 것이라는 말을 남겼다고 한다. 무학의 주장을 보면 그의 판단은 주로 풍수 원리에 의거했음을 알 수 있다. 그래서 신라의 고승이던 의상대사義湘大師가 지은 『산수비기山水秘記』에 따라 "수도건조首都建造를 결정할 당시 만약 승僧(無學)의 주장대로 했더라면 국운國運이 더 오래되었을걸"이라는 기술이 있다. 결국 정도전의 의견을 받아들인 탓인지 5세기도 못 가다가 정권을 빼앗겼다는 대화大禍가 생겼다. 다시 말하면 200년이 지난 뒤 대란大亂이 일어난 것이다. 이렇게 도성건조都城建造 풍수와 국운의 성쇠를 긴밀하게 연

37) 自齊玲譯 野崎允彦「朝鮮的風水說法」,『自然與錢文化』風水特集.

계시킨 주장은 한국 풍수실천 중의 하나의 중요한 신앙인 '지기쇠왕론 地氣衰旺論' 때문이다. 전해진 바에 의하면 한국의 기타 도성도 각자 정해진 수명이 있다고 한다. 즉 수도가 된지 어느 정도 시간이 지나면 지기 地氣가 쇠락하게 되어 각가지의 불상사가 일어나므로 때가 되면 천도하

形局名	都邑名	風水名
行舟形	平壤 清州 羅州 安東 茂州 公州	
金雞抱卵形	泰安 江華 江陵 驪州 青松	
臥牛形	尚州 永同 靈光 金堤 鎮川 羅州 遂安	
飛鳳形	永州 咸安 金溝	

〈그림 7〉 조선왕조시대 성시(城市)풍수도형(圖形)도

거나 지기地氣를 보충해주는 조치를 취해야 한다. 이러한 믿음은 한국에 성행되었던 도참신앙圖讖信仰과 서로 결합되어 한국의 도성건설에 결정적인 영향을 미쳤었다.

그리고 한국의 도시 풍수에 관해서는 중국 천주泉州 염승厭勝의 법과 유사한 전설도 있다.

평양平壤에 관해서는 아래와 같은 전설이 전해지고 있다. 옛날에 평양은 '항해하는 배' 모양이라 '배'의 침몰을 방지하기 위해서 당지當地에서 착정鑿井이 금지되고 '배'가 멀리 떠내려가지 않도록 '닻'을 대동강변 풍경구風景區의 연광정練光亭 아래에 있는 심연深淵에 내려 '배'를 머무르도록 함으로써 '배'의 이탈로 인한 재난을 막으려고 했다. 이 전설은 일본 다이쇼 12년(1924年) 현지에서 커다란 닻이 발현되면서 입증된 듯했다. 아울러 전설 중의 예언대로 닻을 꺼낸 후에 그곳에서 대형 화재가 발생했었다고 한다. '닻'으로 '배'를 통제한다는 이러한 전설은 중국 양자강가에 있는 도시인 안휘성安徽省 안경시安慶市에 관한 풍수 전설과 똑같다고 할 수 있다.

고려의 수도 개성開城도 풍수에 관한 전설이 있다. 한국 풍수의 조사祖師라고 불리는 도선道詵은 개성의 지리풍수地理風水를 보고서는 그곳이 천 년의 수도가 될 만하다고 단정했었지만 풍수를 보던 그날에 날이 어두침침해서 멀리 바라볼 수 없었다. 날이 개었을 때 다시 보니 도시의 동남쪽에 한양의 삼각산三角山이 보이자 심상치 않음을 깨달았다. 왜냐하면 풍수이론으로 볼 때 삼각산은 바로 개성의 규봉窺峰이다. 그런데 풍수상의 적봉賊峰과 도봉盜峰이 포함된 규봉窺峰은 기회를 엿보다가 개성의 왕기旺氣를 빼돌릴 수가 있다. 만약 그래도 그곳에 도읍을 세우려면 반드시 풍수술風水術의 염승법厭勝法을 운용해 그 길지의 부족함을 보완해야 해서 삼각산의 커다란 바윗돌에 상명등常明燈을 설치하고 개성

동남쪽에 12개의 철제견鐵製犬을 갖다놓아 등불이 비추고 개가 짖어대면 적봉賊峰과 도봉盜峰도 제 기능을 잃게 되기 때문이다. 뜻밖에 약 500년이 지난 후 즉 태조 이성계가 즉위하기 30년 전에 한 바탕 벼락을 맞고 푸르고 아름답던 삼각산이 세 몫으로 쪼개져 끝이 뾰족한 세 자루의 칼처럼 그곳에 세워져 있었다. 만물들이 뾰족한 칼을 두려워하듯이 상명등常明燈과 철제견鐵製犬이 염승厭勝의 위력을 잃게 되자 어쩔 수 없이 한양으로 천도했다.

한양(서울)의 염승법厭勝法은 오늘날에도 그 자취가 남아 있다. 도시의 남쪽에 있는 관악산冠嶽山은 풍수 중의 화성산형火星山形에 속한다. 시내에 있는 경복궁景福宮의 각 궁전에서 자주 화재가 나자 풍수술사風水術士들이 직감적으로 그것이 화성산火星山의 탓이라고 판단해 풍수의 염승법厭勝法에 따라 물주전자들을 그 산의 곳곳에 묻어놓아 물로 불을 억제하도록 했다. 게다가 화성산기火星山氣의 침입을 막기 위해 경복궁의 정문인 광화문光化門 앞에 피사물辟邪物(해태[38]상)을 설치했다. 그 피사물辟邪物은 오늘날에도 남아 있다.

상술한 염승법厭勝法의 일련의 운용들은 예외 없이 중국 풍수 염승법厭勝法의 모체에서 벗어나지 않았다.

그밖에 한국에서는 용맥龍脈에 관한 이야기도 전해지고 있었다. 예컨대 경상북도는 산수山水가 아름다운 곳이다. 옛날부터 "한국 인재의 절반이 영남嶺南(慶尙道)에 있고 영남인재의 절반은 일선一線(管理層)에 있다"는 말이 믿기 힘들지만 사실은 그랬다. 임진년壬辰年(1592年)에 이르

38) 해태: 해치라고도 하며 상상의 동물이다. 뿔을 하나 가진 동물로서 양을 닮았으며 영물로 인식되었다. 사람의 시비곡직을 판단하는 재주가 있어 성군을 도와 현명한 일을 많이 하였다. 만일 잘못한 사람이 있으면 그 뿔로 덤비어 받아넘기는 정의의 동물로 생각되었다. 선비가 가까이 하는 연적에 해태모양을 새겨서 정의로운 심성을 가지기를 기원하였다. 조선시대에는 대사헌의 흉배에 쓰이기도 했으며 여성들의 노리개나 주머니 장식으로 사용하였다.

러 한국에서 임진왜란이 일어나자 명나라에서 평정을 지원하는 군대를 보냈다. 명나라의 지원군 중의 일원이던 한 풍수사가 그 지역의 풍수지세를 살펴본 후 인재를 배출하는 풍수길지風水吉地이기도 하고 재난을 일으키는 진원지라고 하여 판단해서 용맥龍脈을 확인한 후 한 커다란 쇠말뚝을 산에 깊이 박아놓아 그 지역의 왕기旺氣를 떨어뜨려 인재의 출현도 억제하려고 했다. 기타 건축물 및 민택民宅이나 묘지에 있어서도 한국도 중국과 마찬가지로 풍수를 중요시하며 그 방법도 중국과는 크게 다르지 않았다.

3) 홍콩과 대만 등의 지역적 풍수

풍수는 홍콩, 대만 그리고 동남아 지역에서 더욱 발전의 기회를 만난 듯 풍수 규칙에 따라 곧이곧대로 건조된 현대적인 민가들이 있는가 하면 풍수로 포장된 풍수 인테리어 등도 있다. 다시 말하면 이들 지역은 진짜와 가짜 그리고 정수와 엉터리가 공존하는 곳이다. 이어서 몇몇 중대한 건축물들의 풍수설계를 예로 들어 그 지역 풍수의 활약상을 설명하겠다. HSBC 신축 사옥은 좌향의 선택결정부터 사무실의 배치까지 모두 풍수술風水術을 운용했다. 이미 아시다시피 계단을 해건술방향亥乾戌方向으로 만들고 전문前門이 있던 돌사자도 풍수상의 요구에 따라 1981년 5월18일 아침 6시에 후문(HSBC의 주소 문패門牌는 山을 가까이하는 皇后大道 中1號고 바다를 가까이하는 德輔道가 아니다)으로 이전했다. 활짝 열려 있는 밑에 층에 대해 현지 풍수사들의 설명이 제각기 다르다. 밑에 층이 열려 있으면 태평산太平山에서 오는 생기를 받을 수 있어 길하다고 설명하는 이도 있는가 하면, 반대로 밑에 층이 열려 있으면 재財를 흘릴 수 있어 흉하다고 하는 이도 있다. 그래서 그 지역의 인사들은 그 건축물들에 대해 경외敬畏, 희망希望, 번뇌煩惱 그리고 괴로움을 동시에 느끼고 있는 것 같다.

마카오의 '동양 도박타운'은 정문正門 위쪽에 있는 거대한 박쥐 입의 형상물로 자연계 중의 만물들이 섭취하고 배설하는 규율을 상징한다. 도박장 내부는 완정적完整的 8괘진八卦陣처럼 설계되었다. 좌청룡左青龍, 우백호右白虎, 전주작前朱雀, 후현무後玄武, 중앙술을속토中央戌乙屬土. 그러므로 도박장 입장객은 자기의 生辰八字에 따라 자리를 선택하면 전화위복도 할 수 있고 돈을 따든 잃든 생문生門으로 나가 권토중래捲土重來도 기할 수 있다. 이러한 식으로 돈을 몽땅 잃어버린 도박꾼에게 위로와 격려를 해줘 다시 도박장을 찾아오도록 함으로써 더 많은 경제적인 이익을 꾀하고 있다. 그런데 도박꾼들은 아마도 '풍수만세風水萬歲'라고 외칠지도 모른다.

그런데 패행명貝幸銘 사무소에서 설계한 중국은행회는 비록 빌딩의 밑에 층에 있어서 중국방총화方窗畫 격식으로 처리를 했지만 풍수사의 지도를 받지 않아서 결국 잡음을 들을 수밖에 없었다.

4) 중국 풍수에 대한 서양인의 사고와 연구

서양인이 중국 풍수를 알게 된 것은 선교사宣教師가 중국에 진출하면서 부터였다. 처음에 그들은 중국인들의 풍수관을 도저히 이해할 수 없었다. 중국에는 왜 많은 지역에서 마음대로 착정, 채광, 산 개척, 도로 건설을 할 수 없는가? 왜 용맥龍脈을 끊는 풍수 파괴는 재난을 일으킬 수 있는가? 이것은 도대체 어찌 된 일인지? 이것은 조잡한 미신 같기도 하고 신비하고 오묘하기도 하다. 예컨대 로마 천주교 예수회 선교사 마테오 릿치Matteo Ricci는 자신의 『Matteo Ricci 차기箚記』에 많은 중국인들이 풍수에 따라 처세하거나 일을 처리한다는 견문과 내용을 기록했다. 그리고 문화적인 각도에서 중국 유가학설을 소개하며 중국에는 "우주의 창조자는 하나의 연속체로 천지天地, 인수人獸, 수목樹木 그리고 4요소(注. 즉 地, 水, 火, 風)와 공존하며 각 개체사물은 모두 이 연속체의 일부분"이라고 소개했다. 아울러 "온 물질세계(사람, 동물 그리고 혼합체) 모두 금金, 목木, 수水, 화火, 토土라는 다섯 종류의 원소로 구성되어 있다"라고 덧붙였다. 아쉽게도 마테오릿치는 과학적인 안목으로 '이교도'로 여겨지는 중국인들의 자연관을 평가하지 못하고 풍수 자체에 관한 이야기들을 연관성이 없이 기록하기만 했고 전문적이고 상세한 논술을 통한 부정적인 태도를 보여주지 못했다. 이것은 분명히 마테오릿치의 배경과 관계가 있었을 것이다. 왜냐하면 당시 로마 천주교회天主教會는 극단적으로 수구적이고 완고한 단체로 강력히 서양 근대과학의 발전을 반대하고 말살하려고 했다. 그래서 이국異國의 이교신앙異教信仰인 풍수를 더욱 인용할 수가 없었기 때문이다.

하지만 사회는 결국 발전해 나아가듯 19세기에 이르러 서양사회가 이미 거대한 변혁이 일어났고 근대과학도 커다란 발전이 이루어지면서 그 시절의 적지 않은 선교사들도 어느 정도의 과학적 소질과 귀한 과학연구 정신을 갖추게 되어 중국 풍수 중의 많은 합리적인 핵심부분을 인식하고 이해했다. 1873년에 출간된 영국 선교사 어네스트 에이텔Ernest J. Eitel[39]의 중요한 저작 『풍수風水—오래된 중국의 신성한 경관학古老中國神聖的景觀學』은 바로 풍수에 대한 이러한 인식을 가진 대표작이다. 어네스트 에이텔은 그 부제副題인 '오래된 중국의 신성한 경관학'에서 단도직입적으로 한(하나의) 학문으로서의 풍수의 가치를 긍정했다. 그

39) Ernest John Eitel(1838-1908): 독일 출신의 영국 기독교 선교사. 중국 이름은 歐德理임. 주요 저술로는 *Feng-shui. The rudiments of natural science in China*(1878).

는 책 속에서 우선 간결하게 중국 풍수 및 그 역사를 소개하고 나서 중점적으로 중국 풍수 중의 네 기본요점基本要點인 리理, 수數, 기氣, 형形을 논술했다. 아울러 이 네 기본요점을 아래와 같이 이해했다. 자연自然의 도道(The Laws of Nature), 자연自然의 수치비례數値比例(The Numerical Proportions of Nature), 자연自然의 기氣(The Breath of Nature), 자연自然의 형形(The Forms and Outline of Nature). 게다가 각각의 세밀한 분석과 논술을 통해 아래와 같은 결론을 내렸다. 풍수는 일종의 준과학準科學(Quasi · Science)이다. 오래된 중국 풍수를 학문의 높이로 끌어올리고 아울러 서양 근대 자연과학과 철학의 각도에서 심사 · 평가해준 최초의 사람은 어네스트 에이텔이라고 할 수 있다. 그런데 어네스트 에이텔은 풍수를 일종의 준과학準科學으로 인정한 후 이어서 다음과 같이 지적하였다. "풍수를 종교와 과학의 완전한 혼합물이라고 할 수 있다. … 과학적인 각도에서 볼 때 중국물리과학은 자연에 대해 천근淺近[40]하게 추측한 혼합물로 황당하게도 유치한 형태로 발휘되고 있다며, 현재로서는 이렇게 너그럽게 말할 수밖에 없다", "자연에 대한 연구과정이 아닌 사람의 사변思辨과 미신迷信을 기초로 하는 풍수체계風水體系는 당연히 진부하고 결국 사라지게 될 것이다." 그런데 어네스트 에이텔이 이렇게 변증辨證하는 시각이 매우 중요했지만 그 책이 당시의 중국 지식계 및 학술계에 큰 영향을 미치지 못했다. 그 원인은 주요 중대한 역사적 배경이 있었기 때문이다. 다시 말하면 당시의 중국은 마침 서양의 무력과 서양문명의 이중 맹공에 처해 있어서 국가와 민족이 모두 생사존망의 위기에 직면하고 있어서 아무도 이러한 학술에 대한 탐구를 할 여유를 가지지 못한 상황이었다. 그 외에 5 · 4운동五四運動에 일어난

40) 淺近: 깊숙한 맛이 없이 얕음.

반봉건 반전통의 물결에서 공자孔子라는 성인까지도 보전하지 못했는데 하물며 천 년 이래로 주로 문인 학사들로부터 타기唾棄된 풍수와 한학漢學 기초도 별로 없는 서양인이 쓴 저작이랴? 그런데 서양에서 이것을 계기로 풍수를 주목하기 시작했다. 어네스트 에이텔의 이 책도 재판이 거듭되었다. 제3판의 마지막 페이지에 수많은 당대 서양학자들이 쓴 중국 풍수 관련서적의 서명이 실려 있다. 예컨대 퓨트왕Feuchtwang의 『중국 지리학의 인류학분석中國地理學的人類學分析』(Feuchtwang, S, D. R. *An Anthropological Analysis of Chinese Geomancy* · Vithagna, Laos, 1974), 존스톤Johnston의 『북부 중국의 사자와 용北部中國的獅子和龍』(Johnston, R · F · *Lion and Dragon in Northern China* · London, 1910), 미치우Micheu의 『대지정신大地精神』(Micheu, J. · *The Earth spirit*, Thames & Hudson, London, 1975), 로스바흐Rossbach의 『풍수風水: 중국적인 배치예술中國的布置藝術』(Rossbach, S. *Feng Shui; the Chinese Art of Placemen*, Hutchinson, London, 1984), 스키너Skinner의 『풍수에 관한 대지생활방식風水的大地生活方式』(Skinner, S. *The Living Earth Manual of Feng shui*, Routledge & Kegan Paul, London.1982) 등등. 이 학자들은 모두 중국 풍수에 적절한 정의를 내리려고 했다. 예컨대 스티븐 스키너Stephen Skinner는 풍수가 "대지大地와 어울리는 생활예술生活藝術로 적당한 지형地形과 시간時間을 통해 최상의 행운과 평화平和 그리고 번영繁英을 추구하는 예술藝術", 존 · 미치우John · Micheu는 풍수風水가 "건축설계建築設計, 도시기획 그리고 마을생활의 모든 일과를 지도指導해주기 위해 만들어진 매우 융통성이 있는 원칙이다", 엔스트 뷔르쉬만Ernst Bürschmann은 풍수가 "이 저명한 명사名詞의 내포된 의미는 바람과 물뿐이지만 넓은 의미에서는 인간과 주변 환경과의 관계와 자연 경치의 주택구조와 거주자에 대한 영향", 조셉 니담은 풍수가 "각 지역마다 나름대로 생긴 독특한 지형地形과 지모地貌가 자연계에 영향을 미치는 생기生氣다."라고 다르게 정의했다. 재미있는 것은 중국계 프랑스인 학자 프랑수와 · 첸François · Chen은 중국 회화繪畫를 연구할 때 중국 풍수의 중국 회화에 대한 영향을 언급했다. "풍수를 보는 이 오래된 습속은 중국 화가들에게 많은 도움을 주고 있다. 이것을 통하여 감춰진 지세와 뻗어나가는 방향을 관측하는 방법을 습득할 수 있다. 풍수관찰 용어들은 자연히 풍경화 중의 각종 서로 다른 강약관계 및 창작원리를 표현하는 데 쓰인다. 예컨대 용맥龍脈, 기세氣勢, 개합開合, 기복起伏 … 화가는 화필로 자연계를 생명체처럼 그려내는 셈이다."[41] 이 논술은 다각도의 풍수연구에 일종의 비교법을 제시한 것이다.

그런데 풍수를 연구한 서양학자들 중에서 당연히 조셉 니담Joseph Needham의 영향력이 제일 컸다. 그는 서양세계에서 영향을 일으켰을 뿐만 아니라 중국인들에게도 풍수를 재고하게끔 한 인물이었다. 예컨대 조셉 니담은 본인의 대저인 『중국 과학과 문명中國 科學與文明』에서 전문적으로 중국의 사이비 과학과 전통에 대해서 상세한 분석을 했다. 특히 큰 비중으로 풍수를 다루면서 풍수에 대한 적절한 평가도 했다. "여러모로 볼 때 풍수는 중국인들에게 고마운 존재다. 예컨대 바람막이로 쓰는 나무나 대나무 숲의 조성을 권장하고 물줄기 근처에 집터를 정하도록 하고 … 나는 중국에서 유럽으로 처음 돌아왔을 때 받았던 가장 인상적인 느낌 중의 하나는 바로 날씨와 동떨어진 것 같은 것이었다. 중국에서는 네모난 창문에는 창호지를 바르고 석회를 바른 얇은 벽, 각 방 외부의 공간과 복도, 부슬부슬 내리는 빗물이 마당과 안마당에 떨어지는 소리, 보온용 가죽 두루마기와 숯, 자연의 분위기를 연출하는 비, 천

41) 弗朗索瓦 · 陳「神遊—中國繪畫一千年」, 載『外國學者論中國畫』, 書刊中.

둥, 바람, 햇볕 등등. 그런데 유럽인들의 주택 안에 있으면 사람이 그런 분위기를 전혀 못 느낀다. … 전반적으로 볼 때, 내가 믿는 풍수에는 미학적 성분이 뚜렷했다. 중국의 농지農地, 건물建物, 향촌鄕村에 아름다운 것이 이루 다 헤아릴 수 없을 정도로 많은 것은 모두 풍수가 이를 뒷받침해주고 있다는 증거다."

니담의 이 유명한 논단은 한 측면에서 서양인들의 중국 풍수에 대한 깊은 관심도 보여 주었지만, 이러한 관심 뒤에 내재적인 요인과 역사적 배경도 깔려 있었다. 왜냐하면 서양사회는 산업화로 환경오염과 인구팽창 그리고 범죄율 상승 등과 같은 인간과 자연의 대립으로 인한 종종의 폐단들이 속속 드러나 탈출구를 찾던 중에 신기한 중국의 동양적인 세계관을 접하게 되었다. 특히 하늘, 땅, 인간을 일체로 간주하는 풍수의 매력에 더욱 반할 수밖에 없었다. 한편 현대 과학기술과 철학 등에서 모두 중대한 지식 전환이 일어남에 따라서 사람들은 서양 전통학설 중의 인간과 자연을 분리시키는 관념과 단순한 이성분석의 방법으로 그리고 개체관계의 각도에서 현실을 연구하는 방법만을 통해서는 더 이상 현재의 세계에 나타난 많은 문제들을 해결할 수 없음을 깨닫게 되어, 이러한 사회 활동과 사회 환경의 모순을 해결하기 위한 환경과학, 심리학, 모호수학模糊數學 등등 많은 새로운 학문들이 서양에서 생겨났다. 이러한 학문들과 마이크로일렉트로닉스 혁명(半導體의 傳播)은 대중예술 및 예술상품화를 발전시켜 서양에서는 인간과 자연, 인간과 사회, 사람과 사람, 사람과 자신의 관계를 조정하는 것이 급선무가 되었다. 그래서 중국을 비롯한 동양에서 행해지던 전방위 각도로 세계를 인식하려는 동양적인 관점과 방법들은 서양학자들의 반성을 일으켰다. 중국 사상의 중요한 응용의 하나인 풍수가 특별히 주목을 많이 받았다.

그리고 건축학에서는 조경술(Landscape Architecture), 생태건축학

등 여러 학문 분야에 걸치는 체계(cross-disciplinary)들이 탄생되었다. 이러한 학문연구에 종사하는 전문가들도 마치 약속이나 한 듯 중국 풍수라는 중국인들의 생활예술과 철학에 눈길을 돌렸다. 예컨대 미국 학자 낸시 토드Nancy J. Todd와 존 토드John Todd 부부가 1984년에 쓴『생태학설계기초生態學設計基礎(*Ecology, As The Basis of Design Bioshelters*)』(Ocean Arks, 1984) 중에서 중국 풍수 세계관에 대한 개괄을 통하여 중국 풍수에 심오한 정신감응이 포함되어 있다고 주장했다. 그밖에 미국의 유명한 기획대사企劃大師인 케빈 린치Kevin Lynch는『도시의상都市意象(*The Image of The City*)』에서 역시 풍수이론이 무한한 가능성이 있는 학문이라고 전망했다. 그런데 중국 토박이로서 오래된 풍수를 돌이켜 사색하는 동시에 중국 현대 풍수현황과 서양인들의 풍수에 대한 인식을 참조하여 필자는 이러한 사실을 알게 되었다. 즉 서양학자들이 비록 풍수의 핵심 내용을 비교적 깊이 이해하고 있지만 서양학자들이 중시하는 것은 대부분 풍수 중의 매우 고상하고 심오한 부분에 속하는 '형이상形而上', 즉 '도道'의 부분뿐이다. 그러나 실은 풍수 자체가 중국 민속문화의 하나로서 오히려 대량의 '형이하形而下'부분이 있는 만큼 일종의 통속적인 응용이다. 그래서 오늘날 중국 향촌 내지는 도시에 풍수가 성행되는 현실에서 풍수에 대해 보다 더 분명한 인식을 가져야 한다. 그래서 필자는 여전히 선교사 어네스트 에이텔의 관점을 참고할 만하다고 생각한다. 그밖에 서양인들이 풍수의 구체적인 문제를 다룰 때 종종 오해를 빚기도 하는 것은 언어상의 문제도 있고 인식 상의 문제도 있다. 예컨대 서양인들은 늘 풍수를 Geomancy로 번역한 것은 분명히 완벽하지 않은 해석이다. 필자는 한번 일본인 학자 와다나베 요시오渡邊欣雄 선생과의 대화 중에 와다나베渡邊 선생으로부터 풍수는 풍수風水고 그냥 Geomancy로 번역해서는 안 된다는 지적을 들어봤다. 그리고 풍수風水와 도교道敎의 관계에 관한 문제에 대해서도 서양의 일부 학자들은 방편적으로 도교道教의 역할만 과장하는 경우가 많다. 스키너Skinner가 자신의 저서에서 도교道教가 풍수에 결정적인 영향을 미쳤다고 한 부분에 대해서 필자는 좀 더 많은 조사와 연구를 할 필요가 있다고 생각한다.

서양 국가들의 일반인 가운데 진정으로 풍수원칙을 신봉하고 생활에 응용하는 사람들은 중국계 이민자들뿐이다. 예컨대 미국의 캘리포니아주, 샌프란시스코시, 영국의 맨체스터 그리고 호주 등 지역의 차이나타운들은 현대적인 시설들을 갖추고 있으면서도 여전히 중국의 일부 풍수규칙들을 중요시하며 운용하고 있다. 동시에 이민자들은 거주국의 문화습관에 따라서 풍수에 대한 개조도 마다하지 않았다. 예컨대 인테리어에 응용되는 일부 용품은 대다수 '신생新生' 풍수규칙에 따른 것이다. 필자는 풍수를 운용한 거주 집단에 대한 연구는 동서양의 문화교류, 상호간의 영향과 침투를 밝혀낼 수 있는 동시에 문화, 습속習俗의 건축물에 대한 직접적인 영향도 알 수 있어서 연구할 만한 분야의 과제라고 확신하고 있다.

3. 풍수와 민속 그리고 향토문화

풍수는 중국 고대로부터 전해 내려온 독특한 산물이다. 그것은 조상들이 생산 활동의 필요와 자연에 대한 공포의 해소로 말미암아 오랜 세월에 걸쳐 창조해낸 것으로 무술巫術에서 실천으로 이어져 아울러 민속과 향토 중에서 성장하고 만연蔓延하다 마지막에는 다시 민속으로 융합되어 새로운 기특한 향토문화로 성장되었다. 그리고 이러한 기특한 향토문화가 역으로 풍수의 미신과 신비스러운 색채를 가중시켰다. 더구나 역대 일부의 뜻을 이루지 못한 문인묵객文人墨客들의 의도적인 과장과 선동으로 인하여 형형색색의 풍수 저작들이 나도는 양상을 만들고 또한 봉건종법윤리와 결합된 힘을 입어 풍수가 중국 문화 대열에 들어설 수 있었다. 민간에는 서생이 급제하지 못해 벼슬을 못하면 지리선생地理先生(즉 풍수사)이나 낭중郎中(즉 의약사醫藥師) 노릇을 한다는 유행어가 있듯이 고심했지만 뜻을 이루지 못한 문인들은 벼슬을 향하는 꿈을 그냥 접을 수 없어 다른 측면에서 '상류층' 행세를 할 수 있던 방법은 바로 풍수술風水術을 이용하여 민심을 수렴함으로써 사회를 통제하려던 것이었다. 많은 역사 서적이나 소설 또는 이야기들을 통해서 알 수 있듯이 역대 권귀權貴들이 대부분 영원한 부귀를 누리려고 하는 목적에서 장기적으로 풍수사風水師를 선임하고 있었다. 그런데 생활고에 허덕이고 있던 최하층의 서민들도 똑같이 풍수사에게 인생역전을 시켜주기 바라는 심리가 있는 등 풍수술風水術에 대한 신앙은 사람들이 부귀를 추구하거나 빈곤을 벗어나는 지름길이 되었다. 그러한 이유 때문인지 제왕부터 노예까지 거의 예외 없는 절대숭배를 받았던 풍수가 오래도록 사라지지 않는 매력魅力을 유지할 수 있었다. 분명한 것은 풍수가 사람들의 미신에서 유래된 일종의 신앙이지만 거기에는 건축에 관한 과학적이고 합리적인 부분도 포함되어 있다. 그런데 일반인들은 그런 것들을 잘 인식하지 못하고 있어서 오늘날에 전해져서 내려온 풍수에 대해서는 우선 미신 부분을 제거하고서 풍수와 민속 및 향토문화의 관계를 연구해야 한다. 전 세계적으로 단순히 문화적인 각도에서 볼 때 중화민족이 세계 우수문화의 대열에 들 수 있었던 것은 당연히 찬란한 민족문화와 전통문화 덕분이지만 이러한 전통문화의 생명력을 유지시켜주는 비밀 중의 하나는 풍수風水와 무관하지 않았다.

어떻게 중국 민속과 향토문화의 성장에 대한 풍수의 영향을 알 수 있을까? 광활한 향촌으로 실지조사를 하러 가면 풍수의 흔적들을 여기저기서 발견할 수 있다. 산천하류, 성지 같은 큰 것부터 양택陽宅, 음택陰宅, 정자·누대·누각, 묘우廟宇, 사관寺觀, 도로, 고탑古塔, 교량橋樑, 고목古木, 괴석怪石 등과 같은 작은 것까지 부르는 즉시 온다고 할 수 있을 정도로 신비함과 공포가 항상 인간의 생존환경에 감돌고 있어서 '풍수길지'는 모든 신앙자들이 동경하는 상서로운 곳이다. 민간에는 "千人掙, 萬人掙, 不頂一人睏"이라는 풍수에 관한 믿기 힘든 이야기가 있는데 설명하자면 세세대대 열심히 돈을 버는 것보다 자손에게 음덕을 줄 뛰어난 "풍수길지風水吉地"에 조상을 안장하는 것이 낫다는 뜻이다. 만약 조상을 매장한 후 집안 형편이 나아지면 "인장묘발寅葬卯發"이라고 한다. 상반된 경우가 발생하면 풍수가 망가진 소위 "일패여회一敗如灰"다. 심지어 오늘날에도 어느 집안의 후대가 대학에 붙었거나 승진하고 부자가 되면 사람들이 "묘소가 좋아서다"라고 부러워한다. 이것을 풍수의 민족분발民族奮發에 대한 위해危害로 봐야 한다. 그런데 풍수의 지모地貌에 대한 영향은 소위 '갈형喝形'이라는 많은 설이 있다. 예컨대 용산龍山, 봉산鳳山, 호형산虎形山, 묘산貓山, 염어두鯰魚頭, 월형산月形山, 금계롱金鷄籠 등이라는 '갈형喝形'으로 인하여 한편으로는 자연적인 지형을 각종의 동물의 형태로 견강부회하고 다른 한편으로는 일부 자연지형을 견강부회할 형태로 끊임없이 수선·보완해준다.

예를 들면 안휘의 중요한 도시인 안경安慶은 고대부터 배 모양처럼 생겼다[船形]는 설이 있었다. 배가 강가에 정박할 때 만약 멈추어 있게 하지 않으면 이리저리 떠돌아다닐 것이라 하여 안경安慶에 고대부터 '진풍탑振風塔'이라는 보탑寶塔을 세웠다. 역대 관광객들은 "안경탑安慶塔말고는 탑塔 명함도 못 내민다"라는 말의 의미를 알고 있다. 그것은 탑의 웅장함과 아름다움 이외에 풍수상의 필요로 탑 밑에 위치하는 영강사

迎江寺의 좌우측에 커다란 닻 두 개를 오늘날까지 계속 놓아두었다는 것이다. 전해지는 바에 의하면 두 개의 닻으로 안경安慶 같은 선형船形도시를 안정시켜준다는 상징이라고 한다. 그래서인지 이 지역은 경치와 물이 아름답고 창성하고 걸출한 인물도 났다. 하지만 이 풍수길지風水吉地도 미진한 부분이 있다. 술사의 말에 의하면, 이 지역이 봉장蓬槳(배의 돛과 노)의 극剋을 받을 우려가 있다고 한다. 그 원인은 선船의 돛이 펼쳐지거나 노가 움직이면 결국 안경安慶은 중국의 동해바다로 들어가게 되기 때문이다. 그래서 안경安慶의 부지사府知事가 붕朋(蓬의 同音字)씨 성을 가져서는 안 되고 지현知縣(明淸대의 현의 일급 행정 수장)도 장蔣(槳의 同音字)씨 성을 가져서는 안 된다는 속설이 있었다. 민간에 아래와 같은 이야기가 나돌고 있다. 어느 해 붕朋씨 성을 가진 사람의 부지사府知事 취임에 대해 안 된다는 술사의 진언을 후당後堂의 노모가 듣게 되자 전당前堂에 가서 "안 되긴 왜 안 되니? 마나님은 모毛(錨의 同音字)씨 성이라 통제할 수 있다"라고 말했다. 이러한 이야기를 듣다 보면 아래와 같은 사실을 알 수 있다. 즉 한 도시의 명성이 나면 풍수도 민속과 향토문화에 융합하게 되고 또한 풍수를 통하여 화룡점정의 효과까지 거둘 수 있다. 또 이것으로 인하여 민심에 정착하게 되면 새로운 민속과 향토문화가 생겨난다. 다른 유명한 예는 당연히 이 책에서 앞서 기술된 천주泉州의 경우다. 천주泉州도 마찬가지로 풍수를 통제하기 위해 고탑高塔을 세웠다. 현존하는 역대에 세워진 각종의 탑들을 고찰하면 재미있는 사실을 알 수 있다. 그것은 바로 많은 탑塔들이 불교佛教 의미상의 탑塔이 아니라 대부분 풍수의 영향을 받아서 세워진 것 즉 그 지역의 풍수를 통제하거나 또는 그 지역의 문풍文風을 일으키는 등등의 목적에서 만들어진 것이다. 필자는 한 일본학자와의 대화를 통해 알게 되었는데 일본도 불교를 경건하게 신봉하는 나라이지만 거기에는 탑塔이

안 보인다고 한다. 그 이유를 풍수로 밝혀내야 할 것 같다.

풍수는 성지城池 중에 있어서 당연히 그랬지만 향촌에는 풍수의 모습이 더욱 생생하다. 예컨대 안휘성安徽省 회녕현懷寧縣의 홍가포洪家鋪는 사방 몇 리에서 옛날부터 풍수와 지모地貌에 관한 각 종 전설들이 나돌았다. 금계촌金雞村의 경우는 산의 형태가 금계金雞와 같아서 그런 이름을 얻었다. 최근에는 산모퉁이에서 발현된 수척數尺 높이의 석비石碑는 오랫동안 비바람을 맞아 얼룩얼룩해졌지만 거기에 새겨진 "금계지신주金雞之神主"라는 음문陰文이 여전히 보인다. 그 석비는 이미 안휘성의 2급 보호 문화재로 선정되었다. 민요에는 "철로 된 가리(통발) 안에 있는 금계, 길을 내다가 금계가 날아 오를 때, 누구든 이것을 얻으면, 대대로 홍기를 꽂으리.(鐵罩罩金雞, 金雞乘路犁, 有人得到它, 代代插紅旗)"라는 내용이 있다. 오랜 세월이 지났지만 아무도 그것을 얻지 못한 반면에 오히려 그것을 모살하려던 사람이 나타났다. 금계촌金雞村의 뒷산의 평지를 "긴 털 개 거리", 왼쪽 호수 가운데에 위치하는 육지에 조성된 버들나무 숲을 "새매 숲"이라고 불러준 것은 현지의 개와 새매는 모두 닭의 천적이기 때문이었다. 상극되는 것으로 금계金雞를 죽이려던 것은 이렇게 명명한 의도였으나 결국 영검하지 않아서 금계산金雞山의 뒤쪽에 깊은 연못을 파서 용맥龍脈을 끊음으로써 금계金雞를 죽이려고 했다. 결과는 또 영검하지 않자 아동의 시체 한 구를 거기에 묻어놓았다. 왜냐하면 풍수사의 말에 따르면 아동의 시체가 가장 효과적으로 용맥龍脈을 끊어 금계를 즉사시킬 수 있다고 했기 때문이었다. 현지 노인들의 말에 따르면, 그 후부터 그 지역이 평안해졌다고 한다. 이와 유사한 전설들이 더 많이 있다. 실은 이러한 처사는 단지 풍수의 일부 피상적인 내용만 이용한 반면에 각지의 민속과 습관적 심리를 대량으로 섞어놓은 것이다. 이것은 충분히 중국 봉건시대 사람들의 이기적인 심리상태 즉 자기가 얻지 못한 것을 남에게도 차지하지 못하게 하는 관습을 설명해주었다. 이것은 바로 노신魯迅 선생이 폄하하고 비난했던 아큐정신阿Q精神(자기 만족하는 방법)이 아닌가?

그러한 지역인 만큼 상술한 많은 이야기 이외에 재미있고 전형적인 현대 풍수의 지형지모에 관한 전설이 두 개 있다. 그 하나는 상술한 금계촌 서북쪽에 있는 석우충石牛沖(石牛 평지)이다. 이 평지는 석우산石牛山(山의 많은 돌들이 소와 같은 모양이라 이러한 이름을 얻었음) 아래에 있는데, 옛날부터 관개용 물이 부족해서 농사는 날씨에 의지할 수밖에 없어서 줄곧 땅이 척박하고 주민이 가난했다. 그런데 후에 정부 주도로 그곳에 커다란 저수지를 건조한 후에 가뭄 문제가 해결되어 생활도 풍요로워졌고 문화도 점차 발달되었다. 최근에 적지 않은 농민들의 자녀가 전국 각 지역의 대학에 합격하자 노인들은 국가와 과학의 발전이 낳은 이러한 결과를 풍수의 영검으로 돌렸다. 즉 마실 물을 얻은 석우石牛가 살아나 얻은 신력으로 지역을 보우해준 덕분이라고 설명한 것이었다. 두 번째 전설은 금계金雞와 마주하는 사산獅山과 상산象山에 관한 이야기이다. 두 산 사이에 야당호구冶塘湖口와 환하도련皖河道連(최근에 주혈흡충병을 예방하기 위해 기기에 제방을 만들었다)이 있어 사자와 코끼리가 지키는 관문이라고 불렀다. 원래 풍수이론 중에 소위 수구水口의 소재지면 풍수의 길지이지만 과거에는 주혈흡충병이 창궐하고 민생이 어려웠다. 그런데 사람들은 그 원인을 밝히지 못한 채 신비로운 풍수 미신으로 얼러맞추었다. 알고 보니 수토유실水土流失 때문에 앙상한 검은 돌만 남은 상산을 파리들이 꾀이고 있는 죽은 코끼리라고 불렀고 그 죽은 코끼리 때문에 민심이 불안했다. 최근 20여 년간에 전염병 예방기구가 설립된 후 효과적으로 주혈흡충병의 전파를 억제했을 뿐만 아니라 상산象山의 돌을 건설용 석재로 채취하여 이용하면서 지역 경제도 발전하여 주민도 점차 부유해졌다. 이에 노인들은 풍수로 견강부회牽强附會했다. "파리들이 떠난 관계로"라든가 "60년 주기로 풍수가 순환한 결과다."고 한 것을 보면 풍수설이 사람들의 마음속에 깊이 자리를 잡고 있어서 인과관계가 뒤바뀐 주관적인 억지를 자아냈음을 알 수 있다.

풍수의 햇볕은 항상 그림자와 함께 중국인 특히 중국 농민들을 비추고 있다. 예컨대 풍수 중의 좌청룡左青龍, 우백호右白虎라는 격국格局은 종종 이웃사촌을 원수로 만들기도 한다. 왜냐하면 주택 풍수에는 "왼쪽의 청룡青龍이 높아야 하고 오른쪽의 백호白虎는 낮아야 한다."는 설이 있는데 그것에 맞으면 번창해지고 맞지 않으면 쇠락한다는 관념은 사람들에게 심리적인 불안감을 주는 것은 햇볕과 그림자가 공존한다는 사례 중의 하나다. 그밖에 부모를 안장할 때도 형제 간의 사이가 틀어져 원수가 된 일도 일어나곤 했다. 왜냐하면 대두大頭(역자의 추측: 무덤의 북동쪽)가 높으면 큰 아들집을 번창시키고 소두小頭(역자의 추측: 무덤의 남서쪽)가 높으면 작은 아들의 집을 번성시킨다고 하거나 또는 봉분의 위쪽 경치의 여하와 숲의 수목 밀도 그리고 토질의 색깔 등에 따라서 큰 아들집이나 또는 작은 아들집을 호강시킨다고 한다. 그밖에 부모의 시체를 안치할 때 시체의 머리와 발의 방향이나 높이 그리고 묻힌 위치의 토질이나 경치에 따라 엄청난 영향력이 일어날 수 있다는 풍수이론으로 인하여 사람들이 번창을 추구하고 '쇠패衰敗'를 피하려고 온갖 방법을 동원했다. 최근에 전종서錢鐘書 선생의 전기를 읽다가 재미있는 사실를 알게 되었다. "전종서錢鐘書가 7~8세쯤 되었을 무렵에 하루는 백부伯父가 비밀리에 돈으로 이발소로부터 머리카락을 몇 근斤 사들여 어린 전종서錢鐘書를 데리고 소작인과 함께 조상의 무덤 앞에 갔다. 그곳은 왠지 모르지만 전錢씨네 선산의 상수上首에 있는 나무들이 가늘고 듬성듬성한 반면에 하수下首에 있는 나무들은 크고 촘촘했다. 풍수사風

水師의 말에 따르면 상수에 있는 나무들은 큰 아들집에 대응되어 무덤의 맥기脈氣가 큰 아들집에 안 좋은 것으로 해석된다. 백부伯父와 소작인은 상수上首에 있는 가늘고 작은 나무의 뿌리 쪽에 작은 구덩이를 판 다음에 갖고 있던 머리카락을 거기에다 묻어놓았다. 어린 전종서錢鐘書는 옆에서 그것을 보고 영문을 몰라 백부伯父에게 이유를 물어보자 백부는 이렇게 말했다. "이쪽 나무를 무성하게 만들어 장래에 너를 대통령이 되게끔 해주려는 거다."[42] … 실은 이와 유사한 조치들을 옛날에 보통 서민들이 모두 잘 알고 있었고 방법도 기괴하고 다양했다. 그런데 오늘날의 청소년들이 그런 것들을 도저히 이해할 수 없을 것이다.

그런데 상술한 사실은 전통적인 관념으로서 모든 사람들에게 받아들여지고 운용되고 있지는 않다. 일부 사람들은 풍수에 대해 나름대로의 고론高論을 가지고 있다. 그것은 즉 풍수의 득실은 천명天命에 달려있고 이른바 소위所謂 덕德이 있는 자가 차지한다는 것이다. 이것은 실은 봉건 윤리에 따라 풍수에 더욱 신비로운 색채를 띠게 함으로써 권귀權貴에 유리하도록 한 것이다. 천명天命을 거스를 수 없는 이상 권귀權貴 그 자체가 바로 천명天命이 된 셈이다. 전해진 바에 의하면 송나라 황제이던 조趙씨네의 조상은 덕德이 있는 어민이었고, 잡은 물고기들을 부잣집 양楊씨네에 판 것 외에 대부분 굶주린 가난한 사람들에게 내놓았다고 한다. 어느 해 심한 가뭄이 들어 동해까지 말라버리자 어민 조趙씨가 천리를 걸어 동해에서 넓이가 수장數丈이고 깊이는 알 수 없는 샘구멍을 찾아 그물로 잡은 물고기 두 마리를 일부러 가난한 사람들에게 주러 가다가 양楊씨집 앞을 지났다. 양楊씨 부호가 어디서 이러한 비단 잉어를 잡을 수 있었느냐고 매우 이상해하며 물었다. 동해용혈東海龍穴에

42) 孔慶茂, 『錢鍾書傳』, 江蘇文藝出版社, 1992年版.

서였다는 대답을 듣고서는 자기네 조상의 유골을 포장하고 어민 조趙씨에게 물고기 밥으로 속여 다음날 샘구멍에 넣으면 앞으로 더 많은 물고기를 잡을 수 있다고 말했다. 어민 조趙씨는 받아들였으나 뜻밖에 그날 밤에 천신天神이 꿈에 나타나 그에게 자기 부모님의 유골을 용혈龍穴에 넣으면 나중에 꼭 현귀해진다고 하였다. 어민 조趙씨는 우선 양楊씨네가 부탁한 '물고기 밥'을 샘구멍 옆에 있는 석각石角에 걸어놓고 자기 부모父母의 유골을 샘구멍에 넣었다. 그러자 꽈르릉하고 커다란 소리가 나면서 샘구멍이 닫혀 무덤 모양으로 되었다. 양楊씨네가 넘겨준 '물고기 밥'도 석각石角 밑에 묻혀버렸다. 그 놀라움을 금치 못하며 집으로 가던 어민 조趙씨를 양楊씨가 집 앞에서 불러 세워 캐어묻고 나서는 감개무량하게 말했다. "덕德이 있는 자가 강산을 차지하게 되는 것은 하늘의 뜻이로군! 그런데 황제가 된 조趙씨네에게는 우리네 '양가장楊家將'의 보좌가 필요할 것이다. 왜냐하면 양楊씨네의 유골도 운이 좋게 조趙씨네의 용혈龍穴 옆에 묻혔으니까." 이러한 조리가 있으면서도 근거나 상식이 없는 전설이 오랜 세월이 지나도 식지 않고 나돌았으나 분명히 상술한 '고수高手'가 풍수의 신비함과 신성함을 추가시키고 풍수의 위력을 혼자만 행사하는 의도에서 날조한 것임이 틀림없다.

풍수를 조종하는 이들 고수高手의 계승자들인 지리사地理師나 풍수사風水師들도 천하 특히 향촌의 여기저기에서 활동하고 있다. 중국 향촌의 말단에 들어가면 풍수사를 만날 수 있다. 그들은 풍수학교나 단기 연수반 등을 거치지 않고 본인이 하고 싶어서 하게 된 것이다. 비유를 하자면 결혼할 사람이 있어서 중매인이 생긴 것이고 결코 중매인이 있어서 사람들이 결혼하고 싶어 하는 것은 아니다. 그런데 그런 중매인이 되고 싶은 사람이면 누구나 할 수 있다. 다시 말하면 풍수관념이 벌써 우리의 민속에 자리를 잡고 있고 일부 풍수격국風水格局도 이미 중국 향토문화 중에서 바뀌지 않는 일부분이 되었다. 풍수사의 주된 역할은 바로 그 중에서 중계하는 것이다. 필자가 현지조사를 해본 어느 작은 향촌은 사방 몇 리에 두 풍수사가 있었는데 하나는 연로하고 하나는 젊었다. 두 풍수지사는 재미있게도 현대 중국 향촌 풍수사의 양대유형의 대표적 인물이라고 할 수 있다. 나이가 젊은 풍수지사風水地師는 20년 전에 고아로 향정부鄕政府의 구제금救濟金을 받고 생활하다 후에 향정부의 배정으로 당시의 농장에서 노동했다. 일자무식에다 자상하고 너그러운 그는 사람들의 눈에 약간 어리어리해 보여 늘 놀림감이 되었었다. 최근 10년 동안에 갑자기 마치 신이 내린 무당이 굿을 하는 것처럼 풍수라는 직업을 시작하니 의외로 문전성시라고 할 정도로 장사가 대호황이었다. 현지의 현대 농민들은 보편적으로 집터 선택, 문향門向 결정, 조상의 장묘 등에 모두 정통한 그가 풍수를 봐준 집안들은 점차 평안하고 흥하기 시작했다고 입을 모았다. 그는 그 일대에서 지혜롭고 반쯤 신선 같은 전설적인 인물로 떠오르자 그의 어린 시절을 생생하게 기억하고 있는 사람들이 혀를 내둘렀다. 이것은 풍수를 이어갈 뛰어난 후계자의 출현인지 아니면 새로운 악이 생긴 것인지는 검토해야 하지만 실은 그가 하는 모든 풍수활동은 정통 풍수이론 중의 방법과는 얼토당토 않은 것이었다. 그는 단지 현지 민속 중에서 오늘날까지 전해 내려온 중요한 용어들만 이용해서 사람들을 농락할 수 있었던 것이었다. 실은 사람들이 그를 신봉하는 까닭은 민속 영향력의 작용으로 향토문화격국鄕土文化格局에 따르려던 것이었다. 이것은 풍수와 민속 향토문화의 내재적인 관계일지도 모른다.

다른 풍수사인 노인 분은 소년 시절에 서당을 몇 년간 다녔었고 당시의 노풍수사老風水師 밑에서 심부름꾼으로 일했었다. 그는 당시 노풍수사가 남겨준 한 개의 나경과 몇 권의 풍수서적을 땅 속에 묻어놓고서는 다시 파낼 엄두도 내지 않았었다. 그 후 그는 토지개혁운동에 참여해 전담팀의 집필자를 맡기도 했고 중국 공산당에 입당하고 한 때 농민들 중의 선진인물의 상징인 말단 간부가 되었다. 최근 몇 년간 풍수가 다시 성행되자 그는 당시 묻어놓았던 것들을 다시 파내어 책의 설명대로 풍수를 생업으로 하기 시작하더니 생활이 점차 부유해지기 시작했다. 그는 사석에서 친한 친구들에게 실은 용맥龍脈과 용혈龍穴의 선택을 통해 번성하려는 것은 불가능하다고 솔직히 털어놓았다. 왜냐하면 만약 용혈龍穴에 묻게 되면 용혈을 선택한 사람, 즉 풍수사風水師 본인이 죽지 않아도 장애가 될 수 있는데 과연 어느 풍수사가 그렇게 하겠는가라는 말이다. 그래서 그는 혈穴을 선택할 때 당연히 나경을 약간 정혈正穴에서 벗어나도록 하고 있다고 한다. 그는 이렇게 자신의 직업을 부정적으로 보는 것은 사람들의 풍수에 대한 맹목적인 미신을 타파하도록 가장 큰 힘을 실어줄 수 있다. 다만 노풍수사老風水師 정작 본인은 여전히 미신으로 미신을 타파하려고 했다. 이 노풍수사는 오늘날에 풍수가 거듭났다는 상징이다. 하지만 그의 복귀는 민속 향토문화의 부활에서 비롯된 것이다. 그는 민속습관에 따라 풍수 중의 규칙을 운용하여 활동하면서 경제적인 이득을 취할 수 있던 것을 보면 서민생활 중의 민속의 위력을 짐작할 수 있다.

주의해야 할 것은 현실생활에서 유래된 민속은 모종의 미신심리에서 비롯된 것이기도 해서 사람들의 마음을 오래도록 편안하게 하고 안정감을 주면서도 생활을 교란시키는 불안정 요소도 지니고 있는 것이기도 하다. 미신에 관한 논술을 필자가 머리말에서 하였듯이 그것은 성복星卜, 점치기, 귀신鬼神 등의 믿음처럼 모종의 사물에 대한 맹목적인 신앙이나 숭배이다. 이성적인 각도에서 볼 때 문명인들이 거들떠보지도 않는 미신은 마약이 섞인 향기롭고 순수한 미주(술)처럼 사람이 그것을 기호품으로 알고 마신다. 봉건윤리와 도덕 그리고 문화의 통치 하의 사회에는 지고무상至高無上한 황제가 될 수 있는 사람은 진룡천자眞龍天子이어야 하고 진룡眞龍이 그 자리에 있어야 천하가 태평할 수 있다는 것은 서민들의 생각이었다. 청대의 강희康熙와 건륭乾隆 두 황제는 장기통치 목적에서 한결같이 나한羅漢으로 자처했다. 암야다나한暗夜多羅漢으로 자처한 강희와 직복덕나한直福德羅漢이라고 자칭한 건륭은 각각 500나한羅漢 중의 295 번째 석席과 360 번째 석席에 올라섰다. 이는 억지스럽게 만들어낸 미신이었으나 그 당시에 백성들은 모두 이 설을 믿었다. 심지어 오늘날에도 일부 사람들이 여전히 반신반의하면서 흥미진진하게 그 이야기를 하고 있다. 미신은 과연 타파되지 않는 것인가? 답은 부정적이다. 괴테는 색깔에 대한 절묘한 논술을 했다. "그것들은 언제나 직감적이고 객관적이면서 감동적이라 우리들이 그것들에 대한 사고와 추리를 할 필요도 없다." 이 말로 미신을 설명하자면 역시 매우 적절하지 않을까? 알다시피 미신에 대해서는 유추할 필요도 없고 우매한 사람일수록 더 쉽게 미신을 받아들인다. 이것은 우매한 사람일수록 기공상태氣功狀態에 들기 쉽다는 최근의 일부 사람들의 주장에 일치한다는 생각을 하게 된다. 근래 이래 적지 않은 향촌에서 근거가 없는 괴담들이 나돌고 있었다. 예컨대 생질이 외삼촌으로부터 선물로 받은 빨간 우산을 써야 태평무사할 수 있다는 괴담이설로 인하여 한때 시중에 빨간 우산이 품절되고 망가진 빨간 우산까지 팔려나갔을 정도로 빨간색 신드롬이 나타났다. 이것은 결코 사람들이 빨간 우산을 쓰기 좋아하는 것이 아니었다. 그런데 계속 빨간 우산을 쓰다 보니 결국 일종의 민속이 되었다. 그래서 어느 정도에서 말하자면 많은 민속들의 껍데기는 실은 미신이다. 풍수가 선명한 미신특징을 지니고 있는 것도 이상한 일이 아니다.

단순히 물질적인 결핍과 문화적인 낙후를 이유로 들어 미신 자들을 풍자해서는 안 된다. 실은 오늘날에 높은 교육을 받은 부자들도 수십

만 위안의 거금을 들여 이른바 길한 우편번호나나 전화번호를 구매한 경우가 종종 있다. 이러한 광적인 행동은 가난한 문맹이 풍수술風水術로 인생역전을 꿈꾸는 것과는 본질적인 차이가 없다. 설령 일부 과학이 발달한 지역에서도 미신의 침투에서 자유로울 수 없다. 예컨대 달 탐구를 할 수 있는 나라에서도 '13'이라는 수자數字를 기피하고 우주宇宙의 비밀을 훤히 아는 과학자도 하나님을 믿을 수 있다. 진리의 영예로 여겨지는 과학도 늘 미신 활동에 이용되기도 한다. 예컨대 컴퓨터 점치기 등은 그런 경우이다. 그래서 미신적 심리는 모든 사람들이 가지고 있는 것이고 단지 정도나 성격이나 범위상의 차이가 있는 것뿐이다. 풍수에 비록 합리적인 알맹이가 있기는 하지만 그 외에는 황당무계하고 미신적인 부분도 포함되어 있다. 하지만 그것이 민간에 뿌리를 내릴 수 있었던 것은 포함되어 있는 미신 부분 때문이 아니라 미신을 숭배하는 인생관이 사람들의 머릿속에 단단히 자리를 잡고 있기 때문이다. 서로 다른 문화의 훈도薰陶를 받은 개개인들은 풍수미신 내지 기타 모든 미신들의 온상이 된 것이다. 사람들에게 무릎을 꿇고 모든 사물과 사람을 보게 하는 중국 봉건문화 중의 가장 큰 하나의 조박糟粕[43]은 사람들의 미신심리를 조장해주었다. 우리는 일어선 채 풍수 및 모든 사물들을 보자. 필자의 견해로는 오로지 이러한 방법으로만 인문지리 학문인 풍수의 내부에 포함된 합리적인 알맹이와 경직되고 황당한 미신껍데기를 철저히 가려내어 풍수미신을 타파하고 풍수의 정수를 받아들여 중국 민족의 전통문화를 빛낼 수 있다.

43) 糟粕: 조박 ① 재강. 술을 걸러 내고 남은 찌끼 ② 학문(學文)·서화(書畫)·음악(音樂) 등(等)에서 옛사람이 다 밝혀내어 전혀 새로움이 없는 것을 비유(比喩·譬喩)하여 이르는 말.

역자후기

중국 풍수는 중국 고대로부터 전해 내려온 독특한 산물이다. 풍수는 인류가 생산 활동의 필요와 자연에 대한 공포의 해소로 말미암아 오랜 세월에 걸쳐 창조해낸 것으로 무술巫術에서 문화로 이어져 왔다. 따라서 민속과 향토에서 성장하며 다시 민속으로 융합되어 새로운 독특한 향토문화로 성장하였다. 또한 이런 향토문화가 역으로 풍수의 미신과 신비스러운 색채를 가중시켰다는 점도 부인할 수 없다. 더구나 역대 일부의 뜻을 이루지 못한 문인묵객文人墨客들의 의도적인 과장과 선동으로 인하여 형형색색의 풍수 저작들이 나도는 양상을 만들고 또한 봉건윤리와 결합된 힘을 입어 풍수가 중국 문화 대열에 들어설 수 있었다. 민간에는 서생이 급제하지 못해 벼슬을 못하면 지리선생地理先生(즉 風水師)이나 랑중郎中(醫藥師)노릇을 한다는 유행어가 있듯이 고심했지만 뜻을 이루지 못한 문인들은 벼슬을 향한 꿈을 그냥 접을 수 없어 다른 측면에서 '상류층' 행세를 할 수 있던 방법은 바로 풍수술風水術을 이용하여 민심을 수렴함으로써 사회를 통제하고자 했던 것이다. 많은 역사 서적이나 소설 또는 이야기들을 통해서 알 수 있듯이 역대 권력자들이 대부분 영원한 부귀를 누리려고 하는 목적에서 장기적으로 풍수사風水師를 선임하고 있었다. 그런데 생활고에 허덕이고 있던 최하층의 서민들도 똑같이 풍수사에게 인생역전을 시켜주기를 바라는 심리가 있는 등 풍수술에 대한 신앙은 사람들이 부귀를 추구하거나 빈곤을 벗어나는 지름

길이라는 믿음이 형성되었다. 이런 이유로 제왕부터 노예까지 거의 예외 없는 절대숭배를 받던 풍수가 오래도록 사라지지 않는 매력魅力을 유지할 수 있었다. 분명한 것은 풍수가 사람들의 신화적 산물이라고 하지만거기에는 건축에 관한 과학적이고 합리적인 부분도 포함되어 있다. 이런 과학적인 것들을 잘 인식하지 못하고 있는 일반인들에게 오늘날에 전해 내려온 풍수에 대해서는 우선 미신 부분을 제거하고서 풍수와 민속 및 향토문화의 관계를 연구해야 한다. 전 세계적으로 단순히 문화적인 각도에서 볼 때 중화민족이 세계 우수문화의 대열에 들 수 있었던 것은 당연히 찬란한 민족문화와 전통문화 덕분이지만 이런 전통문화의 생명력을 유지시켜주는 비밀 중의 하나는 풍수風水와 무관하지 않았다.

어떻게 중국 민속과 향토문화의 성장에 대한 풍수의 영향을 알 수 있을까? 광활한 향촌으로 실지조사를 살펴보면 풍수의 흔적들을 여기저기서 발견할 수 있다. 산천하류, 성지 같은 큰 것부터 양택陽宅, 음택陰宅, 정자 · 누대 · 누각, 묘우廟宇, 사관寺觀, 도로道路, 고탑古塔, 교량橋梁, 고목古木, 괴석怪石 등에 나타난 신비함과 공포가 항상 인간의 생존환경에 감돌고 있어서 '풍수길지風水吉地'는 모든 신앙자들이 동경하는 상서로운 곳이다. 심지어 오늘날에도 어느 집안의 후대가 대학에 붙었거나 승진하고 부자가 되면 사람들이 "묘소가 좋아서다"라고 부러워한다. 그러나 이는 풍수의 진면목을 접하는 데 장애가 될 것이다. 이 책은 중국과 동아시아 문화를 조망하며, 민속문화사와 과학으로서 풍수의 역사를 모색하고, 나아가 동서문화의 교류도 살펴보는 소중한 입문서 역할을 할 것이다.(저자의 글에서)

역자가 풍수지리사상을 접하게 된 것은 그리 오래되지 않았다. 청선선종만선사께 명리학과 주역을 배울 당시만 해도 풍수지리는 관심의 대상이 아니었다. 그러나 나의 생업인 부동산중개업과 토지개발을 하면서 자연스럽게 풍수지리라는 영역에 관심을 갖게 되었고 풍수연구를 시작하게 되었다. 한성대학교 부동산학과에서 풍수지리를 전공하고 대동풍수학회, 실용풍수학회, 대한현공풍수지리학회에서 공부를 하면서 이론을 부동산활동에 접목시키면서 실제로 풍수가 우리의 삶에 어떤 영향을 주는가에 대한 답을 구하는 현실적인 목적에서 출발하였다. 그러던 중 초계 최명우 회장님의 소개로 『중국 풍수사』를 접하게 되었다. 이 책은 풍수를 공부하고 있던 나에게 분수령을 제공하였다.

『중국 풍수사』를 통해 풍수의 기원에서부터 현대에 이르기까지의 발전 과정을 살펴볼 수 있었다.

이 책은 풍수라는 형태가 어떻게 만들어지고 인류문화에 영향을 끼치며 발전과 퇴보를 거듭하여 지금에 다다르게 되었는가를 역사와 문화적인 측면에서 상세하게 다루고 있다.

한편, 본서는 풍수를 민속과 향토 문화 등의 분야에서 연구한 것이기에 생기生氣에 관한 부분의 언급이 부족하여 아쉬움을 느낀다.

이 책을 학인들뿐 아니라, 건축 조경 중국 문화와 역사 철학을 공부하는 학생 및 일반인에게도 일독을 권한다. 이 책은 풍수지리뿐만 아니라 동양문화사로서의 입문서로서도 역할을 할 수 있을 것이다.

2013년 12월

연구회를 대표하여

이윤석 근지

색인

• 사항

• 인명

• 서명